삶의 철학·易經

沈鍾哲 譯解

圖書出版 永林社

머리말

　易經은 經書 중에서 가장 難解한 책으로 자연의 이치와 인생문제를 陰陽交錯의 작용으로 설명하고 있기 때문에 현대인과 거리가 있는 듯하나 깊이 易의 원리를 吟味하여 본다면 무엇보다도 뛰어난 사상의 書로서 易이 지니고 있는 참뜻은 현대인이 정신적으로 지탱하고 있는 思辨的 眞髓라 할 수 있다. 그리고 易經은 인간의 지혜가 발달해 오면서 합리적 해석을 더하고 삶의 철학을 이룩해 왔다고 보아야 옳을 것이다.
　易의 기본은 八卦로서 이를 겹쳐서 만들어진 것이 六十四卦라 할 수 있으며 周나라 文王이 羑里에 幽閉되어 卦辭를 쓰고 아들 周公이 爻辭를 썼다고 하는 것이 통설로 되어 있으나 오랜 세월을 두고서 여러 학자들의 손에서 다듬어진 것이라고 보아야 옳을 것이다. 易의 본래의 뜻을 찾아본다면 일원의 기가 변화하여 혹은 음이 되고 혹은 양이 되어 무한한 작용을 한다고 본다. 그런데 易經은 인간문제를 철학적으로 깊이 사색하는 학문이다. 인간의 善과 惡을 순수하게 깊이 생각해 본다면 사물의 이치와 인간의 존재 가치를 알 수 있으며 현대인의 상상력을 풍부하게 하고 독단적인 확신을 좁혀준다. 그래서 현대인에게 읽기를 권하는 이유도 바로 여기에 있다.
　孔子께서 易을 좋아하여 晚年에 韋編三絕했다는 말이 史記(孔子世家)에 기록되어 있으며 論語(述而篇)에 子曰 加我數年하여 五十以易學이면 可以無大過矣라(나에게 두어 해를 더하여 쉰살에 易을 배울 수 있었다면 그렇게 큰 허물은 없을 것이다)라고 술회한 것으로 보아 易을 탐독한 나머지

젊은 제자들에게 배우도록 권했으며 차원 높은 학문으로 인정하여 十翼을 저작하였다고 하는 것은 부인할 수 없는 사실이다. 易經은 인류의 영원한 스승으로서 인간의 정신생활을 밝혀주고 있으며 물질문명이 정신문화를 압박하는 현대에 있어서 우리들은 틈틈이 易經을 펼쳐 볼 필요가 있다. 사람으로서 삶의 길을 올바른 방향으로 걸어가야 마땅하거늘 요즘 사람들은 악한 일을 예사로이 저지르고 있으니 어찌 서글픈 일이 아니랴. 우리들은 옛 성현의 말씀을 다잡아 삶의 철학을 실생활에 접근하도록 노력해야 하겠다.

  경제 사정이 어려운 가운데 출판을 맡아준 永林社 權承鳳 사장께 감사하며 讀者 여러분의 기탄없는 批正을 바라마지 않는다.

壬午年 6月

군포시 금정동 寓居에서 沈鍾哲 識

차 례

머 리 말 3
解 說 7
　易의 구성 7
　王弼의 사상 10

易上經

☰ 乾爲天 13
☷ 坤爲地 25
☵ 水雷屯 32
☶ 山水蒙 35
☵ 水天需 39
☰ 天水訟 42
☷ 地水師 46
☵ 水地比 50
☴ 風天小畜 54
☰ 天澤履 58
☷ 地天泰 61
☰ 天地否 65
☰ 天火同人 69
☲ 火天大有 73
☷ 地山謙 76

☳ 雷地豫 80
☱ 澤雷隨 83
☶ 山風蠱 87
☷ 地澤臨 91
☴ 風地觀 94
☲ 火雷噬嗑 98
☶ 山火賁 102
☶ 山地剝 105
☷ 地雷復 109
☰ 天雷无妄 113
☶ 山天大畜 116
☶ 山雷頤 120
☱ 澤風大過 123
☵ 坎爲水 127
☲ 離爲火 132

易下經

卦	名稱	頁	卦	名稱	頁
䷞	澤山咸	137	䷯	水風井	201
䷟	雷風恒	141	䷰	澤火革	205
䷠	天山遯	144	䷱	火風鼎	209
䷡	雷天大壯	148	䷲	震為雷	212
䷢	火地晉	152	䷳	艮為山	216
䷣	地火明夷	156	䷴	風山漸	220
䷤	風火家人	159	䷵	雷澤歸妹	223
䷥	火澤睽	163	䷶	雷火豊	227
䷦	水山蹇	167	䷷	火山旅	231
䷧	雷水解	171	䷸	巽為風	235
䷨	山澤損	174	䷹	兌為澤	239
䷩	風雷益	178	䷺	風水渙	242
䷪	澤天夬	182	䷻	水澤節	246
䷫	天風姤	186	䷼	風澤中孚	249
䷬	澤地萃	190	䷽	雷山小過	253
䷭	地風升	194	䷾	水火既濟	257
䷮	澤水困	197	䷿	火水未濟	260

1. 繫辭上傳 ……… 265
2. 繫辭下傳 ……… 290
3. 說卦傳 ……… 315
4. 序卦傳 ……… 322
5. 雜卦傳 ……… 328

解 說

易의 구성

易經은 사상의 書이며, 인생의 삶을 밝혀주는 철학이라 할 수 있다. 그리고 易經은 이른바 五經의 하나로써 유교의 중요한 경전인 것이다. 생각해 보면 易의 점이라든가 易의 철학은 오로지 인생의 삶을 밝혀 주는데 있고, 신비의 깊이를 나타내기 보다는 합리적으로 설명을 하고 있다. 그래서 易의 해석은 오랜 역사를 통해서 占筮와 의리 사이를 넘나들고 있다. 그리고 인간의 지혜가 발달해 오면서 합리적인 해석을 더하고 삶의 철학을 이룩해 왔다고 보아야 옳을 것이다.

易經의 내용은 대부분 六十四卦의 설명으로 이루어졌다. 점이라 하는 것은 六十四卦에 의해서 해석되고 괘의 형상은 八卦를 기초로 하여 음과 양으로 구성되어 기호는 --(陰), —(陽)으로 표시되어 있다. 八卦의 형상은 음양으로 표시된 가운데 가장 중요한 것은 하늘과 땅과 자연 현상을 그려내고 있다. 인간에 대해서는 부모 형제를 가리키고 육체부분과 가축에 대해서도 표현하고 있으며, 무엇보다도 易이 가장 깊은 관계를 드러내는 것은 자연현상이라 할 수 있다.

八卦의 형상을 표시하면 아래와 같다

乾 ☰ 하늘(天) 아버지(父) 머리(頭) 말(馬) 건강(健)

坤 ☷ 땅(地) 어머니(母) 배(腹) 소(牛) 순종(順)

震 ☳ 우레(雷) 장남(長男) 발(足) 용(龍) 움직인다(動)

巽 ☴ 바람(風) 나무(木) 장녀(長女) 넓적다리(股) 닭(鷄) 들어가다(入)
坎 ☵ 물(水) 비(雨) 중남(中男) 귀(耳) 돼지(豕) 빠지다(陷)
離 ☲ 불(火) 해(日) 중녀(中女) 눈(目) 꿩(雉) 걸리다(麗)
艮 ☶ 산(山) 소남(少男) 손(手) 개(狗) 그치다(止)
兌 ☱ 연못(澤) 소녀(少女) 입(口) 양(羊) 기뻐하다(說)

결국 점이라는 것은 본래 八卦로 이루어졌을 것으로 생각하나 八卦만으론 단순하여 八卦를 여덟 번 겹치면 六十四卦가 이루어지고 이것을 重卦라고 말할 수 있다. 爻라고 하는 것은 --과 —으로 드러난 것을 가리킨 것이다. 하나의 음과 하나의 양은 서로 대립하여 고정된 존재를 의미하는 것은 아니다. 천지 사이에 있는 음양의 변화를 만고불변의 법칙으로 삼은 것으로, 이 원리의 법칙을 가르켜 도라고 한다. 그러므로 혹은 음이 되고 혹은 양이 되어 무한이 변하는 원리는 하나인 것이다. 그러나 이 무한한 변화작용을 이원적인 설명원리로 생각해 낸 것이 음양이라 할 수 있으며 여기에 의해서 우주의 실상을 설명하게 된 것이라 믿는다. 그래서 易의 사상에 있어서는 음양을 이원적으로 설명할 원리가 성립되었다. 우주의 실상과 변화의 작용을 설명하는 것이 易의 음양론이라 할 수 있다. 태극이란 무엇인가? 여기에 대해서는 후세의 유학자들의 형이상학적인 논의가 많았으며 우주론에 관한 일원론과 이원론으로 서로 다른 학설이 많았다. 易의 본래의 뜻을 찾아 본다면 일원의 기가 변화하여 혹은 음이 되고 혹은 양이 되어 무한한 작용을 한다는 것이다. 그러므로 태극은 음양을 포함한 태양의 기라고 할 수 있다. 易의 사상은 음양을 서로 대립시켜 말하지만 가장 중요한 것은 생성발전을 주관하는 것은 태양인 까닭으로 태극을 圓으로 표현하고 있다. 일원기가 음양으로 나뉘어져 강유 변화의 작용을 하여 양덕으로 강건하고 음덕으로 유순하여 양은 음을 끌어들이고, 음은 양을 따르는 것이 易의 본뜻이라 할 수 있다.

易은 음양의 이원으로써 만물의 이치를 밝힌 것이라 믿으며 높은 곳에 양이 있고, 음은 양을 따라서 받아들이기 때문에 도가는 허정무위를 주장하는 데 반해서 유학자는 강건정대의 덕으로 높이는 사상이 바로 그것을 기본으로 한 것이다. 易의 사상에 의하면 음양이원은 서로 대립하는 것이라고 본다. 그러나 서로 대립하여 항쟁하거나 혹은 상극하는 것이 아니고 서로 변화하는 가운데 생성발전하고, 순환하는 사이에 조화하여 서로 보호하는 것이다. 동양사상이 투쟁을 주로 하지 아니하고 중용의 도를 존중하는 것은 바로 이러한 사상이 지배적이라 믿고 있기 때문이다. 易을 이해하려면 六十四卦를 숙독하고 완미하는 것이 옳으나 여기서는 六十四卦의 근간이 되는 乾・坤 두 괘를 말하려 한다. 乾・坤 두 괘의 변화와 괘사나 효사를 완미한다면 易의 깊은 이치를 알 수 있으며 문장의 오묘함과 기이한 변화의 철리와 끊임없이 넘쳐 나오는 느낌을 깨달을 수 있을 것이다.

　乾卦는 모두 강건의 도만을 말하는 것이 아니고 坤卦 또한 유약의 도만을 말하는 것은 아니다. 양 중에 음이 있고 음 중에 양이 있다고 하는 것은 앞에서 이미 설명하였거니와 그럼으로써 易이 무한히 변화하는 일음일양의 법칙을 알 수 있다. 이러한 지극한 이치와 신묘한 문장은 성현들이 근심과 번민으로 세상사의 어려움을 경험하고서 얻어낸 지혜의 결정체라고 생각한다.

　乾・坤 두 괘의 彖象과 辭를 보면 이는 천지의 작용을 설명하고 乾・坤의 덕을 밝힌 것이다. 乾卦 단전에 「크도다 乾元이여 만물이 여기에 의하여 비롯되나니 이에 하늘을 거느렸도다. 구름이 가고 비가 내려 모든 만물이 형상을 이루나니라」 하였다. 하늘은 구름이 흐르고 비가 내리는 공간으로 그 가운데 큰 양의 원기가 만물을 생하고 조화의 근원이 되어 우주를 통솔하고 있다. 이것은 양의 일체를 포함하고 있는 태양이라고 할 수 있다. 이 하늘의 양기와 대립하는 것은 땅의 음기라 말한다.

　坤卦 단전에 보면 「지극하다 坤元이여 모두 여기서 생하나니 이에 순종하여 하늘의 뜻을 이어받으니 坤은 두터워서 만물을 싣고 덕을 한없이 합하여 크게 빛나서 모든 만물이 다 형통하니라」 한 것은 곧 음의 원기가 만물을 끊임없이 키우는 것을 근본으로 한다는 것이다. 그러나 음기는 단독으로 변화작용을 하는 것이 아니고 하늘의 양기를 받아서 만물을 생하는 것이다. 그래서 양인 하늘은 능동적이고 음인 땅은 수동적이라 할 수 있다.

　陰陽의 二氣를 고찰한다면 형과 기가 드러난 것을 유형으로 생각하겠으나 이는 현상으로서의 음양이 아니고 현상을 일으키는 원동력이며 그것은 과학적으로 분석할 수 있는 물질이 아니고 다만 강하고 유한 것을 추상적인 형이상학적으로 고찰하지 않으면 아니된다. 이와 같은 음양이기의 묘용이 만물을 생성발전시키는 근원이 되고 그 작용과 응용으로 우주와 인생의 여러 문제를 설명한 것이 易의 기본 사상인 것이다. 사람의 수양은 천지의 도를 본받아 우주정신에 영합하고 노력으로 정진하여 이미 성취한 덕으로써 사업을 이루어 경제문제를 해결할 수 있다. 그리고 인류의 향상과 사회발전을 기하고 조화의 화육이 훌륭한 까닭으로 도덕과 사업의 관계가 생기게 된다.

　우주정신을 체로 하여 자강불식의 노력과 수양을 부지런히 하는 것이 易의 사상에 의한 도덕적 이상이라 한다. 周易계사에 「하나의 음 하나의 양을 도라 하고 이를 계승하는 것을 선이라 하며 이것을 이루는 것을 성이라 한다」라고 한 것은 음양의 변화와 무궁한 작용으로 우주에 생성과 발전을 조화롭게 함을 말한 것이다.

　이 우주정신에 영합하는 것을 곧 선이라고 하며 도덕적인 인의예지는 결코 사람의 약속에 의해서 임시로 제약되는 것은 아니다. 선이라 하는 것은 우주정신에 영합되지 않으면 아니되며 仁이라 하는 것이며 지혜로운 사람이 이것을 보고 智라고 한다. 이것은 생성발전하는 우주정신을 도덕적으로 활용하는 것을 말한다.

　易의 이치에 통달하는 사람은 신에 통하여 천지의 이치에 밝아지고 변화의 이치에 다한다. 그러나 신명의 덕에 통하지 않으면 易의 도에 도달할 수가 없다. 천지 사이에 음양의 현상이 지극히 신묘하여 헤아릴 수 없는 작용을 가리켜 신이라 한다. 一陰 一陽이란 하나의 음과 하나의 양을 고정시켜 대립시키는 것이 아니고 한번은 음이 되고 한번은 양이 된다는 뜻이 숨어 있다. 이와 같은 음양의 변화작용을 가르켜 우주의 도라 한다.

王弼의 사상

　王弼(226~249)은 참으로 사상적인 천재라고 할 수 있는 사람이다. 명문 귀족의 후손으로 겨우 二十三年이란 짧은 생애를 살고 요절하였으나 易經과 老子의 주속을 뛰어나게 저술하여 후세 사상계에 크나큰 영향을 주었다. 그 시대는 삼국지로 유명한 조조의 정치시대인 것이다. 조조의 아들 조비가 한나라를 무너뜨리고 위나라의 왕조를 세웠다. 그러나 四十年 동안 집권하고 사마씨에게 정권을 빼앗겼다고 역사는 기록하고 있다. 그 시대는 성인 공자를 숭상하는 유교 중심의 사상이 강하다고 보는 것이 옳을 것이다. 형식적인 도의와 강압적인 정치적 속박 속에서 노장사상의 자유스러움이 젊은 사람들에게 퍼져 갔으며 살기 싫은 정치적 속박을 벗어나려고 무단히 애를 태우던 그런 시대였다고 생각한다. 왕필의 사상인 易은 진리를 감춘 철학이라 할 수 있다. 六十四卦의 각기 다른 괘에는 時에 있다고 주장하였다. 괘의 형상을 구성하는 爻에 의해서 보이고 있는 것이며 효가 변한다고 하는 것은 『繫辭傳』에서 표현되고 있다. 처음으로 괘의 형상과 뜻을 드러내는 것은 괘효사의 말로 형상을 설명하는 데 있다. 그래서 뜻을 밝히려면 형상에 의한 것이 좋고 형상을 밝히려면 말에 의한 것이 좋고 말로 현상을 생각하고 형상으로 뜻을 생각한다. 말은 형상을 밝히려는 수단에 불과하다. 형상을 알게 되면 말을 잃어버리고 형상은 뜻을 밝히기 위한 수단이므로 뜻을 알면 형상을 버린다. 易의 근본 진리는 다른 데 있는 것이 아니고 「得意忘象」진리가 파악되면 괘의 형상을 버린다는 뜻이다. 그것은 漢易에 대한 반대를 표명한 것으로 보며 왕필의 생각으로는 하찮은 형식 때문에 진실을 빠트린 것이 아닌가 생각된다. 현상의 깊이에서 진리를 찾으려는 그의 철학적 입장을 깊이 관여하고 있으며 得意忘象은 원래 壯子에 바탕을 둔 말이다.

　王弼은 거기서 많은 것을 배웠다. 진리는 눈으로 보이는 잡다한 현상의 깊이에서 유일 절대의 것으로 그것이 현상 세계의 버팀이 되는데, 그것이 바로 無라고 그는 생각한다. 復은 易의 괘명이고 復歸는 老子의 말이다. 復卦에는 反復이라던가 來復이라고 하며 그것은 되풀이하여 두 번 다시 일어나는 것을 뜻한다. 왕필의 주는 이것을 무시하고 老子의 학설로 해석을 내렸다. 無의 사상은 老子로부터 일어난 것이며 그것은 결국에 有의 밑바탕에서 無를 이루고 있다. 노장적 無의 사상은 왕필에 의해서 완성되었다고 보는 것이 옳을 것이다.

　이 책을 譯解함에 있어서 아래의 서적을 底本으로 하였다.

周易注疏(王弼)　周易本義(朱熹)　周易衍義(元胡震)　周易集註(來知德)
啓蒙傳疑(李滉)

周易兼義上經乾傳第一

國子祭酒上護軍曲阜縣開國子孔穎達奉勅撰正義

王弼注

☰乾下乾上 乾元亨利貞

初九潛龍勿用

九二見龍在田利見大人

易上經

☰ 乾爲天

乾은 元亨利貞하니라.

乾은 크게 형통하고 바르게 하면 이롭나니라.

譯解 : 乾은 하늘의 형상을 뜻한다. 乾을 첫 卦로 하고 坤을 다음 괘로 정한 것은 하늘과 땅이 생성한 연후에 만물이 생긴다는 易의 본래의 뜻으로 서술한 것이며, 하늘의 무한대한 창조력과 시공간의 모든 형상의 변화를 陰陽二元으로 설명하였으며 우주의 본질을 말한 것이다. 인간은 자연과 대립되어 있는 것이 아니고, 인간은 늘 자연과 어울려서 삶을 영위하고 있는 것이다. 그러나 인간이 자연을 파괴한다면 인간의 생활을 지속하기 어려울 것이다. 그래서 자연을 바탕으로 한 『주역』은 우리 인간에게 필요한 것이다. 陽의 기호는 "─"로서 능동적인 기질을 가지고 있으며, 三劃이 겹쳐진 "☰"은 소성괘로서 乾이라고 하며, 六劃이 복합된 것은 대성괘로 乾爲天이라 한다. 元·亨·利·貞은 乾의 四德으로 하늘과 땅의 운행을 뜻하며 글자의 뜻을 풀이하면 "元"은 으뜸 또는 크다는 것이고, "亨"은 트이다 즉 형통하다는 것이고, "利"는 이롭다 마땅하다는 것이고, "貞"은 곧다 바르다는 뜻이다. 그리고 元亨은 우주 본연의 질서와 법칙을 말하고 利貞은 사람의 이성적 판단력 인간이성의 행위를 가리킨 것이다. 그런데 만일 하늘이 정상적인 궤도를 벗어나거나 사람이 인간의 도리를 벗어난다면 이 세상은

반드시 멸망하고야 말 것이다. 그래서 성현들이 이를 경계하여 易을 편찬하게 되었으며 현대에 이르러서도 모든 사람들이 『주역』을 읽고 있는 까닭이 바로 여기에 있다.

初九는 潛龍이니 勿用이니라.

初九는 물속에 잠겨있는 용이니 활동하지 말지니라.

譯解 : 易은 逆數로서 밑에 있는 "一"을 初爻라고 한다. 밑에 있는 爻를 初九라고 하는 것은 一三五의 生數인 홀수를 합한 九를 老陽이라고 하며 변할 수 있기 때문에 九의 홀수를 陽爻라고 한다. 아직 힘이 약하기 때문에 시끄러운 세상을 비켜서서 한적한 곳에 숨어 힘을 기르며 때를 기다리는 것이 현명한 처사일 것이다. 만일 경솔한 행동으로 분수없이 날뛰다 보면 집안의 재산을 거덜내고 여러 사람에게 해를 끼칠 것이니 처신을 조심해야 한다. 이럴 때에는 남이 모르게 자신의 실력을 키우는 것이 삶의 보람을 찾는 지름길이 될 것이다.

九二는 見龍在田이니 利見大人이니라.

九二는 나타난 용이 땅위에 있으니 훌륭한 사람을 만나야 이롭나니라.

譯解 : 大人은 九五를 가리킨 것이며 현명한 군자를 말한다. 물속에 잠겨있던 용이 땅위로 나와서 중용의 덕을 베풀기 때문에 훌륭한 사람의 도움으로 적극적인 행동으로 일에 참여하고 있다. 인간의 사회적 공동생활을 바르게 영위하려면 인간적인 교양을 몸에 익히도록 윗자리에 있는 사람이 솔선해서 실천에 옮겨야만 아래 사람이 따를 것이다.

九三은 君子終日乾乾하여 夕惕若이면 厲하나 无咎리라.

九三은 군자가 종일토록 쉬지 않고 노력하여 저녁에 이르러 반성한다면 위태하나 허물은 없으리라.

譯解 : 乾乾은 근면한 자세를 뜻하며 "惕"은 두려워하면서 반성한다는 뜻이다. 셋째 爻는 陽의 자리에 있는 陽爻로써 앞으로 나가려는 기질이 강하기 때문에 본래 위태로운 자리라 할 수 있다. 그러나 군자의 본성이 강건

한 까닭으로 부지런히 노력하고 반성하면서 매사에 응하기 때문에 허물이 없다. 그러나 陽의 자리에 있으므로 항시 위험이 따르고 있으니 깊이 생각하고 조심하면 무사할 것이다.

九四는 或躍在淵하면 无咎리라.

九四는 혹 뛰어 연못에 있으니 허물은 없으리라.

譯解: 或은 아직 정하지 못한 상태에서 망설이고 있다는 뜻이다. "淵"은 옛 註에 위는 하늘로 통하고 밑은 동굴로서 그 깊이를 측량할 수 없다고 하였다. 넷째 爻는 陽爻로써 陰의 자리에 있으니 안정된 마음이 없다. 그러나 개혁을 요하는 때에 나가고 물러섬을 결정하지 못하여 주저하고 있다. 그러한 사항이지만 본래의 기질에 따라 전진하여도 무방하다고 하지만 만일 깊은 생각없이 무턱대고 전진을 결행한다면 패망의 늪으로 빠져들어갈 위험이 있을 것이다.

九五는 飛龍在天이니 利見大人이니라.

九五는 나는 용이 하늘에 있으니 훌륭한 사람을 만나야 이롭나니라.

譯解: 九五는 陽爻로서 바른자리에 있으므로 건전하고 중용의 자리에서 덕을 베풀고 있다. 용이 때를 만나 하늘에 오르는 형상으로 성현의 덕을 지녔기 때문에 높은 자리에 올라 모든 백성을 잘 다스리고 있다. 여기서 "利見大人"이라고 하는 것은 둘째 爻를 말하며 중용의 자리에서 윗사람을 보필한다는 뜻이다. 공자께서 성현의 덕이 있었지만 높은 자리에 오르지 못한 것은 그 덕이 높은 자리의 차례가 돌아오지 않았기 때문이다.

上九는 亢龍이니 有悔리라.

上九는 높이 있는 용이니 뉘우침이 있으리라.

譯解: 너무 높이 올라간 용이니 움직이면 반드시 후회가 따를 것이다. 높이 올라가면 내려오는 것이 자연의 섭리이니 높은 자리에서 덕을 베풀지 않고 함부로 행동한다면 후회하게 될 것이다. 陽이 성하면 陰이 생기고 陰이 성하면 陽이 생기는 것은 易의 깊은 이치인지라 어찌 높이 올라간 용이 이를 벗어날 수 있으랴. 성할 때에 교만하지 말고 쇠할 때에 바르게 행동한다면 어떠한 어려움도 참고 견디어 낼 것이다.

用九는 **見羣龍**하되 **无首**하면 **吉**하리라.

用九는 여러 마리의 용이 있을지라도 우두머리가 없으면 길하리라.

譯解 : 用九는 老陽으로서 가변성을 가지고 있다. 上九는 높은 자리에 있지만 도와주는 사람은 없고 강한 힘을 가지고 있으므로 오히려 한걸음 물러서는 겸손한 마음가짐과 조심성이 필요한 시기에 놓여 있으니 앞장서지 말고 뒤에 처지는 것은 좋은 결과를 가져올 것이다. 만일 교만한 태도로 여러 사람을 대하게 되면 오히려 흉할 것이다.

象曰 大哉라 **乾元**이여 **萬物**이 **資始**하나니 **乃統天**이로다. **雲行雨施**하여 **品物**이 **流形**하나니라. **大明終始**하면 **六位時成**하나니 **時來六龍**하여 **以御天**하나니라. **乾道變化**에 **各正性命**하나니 **保合大和**하여 **乃利貞**하나라. **首出庶物**이 **萬國**이 **咸寧**하나니라.

象에 이르기를 크도다. 乾의 元이여 만물이 그것에 의하여 비롯하나니 이에 하늘을 통솔하도다. 구름이 가고 비가 내려서 모든 만물의 형상을 이루었나니라. 처음이나 나중을 밝게 하면 六爻의 자리가 제때에 이루어지나니 때로 여섯 용을 타고 하늘을 거느리나니라. 乾道가 변화함에 각기 타고난 생명을 바로잡으니 大和를 보존하고 합하여 이에 바르고 곧으면 이롭나니라. 성인이 만물을 거느리고 위에 서서 모든 나라가 다 함께 편안해 지나니라.

譯解 : 象은 공자가 지은 象傳을 말하며 卦辭를 해석한 것이다. "乾元"은 하늘의 위대한 힘을 찬미한 것으로, 만물이 여기에 의해서 발생하고 우주를 통솔하는 것이다. 氣가 흐름으로써 모든 물질의 형체를 형성하고 六爻로써 하늘의 이치를 밝게 안다는 것이다. 性命은 하늘이 내린 것으로 물질의 본질과 사람의 본성과 부귀빈천이 다 여기에 속하는 것이다. 그리고 하늘이 이를 분별하여 각각 정하였기 때문에 어찌 인간의 힘으로 짜여진 틀을 벗어날 수 있는 지혜가 있으리요. 乾의 변화를 어리석은 지혜로도 알 수 있게 마련되었지만 악에 물든 인간들이 알지 못하고 있다.

象曰 天行이 健하니 君子以하여 自彊不息하나니라.

象에 이르기를 하늘의 운행이 건실하니 군자는 이로써 스스로 굳세어 쉬지 아니하나니라.

譯解 : 象은 이른바 象傳을 말하며 卦辭를 해석한 것은 大象이라 이르고 爻辭를 해석한 것은 小象이라 하며 공자의 저작이라고 한다. 군자는 하늘의 법칙에 따라서 쉬지 않고 열심히 노력한다. 군자를 윗자리에 있는 사람 또는 덕이 있는 사람이라고 하는 두가지 이론이 있으나 朱子는 덕있는 사람이라고 하였다.

潛龍勿用은 陽在下也요 見龍在田은 德施普也요. 終日乾乾은 反復道也요 或躍在淵은 進이 无咎也요 飛龍在天은 大人造也요 亢龍有悔는 盈不可久也요 用九는 天德은 不可爲首也이니라.

물 속에 잠겨있는 용이니 활동하지 말라는 것은 陽이 아래에 있기 때문이요, 나타난 용이 밭에 있다고 하는 것은 덕을 널리 베푸는 것이요. 종일토록 부지런하다는 것은 道를 반복함이요, 혹 뛰어 연못에 있다는 것은 앞으로 나가도 허물이 없음이요, 나는 용이 하늘에 있다는 것은 훌륭한 사람이 된다는 것이요, 높이 있는 용이 뉘우침이 있다는 것은 가득 차면 오래 가지 못한다는 것이요, 用九는 하늘의 덕은 우두머리가 없다는 것을 뜻한다.

譯解 : 천지 자연의 현상으로 인간의 처세철학에 가르침을 주고 있다. 六爻를 자연의 현상에다 비유하였지만 깊이 음미하여 본다면 삶의 철학을 우리들에게 일깨워주고 있다.

文言曰 元者는 善之長也요 亨者는 嘉之會也요 利者는 義之和也요 貞者는 事之幹也니 君子體仁이 足以長人이며 嘉會足以合禮며 利物이 足以和義며 貞固足以幹事니 君子行此四德者라 故로 曰乾元亨利貞이라.

文言에 이르기를 元이란 착한 것의 어른이요, 亨이란 아름다움의 모임이요, 利란 의리의 화합이요, 貞이란 일의 줄거리이니 군자나 어진 일을 본받음이 족히 어른이 되며 모이는 것이 아름다워서 족히 예에 합할 것이며 물건을 이롭게 함이 족히 의리에 화합할 것이며 곧고 굳음이 족히 일의 줄거리가 될 것이므로 군자는 이 四德을 행하는 사람이라. 그래서 乾을 "元亨利貞"이라 한다.

譯解 : 文言이란 乾坤 두 괘에 한하여 괘사를 거듭 설명하고 있다. 周易本義에 보면 "元"은 만물이 싹이 트니 계절로는 봄이 되고 사람에 있어서는 "仁"이 되며 이보다 더 훌륭한 것이 없기 때문에 모든 善의 어른이 된다. "亨"은 모든 만물이 무성하게 자라니 계절에 있어서는 여름이 되고, 사람에 있어서는 "禮"가 되며 모든 아름다움의 모임이 된다. "利"는 만물이 성숙하여 계절에 있어서는 가을이 되고 사람에 있어서는 "義"가 되며 義는 엄격하기 때문에 사사로운 일은 통하지 아니하니 서리가 내리고 잎이 떨어지는 가을의 감각과 일치된다. 그러나 만물이 제자리에 있다면 "和"를 이룰 수 있다. "貞"은 만물의 결실 또는 완성을 뜻하며 계절에 있어서는 겨울이 되고 사람에 있어서는 지혜가 되며 모든 일에 줄기가 되므로 貞은 일의 줄기가 된다.

初九日 潛龍勿用은 何謂也요 子曰 龍德而隱者也니 不易乎世하며 不成乎名하여 遯世无悶하며 不見是而无悶하여 樂則行之하고 憂則違之하여 確乎其不可拔이 潛龍也라.

初九는 이르기를 물속에 잠겨있는 용이니 활동하지 말라고 하는 것은 무엇을 말함이요. 공자는 말하기를 용의 덕을 갖추고 숨어있는 사람이니 세상을 바꿀 수 없으며 이름을 이루지 못하여 세상을 숨어있어도 근심하는 일이 없으며 옳다고 하지 않아도 근심하지 아니하며 즐거운 때에는 행하고 근심될 때에는 어기어 확실해서 뽑을 수 없는 것이 잠긴 용이라 한다.

譯解 : 군자는 세속에 영합하지 않고 명성을 바라는 일도 없다. 숨어살아도 불평하지 않으며 비난을 받아도 결코 불만을 품지 않는다. 태평한 세상에서는 바른 일을 행하며 난세에서는 물러나 숨는다. 바른 일을 지켜서 확고부동하니 이것이 물속에 잠겨있는 용의 행동이라 할 수 있다.

九二日 見龍在田 利見大人은 何謂也요 子曰 龍德而正中者也니 庸言之信하며 庸行之謹하여 閑邪存其誠하며 善世而

不伐하며 德博而化니 易曰 見龍在田 利見大人이라 하니 君德也라.

　　九二에 이르기를 나타난 용이 밭에 있으니 훌륭한 사람을 만남이 이롭다 함은 무엇을 말한 것이요. 공자는 말하기를 용의 덕이 있고 바른 사람이니 일상 말에 믿음이 있으며, 일상 하는 행동을 삼가며 간사한 것을 막고서 참된 마음을 두며, 세상을 착하게 살되 자랑하지 아니하면 덕을 넓혀 감화시키므로 易에 나타난 용이 밭에 있으니 훌륭한 사람을 만남이 이로운 것은 군자의 덕인 것이다.

　　譯解: 庸은 일상적인 뜻이며 閑은 막는다는 뜻이다. 훌륭한 사람이 항상 언행을 삼가고 악을 멀리하여 성실한 마음을 지니고 좋은 일을 해도 자랑하지 않으며 덕을 행하며 여러 사람을 감화시킨다는 뜻이다.

　　九三曰 君子終日乾乾 夕惕若 厲 无咎는 何謂也요 子曰 君子進德修業하나니 忠信이 所以進德也요 修辭立其誠이 所以居業也라 知至至之라 可與幾也며 知終終之라 可與存義也니 是故로 居上位而不驕하며 在下位而不憂하나니 故로 乾乾하여 因其時而惕하면 雖危나 无咎矣리라.

　　九三에 이르기를 군자가 종일토록 부지런히 노력하고 저녁에 이르러 반성한다면 위태로우나 허물이 없다고 하는 것은 무엇을 말함이요. 공자가 말하기를 군자는 덕으로 나가고 학업을 수련할 것이니 忠信은 덕으로 나가기 때문이요. 말에 수양이 있고 그 참됨을 세우는 것은 배움이 있기 때문이라. 지극함을 알아서 여기에 이르는지라. 가히 더불어 기미를 말할 수 있으며 마칠 줄 알아서 여기에 마치는지라. 가히 더불어 의리를 가질 수 있으니 이런 까닭으로 윗자리에 있어도 교만하지 않고 아랫자리에 있어도 근심하지 아니하리라. 그래서 부지런하여 그 때를 당해서 반성하면 비록 위태로우나 허물이 없을 것이다.

　　譯解: 군자는 덕을 기르고 배움을 이루기 위하여 항상 노력한다. 덕을 키우는 데는 忠과 信이 근본이 되며 군자는 때가 오면 일어선다. 그래서 기미를 말할 수 있으며 끝내야만 할 때에 끝낸다. 그러므로 함께 의리를 지켜 나갈 수 있다. 그리고 높은 자리에 있어도 교만하지 않고 낮은 자리에 있어도 불만을 가지고 있지 않다. 다만 종일 노력해서 게을리하지 않고 자주 내 몸을 반성하면 위태롭긴 해도 허물은 없을 것이다(可與幾也). 唐의 李鼎相(周易解義)에 "言"字가 있다.

九四曰 或躍在淵无咎는 何謂也요 子曰 上下无常이 非爲邪也며 進退无恒이 非離羣也라 君子進德修業은 欲及時也니 故로 无咎니라.

九四에 이르기를 혹 뛰어서 연못속에 있으나 허물이 없다고 하는 것은 무엇을 말함이요. 공자는 말하기를 오르고 내리는 것이 떳떳함이 없어도 간사한 일을 하는 것은 아니며 나가고 물러가는 것을 항구함이 없음은 무리를 떠나는 것이 아니라. 군자가 덕으로 나가고 학업을 닦는 것은 때에 맞추려고 하는 것이니 그래서 허물이 없다고 한다.

譯解 : 올라가거나 내려가더라도 그 행동은 일정하지 않지만 악을 행하는 것은 아니다. 그리고 세상을 떠나서 자기 혼자만이 잘났다고 하는 것도 아니다. 다만 군자는 덕을 키우고 학업을 닦으려고 노력할 뿐이다. 그것은 항시 시간에 맞는 행동을 하려고 마음을 쓰기 때문이다. 內卦는 덕과 학업을 外卦는 때와 장소를 문제로 한다.

九五曰 飛龍在天 利見大人은 何謂也요 子曰 同聲相應하며 同氣相求하여 水流濕하며 火就燥하며 雲從龍하며 風從虎라 聖人이 作而萬物이 覩하나니 本乎天者는 親上하고 本乎地者는 親下하나니 則各從其類也니라.

九五에 이르기를 나는 용이 하늘에 있으니 훌륭한 사람을 만나봄이 이로울 것이라고 한 것은 무엇을 말함이요. 공자는 말하기를 같은 소리끼리 서로 응하며 같은 기운끼리 서로 구하며 물은 습한 곳으로 흐르며 불은 마른 데로 번지며 구름은 용을 쫓고 바람은 범을 쫓는다. 성인이 일어나서 만물을 보게 되나니 하늘을 근본하는 것은 위에 친하고 땅을 근본하는 것은 아래에 친하나니 각각 그 종류를 따르기 때문이라 한다.

譯解 : 이 글은 명문이라 할 수 있다. 같은 음률은 같은 소리를 내고 천기가 흐려 비가 내리면 礎石이 축축하게 젖는 것은 氣를 같이하기 때문이

다. 물은 습한 땅에 흐르고 불은 마른 곳에 붙는다. 푸른구름은 하늘에 오르는 용을 따라 솟아 오르고 바람은 범의 울부짖음에 의해 일어난다. 이와 같이 성인이 나타나면 모든 백성은 그에게 감응하여 그를 우러러 찬양하게 되는 것이다. 하늘의 氣를 받으면 하늘을 따르고 땅의 氣를 받으면 땅을 따른다. 이것은 동류가 동류를 따르는 모습을 가리킨 것이다. 이것은 자연의 법칙을 잘 표현하고 있다.

上九曰 亢龍有悔는 何謂也오 子曰 貴而无位하며 高而无民하며 賢人이 在下位而无輔라 是以動而有悔也니라.

上九에 이르기를 높게 있는 용이니 뉘우침이 있다고 하는 것은 무엇을 말함이오. 공자는 말하기를 귀하면서도 자리가 없고 높으면서도 백성이 없고 어진 사람이 아랫자리에 있으므로 도와 주는 사람이 없으니 이로써 움직이면 후회함이 있으리라.

譯解 : 높은 자리에 있지만 실질적으로 지위가 없으니 백성이 따르지 아니하고 어진 사람이 낮은 자리에서 보좌할 길이 없으니 어떠한 일을 해도 이루어지지 않으니 후회가 따르기 마련이다.

潛龍勿用은 下也오 見龍在田은 時舍也오 終日乾乾은 行事也오 或躍在淵은 自試也오 飛龍天在은 上治也오 亢龍有悔는 窮之災也라 乾元用九는 天下治也라.

물속에 잠겨있는 용이니 활동하지 말라는 것은 밑에 있기 때문이요. 나타난 용이 밭에 있다고 하는 것은 때를 놓쳤음이요, 종일토록 부지런하다는 것은 일을 행하고 있음이요, 혹 뛰어 못속에 있다는 것은 스스로 시험하는 것이요, 나는 용이 하늘에 있다는 것은 위에서 다스리는 것이요. 높이 있는 용이 뉘우침이 있다는 것은 궁한 재앙이니라. 乾元의 用九는 천하를 다스림이라.

譯解 : 爻辭를 때와 장소에 중점을 두고 거듭 해석하였다. "時舍"를 朱子는 제쳐놓았다고 해석하였다.

潛龍勿用은 陽氣潛藏이요 見龍在田은 天下文明이요. 終日

乾乾은 與時偕行이요. 或躍在淵은 乾道乃革이요 飛龍在天은 乃位乎天德이요 亢龍有悔는 與時偕極이요 乾元用九는 乃見天則이라.

　물속에 잠겨있는 용이니 활동하지 말라는 것은 陽氣가 숨어있기 때문이요, 나타난 용이 밭에 있다는 것은 천하가 문명한 것이요, 종일토록 부지런하다는 것은 때와 더불어 행하는 것이요, 혹 뛰어 연못속에 있다는 것은 하늘의 도가 고쳐지는 것이요, 나는 용이 하늘에 있다는 것은 하늘의 덕에 자리한 것이요, 높게 있는 용이 뉘우침이 있다는 것은 때와 더불어 함께 극도에 다다른 것이요, 乾元의 用九는 이에 하늘의 법칙을 보여준 것이다.

　譯解 : 爻辭의 해석으로 하늘의 법칙을 중점적으로 다루었다. "與時偕行"을 위나라 王弼, 宋의 程子는 淸의 王夫之는 때와 함께 행함이라고 해석하였다.

乾元者는 始而亨者也요 利貞者는 性情也라 乾始能以美利로 利天下라 不言所利하니 大矣哉라 大哉라 乾乎여 剛健中正純粹精也요 六爻發揮는 旁通情也요 時乘六龍하여 以御天也니 雲行雨施라 天下平也라.

　乾元이란 시작하여 형통한 것이요. 利貞이란 성품과 정이라 乾의 시작은 능히 아름다운 이익을 가지고 온 천하를 이롭게 하였음이요, 이로운 바를 말하지 않으니 크다 하리라. 크도다. 乾이여 굳세고 건실하고 中正하여 순수하고 정밀하다. 六爻가 발휘하여 곁으로 정을 통함이라 때로 여섯 마리의 용을 타고 천하를 다스리니 구름이 가고 비가 내려 천하를 평화롭게 하나니라.

　譯解 : 乾元은 하늘의 생기가 발동하여 천지만물이 막힘없이 다 생성한다. 그러한 까닭으로 美와 利로 천하를 이롭게 한다. 乾元은 참으로 훌륭하고 강건하여 어느 편에 치우치지 아니하며 똑바르고 순수하여 정밀한 것이다. 六爻의 발동으로 물정을 밝게 알고 성인은 때를 얻어 백성을 다스리니 천하가 다 평화롭게 됨을 인간에 가르쳐 주고 있으니 깊이 음미해야 할 것이다.

君子 以成德爲行하나니 日可見之行也라 潛之爲言也는 隱而未見하며 行而未成이라 是以君子弗用也하나니라.

군자는 덕을 이루는 것을 행동으로 삼나니 날마다 가히 보는 것을 행동으로 옮기는지라. '潛'이란 말은 숨어서 보이지 않으며 행동으로 이루어지지 못함이라. 이러한 까닭으로 군자는 움직이지 아니하나니라.

譯解 : 初九의 爻辭를 해석한 것이다. 행동이란 즉시 나타나기 때문에 날마다 볼 수 있다. 잠복해 있다고 하는 것은 덕이 있으나 겉으로 나타나지 않아서 보이지 아니함이요, 비록 행하더라도 성과가 없으니 군자는 활동을 자제하고 있음을 뜻한다.

君子 學以聚之하고 問以辨之하며 寬以居之하고 仁以行之하나니 易曰 見龍在田 利見大人이라 하니 君德也라.

군자는 배워서 모으고 물어가지고 분별하며, 너그러운 마음으로 거처하며 어진 것을 가지고 행하였다. 易에 나타난 용이 밭에 있으므로 훌륭한 사람을 만나보아야 이롭다 하였으니 군자의 덕이라.

譯解 : 덕이 있는 사람은 지식을 넓히고 모든 사람에게 관용의 덕으로 대하여 지도자의 재질을 발휘하고 있다. 仁으로 행한다는 것은 하늘의 이치에 어긋남이 없으니 어찌 사사로운 뜻을 가질 수 있으랴. 배우고 마음을 수양하려면 반드시 질서가 있으니 몸가짐을 바르게 하고 마음을 고요히 지켜야 할 것이다.

九三은 重剛而不中하여 上不在天하니 下不在田이라 故로 乾乾하여 因其時而惕하면 雖危나 无咎矣리라.

九三은 거듭 강하고 중용의 자리에 있지 아니하며 위로는 하늘에 있지 않고 아래로는 밭에 있지 아니한지라. 그러한 까닭으로 부지런하여 그 때에 따라서 반성하면 비록 위태하다 하더라도 허물은 없으리라.

譯解 : 九三은 陽爻가 양의 자리에 있으니 더욱 강하다. 위태로운 자리에 있으나 노력하고 반성하면 허물은 없다. 만일 時論에 따른다면 더욱 위태로울 것이니 반성하고 마음을 바르게 가지면서 학업에 열중한다면 비록 위

태로운 처지에 놓이더라도 허물은 면할 것이다.

　　九四는 重剛而不中하니 上不在天하며 下不在田하며 中不在人이라 故로 或之하니 或之者는 疑之也니 故로 无咎라.

　九四는 거듭 강하고 중용의 자리에 있지 않고 위로는 하늘에 있지 않고 아래로는 밭에 있지 않고 가운데는 사람이 있지 아니한지라. 그러한 까닭으로 혹이라 하니 혹이란 의심하는 것으로 그래서 허물이 없다.

譯解 : 陽이 陰의 자리에 있으므로 불안정하다. 그래서 혹이라 한다. 혹은 의혹을 뜻하나 망동하지 않기 때문에 허물이 없다. 朱子는 陽이 陰의 자리에 있으므로 重剛이라 말할 수 없다고 하였다. 상하괘가 乾으로 거듭되었기 때문에 重剛이라는 학설도 있다.

　　夫大人者는 與天地合其德하며 與日月合其明하며 與四時合其序하며 與鬼神合其吉凶하여 先天而天弗違하며 後天而奉天時하나니 天且弗違은 而況於人乎며 況於鬼神乎아.

　훌륭한 사람이란 천지와 더불어 그 덕을 합하며 일월과 더불어 그 밝음을 합하며, 사시와 더불어 그 차례를 합하며 귀신과 더불어 그 길흉을 합하여 하늘에 앞서도 하늘이 어기지 못하며 하늘에 뒤지면 天時를 받드나니 하늘도 어기지 못하거늘 하물며 사람이며 하물며 귀신이랴.

譯解 : 九五는 훌륭한 사람을 만나는 것이 이롭다는 해석이다. 사람은 본래 천지신명과 더불어 같이 할 수 있으나 물욕에 본성이 가리어 상통하지 못하고 다만 자신을 잊고 있을 때만이 성인과 상통할 수 있다. 그래서 성인의 행동은 하늘의 이치와 합치한다고 말할 수 있다.

　　亢之爲言也는 知進而不知退하며 知存而不知亡하며 知得而不知喪이니 其惟聖人乎아 知進退存亡而不失其正者 其唯聖人乎저.

　亢이란 말은 나가는 것만 알고 물러가는 것은 알지 못하며, 있는 것만 알고 없는 것은 알지 못하며, 얻은 것만 알고 잃는 것은 알지 못하니 어찌 성인이

라. 물러가는 것과 존재하고 멸망하는 것을 알아서 바른 것을 잃지 않는 사람은 오직 성인 뿐이다.

䷁ 坤 爲 地

  坤은 元亨코 利牝馬之貞이니 君子의 有往攸이니라 先迷하고 後得主利하니라 西南은 得朋이요 東北은 喪朋이니 安貞하면 吉하니라.

  坤은 크게 형통하고 암말의 바른 것이 이로울지니 군자가 갈 곳이 있을지니라. 먼저 가면 길을 잃고 뒤에 가면 얻을 것이니 이로움을 주장하리라. 서남쪽에서는 벗을 얻고 동북쪽에서는 벗을 잃을지니 편안하고 바르게 하면 길할 것이니라.

譯解 : 坤은 陰으로 지구를 뜻한다. 지구는 고요하고 순수하여 풍부한 힘을 갖추고 있으므로 만물을 낳고 육성한다. 坤의 기호는 ☷으로 구성되어 四德을 지니고 있다. 그래서 암말처럼 유순하고 건실하여 여성적인 활동으로 만물을 키우고 있다. 陽 앞에 나가려면 반드시 방향을 잃고 이리저리 돌아다니지만 陽의 뒤를 따른다면 순조롭게 방향을 잡을 수 있다. 서남쪽은 陰의 방향이고 동북쪽은 陽의 방향으로 서남쪽에서는 벗을 만나게 되고 동북쪽으로는 시집가니 벗을 잃게 되는 것이다. 坤은 여성적인 본질을 지니고 있기 때문에 만물을 키우고 있으나 변할 줄 모르는 강건한 기질을 가지고 있다. 현대의 사회를 陰이 성하는 시대라고 말하고 있다.

  象曰 至哉라 坤元이여 萬物이 資生하나니 乃順承天이니 坤厚載物이 德合无疆하며 含弘光大하여 品物이 咸亨하나니라. 牝馬는 地類니 行地无疆하며 柔順利貞이 君子攸行이라 先迷失道하고 後順得常하니 西南得朋은 乃與類行이요 東北喪朋은 乃終有慶하리니 安貞之吉이 應地无疆이니라.

象에 이르기를 지극하다 坤元이여 만물이 모두 여기서 생기나니 이에 순종하여 하늘의 뜻을 이어받아 坤은 크고 두터워서 만물을 싣고 덕은 한없이 크게 빛나니 모든 물질이 다 형통하니라. 암말은 땅의 종류이니 땅에서 행하는 것은 끝이 없으며 유순하면서 이롭고 바르게 함은 군자의 행하는 바라. 먼저 가면 어릿거려 길을 잃고, 뒤에서 따라가면 떳떳함을 얻을 것이다. 서남쪽에서 벗을 얻는 것은 동류와 함께 행하기 때문이요, 동북쪽에서 벗을 잃는다는 것은 마침내 경사가 있을 것이다. 바르게 하면 편안하고 길한 것은 한없는 땅의 덕에 순응하기 때문이다.

譯解 : 卦辭를 해석한 것이다. 坤은 生成力의 氣를 가지고 있기 때문에 만물이 생장하고 있다. 坤은 둥글고 힘이 한없이 커서 만물을 싣고 있으며 그 덕은 하늘의 넓음과 일치한다. 坤은 유순하면서도 또한 굳게 지조를 지킨다. 만일 교만한 마음으로 앞서 나아가려면 반드시 길을 잃고 헤매지만 뒤를 따른다면 순조롭게 목적지까지 도달할 것이다. 동양 사상에서는 陽이 陰을 따르는 것이 아니고 陰이 陽을 따르는 것이 올바른 도리라고 믿어 왔다.

象曰 地勢坤이니 君子以하여 厚德으로 載物하나니라.

象에 이르기를 땅의 형세는 坤이니, 군자 이로써 두터운 덕으로 만물을 싣고 있나니라.

譯解 : 땅의 움직임이 坤인 군자는 이를 보고 덕을 후하게 하며 백성을 포용하여 물질이 풍족하도록 노력하는 것을 坤의 덕이라고 하였다.

初六은 履霜하면 堅冰至하나니라.
象曰 履霜堅冰은 陰始凝也니 馴致其道하여 至堅冰也하나니라.

初六은 서리를 밟으면 굳은 얼음이 되나니라.
象에 이르기를 서리를 밟으면 굳은 얼음이 얼게 되는 것은 陰이 비로소 엉킨다는 것이다. 그 도에 익숙해지면 굳은 얼음이 어나니라.

譯解 : 初六은 老陰으로 가변적인 기질이 있다. 初六은 밑에 있는 --이니 陰氣가 처음 엉킨 것이 서리가 된다. 初六이라고 하는 것은 二四의 生數인

짝수를 합한 六을 老陰이라고 하며 가변성을 가지고 있다. 陰氣가 약하다고 하지만 쌓이고 쌓여서 세력이 강해지고 있다. 그래서 악의 움직임이 처음에는 적지만 점점 커져서 큰 악이 된다고 옛 성현들은 사람들에게 가르쳐 주고 있다.

六二는 直方大라 不習이라도 无不利하니라.
象曰 六二之動은 直以方也니 不習无不利는 地道光也라.

六二는 곧고 바르고 큰지라 익히지 않아도 이롭지 아니함이 없나니라.
象에 이르기를 六二의 움직임은 곧고 바르나니 익히지 않아도 이롭지 아니함이 없다는 것은 땅의 도가 빛나기 때문이다.

譯解 : 六二는 유순하고 바른자리에 있으니 중용을 얻었다고 볼 수 있다. 그래서 坤道를 가장 잘 빛내고 있다. 땅은 평편하게 사방으로 넓게 펼쳐있다. 坤道처럼 평편하고 방정한 덕이 있는 사람은 익히지 아니하여도 만사가 순조롭다는 것이다. 直이 안에 있으면 方이 되고 直이 밖에 있으면 方이 되는 까닭으로 大라고 하였다. 그리고 直을 말할 때에는 하늘의 이치를 주재하여 요사스러운 마음이 없다고 한다.

六三은 含章可貞이나 或從王事하여 无成有終이니라.
象曰 含章可貞이나 以時發也요 或從王事는 知光大也라.

六三은 빛나는 것을 가지니 가히 곧게 함이라. 혹 왕업에 종사할지라도 이루는 것 없이 끝날 것이다.
象에 이르기를 빛나는 것을 가지니 가히 곧게 할 것이다. 때로써 발하는 것이요, 혹 王事에 종사함은 지식이 빛나고 크다는 것이다.

譯解 : 章은 문장의 아름다움을 말한다. 陰爻가 陽의 자리에 있기 때문에 적극적인 능력을 보유하고 있다. 그리고 미덕을 품고 신하로서 바른길을 고수할 따름이다. 그러나 三爻는 下卦 위에 있으므로 그 자리를 지키고 있을 수는 없다. 때가 오면 王命을 받들어 일에 종사하지만 자신의 공적을 나타내지 못하고 명령에 충실할 따름이다.

六四는 括囊이면 无咎며 无譽리라.
象曰 括囊无咎는 愼不害也라.

六四는 주머니를 여미듯이 한다면 허물도 없고 명예도 없을 것이다.
象에 이르기를 주머니를 여미듯이 한다면 허물이 없다는 것은 삼가면 해롭지 않다는 것이다.

譯解 : 주머니를 꽉 졸라 매듯이 재능과 지혜를 자랑하지 말고 말을 삼간다면 헛된 이름을 얻지 아니할 것이고 허물도 없을 것이다. 이 爻辭를 荀子는 썩은 선비들을 책한 것이라고 하였다.

六五는 黃裳이면 元吉이리라.
象曰 黃裳元吉은 文在中也라.

六五는 누른 치마를 입으면 크게 길하리라.
象에 이르기를 누른치마가 크게 길하다는 것은 글재주가 있기 때문이다.

譯解 : "黃"은 五行의 중앙 土色을 말하고 "裳"은 하의로써 신하가 입는 옷을 뜻한다. 六五는 중용의 자리에서 유순한 덕이 마음속에 충만하여 밖으로 나타나는 것을 상징하고 있다. 黃裳은 淸나라의 王夫之는 [周易裨疏]에서 신분에 따른 예복이라고 해석하였다.

上六은 龍戰于野하니 其血이 玄黃이로다.
象曰 龍戰于野는 其道窮也라.

上六은 용이 들판에서 싸우니 그 피가 검고 누렇도다.
象에 이르기를 용이 들판에서 싸운다는 것은 그 도가 궁색함이라.

譯解 : 陰은 본래 陽을 따라야 하거늘 陰이 강해져서 그 형세가 陽과 비등하여 陽과 싸우고 있다. 그러한 까닭으로 陰陽이 서로 상해서 피를 흘린다는 뜻이다. "玄"은 하늘 즉 陽을 말하고, "黃"은 땅으로서 즉 陰을 말한 것이다.

用六은 利永貞하니라.
象曰 用六永貞은 以大終也라.

用六은 영원히 곧아야 이로울 것이다.

象에 이르기를 用六은 영원히 곧아야 하는 것은 그 끝을 크게 여김이라.

譯解 : 陰이 왕성하면 정상을 보존하기 어렵다. 그래서 영원히 바른 것을 지켜서 끝까지 크게 하기를 경계한 것이다.

文言曰 坤은 **至柔而動也剛**하고 **至靜而德方**하니 **後得主而有常**하며 **含萬物而化光**하니 **坤道其順乎**저 **承天而時行**하나니라.

文言에 이르기를 坤은 지극히 유순하면서도 움직이는 것은 강하고, 지극히 고요하면서도 덕이 바르니 뒤에 가면 주장하는 바가 떳떳하다. 만물을 포함해서 德化가 크니 坤의 도는 그 유순한 것이니, 하늘의 도를 받아서 때에 행할 것이다.

譯解 : 坤은 지극히 유순하지만 움직일 때에는 강하고 굳세며 坤의 德은 방정하고 혼란됨이 없다. 動이란 것은 생물을 움직이는 데 기틀이 되고 德이란 것은 생물의 본질을 얻게 된다. 그리고 陽의 뒤를 따르면 오래 몸을 보전할 것이다. 坤의 이치는 유순하여 하늘의 힘을 받아들이고 때에 응하여 그 힘을 발휘한다. 비록 여성적인 성질을 가지고 있지만 한시도 쉬지 않고 움직이고 있다.

積善之家는 **必有餘慶**하고 **積不善之家**는 **必有餘殃**하나니 **臣弑其君**하며 **子弑其父非一朝一夕之故**라 **其所由來者漸矣**니 **由辨之不早辨也**라 **易曰 履霜堅冰至**라 하니 **蓋言順也**라.

착한 일을 쌓은 집에는 반드시 남은 경사가 있고, 착하지 않은 일을 쌓은 집에는 반드시 남은 재앙이 있나니 신하로써 그 임금을 죽이고, 자식으로써 그 아비를 죽인다는 것은 하루 아침이나 하루 저녁의 일이 아니라 그로 인한 까닭이 있으며 이것을 일찍이 가리지 않았기 때문에 그렇게 된 것이다. 易에 이르기를 서리를 밟으면 굳은 얼음이 언다고 하니, 대개 익숙하게 된다는 것을 말한 것이다.

譯解 : 모든 일에는 까닭이 있으니 착한 일을 쌓는 집에는 경사가 있으며 악을 쌓는 집에는 후세에 이르러서도 재앙을 받을 것이다. 그래서 이러한

일이 일어나지 않도록 경계한 것이다. 사람이 사람의 도리를 지키지 않으면 어찌 편안한 삶을 이어갈 수 있으랴.

　　直은 其正也도 方은 其義也니 君子는 敬以直內하고 義以方外하여 敬義立而德不孤하나니 直方大不習无不利는 則不疑其所行也라.

　　곧다는 것은 바르다는 것이요, 바르다는 것은 옳다는 것이다. 군자는 삼가 안으로 곧게 하고 옳은 것으로 밖을 바르게 하여 삼가고 옳은 것이 확립되면 덕이 외롭지 않다는 것이다. 곧고 바르고 큰 것을 익히지 않더라도 이롭지 아니함이 없다는 것은 그 행하는 바를 의심치 아니한다는 말이다.

　譯解 : 直이라는 것은 요사스러움과 사사로움이 없고 바른 것을 말한다. 方이라는 것은 그릇됨이 없고 잘못을 제재하는 것이 마땅하다는 말이다. 敬義가 확립되면 德이 외롭지 않다는 것은 거리낌이 없이 바르기 때문이다. 하늘의 이치에 따라 행동한다면 배우지 않더라도 삶의 철학에 익숙한 사람이라고 말할 것이다.

　　陰雖有美나 含之하여 或從王事하여 弗敢成也니 地道也며 妻道也며 臣道也니 地道는 无成而代有終也니라.

　　陰은 비록 아름다움이 있으나 이것을 가지고 혹 왕업에 종사한다면 감히 일을 이루지 못한다. 그것은 땅의 도리이며, 아내의 도리이며, 신하의 도리이니 땅의 도리는 이루는 일이 없는 대신에 끝이 있다.

　譯解 : 陰은 비록 뛰어난 재능을 갖추고 있어도 안에 간직한 채 웃사람의 사업을 도와 열심히 일할 줄만 알고 공적을 앞세우려 하지 아니한다. 이것은 坤의 도리이며 아내의 도리이며 신하의 도리라고 한다. 하늘의 명을 받고, 하늘을 대신하여 유종의 미를 이루는 것이다.

　　天地變化하면 草木이 蕃하고 天地閉하면 賢人이 隱하나니 易曰 括囊无咎无譽라 하니 蓋言謹也라.

　　천지가 변화하면 초목이 무성하고 천지가 막히면 어진 사람이 숨을 것이다.

易에 이르기를 주머니를 여미면 허물도 없고 칭찬도 없으니 대개 삼갈 것을 말함이라.

譯解 : 천지가 변화하면 세상이 태평하여 초목도 무성하거늘 하물며 어진 사람이 세상에 나오지 아니하랴. 세상에 나와서 반드시 올바른 행동으로 모든 사람을 위하여 마음을 다할 것이다. 그러나 천지가 막히면 어진 사람의 뜻이 통하지 아니하므로 숨을 수 밖에 없다는 말이다.

君子 黃中通理하여 正位居體하여 美在其中而暢於四支하며 發於事業하나니 美之至也라.

군자는 중용의 자리에서 이치에 통달하여, 바른자리에 몸이 있고 아름다움이 그 가운데 있으니, 四支에 퍼지고 있다. 사업에 드러나고 있으니 이것이 아름다움의 지극함이라.

譯解 : 黃中이란 것은 중용의 덕이 안에 있다는 말이다. 군자는 중용의 덕을 몸에 지니고 있으며, 이치에 통달하여 겸손하니 아름다운 덕이 마음 속에서 밖으로 나타난 것이다. 그래서 나라를 위하여 열심히 일할 수 있기 때문에 가장 아름다운 선의 극치인 것이다.

陰疑於陽하면 必戰하나니 爲其嫌於无陽也라 故로 稱龍焉하고 猶未離其類也라 故로 稱血焉하니 夫玄黃者는 天地之雜也니 天玄而地黃하나라.

陰이 陽과 비슷하면 반드시 싸우나니 陽이 없는 것으로 혼동하였음이라. 그래서 용이라 일컬으고 오히려 그 무리를 떠나지 못한다. 그래서 血이라고 일컫는다. 대저 玄黃이란 하늘과 땅이 섞인 빛이니 하늘은 검고, 땅은 누렇다는 것이다.

譯解 : 疑는 비슷하다는 뜻이고 嫌은 혼동한다는 뜻이다. 陰이 陽을 따르는 것이 원칙으로 되어 있으나 陰이 극성하여 陽을 능가하여 싸우고 있다. 하늘은 검고 땅은 누렇다는 이치를 분별하지 못하니 어찌 싸우지 아니하랴. 그래서 陰陽이 서로 상하기 때문에 血이라 한 것이다.

䷂ 水雷屯

屯은 元亨利貞이니 勿用有攸往이요 利建侯하나니라.

屯은 크게 형통하고 바르게 해야 이롭나니라. 갈 곳이 있어도 가지 말 것이요. 제후를 세워야 이로울 것이다.

譯解 : 屯은 막혀서 나가기 어려운 때를 가리킨 것이며 초목의 싹이 굳은 땅을 뚫고 나오지 못하는 상태를 말한다. 자연의 조화와 사람의 일은 어려움을 서로 함께 하는지라 어려운 때를 당하여 삼갈 것을 경계한 것이다. 상괘 坎은 물이라 위험하고 하괘 震은 천둥치고 움직이는 것을 말한다. 그래서 屯은 위험한 가운데 움직이는 형상이다. 앞에 위험이 가로막고 있으니 바른 태도를 가지고 바른 도리를 굳게 지킬 것이며 경솔히 전진하는 것은 화를 스스로 불러들일 것이다. 그리고 어려움을 참고 견디다보면 새로운 발전이 기다리고 있을 것이다.

象曰 屯은 剛柔始交而難生하며 動乎險中하니 大亨貞은 雷雨之動이 滿盈일세라. 天造草昧에는 宜建侯요 而不寧이니라.

彖에 이르기를 屯은 강유가 비로소 교합해서 어려움이 생기며 험한 가운데 움직이는 것이다. 크게 형통하고 바른 것은 우레와 비가 움직여 가득 차기 때문일세라. 하늘의 조화가 어지럽고 어두울 때는 마땅히 제후를 세울 것이요, 그렇지 않으면 편안치 못하니라.

譯解 : "天造"는 하늘의 조화 또는 時運을 뜻한다. "草"는 일의 시작을 말한다. 屯은 강유가 처음으로 교합하여 새로운 것을 胎動시키는 고난의 때이다. "昧"는 하늘이 밝지 않고 혼탁한 때를 가리킨 것이다. 그러나 고난을 참고 움직여야 마침내 막히는 것이 없어지고 뻗어나갈 수 있으며 큰 비가 내려 만물을 적셔줌과 같은 것이다.

象曰 雲雷屯이니 君子以하여 經論하나니라.

象에 이르기를 구름과 우레가 屯이니, 군자 이로써 일을 경륜하나니라.

譯解 : 經論은 실꾸리를 푸는 동작을 말한다. 천하가 혼탁할 때에 일을 시작하면 어려움에 부딪칠 것이다. 군자는 이런 때를 당하여 뜻을 펴서 일을 다스려야 할 것이다.

初九는 磐桓이니 利居貞하며 利建侯하니라.
象曰 雖磐桓하나 志行正也며 以貴下賤하니 大得民也로다.

初九는 주저하는 모습이니 바르게 한다면 이로울 것이며 나라를 세워야 이롭나니라.

象에 이르기를 비록 주저하고 있으나 뜻을 바르게 행할지니 귀한 자리에서 천한 백성을 대하니 크게 백성의 마음을 얻으리라.

譯解 : "磐桓"은 주저하면서 나가지 못하는 상태에 있다 初九는 밑에 있으나 뜻은 강하여 앞으로 전진하려다가 머뭇거리는 형상이다. 그러나 뜻을 바르게 가지고 있으면 비록 밑에 있다 하더라도 안정을 얻을 수 있다.

六二는 屯如邅如하며 乘馬班如하니 匪寇면 婚媾리니 女子貞하여 不字라가 十年에야 乃字로다.
象曰 六二之難은 乘剛也요 十年乃字는 反常也라.

六二는 어려운 듯하여 머뭇거리며 말을 타고 망설인다. 도둑이 아니라 혼인을 청함이니 여자가 정조를 지켜 혼인하지 않다가 십년만에 이에 혼인하도다.

象에 이르기를 六二의 어려움은 강한 것을 탓하기 때문이요, 십년만에 이에 혼인한 것은 떳떳하게 돌아옴이라.

譯解 : 邅如는 머뭇거린다는 뜻이고, "班如"는 그 자리에서 맴도는 상태를 말한다. "字"는 혼인을 허락하였다는 뜻이다. 六二는 바른 자리에서 九五와 응하고 있으나 初九가 접근하고 있다. 그러나 六二는 九五의 곁으로 가려고 하지만 初九가 귀찮게 따라다녀 되돌아오는 형상이다. 六二는 어려운 때에 강한 것을 탔기 때문에 初九의 핍박을 당하였으나 십년만에 九五와 결합하게 된다.

六三은 卽鹿无虞라 惟入于林中이니 君子幾하여 不如舍니 往하면 吝하리라.
象曰 卽鹿无虞는 以從禽也요 君子舍之는 往하면 吝窮也라.

六三은 사슴을 잡으려고 갔으나 안내인이 없는지라 오직 숲속으로 들어가니, 군자는 기미를 보아 그만 두는 것만 못하다. 그대로 간다면 부끄러움을 당하리라.

象에 이르기를 사슴을 잡으려고 갔으나 안내인이 없으므로 짐승만을 쫓는 것이요, 군자가 그만두는 것은 그대로 간다면 부끄러움을 당하여 궁하기 때문이라.

譯解: "虞"는 안내인을 말한다. 六三은 陰爻로 陽의 자리에 있으니 분수를 모르고 경솔하게 행동하는 형상이다. 분별없이 사슴을 잡으려 숲속으로 깊이 들어간다면 이는 탐욕하기 때문이다. 만일 현명한 사람이라면 사슴을 쫓지 아니할 것이다. 경솔하게 그대로 쫓아가면 반드시 곤궁함을 당할 것이다. 六三이 九五를 따라가려는 것은 자신의 위치를 알지 못하기 때문에 이러한 행동을 경계한 것이다.

六四는 乘馬班如니 求婚媾하여 往하면 吉하여 无不利하니라.
象曰 求而往은 明也라.

六四는 말을 타고 나가지 못하나 혼인을 청하려고 간다면 길하여 이롭지 아니함이 없나니라.

象에 이르기를 혼인을 청하려 간다 함은 밝기 때문이라.

譯解: 六四는 初九와 응하고 있으나 九五의 자리와 가까이 있기 때문에 마음이 들뜬 형상이다. 그러나 자신의 위치를 알고 初九와 결합하는 것은 현명한 처사이며, 고난을 극복할 수 있는 밝은 도리라 할 수 있다.

九五는 屯其膏니 小貞이면 吉하고 大貞이면 凶하리라.
象曰 屯其膏는 施未光也라.

九五는 그 혜택을 베풀기 어려우니 작은 일이면 길하고 큰 일이면 흉하리라.
象에 이르기를 그 혜택을 베풀기 어렵다 함은 베푸는 것이 빛나지 아니함이라.

譯解 : "膏"는 혜택을 베푼다는 뜻으로 해석하였다. 九五는 바르고 중용의 자리에 있으나, 험한 일에 빠져 어려움을 당하고 있으며, 六二의 도움으로서는 힘이 약하여 그 혜택이 백성에게 내릴 수 없는 형상이다. 그래서 분수에 맞는 일을 할 때에는 길하지만 분수에 넘치는 일을 할 때는 흉할 것이다.

上六은 乘馬班如하여 泣血漣如로다.
象曰 泣血漣如어니 何可長也리요.

上六은 말을 타고 나가지 못하며, 피눈물이 흘러내리도다.
象에 이르기를 피눈물이 흘러내리는 것이 어찌 이렇게 길단 말이요.

譯解 : "漣如"는 흘러내리는 모양을 뜻한 것이다. 上爻는 陰爻로서 극에 달하여 몸을 의지할 곳이 없으므로 피눈물을 흘리며 생명력이 멀지 아니하였음을 탄식하는 형상이다.

䷃ 山 水 蒙

蒙은 亨하니 匪我求童蒙이라 童蒙이 求我니 初筮어든 告하고 再三이면 瀆이라 瀆則不告이니 利貞하니라.

蒙은 형통하니 내가 동몽에게 구함이 아니라, 동몽이 나에게 구함이니 처음 점칠 때는 바른대로 말해주고 두 번 세 번 하면 어지러워지나니라. 어지러워진즉 일러주지 아니하나니 바르게 해야 이로울 것이다.

譯解 : "蒙"이란 어리석은 어린애의 상태를 말한다. 물이 산을 만나서 갈 곳을 모르는 형상이다. 蒙이란 어리석은 사람이 참된 마음으로 스승의 가르침을 받아야 스승과 제자의 사이가 마음으로 통할 것이다. 그리고 성심성의로 점을 치면 반드시 진실이 나타난다. 그러나 점친 결과가 마음에 안 든다고 다시 점쳐 본다면 이것은 신성한 정신을 모독한 것으로 가르침을 의심하는 사람에게는 가르칠 수 없다는 말이다. 蒙을 깨닫게 하는 길은 바르게 가르치지 않으면 안된다. 그러므로 "利貞"이라 하였다.

彖曰 蒙은 山下有險하고 險而止蒙이라 蒙亨은 以亨行이니 時中也요 匪我求童蒙童蒙求我는 志應也요 初筮告는 以剛中也요 再三瀆瀆則不告는 瀆蒙也일세니 蒙以養正이 聖功也라.

　彖에 이르기를 蒙은 산 밑에 험한 것이 있고, 험하고 그치는 것이 蒙이라. 蒙이 형통한 것은 형통함으로써 행함이니 때에 맞기 때문이요, 내가 동몽에게 청한 것이 아니고 동몽이 나에게 청한 것은 뜻으로 응함이요, 처음 점칠 때에 말해주는 것은 강함이 가운데 있기 때문이요, 두 번 세 번 물으면 어지럽히니 어지럽히면 말하지 아니함은 蒙을 어지럽히고 있음이라. 蒙을 바르게 기르는 것은 성스러운 공이라 한다.

譯解 : 어리석은 사람이 배움을 청해 온다면 마음으로 가르치는 것이 바른길이라 할 수 있다. 속마음은 험하나 밖으로 나타내지 않으니 어리석은 형상이다. 샘에서 흐르는 물줄기는 냇물과 섞여서 나중에는 큰 강이 될 가능성이 얼마든지 있다. 그래서 몽매한 사람도 발전할 수 있으므로 좋은 교육을 받아야 한다.

象曰 山下出泉이 蒙이니 君子以하여 果行育德하나니라.

　象에 이르기를 산밑에서 샘물이 흐르는 것이 蒙이니, 군자 이로써 행동을 결정하여 덕을 기르나니라.

譯解 : 샘물이 산밑에서 흘러나와 갈 바를 모르고 있다. 군자는 이 괘를 보고 물이 흘러내리는 것과 높이 솟아오른 산을 본받아 행동을 과단성 있게 결정하여 덕을 기른다.

初六은 發蒙하되 利用刑人하여 用說桎梏이니 以往이면 吝하리라.
象曰 利用刑人은 以正法也라.

　初六은 우매한 것을 일깨우는 데는 사람에게 형벌을 주는 것이 이롭고, 형틀을 벗길지니 그대로 하면 부끄러움을 당하리라.
　象에 이르기를 사람을 형벌로 다스리는 것이 이롭다는 것은 이로써 법을 바르게 함이라.

譯解 : "發"은 일깨운다는 뜻이며, "桎梏"는 형틀을 뜻하고, "說"은 脫을 뜻한다. 初六은 밑에 있으므로 더욱 몽매하다. 이런 몽매한 사람을 일깨울 때에는 반드시 엄하게 다스려야 한다. 그러나 너무 지나치게 다루면 반항할 수 있으니 바르게 일깨워 주는 것이 옳은 방법이다.

九二는 包蒙이면 吉하고 納婦면 吉하리니 子克家로다.
象曰 子克家는 剛柔接也라.

九二는 어리석은 사람을 포섭하면 길하고 며느리를 맞아들이면 길할 것이니 아들이 집을 다스릴 것이다.

象에 이르기를 아들이 집을 잘 다스린다는 것은 강유가 접했기 때문이다.

譯解 : 九二는 陽爻로서 하괘의 가운데에 자리잡고 있으므로 중용의 덕을 가지고 몽매한 사람들을 포용한다. 세밀히 관찰한다면 陰陽이 제자리가 아니지만 九二와 六五는 서로 응하여 음양의 조화가 잘 되어 있다. 그래서 며느리를 맞아들여 아들이 집안을 잘 다스리는 형상이다. 바꿔 말한다면 五爻는 아버지에 해당하고, 二爻는 아들에 해당되어 "子克家"라 표현했으며 九二와 六五가 서로 응하였기 때문에 "剛柔接也"라 하였다.

六三은 勿用取女니 見金夫하고 不有躬하니 无攸利하니라.
象曰 勿用取女는 行이 不順也라.

六三은 여자에게 장가들지 말라. 돈 있는 남자를 보고 몸을 가누지 못하니 이로울 바 없나니라.

象에 이르기를 여자에게 장가들지 말라는 것은 행동이 불순하기 때문이다.

譯解 : 六三은 陰爻로써 陽의 자리에 있으니 부정하다. 그래서 이런 여자를 아내로 맞아들일 수 없다. 여자가 돈 있는 남자에게 유혹되어 따라가는 것은 배우자가 있는 여자로서는 행실이 불순하기 때문이다(程子說).

여자는 당연히 행실을 바르게 가지고 가정을 지켜야 마땅하거늘 밖으로 쏘다니고 있으니 어찌 여자로서 취할 행동이랴.

六四는 困蒙이니 吝하도다.

象曰 困蒙之吝는 獨遠實也라.

六四는 몽매하여 괴로움을 당하니 부끄러운 일이다.
象에 이르기를 몽매하여 괴로움을 당한다는 것은 홀로 멀리 있음이라.

譯解 : 六四는 상대할 대상이 없으므로 외롭고 의지할 데가 없다. 九二의 陽爻가 멀리 있으며, 또한 上九도 멀리 있으니 지도자를 만날 수 없다. 그래서 괴로움을 당하는 형상이다. 그리고 陰은 虛하고 陽은 實하므로 象傳에 "獨遠實也"라 하였다.

六五는 童蒙이니 吉하니라.
象曰 童蒙之吉은 順以巽也라.

六五는 어려서 사리에 어두운 아이이니 길하니라.
象에 이르기를 어려서 사리에 어두운 아이이니 길하다는 것은 순종하여 자기를 낮춤이라.

譯解 : 六五는 중용의 자리에서 공손한 태도로 가르침을 받는다. 그리고 아래에 있는 九二의 도움을 받아 좋은 형상을 이루고 있다. 사람은 누구에게나 공평하고 사사로움이 없이 공정한 마음으로 사람을 대하게 되면 반드시 모든 사람들의 도움을 받을 것이다.

上九는 擊蒙이니 不利爲寇요 利禦寇하니라.
象曰 利用禦寇는 上下順也라.

上九는 몽매한 것을 일깨워 주는데 도둑으로 여긴다면 이롭지 아니할 것이요, 도둑을 막는 것이 이로울 것이다.
象에 이르기를 도둑을 막는 것이 이롭다는 것은 상하가 순종함이라.

譯解 : "擊蒙"은 몽매함을 깨우쳐 주는 데 엄격하다는 뜻이다. 上九는 陽爻로서 몽매함을 엄하게 다루다 보면 도리어 해가 될 우려가 있으니 조심스럽게 깨우쳐 주어야 한다. 다만 밖에 들어오는 해독을 막아 순진한 마음을 잃지 않도록 지도해야 옳을 것이다. 그래야만 지도하는 사람이나 지도를 받는 사람이 서로 화합할 것이다.

䷄ 水天需

需는 有孚하여 光亨코 貞吉하니 利涉大川하나니라.

　需는 성실함이 있어서 크게 형통하고, 바르게 하면 길하니 큰 내를 건너면 이로울 것이다.

　譯解 : 需는 기다린다는 뜻이다. 상괘 坎은 위험함을 나타내고, 하괘 乾은 굳세고 강건함을 나타낸다. 강건하지만 앞에 위험에 가로놓여 있으므로 자중하여 기다린다. 그래서 需라고 한 것이다. 조급한 마음으로 배를 기다리지 않고 강물에 뛰어드는 그러한 어리석은 행동을 범하지 말고, 밝은 세상을 찾으려면 반드시 힘을 기르면서 때를 기다리면 크게 성공을 바랄 수 있을 것이다. 그리고 성실한 마음의 자세로 동요하지 않으면 비록 위태로운 일에 부딪쳐도 순조롭게 진행될 것이다.

　象曰 需는 須也니 險이 在前也니 剛健而不陷하니 其義不困窮矣라 需有孚光亨貞吉은 位乎天位하여 以中正也요 利大川은 往有功也라.

　象에 이르기를 需는 기다림이니 험한 것이 앞에 있으나, 강건하여 빠지지 않으니 그 의리가 곤궁하지 아니하다. 需는 성실한 것이 있으면, 크게 형통하고 곧으면 길하다는 것은 하늘의 위치에 자리하여 정중하기 때문이라. 큰 내를 건너가는 데 이롭다는 것은 가면 공이 있음이라.

　譯解 : 乾의 앞에 坎에 있으므로 위험하다는 것이다. 坎은 물이니 경솔한 행동으로 건너갈 수 없다. 성실한 행동과 밝은 마음으로 기다릴 줄 알아야 한다. 이 괘상의 본질을 말한다면 언제나 성실한 마음을 가지면 크게 형통할 것이요, 바르게 행동한다면 더욱 길할 것이다.

　象曰 雲上於天이 需니 君子以하여 飮食宴樂하나니라.

　象에 이르기를 구름이 하늘 위에 오른 것이 需니 군자는 이로써 음식을 먹으며 편안하게 즐거워한다.

譯解 : 상괘 坎은 구름이요, 하괘 乾은 하늘을 뜻한다. 구름이 하늘 위에 있으니 陰陽이 서로 화합하여 자연히 비가 내릴 것이다. 군자는 이를 본받아서 아무 속박없이 자기 마음대로 편히 쉬면서 때가 오기를 기다린다.

初九는 需于郊라 利用恒이니 无咎리라.
象曰 需于郊는 不犯難行也요 利用恒无咎는 未失常也라.

初九는 들에서 기다리는지라. 항구한 마음을 갖는 것이 이로우며 허물이 없으리라.

象에 이르기를 들에서 기다린다는 것은, 어려운 것을 범치 않고 행동함이요, 항구한 것이 이롭고 허물이 없다는 것은 떳떳한 것을 잃지 아니함이라.

譯解 : 기다린다는 것은 앞에 위험이 있기 때문이다. 初九는 위험이 멀리 있으므로 교외에서 기다린다고 표현하였다. 初九는 陽爻로 陽의 자리에 있으니 바른 자리라고 한다. 그러나 함부로 행동하지 않고 변하지 아니하는 마음을 가지면 허물이 없다.

九二는 需于沙라 小有言하나 終吉하리라.
象曰 需于沙는 衍으로 在中也니 雖小有言하나 以吉로 終也리라.

九二는 모래밭에서 기다리고 있는지라, 말썽은 조금 있으나 마침내 길할 것이다.

象에 이르기를 모래밭에서 기다린다는 것은 풍부한 중용의 자리에 있다. 비록 잔소리가 있다 하더라도 길한 것으로 끝날 것이다.

譯解 : "沙"는 모래밭을 뜻한다. 九二는 初九보다 坎에 가까이 있으므로 위험이 다가오고 있다. 마음을 넓게 가지고 중용의 자리를 굳게 지키면 결국은 길할 것이다. 자신의 자리를 지키려면 말썽이 있겠지만 참고 견디다 보면 위험을 벗어날 것이다.

九三은 需于泥니 致寇至리라.

象曰 需于泥는 災在外也라 自我致寇하니 敬愼이면 不敗也리라.

九三은 진흙바탕에서 기다리니 도둑을 불러오게 하리라.

象에 이르기를 진흙바탕에서 기다린다는 것은 재앙이 밖에 있음이라. 내가 도둑을 오게 하였으니 공경하고 삼가하면 패하지 않으리라.

譯解 : 九三은 위험이 더욱 가까워졌으니, 위험속에 빠져 들어간다. 九三은 지나치게 강하여 경솔히 행동하니 밖의 적이 침공해 올 것이다. 신중히 때를 기다려서 행동한다면 실패하지 아니할 것이다.

六四는 需于血이니 出自穴이로다.

象曰 需于血은 順以聽也라.

六四는 위험한 곳에서 기다리니 함정으로부터 나오리라.

象에 이르기를 위험한 곳에서 기다린다는 것은 순종하여 듣는 것이라.

譯解 : 六四는 위험한 곳에 발을 들여놓고 기다리는 형상이다. 六四는 初九와 서로 응하고 있으니 유순하게 時運을 기다려야 한다. 그리고 앞으로 더 나가지 아니하면 함정을 빠져나올 수 있을 것이다. 위험에 처해 있더라도 자신의 분수를 지키면 사람들의 도움을 받아 어려움을 헤쳐나갈 것이다.

九五는 需于酒食이나 貞하고 吉하리라.

象曰 酒食貞吉은 以中正也라.

九五는 술과 밥을 놓고 기다리니 바르게 하면 길하리라.

象에 이르기를 술과 밥을 놓고 기다리니 바르게 하면 길하다는 것은 중용의 자리에 있기 때문이라.

譯解 : 九五는 중용의 자리에서 바른 마음을 가지고 있으니 비록 위험한 가운데 있지만 술과 음식을 들면서 편안히 때를 기다린다.

上六은 入于穴이니 有不速之客三人이 來하리니 敬之면 終吉하리라.

象曰 不速之客來敬之終吉은 雖不當位나 未大失也라.

上六은 구멍으로 들어가니 청하지 않은 손님 세 사람이 올 것이다. 그를 공경하면 마침내 길하리라.

象에 이르기를 청하지 않은 손님이 오니 그를 공경하면 마침내 길하다는 것은 비록 마땅한 자리는 아니나 크게 잃지 않으리라.

譯解 : "速"은 부른다는 뜻으로 해석한다. 上六은 험난한 자리에 있으며 궁지에 몰려있다. 上六은 九三과 서로 응하고 있지만 九三은 아래 두 陽爻와 함께 기다리지 않고 전진해 오는 것은 陽의 본래의 속성인지라, 세 陽爻가 한데 뭉쳐서 올라오고 있다. 이것을 "不速之客三人"으로 표현하고 있다. 上六은 유순함으로 陽爻를 억제하지 못하여 삼가는 마음으로 상대한다면 위험에서 벗어날 것이다. 험악한 세파에 시달리는 사람들은 유순한 마음으로 서로 상대하면 마음의 갈등을 면할 것이다.

䷅ 天 水 訟

訟은 有孚나 窒하여 惕하니 中은 吉코 終은 凶하니 利見大人이요 不利涉大川이니라.

송사는 성실함도 있으나 막히는 일도 있어서 두려워하니 중용의 자리에 있으면 길하고, 끝에는 흉하다. 훌륭한 사람을 만나는 것이 이롭고, 큰 내를 건너가면 이롭지 않다.

譯解 : "訟"은 송사와 다툼을 뜻한다. 인간의 세상에서는 싸움이 일어나기 마련이다. 상괘는 乾이니 강하고, 하괘 坎은 험하다고 한다. 윗사람은 강권으로 아랫사람을 억누르고 아랫사람은 윗사람을 엿본다. 이것이 송사와 다툼의 실마리가 된다. 송사는 마음을 품고 있으면서도 남에게 유린되어 마지못해 싸우는 형상이다. 그리고 송사는 결코 좋은 일이 못되니 반성해서 화해한다면 길하고 끝까지 싸우기를 고집한다면 결과적으로 쌍방이 다 흉할 것이다.

훌륭한 사람을 만나서 중재를 요청하는 것이 오히려 좋은 결과를 가져올 것이다. 송사가 빈번한 현대사회에 있어서 우리는 깊이 생각하고 반성할 문제라고 본다.

  象曰 訟은 上剛下險하여 險而健이 訟이라 訟有孚窒惕中吉
은 剛來而得中也요 終凶은 訟不可成也요 利見大人은 尙中正
也요 不利涉大川은 入于淵也라.

 象에 이르기를 송사는 위는 강하고 아래는 험하여 험하고 건실한 것이 송사
라. 송사는 성실함도 있으나 막히는 일도 있다. 두려워서 중용의 자리에 있으
면 길하다는 것은 강한 것이 와서 중용을 얻었음이요, 송사를 끝내어도 흉하
다는 것은 송사를 이룰 수 없기 때문이요, 훌륭한 사람을 만나야 이롭다는 것
은 바른 것을 소중히 여기는 것이요, 큰 내를 건너가는 것이 이롭지 않다는
것은 연못 속에 빠지기 때문이다.

譯解 : 송사는 좋은 일이 아니며, 바른 것을 존중하고 어진 사람의 중재
를 받는 것이 일의 순서이며, 사회를 살아가는 데 도움이 될 것이다. 큰 강
을 건너가는 그러한 위험을 느끼면서까지 송사를 해내려는 것은 어리석은
행동으로 위험에 부딪칠 것이다.

  象曰 天與水違行이 訟이니 君子以하여 作事謀始하나니라.

 象에 이르기를 하늘과 물이 서로 어긋나는 것이 송사이니 군자는 이로써 일
할 때에 시작을 잘한다.

譯解 : 하늘의 氣는 위로 올라가고 물은 아래로 흐르니 길이 서로 어긋난
다. 서로 어긋나 있으니 송사가 일어나는 형상이다. 군자는 이 괘상을 보고
어떠한 일에나 그 출발부터 깊이 생각하고 후일의 분쟁을 미리 예방한다.

  初六은 不永所事면 小有言하나 終吉이리라.
  象曰 不永所事는 訟不可長也니 雖小有言이나 其辯이 明也라.

 初六은 일을 오래 끌어서는 안되며 조금은 말이 있더라도 마침내 길하다.
 象에 이르기를 일을 오래 끌어서는 안된다는 것은 송사를 오래 끌지말라.
비록 조금은 말이 있다고 하지만 그 변론이 명백하다.

譯解 : 初六은 陰爻로서 제자리가 아니며 밑에 있으니, 송사를 이끌어 갈

힘이 부족하다. 만일 송사를 오래 끌면 약간의 잔소리는 있으나 그 변론이 명백하여 길하다. 유순한 마음을 가지고 윗사람과 송사를 하더라도 사유가 명백하면 승소할 수 있다.

九二는 不克訟이라 歸而逋①하여 其邑人이 三百户면 无眚하리라.
象曰 不克訟이라 歸而逋竄②也니 自下訟上이 患至掇③也라.

九二는 송사에 이기지 못할지라. 돌아가서 숨어 있는데 그 고을 사람이 삼백호라면 재앙이 없으리라.

象에 이르기를 송사에 이기지 못하여 돌아가 숨었으나 아랫사람이 윗사람을 걸어 송사하면 근심이 닥쳐올 것이다.

譯解: 九二는 陽爻로서 위험한 가운데 있어 송사를 일삼고 있으니 자신의 분수를 모르는 사람이다. 二爻와 五爻는 陽爻이기 때문에 서로 화합하지 못하니 송사가 일어나기 마련이다. 九五는 높은 자리에 있고, 九二는 낮은 자리에 있으니 송사에 이길 수 없다. 그래서 자기의 자리로 도망가 숨으면 아무 탈이 없다고 표현하고 있다. 三百户에 대하여 많은 학설이 분분하지만 王의 학설에 따라 小邑으로 해석한다.

① 逋(도망갈 포), ② 竄(도망갈 찬), ③ 掇(말채찍 철)

六三은 食舊德하여 貞하면 厲하나 終吉이리라 或從王事하여 无成이로다.
象曰 食舊德하나 從上이라도 吉也리라.

六三은 옛덕에 살아서 바르게 하면 위태하나 마침내 길하리라. 혹 윗사람의 일에 종사할지라도 이루어지는 것이 없다.

象에 이르기를 옛덕에 살고 있으니 윗사람을 좇을지라도 길할 것이다.

譯解: 六三은 자리가 불편하지만 유순한 성질을 가지고 있기 때문에 송사를 일으킬만한 능력이 없다. 대대로 물려받은 선조의 재산으로 살아가지만 위태로움이 따르고 있다. 그러나 마음을 바르게 가지고 행동하면 반드시 평화를 유지할 것이다. 윗사람을 따라 일하더라도 성과가 없을 것이다.

九四는 不克訟이라 復卽命하여 渝하여 安貞하면 吉하리라.
象曰復 卽命渝安貞은 不失也라.

九四는 송사에 이기지 못한다. 돌아와서 명을 받들고 마음을 변화시켜 안정하고 바르게 하면 길할 것이다.

象에 이르기를 돌아와서 명을 받들고 마음을 변화시켜 안정하고 바르게 하면 분수를 잃지 아니함이라.

譯解 : 九四는 陽爻가 陰의 자리에 있으니 마음이 약하여 송사할 뜻이 없다. 하늘의 명에 따라 태도를 고쳐 마음의 평화를 찾고, 바른 도리를 지키면 안정되고 허물이 없다.

九五는 訟에 元吉이라.
象曰 訟元吉은 以中正也라.

九五는 송사에 크게 길하리라.

象에 이르기를 송사에 크게 길하다는 것은 치우치지 않고 바르게 하였다는 것이라.

譯解 : 九五는 바른자리에서 중용을 지키면서 송사를 공정하게 판정한다. 九五는 訟卦의 主爻로서 공정한 판정을 내리지 아니하면 질서가 문란하여 통치자의 권위가 실추되기 때문에 송사에 임하여 강한 의사를 드러낸 것이다.

上九는 或錫之鞶帶라도 終朝三褫①之리라.
象曰 以訟受服이 亦不足敬也라.

上九는 혹 큰 띠를 받을지라도 아침이 끝나기 전에 세 번 빼앗기게 되리라.
象에 이르기를 송사로써 옷을 받았다는 것은 역시 존경할 것이 못되느니라.

譯解 : "鞶帶"는 신분에 따라 두르는 띠를 말한다. 上九는 강한 성질을 가지고 있기 때문에 송사는 이길 수 있으며 신분에 따른 큰 띠를 받았지만 자리가 불편하여 마음이 불안하다. 그 명예를 아침에 세 번 빼앗기게 되는 것은 송사로 얻은 명예는 존경할 것이 못된다는 말이다.

① 褫(앗을 치)

☷ 地水師

師는 貞이니 丈人이라야 吉코 无咎하니라.

군사는 곧아야 할지니, 덕있는 어른이라야 길하고 허물이 없으리라.

譯解: 師는 다수의 집단 또는 군대라는 말이다. 丈人은 덕있는 어른 또는 長老를 뜻한다. 인간은 본질적으로 사회적인 존재이므로 태어나면서부터 무리를 이룬다. 상괘는 땅으로서 유순하고, 하괘는 물로서 험하다. 고대 사회에서 군대란 평시에는 농사를 짓고 농한기에는 훈련을 쌓아 두었던 것이다. 그래서 이 괘상은 농민 속에 군대가 숨어 있음을 표현하고 있다. 이 괘상에서 九二만이 陽爻이고 모두 陰爻이기 때문에 실권은 九二가 쥐고 있다. 六五는 윗자리에 있지만 성질이 유순하여 모든 권한을 九二에게 위임하고 있다. 그래서 군주가 장군에게 군대에 대한 작전권을 명하여 군대를 동원하고 있다. 하늘의 명에 따르고, 모든 백성의 촉망을 받아서 악을 토벌하고 정의에 입각한 전쟁이라야 실패가 없을 것이다. 그러나 소인을 장군으로 임명한다면 성질이 바르지 못하여 공명심을 가지고 전쟁을 일으킨다면 패전을 거듭할 것이니 패전에 대한 책임을 지고 처벌을 받아야 마땅하다. 전쟁에는 반드시 대의명분이 있어야 하며 장군의 역량에 따라 집단의 운명이 좌우된다. 지도자의 길은 정의에 입각한 통솔력이 있어야 한다.

彖曰 師는 衆也요 貞은 正也니 能以衆正하면 可以王矣리라 剛中而應하고 行險而順하니 以此毒天下而民이 從之하니 吉코 又何咎矣리요.

彖에 이르기를 군사는 여러 사람이요, 곧은 것은 바른 것이니 능히 무리를 바로잡을 수 있으면 가히 왕이 되리라. 강이 가운데 자리에 응함으로 위험한 일을 행하여도 순조롭다. 이것으로써 천하에 해를 끼치되 백성들이 쫓아오니 길하고 또 무엇을 탓하리요.

譯解: 九二의 陽爻가 중용의 자리에서 모든 사람을 마음대로 부리고 있다. 그것은 바른 일을 행하기 위하여 부정한 무리를 정벌하기 때문에 모든 백성이 여기에 응하고 있는 것이다. 전쟁을 할 때에는 백성이 괴로움을 당하고 있지만 장군의 올바른 행동에 감화되어 아무 말없이 따르고 있는 것은 전쟁을 승리로 이끄는 중요한 점이라고 본다. 毒이라고 하는 것은 군대가 부득이한 경우에 사용하는 일을 말한다. 사람의 병을 치료할 때에도 최후의 수단으로 소량의 독약을 사용하는 비법이 있다. 王弼은 毒을 부역이라고 해석하였다.

象曰 地中有水師니 君子以하여 容民畜衆하나니라.

象에 이르기를 땅속에 물이 있는 것이 師니, 군자는 이것으로써 백성을 용납하고 무리를 기른다.

譯解 : 땅이 풍부하고 물을 저장하였으니, 군자는 이 괘상을 보고 땅처럼 백성을 포용하고 생활의 터전을 마련하여 후일을 대비한다.

初六은 師出以律이니 否면 臧이라도 凶하니라.
象曰 師出以律이니 失律하면 凶也리라.

初六은 군사를 출동시키는 데는 법으로써 할지니, 그렇지 않으면 잘했더라도 흉하다.

象에 이르기를 군사를 출동시키는 데 법으로써 한다는 것은 법으로 아니하면 흉할 것이다.

譯解 : "律"은 군법을 말하며 "臧"은 잘한다는 뜻이다. 初六은 師卦의 처음으로 군대를 출동시킬 때에는 반드시 규율을 엄중히 다스려야 한다. 만일 규율이 문란하면 일시적인 승리를 얻었다 하더라도 결국은 패망할 것이다. 백성이 법을 지키기 전에 먼저 지도자가 법을 지켜야 된다는 것을 우리에게 가르쳐 주고 있다.

九二는 在師하여 中할새 吉코 无咎하니 王三錫命이로다.
象曰 在師中吉은 承天寵也요 王三錫命은 懷萬邦也라.

九二는 군대에 있으면서 중용의 자리를 지키면 길하고 허물이 없을 것이니 왕이 세 번 명을 내릴 것이다.
　象에 이르기를 군대에 있으면서 중용의 자리를 지키면 길하다는 것은 하늘의 은총을 받을 것이기 때문이요, 왕이 세 번 명을 내린다는 것은 여러 나라가 따르기 때문이다.
　譯解 : "錫"은 賜를 뜻하며, "天寵"은 임금의 사랑을 뜻하고, "懷"는 따른다는 뜻이다. 九二는 陽爻로 제자리에서 중용의 도를 지키고 있으니 백성의 신망을 얻고 위로는 왕의 깊은 은총을 받으니 천하의 백성이 따르고 있다. 지도자는 어려운 시국에 있을 때에는 몸을 수양하고 바른 마음으로 정치에 임한다면 어찌 국민이 따르지 않으랴. 현실을 볼 줄 모르는 정치인은 易의 깊은 뜻을 음미하며 마음의 수양을 닦아야 하겠다.

　六三은 **師或輿尸**면 **凶**하리라.
　象曰 師或輿尸면 **大无功也**리라.
　六三은 군대가 혹 시체를 싣고 오게 되면 凶한다.
　象에 이르기를 군대가 시체를 싣고 오게 된다는 것은 크게 공이 없음이라.
　譯解 : 六三은 陰爻로서 陽의 자리에 있으니 재주는 볼 것 없으나 뜻만 강하고 중용의 도를 벗어나서 경솔한 행동으로 전쟁에 임하면 패하기 마련이다. 지휘관이 전사하여 시체를 싣고 돌아오는 형상이다. 자신의 분수를 모르고 날뛰다 보면 자신의 죽음보다 국가의 장래가 염려된다. 모름지기 지도자라면 분수를 알고 국민을 먼저 생각할 줄 아는 마음의 자세가 꼭 필요한 것이다.

　六四는 **師左次**니 **无咎**로다.
　象曰 師左次无咎는 **未失常也**라.
　六四는 군대가 물러나와 머무르니 허물이 없도다.
　象에 이르기를 군대가 물러나와 머무른다는 것은 허물이 없음이니 떳떳함을 잃지 아니함이라.
　譯解 : 병법에 의하면 얕은 지대를 전방으로 하고 높은 지대를 후방으로 하는 것이 필요한 전법이라고 한다. 얕은 지대는 공격하기 쉽고, 후방이 높

은 지대이면 방어하기가 용이하다는 것이다(王弼의 학설). 六四는 제자리에서 위험이 앞에 있고 우측 후방이 험악한 상태에 놓여 있다. 그래서 군대를 안전한 지대로 물러설 수 있게 한다. 자신의 능력을 알고 군대를 안전한 지대로 물러서게 하는 것은 지휘자로서 떳떳한 도리라고 본다. 그래서 象傳에서 병법의 상도를 벗어난 것이 아니라고 하였다.

六五는 田有禽이어든 利執言하니 无咎리라 長子帥師니 弟子與尸하면 貞이라도 凶하리라.

象曰 長子帥師는 以中行也오 弟子與尸는 使不當也라.

六五는 밭에 짐승이 있거든 명령을 받들면 이로우니 허물이 없으리라. 장자에게 군사를 거느리게 할 것이니 작은 아들에게 전쟁을 시키면 시체를 싣고 돌아오게 되리니 바르게 하여도 흉하니라.

象에 이르기를 맏아들이 군사를 거느린다는 것은 중용을 행하기 때문이요. 작은 아들에게 전쟁을 시키면 시체를 싣고 돌아오게 된다는 것은 부림이 마땅치 못한 것이다.

譯解 : 六五는 군대를 움직이는 주체이며 중용의 자리에 있으나 마음이 약한 것이 흠이다. 적의 공격을 받아서 싸울 때에는 방어를 철저히 하면 싸움에서 반드시 이길 수 있다. 六五는 전쟁을 일으킬만한 강한 성질이 없고, 상대방의 공격을 받아 싸우게 되어 전리품을 획득하는 형상이다. 맏아들은 九二를 말하고 작은 아들은 六三 六四를 가르킨 것이다. 유능한 장수에게 임무를 맡긴 이상 또 다른 사람에게 같은 일을 맡겨선 안되며 명령의 통일성이 없기 때문에 전쟁에서 지게 된다. 성실한 사람에게 임무를 맡겼다면 다른 사람의 말을 들으면 정책의 실패를 자초할 것이니 정치인은 깊이 반성할 문제라고 경계하고 있다.

上六은 大君이 有命이니 開國承家에 小人勿用이니라.

象曰 大君有命은 以正功也오 小人勿用은 必亂邦也라.

上六은 대군의 명령이 있어 나라를 열고 집을 이어받으니 여기에 소인을 쓰지 말지니라.

象에 이르기를 대군의 명령이 있다는 것은 그 공을 바르게 하자는 것이요,

50 　易上經

　　소인을 쓰지 말라는 것은 반드시 나라를 어지럽게 하기 때문이라.

　　譯解 : 上六은 전쟁의 종결을 말한다. 論功行賞에 있어서 전공이 있는 사람은 높은 자리의 벼슬과 대신의 벼슬에 임명하지만 소인은 아무리 전공이 많더라도 등용하지 말고 금품으로 상을 내리는 것이 옳다는 것은 소인은 반드시 나라를 어지럽히기 때문이다. 비록 전공이 많더라도 높은 벼슬에 임명하지 않는 것은 나라일을 옳게 처리하는 데는 사사로움이 있을 수 없다는 것이다. 요즘 세태를 내다보면서 마음이 서글픈 것은 나만의 생각이 아니라고 믿는다.

䷇ 水 地 比

　　比는 吉하니 原筮하되 元永貞이면 无咎리라 不寧方來니 後夫라도 凶이리라.

　　比는 길하니 처음 점치되 크게 길고 바르면 허물이 없으리라. 편안하지 않아서 바야흐로 오니 뒤늦은 사람은 흉하리라.

　　譯解 : 比는 서로 친하다 돕는다는 뜻이다. 師卦를 완전히 뒤집으면 比卦가 된다. 서괘전에 군대는 무리를 말하며 무리는 반드시 친근해지기 때문에 師卦 뒤에 比卦가 있음을 설명하고 있다. 사람은 서로 친근해지면서 생활해 가는 것이고 인간의 삶이 지속되는 것이다. 그리고 인간은 자신의 주장을 고집하면서 부와 권력을 얻기 위하여 무리 속에서 싸우고 있다. 상괘 坎은 물이요, 하괘 坤은 땅이니, 흙과 물이 서로 친근하여 만물을 생육한다. 그러한 까닭으로 比라는 학설도 있다. 五爻의 陽이 중용의 자리에서 다섯 陰爻를 친하게 다스리고 있다. 또는 많은 여성을 매혹시키는 남성으로도 볼 수 있다. 그리고 점쳐서 선하고 영구적인 덕을 바르게 가지고 있으면 사람들이 따라올 것이니 허물이 없을 것이요, 또한 친근하지 아니하여 불안한 사람도 오고 있다. 그런데 시기심을 가지고 뒤늦게 오는 사람은 흉할 것이다. "原筮" 王弼은 점을 친다라고 해석하였다.

象曰 比는 吉也며 比는 輔也니 下順從也라 原筮元亨貞无咎는 以剛中也요 不寧方來는 上下應也요 後夫凶은 其道窮也라.

象에 이르기를 比는 길한 것이며 比는 돕는 것이니, 아랫사람이 순종하는 것이라. 처음 점쳐서 크게 길고 바르면 허물이 없다는 것은 강이 중용의 자리에 있음이요, 편안치 않아서 바야흐로 온다는 것은 위와 아래가 응함이요, 뒤지는 사람은 흉하다는 것은 그 道가 궁하기 때문이다.

譯解 : 周易本義에는 "比吉也"를 삭제하였으며, 淸의 王夫之는 經義述問에 "比吉也"의 也의 글자를 없앴다. 九五가 높은 자리에 있고 陰이 아랫자리에 있으므로 모두 순종하여 따르고 있다. 아래 사람을 덕으로 다스리기 때문에 자신을 희생하면서 따르는 것이다. 그래서 동양사상의 바탕은 德治를 말하는 것이며, 王道政治에 있어서 仁을 근본으로 삼는 이유도 바로 여기에 있다. 이러한 때에 대열에서 뒤떨어진 사람은 편안치 못할 것이다. 서로 화목하고 친목을 도모하는 때에 뒤에 처지는 것은 기회를 엿보려는 처사이니 큰 잘못이라고 할 수 있다.

象曰 地上有水比니 先王이 以하여 建萬國하고 親諸侯하니라.

象에 이르기를 땅 위에 물이 있는 것이 比니 先王이 이로써 여러 나라를 세우고 제후들과 친했나니라.

譯解 : 땅 위에 물이 있으니 분리할 수 없는 친밀함을 말한다. 옛날 어진 임금은 나라를 세우고 제후들과 친했다는 것은 천하의 사람들과 친했음을 말하는 것이다. 현대의 세계조류가 평화를 위주로 여러 나라가 힘쓰고 있음을 알아야 한다. 정치인들은 깊이 반성하고, 세계의 동향을 빨리 내다보는 지혜가 필요한 것이다.

初六은 有孚比之하여 无咎리니 有孚盈缶하면 終에 來有他吉하리라.
象曰 比之初六은 有他吉也니라.

初六은 성실함이 있어야 친할 것이며 허물이 없으리니 성실함이 있으되 물이 항아리에 차듯이 하면 마침내 다른 길함이 있으리라.

象에 이르기를 比의 初六은 다른 길한 것이 있으리라.

譯解 : "孚"는 믿음을 뜻하고 "缶"는 질그릇을 말한다. 初六은 밑에 있는 陰爻로서 사람들과 친하되 성실한 마음이 가득차 있으면 뜻밖에 길한 일이 있다. 성실한 마음을 가지고 사람을 상대하게 되면 반드시 신임을 얻게 되며 장래를 보장받을 것이다.

六二는 比之自內니 貞하여 吉하도다.
象曰 比之自內는 不自失也라.

六二는 서로 친하려면 마음에서부터 할지니 바르게 해야 길하도다.
象에 이르기를 서로 친하려면 마음에서부터 함은 스스로 잃지 아니함이라.

譯解 : 六二는 유순하고 중용의 자리에서 九五와 서로 응하고 있다. 그리고 서로 중용의 도를 지키고 있으므로 이상적인 결합이라고 할 수 있다. "內"라고 한 것은 자신의 주체성을 상실하지 않았기 때문에 길하다고 말한 것이다.

六三은 比之匪人이라.
象曰 比之匪人이 不亦傷乎아.

六三은 친하려 하였으나 뜻한 사람이 아니다.
象에 이르기를 친하려 하나 뜻한 사람이 아니라는 것은 역시 마음 아픈일이 아니겠는가.

譯解 : 六三은 陰爻로서 陽의 자리에 있으니 부정하다. 주위에 모두 陰爻만 있으니 친할 상대가 없다. 친할 사람이 없으니 가슴 아픈 일이 아니냐. 그러나 성실한 마음을 가지고 주위 사람을 상대한다면 서로 이해하고 어려운 고비를 넘길 것이다.

六四는 外比之하니 貞하여 吉하도다.
象曰 外比於賢은 以從上也라.

六四는 밖에서 사람과 친하려니 바르게 해야 길하도다.
象에 이르기를 밖에서 어진 사람과 친하려는 것은 이로써 윗사람을 따르게 되느니라.

譯解: 六四는 初六과 응하는 자리에 있으나 다 陰爻이기 때문에 응하지 못하고 윗자리에 있는 九五와 친해졌기에 따라갈 수밖에 없다. 그래서 밖의 사람과 친하다고 표현한 것이다. 初六이 陰爻이기 때문에 결합하지 못하고 九五를 따르는 것은 의리로 보아 부정하지만 바른 마음과 행동으로 따르면 길하다고 표상하였다.

九五는 顯比니 王用三驅에 失前禽하며 邑人不誡니 吉하도다.
象曰 顯比之吉은 位正中也요 舍逆取順이 失前禽也요 邑人不誡는 上使中也일세라.

九五는 친함을 나타내니 임금이 三驅를 사용하여 앞에 있는 짐승을 잃고, 고을 사람을 경계하지 아니하여도 길하다.
象에 이르기를 친한 것을 나타내는 것이 길함은 중용의 자리에 있음이요, 거슬러가는 것을 버리고 순종하는 것을 취함은 앞의 짐승을 잃을 것이요, 고을 사람을 경계하지 아니하는 것은 윗사람의 행동이 중용을 얻었음이라.

譯解: "三驅"는 湯王이 사냥할 때에 과도한 살생을 피하기 위하여 三面에서 몰아가고 한곳을 열어놓아 짐승이 달아날 길을 터 주었다는 말이다. 九五는 유일한 陽爻로서 중용의 자리에 있고 陰爻들이 모두 따라오고 있으므로 比를 잘 나타낸 것이다. 사람에 대한 태도가 공평무사하여 오는 백성은 막지 않고 가는 백성은 쫓지 아니하는 관대한 마음으로 대하면 백성이 안심하고 따라온다. 九五는 중용의 자리에서 백성들에 대하여 경계하지 않기 때문에 다른 나라의 백성들도 모두 따라오는 형상이다. 현대의 정치인들도 깊이 생각해 볼 문제이며, 옛 현명한 군주보다도 못한 정치인을 얼마든지 볼 수 있다.

上六은 比之无首니 凶하니라.
象曰 比之无首 无所終也니라.

上六은 친하려 해도 우두머리가 없으니 흉하니라.
象에 이르기를 친하려 해도 우두머리가 없음은 끝도 없다.

譯解 : "首"는 우두머리를 뜻한다. 上六은 약한 陰爻로서 윗자리에 있으나 우두머리가 될 덕이 없고 아랫사람과 친하지 아니하니 오히려 흉하다. "首"를 처음으로 해석하는 학설도 있다(王弼). 덕이 없으면서 윗자리에 있으면 아랫사람의 존경을 받을 수 없다. 현실사회에는 이러한 사람이 너무 많기 때문에 상하관계가 정립되어 있지 않고 흐트러져 있다.

䷈ 風 天 小 畜

小畜은 亨하니 蜜雲不雨는 自我西郊일세라.

小畜은 형통하니 짙은 구름이나 비가 내리지 아니함은 우리 서쪽 들에서부터 시작할 것이다.

譯解 : 陰은 小이고 陽은 大이니 하나의 陰이 다섯의 陽을 정지시키고 있다. 陰이 陽을 정지시키고 있지만 그 구속력이 약하여 小畜이라고 한다. 군자의 바른길이 몇 번이고 정지당할 뻔 하였지만 결국은 뜻이 통할 것이다. 內卦는 건실하고 外卦는 들어가는 덕이 있는 까닭으로 점점 뜻이 통할 가능성이 있다. 군자의 덕이 비록 방해를 받는다 하더라도 중용의 덕으로 감화시키고 있다. 그래서 서쪽에서 비가 내린다고 표현하고 있다.

象曰 小畜은 柔得位而上下應之할새 曰 小畜이라 健而巽하며 剛中而志行하여 乃亨하니라 蜜雲不雨는 尙往也요 自我西郊는 施未行也라.

象에 이르기를 小畜은 유한 것이 자리를 얻어서 위 아래가 응할새 이르되 小畜이라. 건실하면서 겸손하니 剛이 중용을 얻어 뜻대로 행하여 이에 형통하니라. 짙은 구름이나 비가 내리지 아니함은 오히려 가고 있음이요, 우리 서쪽 들에서부터 시작한다는 것은 베푸는 것이 행하지 못함이라.

譯解 : 小畜은 六四의 제자리에서 다섯 陽爻를 응하고 있으니 지략이 부족하다. 陰陽의 氣가 조화를 이루지 못하여 짙은 구름이나 비가 내리지 않

고 있다. 이제까지 비가 내리지 않고 있음은 아직 덕이 베풀어지지 않고 있기 때문이다. 모든 만물은 음양의 조화가 아니면 이루어질 수 없으니 上九의 변화가 있으면 비가 내릴 것이다.

象曰 風行天上이 小畜이니 君子以하여 懿文德하나니라.

象에 이르기를 바람이 하늘 위를 부는 것이 小畜이니 군자 이로써 文德을 아름답게 하나니라.

譯解 : "懿"는 아름답다는 뜻이며 文德은 문장 재능을 말한다. 바람이 氣가 움직이고 있으나 실질이 없으며 글의 덕을 아름답게 하고 있다. 君子는 크면 도덕이요, 적으면 학문의 덕인 까닭으로 꾸민 것이 아니다. 현대인들은 겉으로 꾸미기를 좋아하고 속은 텅 비었으니 알찬 마음이 삶에 바탕이 될 것이다.

初九는 復이 自道어니 何其咎리요 吉하니라.
象曰 復自道는 其義吉也라.

初九는 돌아오는 것이 바른 길에 따르거니 어찌 그 허물이리요 길할 따름이니라.

象에 이르기를 돌아오는 것이 바른 길에 따른다는 것은 그 뜻이 길하기 때문이다.

譯解 : "復"은 본래의 자리로 돌아간다는 뜻이다. 하괘 乾은 하늘이니 본래 위에 있어야 하므로 위로 올라가는 것이 즉 돌아가는 것이다. 그런데 六四의 陰爻가 정지시키지 않고 있으며 여기서 바른길을 돌아가고 있다. 본래 자기의 자리로 돌아가기 때문에 허물이 없다. 사람이 자신의 분수를 알고 자신의 위치에 돌아가라는 것을 훈계한 것이다.

九二는 牽復이니 吉하리라.
象曰 牽復은 在中이니 亦不自失也라.

九二는 이끌고 돌아옴이니 길하리라.
象에 이르기를 이끌고 돌아옴이라는 것은 중용에 있음이라. 역시 스스로를 잃지 아니함이라.

譯解 : 하괘의 세 陽爻는 뜻을 같이하여 위로 올라가려고 한다. 六四의 陰爻에 정지당하지 아니한 것은 아니었다. 그러나 九二는 陽爻이면서 중용의 자리에 있기 때문에 初九와 손을 잡고 六四의 정지하는 것을 뿌리치고 본래의 자리로 돌아간다는 말이다. 九二는 자신의 본분을 잃지 않고 바른 길을 바른 사람과 손을 잡고 걷고 있으니 결과는 좋을 것이다.

九三은 輿說輻이니 夫妻反目이로다.
象曰 夫妻反目은 不能正室也라.

九三은 수레바퀴의 살이 벗겨졌으며 부부가 반목함이로다.
象에 이르기를 부부가 반목하는 것은 그 집을 바르게 하지 못함이라.

譯解 : "輻"은 수레바퀴의 살을 뜻한다. "說"은 "脫"을 뜻한다. 수레바퀴의 살이 벗겨진 것은 六四의 저지를 받아 나가지 못함을 말한다. 六四가 노여운 눈으로 九三을 노려보고 있음을 부부반목이라고 하였다. 九三이 六四의 몸 가까이 있으므로 陰陽의 결합으로 부정한 관계에 있다. 그러나 九三은 의지가 강하기 때문에 六四와 반목하면서 자신의 위치로 돌아가려는 것은 집안을 바르게 다스리지 못한 관계라 할 수 있다.

六四는 有孚면 血去코 惕出하여 无咎리라.
象曰 有孚惕出은 上合志也라.

六四는 성실함이 있으면 위험이 사라지고 두려움에서 벗어나므로 허물이 없으리라.
象에 이르기를 성실함이 있으면 두려움에서 벗어난다는 것은 위와 뜻이 합한 것이다.

譯解 : 六四는 陰의 힘으로 五陽을 저지하려니 당연히 두려움이 따른다. 六四는 바른자리에 있으며 성질이 유순한 관계로 九三이 따라붙어 두려움을 느끼고 있었지만 九五의 도움으로 위험에서 벗어난 것은 九五와 뜻이 합하기 때문이다.

九五는 有孚라 攣如하여 富以其隣이로다.
象曰 有孚攣如는 不獨富也라.

九五는 성실함이 있음이라. 사람을 이끄는 듯하여 부함을 그 이웃과 함께 함이라.

象에 이르기를 성실함이 있어서 사람을 이끄는 듯하여 혼자 부자가 되지 아니함이라.

譯解 : "攣"은 손을 꼭잡는다는 뜻이다. 상괘 세효가 힘을 합하여 하괘 乾의 세효가 올라오려는 것을 막는다. 九五의 중용의 자리에서 덕을 가지고 이웃의 두효를 돕는다. 여기에서 효사는 믿음을 가지고 그 이웃과 부를 함께 함을 상징하고 있다. 요즘 세태는 이웃을 몰라보는 이러한 상태를 여기에서 사람들에게 교훈을 주고 있다.

上九는 旣雨旣處는 尙德하여 載니 婦貞이면 厲하리라 月幾望이니 君子征이면 凶하리라.
象曰 旣雨旣處는 德이 積載也요 君子征凶은 有所疑也라.

上九는 이미 비가 내려서 땅에 괴었으니 덕을 높여 가득 싣고 있으니 부인은 곧을지라도 위태로울 것이다. 달이 거의 보름이 되었으니 군자가 가면 흉하리라.

象에 이르기를 이미 비가 와서 땅에 괸다는 것은 덕을 쌓아서 싣고 왔음이요, 군자가 가면 흉하다는 것은 의심할 바가 있음이라.

譯解 : "載"는 가득찼다는 뜻으로 詩經(大雅生民)에서는 厥聲載路라고 하였다. 비가 내린 것은 陰陽이 화합한 현상이며 陽이 陰을 존중하여 陰의 덕이 쌓여 가득하기에 이르렀다. 그러나 陰이 陽을 따르는 것이 자연의 원리이거늘 오히려 陰이 陽을 능가하여 陽을 저지하고 있다. 바꾸어 말하면 남편이 부인에게 제지당하고 있음은 윤리적으로 보아 부당한 일이다. 그러나 부인의 뜻은 그러한 억제력을 쓰려는 것이 아니고 바른 뜻으로 행동하였지만 결과적으로는 부당한 행위라고 말하게 되었다. 달이 십오일 밤에는 태양처럼 밝기 때문에 "月幾望"이라고 하였다. 즉 陰의 힘이 강하다는 뜻이다. 현대사회에 있어서 부인들이 남편을 능가하는 사람이 많다는 것을 알고 있다. 그래서 가정의 파탄을 보게 되며 자식들이 탈선하는 일을 흔히

보게 된다.

䷉ 天澤履

履虎尾라도 **不咥人**이라 亨하니라.

범의 꼬리를 밟을지라도 사람을 물지 않는지라 형통하니라.

譯解 : "履"는 밟는다라는 뜻이다. 序卦傳에는 禮라고 하였다. 상괘 乾은 강하고 하괘 兌는 기쁘다고 말한다. 兌가 乾의 뒤에 있으므로 범의 꼬리를 밟은 형상이다. 그러나 兌는 유순하고 상대방을 기쁘게 하는 형상이니 범이 물지 아니한다. 六三이 九二의 강한 효를 탔기 때문에 물릴 위험은 있으나 上九의 도움이 필요하며 유순한 탓으로 물리지는 아니하였다. 그러한 까닭으로 형통하다고 기술하고 있는 것이다. 周의 文王이 폭군 紂에게 괴로움을 당하던 때에 이러한 卦辭를 생각해냈을 것이다. 세상이 비록 어지러운 때라 하더라도 몸가짐을 조심하고 상대방을 정면에서 피하는 것이 상책일 것이다.

象曰 履는 **柔履剛也**니 **說而應乎乾**이라 **是以履虎尾不咥人 亨**이라. **剛中正**으로 **履帝位**하여 **而不疚**면 **光明也**라.

象에 이르기를 履는 유순한 것이 강한 것을 밟은 것이니 기꺼이 乾에 응함이라. 이로써 범의 꼬리를 밟아도 사람을 물지 아니하는 것은 형통한 것이라. 剛이 중용의 자리에 있으므로 임금의 자리에 올라서 병들지 않으면 광명할 것이다.

譯解 : 六三이 유순한 성질을 가지고 있으면서 굳센 剛을 밟고 있다. 그러나 기꺼이 乾에 응하기 때문에 범의 꼬리를 밟아도 물지 않는다. 성실한 마음으로 陽을 따르면 호랑이 꼬리를 밟는 위험이 따르더라도 물리지 아니한다. 五爻는 중용의 자리에서 강건하고 바른 덕을 나타내며 임금의 자리에 올라도 부끄럼이 없고 그 빛이 널리 빛나리라.

象曰 上天下澤이 履니 君子以하여 辨上下하여 定民志하나니라.

象에 이르기를 위에 하늘이 있고 아래에 못이 있는 것이 履니 군자는 이로써 상하를 분별하여 백성의 뜻을 안정시키나니라.

譯解 : 하늘은 위에 있고 못은 아래에 있는 것은 천하의 바른 이치이며 사람이 밟고 다닐 수 있다. 군자는 물이 흐르는 것을 보고 상하의 분별을 확실히 하였다. 군자는 이를 본받아 군신의 관계를 명백히 하고 백성의 마음을 안정시켰던 것이다.

初九는 素履로 往하면 无咎리라.
象曰 素履之往은 獨行遠也라.

初九는 평소에 이행하는 대로 가면 허물이 없으리라.
象에 이르기를 평소에 이행하는 대로 간다는 것은 혼자서 원하는 바를 행함이라.

譯解 : 初九는 陽爻로서 맨 아래에 있다. 능력은 있으면서도 현재에 만족하는 형상이다. 그러나 전진해도 방해를 받거나 저지당하는 일은 없다. 그리고 부귀의 유혹을 받아도 마음이 움직이지 않고 평소대로 살아가는 사람이다. 즉 자기의 분수를 지킬 줄 아는 도덕적인 인물이다.

九二는 履道坦坦하니 幽人이라야 貞코 吉하리라.
象曰 幽人貞吉은 中不自亂也라.

九二는 길을 밟음이 단단하니 숨어 사는 사람이라야 바르고 길하리라.
象에 이르기를 숨어사는 사람이라야 바르고 길하다는 것은 중용의 도를 스스로 어지럽게 아니함이라.

譯解 : 幽人은 野에 묻혀사는 사람을 뜻한다. 九二는 陽爻로서 중용의 자리에 있으나 응할 상대가 없어서 친교할 사람이 없다. 비록 중용의 자리에 있다 하더라도 벼슬을 등지고 자연과 벗하여 살고 있다.

六三은 眇①能視며 跛②能履라 履虎尾하여 咥人이니 凶하고 武人이 爲于大君이로다.

象曰 眇能視는 不足以有明也요 跛能履는 不足以與行也요
咥人之凶은 位不當也요 武人爲于大君은 志剛也라.

六三은 애꾸도 볼 수 있으며 절름발이도 걸을 수 있음이라. 범의 꼬리를 밟으면 사람을 물 것이니 흉하고 무인이 대군이 되리로다.

象에 이르기를 애꾸도 볼 수 있다는 것은 밝게 볼 수 있다는 것이 아니요. 절름발이도 걸을 수 있다는 것은 자리가 마땅치 못하다는 것이고 무인이 대군이 된다는 것은 뜻이 강하기 때문이다.

譯解：六三은 陰이 陽의 자리에 있으니 부정하다. 비록 약하지만 氣가 강하여 범의 꼬리를 밟고 있으니 상처를 입는 것은 당연한 일이다. 자신의 분수를 모르고 날뛰다 보면 손해는 자신이 당하기 마련이다. 六三이 陰爻이지만 성질이 포악하여 군인의 기질을 말한 것인지 여러 학설이 있다. 九五의 완강한 성질이 六三의 행위를 엄중히 다스려야 한다는 뜻으로 王弼은 해석하였다.

① 眇(애꾸 묘), ② 跛(절름발이 파)

九四는 履虎尾니 愬愬이면 終吉이리라.
象曰 愬愬終吉은 志行也라.

九四는 범의 꼬리를 밟으니 두려워하면 마침내 길하리라.

象에 이르기를 두려워하면 마침내 길하다는 것은 뜻대로 행하는 것이라.

譯解：九四는 陽爻로 陰의 자리에 있으면서 九五의 剛을 밟고 있다. 앞에 六三은 유하면서 강하여 흉하지만 九四는 강하면서 유하여 강한 힘을 가지고 유순한 태도를 취하여 두려움을 느끼면서 뜻대로 행하였다. "愬愬"은 두려워한다는 뜻이다.

九五는 夬履니 貞이라도 厲하리라.
象曰 夬履貞厲는 位正當也일세라.

九五는 결단코 이행하는 것이 바를지라도 위태하니라.

象에 이르기를 결단코 이행하는 것이 바를지라도 위태롭다는 것은 자리가 마땅하기 때문이다.

譯解 : 九五는 陽爻로 중용의 자리에 있다. 자기의 행동에 대하여 주저하지 않고 소신대로 밀고 나가면 하는 일이 설사 옳은 일이라 하더라도 위험이 뒤따른다. 성인은 깊은 생각으로 경계하고 있다. 비록 재능이 있어서 높은 자리에 있지만 재능을 지나치게 믿지 아니하리라는 것이다.

上九는 視履하여 考祥하되 其旋이면 元吉이리라.
象曰 元吉在上이 大有慶也라.

上九는 이행하는 것을 보아 상서로운 것을 상고하되 그것이 두루 잘 살펴지면 크게 길하리라.
象에 이르기를 크게 길함이 위에 있음은 큰 경사가 있나니라.

譯解 : 上九는 履의 맨 윗자리에 있어서 禮가 이루어지는 때이다. 행하는 바를 살펴서 거기에 대한 평가를 하고 상벌을 내린다. 행함이 도리에 어긋나지 아니하면 크게 길하고 경사가 있다. "考祥"은 길흉화복을 고찰한다는 말이다. "旋"은 주선한다는 뜻이다(王弼).

地 天 泰

泰는 小往하고 大來하니 吉하여 亨하니라.
泰는 작은 것은 가고, 큰 것은 오니 길하여 형통하니라.

譯解 : 이 괘상은 하늘이 밑에 있고 땅이 위에 있으니 즉 하늘과 땅이 뒤바뀐 형상으로 불길한 것 같으나 오히려 천지가 교합하여 陰陽二氣가 통하고 있다. 그래서 만물이 생성하여 형통한다. 陰氣는 무거워서 내려오고, 陽氣는 가벼워서 올라가니 陰陽이 서로 화합하는 형상이다. 泰란 안정되고 만사형통한다는 말이며 상하가 화합해서 氣가 서로 통하게 된다. 小往은 陰을 뜻하고 大來는 陽을 뜻한다는 여러 학설이 있지만 朱子의 학설을 취하여 천지가 교합하는 것이 小往 大來라고 하였다. 천지가 교합해야 만물이 생성되고 천하가 태평하니 세상이 평화로울 것이다.

彖曰 泰 小往大來吉亨은 則是天地交而萬物이 通也며 上下交而其志同也라 內陽而外陰하며 內健而外順하며 內君子而外小人하니 君子道長하고 小人道消也라.

　彖에 이르기를 泰는 작은 것은 물러가고 큰 것이 오니 길하고 형통함은 곧 하늘과 땅이 교합하여 만물이 통하며 위 아래가 교합하여 그 뜻이 같음이라. 안에는 陽이고 밖에는 陰이니, 안은 건실하고 밖은 유순하며 군자는 안에 있고 소인은 밖에 있으니 군자의 道는 자라고 소인의 道는 사라지리라.

　譯解 : 하늘과 땅이 교합하여 만물이 생성하고, 인간은 윗사람과 아랫사람이 서로 교제하여 뜻이 통하는 것이다. 인간에 대하여 말하면 내심은 건실하고 외면은 온순한 것은 군자의 성격을 상징한 것이다. 이 괘상의 형상은 陽은 점점 자라고 陰은 점점 소멸된다. 그래서 군자의 도는 자라고 소인의 도는 사라진다고 표현하였다. 현대에 있어서 성실한 사람의 사업은 점점 성장하고 성실하지 못하고 사기성이 있는 사람의 사업은 점점 패망할 것을 흔히 예측할 수 있다.

象曰 天地交泰니 后以하여 財成天地之道하며 輔相天地之宜하여 以左右民하나니라.

　象에 이르기를 천지가 교합하는 것을 泰라 하니 王后는 이로써 천지의 道를 財成하며, 천지의 마땅함을 輔相하여 이로써 백성을 좌우하나니라.

　譯解 : 后는 元后 즉 군주를 말한다. 財成은 지나친 것을 억제한다는 뜻이고, 輔相은 부족한 것을 도와 바로잡는다는 뜻이다. 천지가 화합하는 것을 泰라 한다. 군주는 만물이 상통하는 것을 본받아 천지의 道를 이루고 여기에 따라서 백성을 돕고 자연의 질서에 따라 인간의 윤리도덕을 세운다. 현대인들도 자연의 법도에 따라 삶을 이어간다면 건강하고 생활의 즐거움을 찾을 것이다.

初九는 拔茅茹라 以其彙로 征이니 吉하니라.
象曰 拔茅征吉은 志在外也라.
　初九는 띠 뿌리를 뽑으면 서로 엉키어 있으므로 함께 가면 길하리라.

象에 이르기를 띠 뿌리를 뽑고 함께 가면 길하다는 것은 뜻이 밖에 있음이니라.

譯解 : 初九는 陽爻로 제자리에 있으므로 초야에 묻혀있는 어진 군자로서 어지러운 세상에 숨어살지만 음양이 조화를 이루고 위 아래가 통하고 있으니 당연히 세상에 나타나야 한다. 훌륭한 사람은 혼자 영달을 꾀하지 않고 반드시 동지들과 함께 행동한다. 하괘의 세 양효가 나란히 나가는 것이 이를 상징하고 있으나 붕당이 될 우려도 있다. 자신의 명예만을 생각하지 말고 나라와 민족을 생각하는 정치인이 절실히 필요한 때이다.

九二는 包荒하며 用馮河하며 不遐遺하며 朋亡하면 得尚于中行이리라.

象曰 包荒得尚于中行은 以光大也라.

九二는 오랑캐를 포섭하여 맨몸으로 물을 건너며 먼데 있는 사람을 버리지 않고, 벗을 잃게 되면 중용의 도를 숭상하여 얻게 되리라.

象에 이르기를 오랑캐를 포섭하고 중용의 도를 숭상함을 얻는다는 것은 빛이 크다 함이라.

譯解 : "包荒"은 오랑캐를 포섭한다는 뜻으로 "荒"은 착하지 아니한 사람을 말한다. "馮河"는 걸어서 큰 물을 건너는 것을 뜻한다. "不遐遺"는 멀리 초야에 묻혀있는 사람을 잊지 않고 찾는다는 뜻이다. "朋亡"은 벗과 의를 끊는 것을 뜻한다. 九二는 오랑캐를 포용하는 도량, 큰 강을 맨몸으로 건너가는 그런 과단성, 멀리 떨어진 자와 친하려는 배려와 사사로운 마음을 끊어버린 공정성 등 이런 큰 덕을 갖추고 있는 것은 중용의 자리에 있기 때문이다. 붕당의 친분을 끊어버리는 것은 공정한 태도를 가지고 사사로움을 마음속에서 버린지 이미 오래된 일이다. 자신과 자신의 가정만을 생각하는 요즘의 많은 사람들에게는 큰 경종이 되지 않을 수 없다. 국가와 민족을 위해서 무엇을 했는지 한 번 쯤은 생각하고 반성할 일이다.

九三은 无平不陂며 无往不復이니 艱貞이면 无咎하여 勿恤이라도 其孚라 于食에 有福하리라.

象曰 无往不復은 天地際也라.

九三은 평탄한 것이라도 기울지 않은 것이 없으며 가면 돌아오지 아니함이 없으니 어려운데도 바르게 하면 허물이 없어지니 근심하지 말라. 성실함이 있으면 먹는 데 복이 있으리라.

象에 이르기를 가면 돌아오지 아니함이 없다는 것은 하늘과 땅이 교접함이니라.

譯解 : "艱貞"은 어려운 가운데 바르게 한다는 뜻이다. 九三은 三陽의 윗자리에 있으므로 泰의 극성기라고 할 수 있다. 그러나 우주의 모든 만물은 순환하고 있으며 성하면 쇠하는 것이 자연의 법칙이다. 여기서 易經의 작자는 상징적인 경고를 말하고 있다. 태평한 세월이 언제까지 지속되는 것이 아니고 반드시 쇠퇴기가 오는 것이 하늘의 이치에 귀결이다. 그러나 선을 베풀면 마침내 덕이 있을 것이다.

六四는 翩翩이 不富以其鄰하여 不戒以孚로다.
象曰 翩翩不富는 皆失實也요 不戒以孚는 中心願也라.

六四는 훨훨 날아오니 부하지 않아도 그 이웃과 함께 하며 경계하지 않아도 믿도다.

象에 이르기를 훨훨 날아오니 부하지 아니함은 실을 잃었음이요, 경계하지 않아도 믿는다는 것은 중용의 마음으로 원함이라.

譯解 : "翩翩"은 새가 훨훨 날아오는 모양이다. 六四는 이미 泰의 극성기가 지나서 쇠하기 때문에 본래의 자리로 돌아가려는 형상이다. 六四는 이웃인 六五와 上六과 함께 같은 생각으로 제자리로 돌아가는 것은 부하기 때문이 아니고 뜻이 같으므로 따라오는 것이다. 그리고 경고를 발하지 않았는데도 약속한 것처럼 믿고 모여든다. 여기서 富라 하는 것은 陽은 實하고 陰은 虛하기 때문에 不富라 표현하였다.

六五는 帝乙歸妹니 以祉며 元吉이니라.
象曰 以祉元吉은 中以行願也라.

六五는 帝乙이 누이동생을 시집보내니 이로써 행복하며 크게 길하리라.

象에 이르기를 이로써 행복하며 크게 길하다는 것은 중용의 도로써 원하는 바를 행함이라.

譯解 : 帝乙歸妹의 네글자는 歸妹卦의 六五에도 있다. 殷나라의 천자는 탄생일의 일진인 乙의 글자를 이름으로 하였다는 학설을 朱子와 程子는 반대하였다. 六五는 陰爻로서 중용의 자리에 있으니 泰卦의 주체라 볼 수 있다. 그래서 王弼은 帝乙歸妹라는 말이 나왔다고 하였다. 그리고 겸허한 마음으로 아랫사람인 九二와 결합하게 된다. 六五는 중용의 자리에서 九二의 강한 성질에 모든 것을 위임하여 자기의 이상을 실현에 옮기고 있다.

上六은 城復于隍이라 勿用師오 自邑告命이니 貞이라도 吝하리라.

象曰 城復于隍은 其命이 亂也라.

上六은 성이 무너져서 다시 웅덩이가 메워졌는지라. 군사를 쓰지 말것이요, 고을에서 명령을 내리니 바르게 할지라도 부끄러움이 되리라.

象에 이르기를 성이 무너져서 다시 웅덩이가 메워졌다는 것은 그 명령이 어지럽기 때문이라.

譯解 : "隍"은 성을 방비하기 위하여 파놓은 웅덩이를 말한다. 上六은 泰가 막히려는 때에 평평한 성이 무너져 기울어지고 있다. 그래서 성벽이 무너져서 도랑이 메워졌으니 이런 때에 함부로 군사를 동원하면 오히려 패망을 자초할 따름이다. 군주로써 명령을 내리지 아니하는 소극적인 태도는 오히려 바르다 할 수 있으나 통치자로서는 부끄러운 일이다. 이러한 일을 당하여 힘으로 운명을 막으려 하지 말고 자신의 분수를 지키면서 노력한다면 길할 것이고 또한 바른 도리를 지키면 부끄러움을 면할 것이다.

天地否

否之匪人이니 不利君子貞하니 大往小來니라.

否는 사람의 길이 아니니 군자의 바르게 하는 것은 이롭지 아니하니 큰 것은 가고 작은 것은 왔음이라.

譯解 : "否"는 막힌다는 말이다. 乾은 위로 올라가고 坤은 밑으로 내려오니 엇갈리고 있어 음양이 화합하지 못하여 만물이 성장할 수 없다. 이러한 일은 사람에게 정상적이 아니기 때문에 여기서 사람의 길이 아니라고 표현하였다. 사람의 바른길에 등을 돌린 것이 否卦의 판단이며 비록 훌륭한 사람이 바른일을 하더라도 이로움이 없다. 大往小來에 대하여 여러 학설이 있지만 陰이 안에서 성장하고 陽이 밖으로 쫓겨났기 때문에 이러한 말이 있다고 생각한다. 음이 극정하면 양이 가버리는 것은 자연의 이치로서 인간의 삶 속에서도 이러한 일이 많은 가정에서 일어나고 있음을 우리는 알고 있다.

象曰 否之匪人不利君子貞大往小來는 則是天地不交而萬物이 不通也며 上下不交而天下无邦也라 內陰而外陽하며 內柔而外剛하니 內小人而外君子하니 小人道長하고 君子道消也라.

象에 이르기를 否는 사람의 길이 아니니 바르게 하여도 이롭지 못하다. 큰 것은 가고 작은 것이 왔다는 것은 곧 천지가 교접하지 못하여 만물이 통하지 못하며 상하가 교접하지 못하여 천하에 나라가 없음이라. 안은 음이고 밖은 양이며, 안은 유하고 밖은 강하며, 안에는 소인이고 밖은 군자이니, 소인의 道는 자라고 군자의 道는 사라질 것이다.

譯解 : 陰이 성하고 陽이 쇠하여 모든 만물이 생육하지 못하고 위 아래가 막혔으니 뜻이 통하지 못한다. 그래서 무슨 일이든 이루어지지 아니하는 때라고 할 수 있다. 이러한 때에 군자는 피하여 숨고 소인은 자기의 세상인 양 기운이 펄펄 날 것이다.

象曰 天地不交否니 君子以하여 儉德辟難하여 不可榮而以祿이니라.

象에 이르기를 천지가 교접하지 못하는 것이 否니 군자는 이로써 덕을 아끼고 어려운 일을 피하여 祿을 영화롭게 여기지 아니한다.

譯解 : "辟"은 避와 같은 뜻이다. 하늘과 땅이 서로 엇갈리는 것이 否라.

훌륭한 사람은 막힌 괘상을 보고 자신의 능력을 안에 감추어 밖으로 나타내려고 아니한다. 이렇게 하는 것이 소인으로부터 화를 피하는 것이다. 비록 벼슬로 유혹하지만 움직이지 아니한다. 이상적 인간상에 있어서 인간의 행위에 대한 목표를 추구하는 데 있으며 차이가 생긴다.

初六은 拔茅茹라 以其彙로 貞이니 吉하여 亨하니라.
象曰 拔茅貞吉은 志在君也라.

初六은 띠를 뽑으면 그 뿌리가 엉키어 있으므로 함께 바르게 해야 길하고 형통하니라.

象에 이르기를 띠를 뽑는 데 바르게 해야 길하다는 것은 뜻이 군자에게 있음이라.

譯解 : 띠를 뽑으려면 그 뿌리가 함께 엉키어 뽑힌다. 그래서 세 陰爻가 밑에서 떼지어 올라가는 형상이다. 그러나 바른 마음으로 올라가면 길하고 형통하다. 아직 악에 물들지 아니하였으므로 밖으로 드러날 정도로 악하지 않다. 사람의 됨됨이는 이성에 달려있다. 이성은 모든 인간에게 공평하게 주어졌으며 자연의 법칙에 따라 삶을 유지하고 있다. 그러나 악에 물들면 이성적인 판단이 흐려지게 된다.

六二는 包承이니 小人은 吉코 大人은 否니 亨하니라.
象曰 大人否亨은 不亂群也라.

六二는 포용하여 이어받을지니 소인은 길하고 훌륭한 사람은 막히나 형통하니라.

象에 이르기를 훌륭한 사람은 막히나 형통하다는 것은 무리에게 휩쓸리지 아니함이라.

譯解 : "包承"은 포용하여 따른다는 뜻이다. 六二는 陰爻로서 중용의 자리에 있다. 비록 소인이지만 덕있는 훌륭한 사람을 포용하고 명령을 받들어 따르는 태도는 소인으로서 훌륭한 일이다. 훌륭한 사람은 운이 막혔더라도 지조를 잃지 않고 소인들과 어울리지 아니함을 말한다.

六三은 包羞로다.

象曰 包羞는 位不當也일세라.

六三은 부끄러운 마음을 가지고 있음이로다.

象에 이르기를 부끄러운 마음을 가지고 있다는 것은 자리가 마땅치 아니할세라.

譯解 : 악한 일을 기도하고 있으므로 마음속으로 부끄러워 하고 있다. 六三은 陰爻로서 陽의 자리에 있으니 부정하다. 六二는 제자리에서 훌륭한 사람을 따르고 있는 데 비해서 六三은 완전히 소인노릇을 하고 있다. 자신의 위치를 생각지 않고 음모를 꾀하다가 이루지 못하여 마음속으로 부끄러워 하는 형상이다. 요즘의 많은 사람들이 이러한 일을 예사로이 저지르고 있으니 반성해야 옳을 것이다.

九四는 有命이면 无咎하여 疇離祉리라.

象曰 有命无咎는 志行也라.

九四는 천명이 있으면 허물이 없으니 동류들에게 복이 있으리라.

象에 이르기를 명이 있으면 허물이 없다는 것은 뜻대로 행함이라.

譯解 : "命"은 천명을 뜻하고 "疇"는 동류를 말한다. 九四는 陽이 陰의 자리에 있으니 뜻은 강하지만 부정하여 어지러운 세상에 쓸만한 사람이 되지 못한다. 그러나 천명이 있으면 세 양효와 합심하여 자신이 뜻을 이룰 수는 있다. 뜻을 같이 하는 五九와 더불어 복을 받을 것이다.

九五는 休否라 大人의 吉이므로 其亡其亡이라야 繫于苞桑이리라.

象曰 大人之吉은 位正當也일세라.

九五는 비운이 물러나는지라 훌륭한 사람이 길할지니 그 망한다 망한다 하여 무더기로 난 뽕나무에 매어 놓을지니라.

象에 이르기를 훌륭한 사람이 길하다는 것은 자리가 마땅할세라.

譯解 : "休"는 휴식을 뜻하고 "苞桑"은 뽕나무 덤불을 뜻한다. 九五는 제자리에서 중용을 얻고 막힌 운이 물러나고 태평한 세상이 돌아올 것이니 훌륭한 일을 해낼 수 있는 사람이다. 그러나 태평한 세상에도 항상 위험은

도사리고 있으니 자신의 안전과 국가의 안녕을 위하여 늘 경계하는 형상인 것이다.

上九는 傾否니 先否코 後喜로다.
象曰 否終則傾하나니 何可長也리요.

上九는 막혔던 것이 기울어지니 먼저는 막히고 뒤에는 기쁘게 됨이로다.
象에 이르기를 막혔던 것이 끝나면 기울어지나니 어찌 오랠 수 있으리요.

譯解 : 上九는 否가 극에 다다른 것이다. 극에 이르면 반드시 기울어지는 것이 자연의 원리인 것이다. 上九는 陽으로서 강한 성질을 가지고 있지만 陰의 자리에 있으므로 때를 기다려 태평한 세월을 찾아오게 한다. 그래서 "先否後喜"라 하였다.

天火同人

同人于野면 亨하리니 利涉大川이요 利君子에 貞하니라.

同人을 들에 모이게 하면 형통하리니 큰 내를 건너면 이로울 것이며 훌륭한 사람이 바르게 하면 이롭나니라.

譯解 : "同人"은 사람들이 모인다는 뜻으로 사람들이 서로 친해지는 것을 말한다. 사람들이 서로 친해지면 막혔던 세상이 열려서 평화가 올 것이다. "乾"은 하늘이요 "離"는 불이니 불이 위로 올라가는 것이 비슷하여 하늘과 본질을 같이 하므로 同人의 형상이다. 넓은 들에서 공평무사하게 사람들과 모이는 것을 말한다. 늠름한 실행력과 지성이 풍부한 것은 군자의 참모습이며 바른길을 변함없이 지키는 군자만이 천하 백성들의 마음을 통하게 하여 화합할 것이다.

象曰 同人은 柔得位하며 得中而應乎乾할새 日同人이라 同人于野亨利涉大川은 乾行也요 文明以健하고 中正而應이 君

子正也니 唯君子아 爲能通天下之志하나니라.

象에 이르기를 同人은 柔한 것이 제자리를 얻었으며 중도를 얻어서 乾에 응하는 것이 同人이라. 同人을 들에 모이게 하면 형통하고 큰 내를 건너는 것이 이롭다는 것은 乾이 행함이요, 문명으로써 건실하고 중정하여 서로 응함이 군자의 바른길이니 오직 군자만이 능히 천하의 뜻에 통하나니라.

譯解 : 同人의 괘는 六二가 중용의 자리에 있고 九五가 중용의 자리에서 응하고 있으니 同人이라 한다. 큰 내를 건너가면 이로움이 있다고 하는 것은 어려움을 겪으면서 활동하는 것이 乾의 도리이며 백성의 교합이 가능한 것이다. 그리고 문명하고 건실하여 군자의 바른 도리로써 교합하니 형통하고 길하다. 사람은 홀로 살 수 없으므로 서로 만나서 돕고 화합하는 것이 삶의 철학이며 인간이 생존하는 길을 찾을 일이다.

象曰 天與火同人이니 君子以하여 類族으로 辨物하나니라.

象에 이르기를 하늘과 불이 함께 함이 同人이니 군자 이로써 같은 종족으로 물건을 분별하나니라.

譯解 : 하늘과 불이 위로 함께 올라가니 同人이라 한다. 군자는 인물을 찾아서 동지를 모은다.

初九는 同人于門이니 无咎리라.
象曰 出門同人을 又誰咎也리오.

初九는 사람을 문밖에서 만나 허물이 없으리라.
象에 이르기를 문밖에서 사람을 만나는 것을 또 누구를 탓하리요.

譯解 : 初九는 同人의 맨밑에 있으나 陽爻로서 성질이 강건하고 공평무사하여 폭넓게 사람을 교제할 수 있다. 문밖에 나와서 뜻을 같이할 사람을 만나니 누구를 탓하리 허물이 없다. 初九는 위에 응이 없으므로 사적인 친분에 얽매어 있지 않다.

六二는 同人于宗이니 吝하도다.
象曰 同人于宗이 吝道也라.

六二는 종족끼리만 사람을 만나고 있으니 인색하도다.
象에 이르기를 종족끼리 만나고 있음은 인색한 방법이다.

譯解 : "宗"은 종족을 뜻한다. 六二는 陰爻로 제자리에서 九五와 응하고 있는 것은 사적인 친분관계를 맺고 있으므로 단결을 이상으로 하는 즈음에 사적인 친밀을 감추고 있는 것은 화합하는 이때에 어찌 부끄러운 일이 아니랴.

九三은 伏戎于莽하고 升其高陵하여 三歲不興이로다.
象曰 伏戎于莽은 敵剛也요 三歲不興이어니 安行也리요.

九三은 군사를 풀숲에 매복시켜 놓고 높은 언덕에 올라가서 삼년이 되도록 군사를 일으키지 못하도다.
象에 이르기를 군사를 풀숲에 매복시킨 것은 적이 강하기 때문이요, 삼년이 되도록 군사를 일으키지 못했으니 어디로 가리요.

譯解 : "戎"은 군사를 뜻한다. 九三은 부정한 자리에서 기가 강하고 난폭한 성격을 가지고 있으며 위에 응이 없다. 그래서 밑에 있는 六二와 교제하기를 원한다. 그러나 六二는 九五와 이미 굳게 약속하였으므로 九三에 응할 수 없다. 九三은 六二를 탈취하려는 기회를 노렸지만 九五의 공격이 두려워서 숲속에 군사를 매복시키고 삼년동안 때를 기다렸으나 군사를 일으키지 못하고 마침내 끝나고 말았다.

九四는 乘其墉하되 弗克攻이니 吉하니라.
象曰 乘其墉은 義弗克也요 其吉은 則困而反則也라.

九四는 그 담 위에 올랐으되 공격하여 이기지 못하니 길하니라.
象에 이르기를 그 담 위에 오른 것은 의리 때문에 공격하지 못함이요 길하다는 것은 피곤해서 법에 돌아옴이라.

譯解 : 九四는 제자리가 아닌 데다 성질이 난폭하여 아래의 六二를 탈취하려고 노렸으나 九三이 담을 쌓고 있으니 공격할 수 없다. 그래서 담 위에 올라가 기회를 엿보았지만 허술하지 않을 뿐만 아니라 성질이 약한 데가 있어서 자신의 잘못을 반성하고 공격하지 못한 것은 의리 때문이다. 결

국 공격하지 못하고 끝내고 만 것은 자신의 잘못을 반성하고 바른길을 생각하게 된 것이다.

  九五는 同人이 先號咷而後笑니 大師克이라야 相遇로다.
  象曰 同人之先은 以中直也요 大師相遇는 言相克也라.

  九五는 사람을 만나려고 처음에는 울다가 나중에는 웃으니 큰 군사로 이겨야 서로 만나게 되리라.
  象에 이르기를 사람을 만나려고 먼저 울부짖는 것은 중심이 곧기 때문이요, 큰 군사로 서로 만난다는 것은 상대방을 이기는 것을 말한 것이다.

 譯解 : 九五는 중용의 자리에서 성질이 강건하여 六二를 만나려 하지만 九三과 九四가 담을 쌓고서 방해가 심하여 만나지 못하기 때문에 六二는 고독에 울부짖고 있다. 그러나 九五의 강력한 군사력에 의하여 九三과 九四를 공격한다. 그래서 상봉하게 되어 뒤에는 웃는 형상으로 표현되었다. 여기에 표상된 것은 정의로운 일은 언제든지 승리할 수 있다는 것을 상징한 것이다.

  上九는 同人于郊니 无悔니라.
  象曰 同人于郊는 志未得也라.

  上九는 사람을 교외에서 만나니 뉘우침이 없으리라.
  象에 이르기를 교외에서 사람을 만난다는 것은 뜻을 얻지 못함이라.

 譯解 : 上九는 윗자리에 있으나 응할 상대가 없으므로 고립되어 있다. 사람을 만나야 할 때에 만나지 못하기 때문에 넓은 들을 표현한 것이다. 사람들과 만나지 않고 외로이 지내는 것이 오히려 갈등과 번민 속에 생활하는 것 보다 좋을 것이다(王弼의 학설). 그래서 뉘우침이 없다고 표상하였다. 그러나 외로이 삶을 영위하는 사람은 근심없이 지낼지는 모르나 인간으로서의 참뜻을 안다고는 말할 수 없다. 공자도 자신의 이상을 실현시키고자 천하를 두루 방랑하지 않았던가. 象傳에 "志未得也"라 표현하였다.

䷍ 火 天 大 有

　　大有는 **元亨**하니라.

　　大有는 크게 형통하니라.

　譯解 : 불이 위에 있고 하늘이 밑에 있으니 하늘 높이 태양이 이글거리고 있어 만물이 생육되고 있으므로 大有라 표상하였다. 六五의 陰爻가 중용의 자리에서 五陽이 종속되고 있으며 왕의 도리를 덕으로 다스리니 만민이 따르고 어진 사람이 주위에 모여있다. 한 爻의 덕으로 천하를 평화스럽게 다스리니 크게 형통하다고 표상하고 있다. 비록 陰爻이지만 유순한 덕을 가지고 천하의 백성을 대하니 어찌 陰爻라고 하여 천하를 다스리지 못하리요. 현대에 이르러서도 여성의 대통령과 수상이 있음을 우리는 깊이 생각해 보아야 한다.

　　象曰 大有는 **柔得尊位**하고 **大中而上下應之**할새 **曰大有**니 **其德**이 **剛健而文明**하고 **應乎天而時行**이라 **是以元亨**하니라.

　象에 이르기를 柔가 높은 자리에 있고 중용의 덕으로 위 아래가 응할새 이르되 大有라 하니 그 덕이 강건하고 문명하여 하늘에 응하고 때로 행함이라 이로써 크게 형통하니라.

　譯解 : 六五의 높은 자리에 陰爻가 있으니 大有의 때에 적합한 일이다. 위 아래의 陽들이 응하고 있으니 大有라고 한 까닭이다. 六五의 유순한 덕이 하늘의 명에 따르니 밝은 지성이 크게 발전하는 형상이다.

　　象曰 火在天上이 **大有**니 **君子以**하여 **遏惡揚善**하여 **順天休命**하나니라.

　象에 이르기를 불이 하늘 위에 있음이 大有니 군자 이로써 악을 막고 선을 찬양하며 하늘의 아름다운 명령에 따르나니라.

　譯解 : 왕자의 소유인 천하를 통솔하는 방법이 없으면 악이 발생할 우려

가 있다. 군자는 이를 본받아 악을 막고 선을 찬양하여 하늘의 명에 따르는 것이다.

　　初九는 无交害니 匪咎나 艱則无咎리라.
　　象曰 大有初九는 无交害也라.
　初九는 교만함이 없으니 허물이 아니나 어렵게 하면 허물이 없음이라.
　象에 이르기를 大有의 初九는 교만함이 없음이라.
　譯解：初九는 陽爻로서 제자리를 지키고 있으며 밑에서 항상 경계하고 교만함이 없다. 그래서 윗사람에게 얽매어 있지 아니한 것은 응할 상대가 없기 때문이다. 그리고 소유한 것이 많으면 교만해지기 쉬우니 항상 경계하고 반성한다.

　　九二는 大車以載니 有攸往하여 无咎리라.
　　象曰 大車以載는 積中不敗也라.
　九二는 큰 수레에 짐을 싣고 가는 바 있어도 허물이 없음이라.
　象에 이르기를 큰 수레에 짐을 싣는다는 것은 중용의 자리에 싣고 있으니 무너지지 아니하리라.
　譯解：九二는 중용의 자리에서 재능을 가지고 있기 때문에 짐을 실어도 넘치지 않으며 六五와 응하여 상대하고 있다. 비록 무거운 짐을 싣고 있으나 수레가 튼튼하여 흔들리지 않고 짐이 무너지지 않고 있다. 그리고 군주의 신임이 두터워서 큰 책임을 맡았으나 실패함이 없이 소신대로 일을 밀고 나간다. 비록 아래 자리에 있으나 성실하고 책임을 완수하니 윗사람의 신임을 얻고 있음을 말한다.

　　九三은 公用亨于 天子니 小人은 弗克이니라.
　　象曰 公用亨于天子는 小人은 害也라.
　九三은 공후가 천자께 조공을 드리니 소인은 감당치 못하느니라.
　象에 이르기를 공후가 천자께 조공을 드림은 소인은 해롭나니라.
　譯解：九三은 하괘 위에 있으니 공후에 해당하는 벼슬자리에 있으므로

六五에게 조공을 드리고 있는 형상이다. 바른자리에 있는 九三의 조공을 六五는 빈 마음으로 맞이한다. 이러한 때에는 소인은 참여할 수 없으며 만일 참여한다면 사사로운 욕심으로 해를 끼칠 것이다.

九四는 匪其彭이면 无咎리라.
象曰 匪其彭无咎는 明辨晢也라.

九四는 지나치게 권세를 부리지 아니하면 허물이 없으리라.
象에 이르기를 그 지나치게 권세를 부리지 아니하면 허물이 없다는 것은 밝게 분별하는 지혜가 있음이라.

譯解 : "彭"은 지나치게 팽창한다는 뜻이다. 九四는 陰의 자리에 있고 六五의 유순한 군주와 접근해 있으므로 겸손하고 권세를 부리지 아니한다. 모든 사물이 성하면 쇠한다는 자연의 원리를 밝은 지혜로 분별하여 스스로 억제하니 허물이 없다. 군주의 주변에 있으면서도 자신의 분수를 지키고 윗사람을 도와서 나라를 위하여 백성을 편안케 한다면 자신이 맡은 책임을 다하는 사람이다.

六五는 厥孚交如니 威如면 吉하리라.
象曰 厥孚交如는 信以發志也요 威如之吉은 易而无備也일세라.

六五는 그 믿음으로 사귐이니 위엄이 있으면 길하리라.
象에 이르기를 그 믿음으로 사귐은 믿음으로써 뜻을 펴는 것이요, 위엄이 있으면 길하다는 것은 방비함이 소홀하기 쉽다는 것이다.

譯解 : 六五는 중용의 자리에서 유순하고 겸허하며 九二의 어진 신하와 서로 응하고 있다. 六五의 겸손한 태도에 모든 陽이 감동하여 따르고 있으니 위와 아래가 믿음을 가지고 성실히 나라일에 헌신하고 있다. 지배자로서 강한 지도력이 없으면 위엄을 세울 수 없으므로 항상 태도를 엄하게 하고 군신의 사이를 지키는 질서를 확립해야 한다. 그래서 "威如之吉"이라고 표현하였다.

上九는 自天祐之라 吉无不利로다.

象曰 大有上吉은 自天祐也라.

上九는 하늘이 스스로 도와주는지라. 길하고 이롭지 아니함이 없나니라.

象에 이르기를 大有가 크게 길하다는 것은 하늘이 도와주기 때문이다.

譯解 : 上九는 윗자리에 있는 陽爻로 제자리가 아니지만 자신의 분수를 지키고, 六五에게 점잖게 복종한다. 上九는 六五의 유순한 덕에 감화되어 겸손한 마음으로 따르고 있기 때문에 다른 陽爻들도 이를 본받아 함께 따르고 있다. 윗자리에 있으면서 아랫사람에게 겸손하니 하늘이 돕는 것이다.

䷎ 地 山 謙

謙은 亨하니 君子有終이니라.

謙은 형통하니 군자는 마침이 있을지니라.

譯解 : 謙은 자기의 몸을 낮추니 겸손한 자세라 한다. 안에 있는 괘는 艮이니 산이며 머문다는 뜻이 있다. 밖에 있는 괘는 坤이니 땅이며 유순하다는 뜻을 말한다. 안에 머물러 있으면서 밖으로 유순한 행동을 나타내니 겸손한 자세를 상징한 것이다. 산은 높고 땅은 낮은데 높은 산이 낮은 땅에 몸을 붙이고 있으니 겸손한 자세이다. 사람이 겸양의 덕을 갖추고 있으면 어떠한 곳을 가더라도 사람의 대접을 받는다. 그러한 까닭으로 겸손하면 형통하다고 하였다.

象曰 謙亨은 天道下濟而光明하고 地道卑而上行이라 天道는 虧盈而益謙하고 地道는 變盈而流謙하고 鬼神은 害盈而福謙하고 人道는 惡盈而好謙하나니 謙은 尊而光하고 卑而不可踰니 君子之終也라.

象에 이르기를 겸손이 형통하다는 것은 하늘의 도리는 아래로 내려 밝게 빛내고 땅의 도리는 낮은 데서 위로 올라가는 것이라. 하늘의 도리는 가득찬 것을 덜어서 겸손을 보태주고 땅의 도리는 가득찬 것을 변하여 겸손에 흐르게 하고 귀신은 가득찬 것을 해롭게 하여 겸손을 복되게 하고 사람의 도리는 가득찬 것을 미워하고 겸손을 좋아하나니 겸손은 높고 빛남이 있고 낮지만 넘어가지 못하나니 군자의 마침이니라.

譯解 : 하늘의 氣가 내려와서 만물을 생육함으로써 그 빛을 참되게 발휘한다. 땅은 낮은 곳을 지킴으로써 氣가 상승하여 하늘의 움직임에 순응한다. 하늘의 도리는 九三의 陽爻를 가리킨 것이다(王夫之說). 陰氣는 항상 올라가고 땅위에서 움직인다. 그래서 陰陽의 氣가 서로 상통하는 까닭으로 형통하다고 한다. 첫째 하늘이 움직이는 것은 가득찬 것을 덜고 빈 것을 보태는 것이 하늘의 도리요, 높은 산을 깎아서 깊은 계곡을 메우는 것처럼 가득찬 것을 변하게 해서 빈곳으로 가게 하는 것이 땅의 도리요, 부자에게 화를 주고 겸손한 사람에게 복을 주는 것이 신령의 도리요, 교만을 미워하고 겸손을 좋아하는 것이 사람의 도리라. 겸허한 사람이 높은 자리에 있으면 빛을 내고 비천한 몸이라도 멸시받지 아니한다. 그러므로 군자는 유종의 미를 거둔다. 이 겸손에 대한 문장은 격조가 높다고 본다. 겸손을 존중하는 것은 儒家뿐만이 아니고 老莊의 철학에서도 볼 수 있는 것이다.

象曰 地中有山이 謙이니 君子以하여 裒多益寡하여 稱物平施하나니라.

象에 이르기를 땅 가운데 산이 있으니 謙이니라. 군자 이로써 많은 것을 덜고 적은 것을 더하여 물건을 저울질해서 고르게 하나니라.

譯解 : "裒"은 捂와 같은 뜻이다. 三國志 魏나라 글자로 広雅에 捂는 減한다는 뜻이다. 높은 산이 낮은 땅위에 있으니 이것이 겸손의 괘상이다. 군자는 이를 보고 많은 것을 덜어서 적은 것을 보태고 사물의 균형을 잘 지켜 공평하도록 힘쓴다.

初六은 謙謙君子니 用涉大川이라도 吉하니라.
象曰 謙謙君子는 卑以自牧也라.

初六은 겸손하고 겸손한 군자이니 큰 내를 건널지라도 길하니라.
象에 이르기를 겸손하고 겸손한 군자는 자기 몸을 낮추어서 스스로 덕을 기른다.

譯解 : 初六는 유순한 태도로 제자리에 있지 않으나 겸손이 지극하다. 밑에 자리에 만족하는 것이 겸손한 군자의 태도라 할 수 있다. 이러한 태도로 처세한다면 비록 큰 강을 건너갈지라도 위험이 없고 길할 것이다.

六二는 鳴謙이니 貞코 吉하니라.
象曰 鳴謙貞吉은 中心得也라.

六二는 겸손함이 울리니 바르게 하면 길하리라.
象에 이르기를 겸손함이 울리니 바르게 하면 길하다는 것은 중용의 마음을 얻었음이라.

譯解 : 六二는 陰爻로서 중용의 자리에 있으며 겸손한 덕이 마음속에 축적되어 밖으로 드러나는 형상이다. 겸손한 덕이 명성을 울리게 된다.

九三은 勞謙君子니 有終이니 吉하니라.
象曰 勞謙君子는 萬民이 服也라.

九三은 수고롭게 일하는 겸손한 군자이니 끝까지 길하리라.
象에 이르기를 수고롭게 일하는 겸손한 군자는 만민이 복종하나니라.

譯解 : 九三은 유일한 陽爻로 제자리에서 중용을 지키고 있으니 신하로서 최고의 책임을 맡고 있다. 위 아래의 陰爻들이 모두 따르면서 겸손하다. 九三은 국가에 큰 공로가 있지만 겸손하여 겉으로 드러내 아니한다. 공로가 있지만 자만이 없이 겸손하다는 것은 일반 사람으로서는 어려운 일이다. 그래서 백성이 따르고 국가가 화합한다는 것은 신하의 도리를 다하기 때문이다. 그래서 끝까지 길하다고 표현하고 있다.

六四는 无不利撝謙이니라.
象曰 无不利撝謙은 不違則也라.

六四는 이롭지 아니함이 없으니 겸손을 발휘할지니라.
象에 이르기를 이롭지 아니함이 없으니 겸손을 발휘한다는 것은 법칙에 어긋나지 아니함이라.

譯解 : 六四는 陰爻로 바른 자리에 있으며 九三보다 윗자리의 벼슬에 있

으되 겸손하여 교만하지 않고 겸양의 덕을 발휘하여 언제나 九三에 대하여 미안하게 생각한다.

六五는 不富以其鄰이나 利用侵伐이니 无不利하니라.
象曰 利用侵伐은 征不服也라.

六五는 부하다고 여기지 않으며 그 이웃과 함께 함이니 적을 내치는 것이 이로울 것이니 불리함이 없나니라.

象에 이르기를 적을 내치는 것이 이롭다는 것은 복종하지 아니하는 자를 내치는 것이라.

譯解 : 六五는 유순한 덕으로 높은 자리에 있지만 겸손하다. 보통 사람들은 부잣집에 모여들어 얻어먹으려고 한다. 그러나 六五의 유순한 덕에 감화되어 천하의 사람들이 따르는 것이지 부에 의해서 모여드는 것은 아니다. 그러나 복종하지 아니하는 사람이 있다면 정벌하는 것은 나라의 기강을 바로 잡기 위함이다.

上六은 鳴謙이니 利用行師하여 征邑國이니라.
象曰 鳴謙은 志未得也니 可用行師하여 征邑國也라.

上六은 겸손함이 울려퍼지니 군사를 동원하는 것이 이로우며 자기의 고을을 정벌할 따름이다.

象에 이르기를 겸손함이 울려퍼진다는 것은 뜻을 얻지 못함이니 군사를 동원하여 자기 고을을 정벌할 따름이다.

譯解 : "邑國"은 사유의 영지를 말한다. 上六은 陰爻로 유약하고 지위가 없다. 겸손이 울려퍼지면 사람들이 모이게 마련이다. 군사를 동원할 수 있지만 체질이 약하여 강력히 행동하지 못한다. 그래서 다른 나라를 정벌하지 못하고 자신의 영지에서 일어난 반란을 정벌할 정도라고 표현하고 있다. 朱子에게 제자가 질문하기를 謙卦의 六五와 上六에 전쟁을 말한 의문점을 말하니 주자는 말하기를 謙이란 병법의 극한된 말로 일보 후퇴가 다음의 승리를 이끌 수 있다고 대답했다.

䷏ 雷 地 豫

豫는 利建侯行師하니라.

豫는 제후를 세우고 군사를 일으킴이 이롭나니라.

譯解 : 豫는 즐겁다는 말이다. 하괘 坤은 순종하고 상괘 震은 움직이니 유순하게 즐거워 하는 형상이다. 九四만이 陽爻이기 때문에 위 아래 陰爻들이 즐거이 따르니 모든 백성이 화합하여 지배자에게 복종하고 있다. 바꾸어 말하면 늙은 부인이 젊은 사람과 사랑의 교접에 열중하는 형상이라고 표현한 학설도 있다. 그래서 豫卦는 즐거워한다고 말하였다. 현사회의 실정을 깊이 관찰하면 이러한 일이 얼마든지 있다고 생각되며 성적의 쾌감만을 일삼는 여성이나 남성에게 선각자는 미리 이를 경계한 것이다.

象曰 豫는 剛應而志行하고 順以動이 豫라 豫順以動故로 天地도 如之온 而況建侯行師乎여 天地以順動이라 故로 日月이 不過而四時不忒하고 聖人이 以順動이라 則刑罰이 淸而民이 服하나니 豫之時義大矣哉라.

象에 이르기를 剛이 응해서 뜻대로 행해지고 이치에 따라 움직이는 것이 豫라. 豫가 이치에 따라 움직이는 까닭으로 천지도 이러하거늘 하물며 임금을 세우고 군사를 동원하는 것임이랴. 천지가 이치에 따라 움직이는지라. 그러한 까닭으로 해와 달이 제때에 운행되고 四時가 어긋나지 않고 성인이 이치에 따라 움직이는지라. 형벌이 맑고 백성이 복종하나니 豫의 時義가 크도다.

譯解 : 九四의 陽爻가 五爻인 陰과 서로 응하고 뜻을 같이 하여 순리에 따라 움직인다. 순리에 따라 움직이는 것이 즐거움이라고 표현하였다. 그리고 천지도 순리에 따라 움직이니 계절의 변화가 조금도 어긋남이 없다. 군주를 세우고 군대를 동원하는 인간의 행위가 이치에 따라 행해지고 하늘과 땅이 이치에 따라 움직이는 것이다. 그래서 성인이 時義에 중대함을 말하고 있다.

象曰 雷出地奮이 豫니 先王이 以하여 作樂崇德하여 殷薦之上帝하여 以配祖考하니라.

象에 이르기를 우레가 땅위로 나와서 떨치는 것이 豫니 先王이 이로써 樂을 만들고, 덕을 높이고 上帝께 천거하여 이로써 조상에 배하나니라.

譯解 : 上帝는 하느님을 뜻하며, 考는 亡父를 말한다. 陰陽 二氣에 의해서 폭발하는 현상이다. 우레가 땅위에서 천둥치며 陰陽二氣의 변화작용을 나타내고 있다. 고대의 성왕이 이를 본받아서 음악을 창조한 것은 우레소리를 듣고 덕이 있는 사람을 위하여 음악을 울렸던 것이다. 周公은 동짓날에 시조 后稷의 제사를 天帝와 함께 올렸고 九月에는 亡父 文王의 제사를 天帝와 함께 明堂에서 올렸다고 한다.

初六은 鳴豫니 凶하니라.
象曰 初六鳴豫는 志窮하여 凶也라.

初六은 즐거움이 울려퍼지니 흉하니라.

象에 이르기를 初六은 즐거움이 울려퍼진다 함은 뜻이 궁색해서 흉하니라.

初六은 제자리가 아니니 부정하다. 九四의 강력한 힘을 믿고 교만하여 큰 소리를 내고 있다. 이러한 태도는 결코 좋은 결과를 얻을 수 없다. 그래서 조그만 권력을 믿고 날뛰다 보면 여러 사람의 눈총을 받을 것이니 어찌 흉하지 아니하랴.

六二는 介于石이니 不終日이나 貞코 吉하니라.
象曰 不終日貞吉은 以中正也라.

六二는 굳게 하기를 돌처럼 하니 하루가 못갈 것이지만 바르게 하면 길하니라.

象에 이르기를 하루가 못갈 것이나 바르게 하면 길하다는 것은 중용에 자리함이라.

譯解 : "介"는 고고하여 홀로 서 있다는 뜻이다. 于石은 돌과 같다는 뜻이다. 六二는 중용의 자리에서 바른 도리를 취하고 있다. 위 아래의 陰들은 즐거움에 빠져서 정신을 잃고 있다. 혼자만이 중용의 자리를 지키고 몸을

바르게 보전하는 것은 돌처럼 움직이지 않고 견고한 사상을 지키고 있다. 총명한 사려는 하루가 못갈 것이나 깊은 반성으로 자신을 잃지 않고 지조를 지키고 있다. 요즘 사람들이 성실한 마음으로 행동하지 않고 겉으로만 잘난척 하는 것은 무엇인가 잘못되어 있다는 것을 한번쯤 생각해 보아야 할 것이다.

六三은 盱豫라 悔遲하여도 有悔리라.
象曰 盱豫有悔는 位不當也라.

六三은 윗자리를 쳐다보며 즐거워함이라. 뉘우침이 늦을지라도 뉘우침이 있으리라.

象에 이르기를 윗자리를 쳐다보고 즐거워함이라. 뉘우침이 있다는 것은 자리가 마땅치 아니함이라.

譯解: "盱"는 흘겨본다는 뜻이다. 六三 제자리에 있지 않으니 부정하다. 소인의 자리에서 九四의 밑에 있다. 九四는 이 괘의 주체로서 강력한 힘을 가진 존재이다. 六三은 눈을 치켜뜨고 九四의 안색을 살피면서 즐거움에 빠져 있다. 얼마 안되어 후회하게 될 것이다.

九四는 由豫라 大有得이니 勿疑면 朋이 盍簪하리라.
象曰 由豫大有得은 志大行也라.

九四는 이로 말미암아 즐거워함이라. 크게 얻은 것이 있을지니 의심하지 않으면 벗이 모여들 것이다.

象에 이르기를 이로 말미암아 즐거워함이라. 크게 얻는 것이 있다 함은 뜻이 크게 행하여짐이라.

譯解: "盍簪"은 빨리 모인다는 뜻으로, "簪"은 撍의 假借音이다. 九四는 대신의 자리에서 강력한 권력을 가지고 있으며 六五의 군주에게서 통치권을 위임받고 있다. 이 괘의 전체가 여기에 의해 즐거움을 좌우하는 중심인물이다. 다만 유약한 군주의 측근에서 모든 일을 자신의 결정대로 한다면 위험이 가까워지고 있다. 자신이 사람을 의심하는 것은 사람들의 의사를 듣지 않기 때문이다(王弼의 학설). 만일 선심으로 사람을 대한다면 뜻이 같은 사람들이 모여들 것이다.

六五는 貞하되 疾하니 恒不死로다.
象曰 六五貞疾은 乘剛也요 恒不死는 中未亡也라.

六五는 바르되 병이 있으니 언제나 죽지 아니하도다.
象에 이르기를 六五가 바르되 병이 있다는 것은 剛한 것을 탔기 때문이요. 언제나 죽지 아니함은 중용을 잃지 아니하였음이라.

譯解 : 六五는 유약한 陰爻로서 높은 자리에 있으며 즐거움에 빠져 있는 暗君이다. 九四는 강한 힘을 가진 대신으로 백성의 신뢰를 한몸에 받고 있는 형상이다. 六五는 군주의 자리에 있음은 바른일이나 군주가 신하의 제재를 받고 있는 것은 중병에 앓고 있는 사람과 비슷하다. 그러나 중용의 자리에 있기 때문에 군주의 권위는 잃지 않고 있다.

上六은 冥豫니 成하나 有渝면 无咎리라.
象曰 冥豫在上이어니 何可長也리요.

上六은 즐거움에 눈이 어두워 이루어지나 변함이 있으면 허물이 없으리라.
象에 이르기를 즐거움에 눈이 어두워서 위에 있으니 어찌 길 수 있으리요.

譯解 : 冥은 어둡다는 뜻이다. 上六은 陰爻로 제자리에 있으나 즐거움에 도취되어 이성을 잃고 있어 마음의 변화를 가져올 수 있다. 上六은 震卦의 위에 있기 때문에 움직이고 있다. 움직인다는 것은 사물의 변화를 예측할 수 있다. 그러나 깊이 빠져들었으니 어찌 오래 갈 수 있으랴.

☱☳ 澤 雷 隨

隨는 元亨하니 利貞이라 无咎리라.

隨는 크게 형통하니 바르게 하면 이로움이라 허물이 없으리라.

譯解 : 隨는 따른다는 뜻이다. 상괘 兌는 기뻐하고 하괘 震은 여기서 움직이면 저기서 기뻐하면서 따른다. 자신이 빈 마음으로 다른 사람을 따르면 다른 사람도 자신을 따라온다. 서로 따르게 된다면 당연히 무슨 일이든

통하게 된다. 춘추좌전에 穆姜이란 귀부인이 시집을 가려고 易者에게 점을 쳤는데 隨卦가 나왔다면서 易者는 말하기를 元·亨·利·貞의 四德을 얻었으니 시집가는 괘상이라고 대답하였다. 그러나 穆姜은 말하기를 자기는 四德을 갖춘 여자가 못된다고 하면서 隨卦에 해당되지 않는다고 말하였다. 이는 참뜻의 점이라고 말할 수 있다. 그러나 현대인은 점괘가 좋으면 길하다고 믿는 것은 잘못된 생각이다.

象曰 隨는 剛來而下柔하고 動而說이 隨니 大亨코 貞하여 无咎而天下隨時하나니 隨時之義 大矣哉라.

象에 이르기를 隨는 剛이 와서 柔로 내려가고 움직여서 기뻐하는 것이니 크게 형통하고 바르게 해야 허물이 없어서 천하가 때에 따르나니 때에 따르는 義가 크다 하리라.

譯解:剛이 柔를 따르는 형상이다. 강이 움직이면서 따르고 유는 기꺼이 받아들이기 때문에 隨라고 하였다. 隨의 형상은 기뻐하면서 따르니 발전할 기상이 겉으로 나타나 있다.

象曰 澤中有雷隨니 君子以하여 嚮晦入宴息하나니라.

象에 이르기를 못속에 우레가 있는 것이 隨이니, 군자 이로써 날이 저물면 들어가서 편안히 쉬나니라.

譯解:晦는 날이 저물었다는 뜻이며, 宴은 편안하다는 뜻이다. 우레가 활동하지 아니할 때에는 땅 깊숙이 숨어 있다가 때가 되면 활동한다는 뜻으로 隨라 하였다. 군자는 이 괘상을 보고 날이 저물면 들어가서 편히 쉬고 있다.

初九는 官有渝에 貞하면 吉하니 出門交면 有功하리라.
象曰 官有渝에 從正이면 吉也니 出門交有功은 不失也라.

初九는 벼슬에 변함이 있으니 바르게 하면 길하고 문밖에 나가 사귀면 공이 있음이니라.

象에 이르기를 벼슬이 변함이 있으니 바른 것을 쫓으면 길할지라. 문밖에 나가서 사귀면 공이 있다는 것은 잃지 아니함이라.

譯解 : 爻辭는 다른 사람이 자신을 따른다고 표현하고 있다. 初九는 하괘 震의 주동인물로 움직인다는 뜻이 있다. 움직이는 데서 따른다는 뜻이 포함되었으며 막다른 初九는 남을 따르고 있다. 남을 따르게 되면 잡아당겨 이제까지 지켜오던 주위를 변경해야 된다. 예를 들면 직업을 바꾼다든가 벼슬이 변해야 된다. 그런데 변하더라도 바른도리를 따라야 길할 것이다. 자신이 문밖으로 나가서 모르는 사람과 교제하는 것이 좋은 결과를 얻을 것이다. 사람의 정이란 약하여 처자의 말이 그릇된 줄 알면서 따르게 되는 수가 있다. 그러나 모르는 사람의 말은 좋은 말을 하여도 나쁘게만 들을 수 있는 것이 사람의 마음이다. 그래서 문밖에 나가서 여러 사람을 상대하면 실수가 없다고 한다.

六二는 係小子면 失丈夫하리라.
象曰 係小子면 弗兼與也라.

六二는 젊은이에 얽매이면 장부를 잃으리라.
象에 이르기를 젊은이에 얽매이면 겸하여 함께 하지 못하리라.

譯解 : 六二는 九五와 서로 응하고 있으나 바로 밑에 初九가 있으니 친근해질 가능성이 있다. 사람을 따라 갈 때에 제일 가까운 사람을 따라가기 마련이다. 六二는 마음이 약하고 지조를 지키는 정당한 배우자를 기다리지 못하는 성질이다. 初九에 따라붙고 정당한 九五를 잃고 있으니 남편이 있는 부인이 젊은 사람을 좋아하여 훌륭한 남편을 잃어버린 형상이다. 현실사회를 냉철히 비판한다면 불륜의 남녀관계가 심히 유감스럽지만 신문 사회면을 더럽히고 있다. 옛 성인이 이를 경계한 것이다.

六三은 係丈夫하고 失小子하니 隨에 有求를 得하나 利居貞하리라.
象曰 係丈夫는 志舍也라.

六三은 장부에 얽매이고 젊은이를 잃었으니 따라서 구하면 얻을지니 바르게 하면 이롭나니라.
象에 이르기를 장부에게 얽매인 것은 뜻이 아랫사람을 버린 것이다.

譯解 : 六三의 장부는 九四이고, 소자는 初九를 가리킨 것이다. 대체적으로 陰은 홀로 있지 못하여 六三과 가까이 있는 九四에게 접근하고 아래에 있는 初九를 떼어버린 것이다. 남편이 없는 과부가 훌륭한 장년의 남자를 좋아하여 젊은 친구를 떼어버리는 형상이다. 六三은 九四에게 따라붙어 무엇이든 요구하면 주기 때문에 "有求得"이라 표현하였다. 九四는 정당한 응이 아니므로 부정한 생각을 버리고 바르게 행동해야 한다고 "利居貞"이라 하였다.

九四는 隨에 有獲이면 貞이라도 凶하니 有孚코 在道코 以明이면 何咎리요.

象曰 隨有獲은 其義凶也요 有孚在道는 明功也라.

九四는 따라서 얻은 것이 있으면 바르게 하여도 흉하니 믿음이 있고 道에 있고 밝게 하면 무슨 허물이 있으리요.

象에 이르기를 따라서 얻음이 있음은 그 뜻이 흉함이요, 믿음이 있고 도리에 있음은 공이 명백함이라.

譯解 : 九四는 강한 성격을 가지고 부정한 자리에 있다. 九五의 바로 밑에 자리하고 있다. 그의 실력은 군주와 비등하고 이러한 권력을 가지고 군주를 따르고 있으므로 바라는 것은 무엇이든 얻을 수 있다. 九四의 위세는 九五를 능가하여 의심할 일은 피해야 한다. 그렇지 않으면 그 행위가 바르다 하더라도 흉하다. 그래서 성실한 마음으로 도리를 지키고, 명석한 머리로 목숨을 보전하게 하면 군주도 안심하고 아랫사람들도 마음으로 복종할 것이다. 이렇게 하면 아무런 허물도 없다. 정치를 책임진 사람들은 당연히 자신의 행동을 반성하고 국민에게 피해가 돌아가지 않도록 명심해야 할 것이다.

九五는 孚于嘉니 吉하니라.

象曰 孚于嘉吉은 位正中也라.

九五는 성실하면 착한일이 있으니 길하니라.

象에 이르기를 성실하면 착한 일이 있으나 길하다는 것은 자리가 바르고 중용에 있음일세라.

譯解 : 九五와 六二의 자리는 중용을 지키면서 아름다운 약속을 충실히 이행하고 있으므로 성실하고 아름다운 믿음이라고 표상하고 있다.

上六은 拘係之요 乃從維之니 王用亨于西山이로다.
象曰 拘係之는 上窮也라.

上은 붙잡아 매어 이에 따르게 하니 왕이 서산에서 제사를 드리는 것과 같이 함이라.

象에 이르기를 붙잡아 맨다 함은 윗사람이 궁한 때문이다.

譯解 : 上六은 陰爻로서 따르는 데 있어 마치 상대방에게 몸을 결박당한 것처럼 붙잡혀 있음을 상징한 것이다. 결박당한 것은 나쁜 것처럼 표현되었지만 성심으로 사람을 따르는 것은 신명에 통한다고 하였다. 더구나 상대가 사람이라면 더욱 통하게 될 것이다. 왕이 西山에서 제사를 지내고 있음을 상징한 것이다. 西山은 周나라의 서쪽에 있는 산이다. 이 구절은 文王이 羑里에 갇혀서 쓴 글이라고 한다.

山 風 蠱

蠱는 元亨하니 利涉大川이니 先甲三日하며 後甲三日이니라.

蠱는 크게 형통하니 큰 내를 건너가는 것이 이로우니 甲日보다 三日 먼저 하며 甲日보다 三日 뒤에 함이니라.

譯解 : "蠱"字는 접시에 벌레들이 우글거리는 형상으로, 일이 잘못된 것을 뜻한다. 태평이 지속되면 내부에서 부패와 혼란이 일어나기 마련이다. 혼란을 바로잡으려면 반드시 위험이 따르지만 어려움이 지나면 다시 회복되는 것이 자연의 원리이다. 先甲三日 後甲三日이 가장 어려운 해석이다. 禮記에는 "內事에는 柔日을 쓴다"고 하였다. 甲의 앞장선 三日과 뒤에 오는 三日이 柔日에 해당한다. [漢書]에 이러한 구절이 있으면 이 날을 택하여 제사를 지냈다고 한다. 이 괘사에 원초적인 뜻은 윤리적인 뜻에 있으므로 朱子의 학설에 따른다. 周易本義에 보면 甲은 十간의 시작 즉 일의 시작을 뜻

하고, 甲보다 三日 앞선 날은 辛이니 새롭다는 뜻이고, 이미 붕괴되려는 때이니 마음을 새롭게 해서 큰 붕괴를 막고 새출발을 하며, 甲보다 三日 뒤진 날은 丁이니 丁寧의 뜻이며 새출발을 시작한 때이니 丁寧코 과거의 실패를 되풀이하지 않도록 한다는 뜻이다. 易에 이르기를 궁하면 통한다는 말이 있으니 위험을 보고 움직이면 위험을 구제할 수 있는 까닭으로 나라를 다스리는 것이다. 甲보다 三日 앞선 날과 甲보다 三日 뒤진 날은 마침이 있으면 시작에 있는 것이 하늘이 행하는 바다. 시작이 있으면 반드시 마침이 있나니 마침이 있으면 반드시 시작이 있음이 하늘의 바른 도리인지라. 성인이 始終의 道를 아는 까닭으로 여기에 후세인을 위하여 기록한 것이다.

象曰蠱 剛上而柔下하고 巽而止蠱라 蠱元亨하여 而天下治也요. 利涉大川은 往有事也요 先甲三日後甲三日은 終則有始天行也라.

象에 이르기를 蠱는 剛이 위에 있고 柔가 아래에 있으며 순종하여 머무는 것이 蠱라. 蠱는 크게 형통하여 천하가 다스려질 것이요, 큰 내를 건너는 것이 이로운 것은 가면 일이 있음이요, 甲보다 三日 먼저 하며 甲보다 三日 뒤에 함은 끝나면 시작이 있는 것이니 하늘의 운행이라.

譯解 : 艮이 위를 향하고 巽이 아래를 향하여 서로 교합하지 못하고 있다. 아래에서는 맹종하고 위에서는 하는 일 없이 향락에 빠져 있으니 부패와 혼란의 형상이다. 그러나 잘못을 바로잡으면 크게 발전할 수 있으며 사물의 이치는 항상 변화하여 새로운 것이 시작되며 이것이 하늘의 道다.

象曰 山下有風이 蠱니 君子以하여 振民하여 育德하나니라.

象에 이르기를 산밑의 바람이 蠱니 군자 이로써 백성의 정신을 가다듬어 떨쳐 일으키고 덕을 기르나니라.

譯解 : 산아래 바람이 거칠게 불어 닥치니 초목과 과실이 떨어진다. 모든 물질이 파괴될 때에는 어떠한 일이든 일으켜야만 바로잡을 수 있다. 그래서 괘의 이름을 蠱라고 하였다. 어려울 때에 마음을 바르게 가지고 일을 성실히 처리하면 결과가 좋을 것이다. 군자 이로써 이 괘상을 보고 백성을

구제하고 자신의 덕을 기르는 것이다.

  初六은 幹父之蠱하므로 有子면 考无咎하리니 厲하여야 終吉
이리라.
  象曰 幹父之蠱는 意承考也라.
  初六은 아버지의 잘못을 바로잡으니 아들이 있으면 아버지가 허물이 없으리니 위태하나 마침내 길하리라.
  象에 이르기를 아버지의 잘못을 바로잡는다는 것은 아버지의 뜻을 이어받음이라.

 譯解 : "蠱"는 앞의 사람이 그르쳐 놓은 일의 나머지를 말한다. "幹"은 나무의 줄기 또는 맡아서 처리한다는 뜻이다. "考"는 일반적으로 죽은 아버지를 뜻하나 옛날에는 살아 있는 아버지를 考라고 하였다. 初六은 제자리가 아니지만 괘의 시초라서 파괴된 것이 어려울 정도가 아니기 때문에 쉽게 구제할 수 있다. 初六은 앞의 사람이 파괴한 일을 바로잡으려 노력한다. 아들이 아버지의 잘못을 처리하는 형상이다. 이처럼 선량한 아들이 있다면 붕괴된 가업을 일으켜 세울 것이니 아버지의 과실이 없어질 것이다. 그래서 아들이 있으면 허물이 없다고 상징하였다. 요즘의 젊은 사람은 핵가족 시대라서 그런지 부모를 제주도 관광지에다 고려장한다는 말을 귀가 아프게 들어왔다. 좀 반성해야 사람노릇 한다.

  九二는 幹母之蠱니 不可貞이니라.
  象曰 幹母之蠱는 得中道也라.
  九二는 어머니의 잘못을 바로잡으니 바르게 할 수 없다.
  象에 이르기를 어머니의 잘못을 바로잡으려는 것은 중용의 도리를 지키기 때문이다.

 譯解 : 九二는 陽爻로 제자리에 있으며 씩씩한 아들의 형상이다. 六五는 陰으로 어머니에 해당한다. 씩씩한 아들이 어머니의 실패를 뒤처리하려면 어머니의 잘못을 강직한 아들이 바르게 처리해야 하나 母子의 정이 상할 것이니 서로 상의하여 바로잡는 것이 옳은 일이다. 그래서 중용의 도리를 지키라고 경계하였다. 불효자가 많은 세상에 어찌 효자를 바라리요마는 자

식으로 자식의 도리는 다해야 사람이 아니겠는가?

> 九三은 幹父之蠱니 小有悔나 无大咎리라.
> 象曰 幹父之蠱는 終无咎也니라.

九三은 아버지의 잘못을 바로잡으니 조금이라도 뉘우침이 있으나 큰 허물은 없으리라.

象에 이르기를 아버지의 잘못을 바로잡는 것은 마침내 허물이 없을지니라.

譯解 : 九三은 陽爻가 제자리에 있으니 성질이 과격하여 중용의 도리를 벗어났다. 이러한 성격의 아들이 아버지의 실패를 뒤처리하지만 용서없이 할 것이니 조금은 후회가 있으나 허물은 없다고 표현하였다. 그것은 바른 자리에 있기 때문이다.

> 六四는 裕父之蠱니 往하면 見吝하리라.
> 象曰 裕父之蠱는 往엔 未得也라.

六四는 아버지의 잘못을 너그럽게 하니 그대로 가면 부끄러움을 당하리라.

象에 이르기를 아버지의 잘못을 너그럽게 함은 그대로 가면 얻지 못하리라.

譯解 : 六四의 陰爻가 제자리에 있으니 너무 약하여 아버지의 잘못을 바로잡지 못하고 있다. 이러한 성격은 아버지의 사업을 이어받았다 하더라도 다만 아버지의 과실을 관대히 처리하고 손을 떼지 않으면 그 일을 계속할 수 없을 것이니 부끄러움을 당할 것이다.

> 六五는 幹父之蠱니 用譽리라.
> 象曰 幹父用譽는 承以德也라.

六五는 아버지의 잘못을 바로잡으니 영예를 얻으리라.

象에 이르기를 아버지의 잘못을 바로잡아 영예를 얻는다 함은 덕으로써 이어받음이라.

譯解 : 六五는 유순하고 중용의 덕이 있고 높은 자리에 있다. 九二는 강한 덕이 있고 중용의 자리에서 아버지의 유업을 이어받아 성실하게 처리하니 명성이 높아질 것은 당연한 결과라 할 수 있다. 비록 지도자가 약한 성

질을 가졌더라도 강력한 성질을 가진 아랫사람이 정치적인 보좌를 잘한다면 나라의 어려움을 쉽게 처리해 나갈 것이다. 그러나 사사로운 생각이 앞선다면 이는 결과적으로 나라일을 그르칠 위험이 많으니 반성하고 덕을 닦아야 한다. 덕을 닦지 않고 교만한 마음은 자신을 해롭게 할 뿐이다.

上九는 不事王侯하고 高尙其事로다.
象曰 不事王侯는 志可則也라.

上九는 왕후를 섬기지 않고 그 하는 일을 고상하게 여기도다.
象에 이르기를 왕후를 섬기지 아니함은 그 뜻을 본받을 만하니라.

譯解 : 上九는 陽爻로서 강한 성질을 가지고 있으며 위의 자리는 無位에 있으므로 蠱卦를 벗어나려고 한다. 上九는 강한 성질의 속세를 떠난 사람으로 덧없는 세상에 모든 일이 조금도 기억에 남지 아니한다. "不事王侯"는 자신의 삶을 고결하게 표현한 구절이다. [後漢書](逸民傳)의 서문을 인용하여 속세를 떠나서 자연과 벗하는 사람을 찬미한 문구로서 후세에 쓰이고 있다.

地澤臨

臨은 元亨코 利貞하니 至于八月하여 有凶하리라.

臨은 크게 형통하고 바르게 하면 이로우나 八月에 이르러 흉함이 있으리라.

譯解 : 臨은 위로부터 아래를 내려다본다는 글자이다. 이 괘상은 陽氣가 점점 성장하여 아래에서 위로 올라오면서 陰을 핍박한다. 이 괘상을 상하로 나누어 본다면 하괘는 兌로서 기뻐하고 上卦는 坤으로 따른다는 뜻이 있다. 九二는 陽으로 아래에 있고 六五는 陰으로 위에 있으니 전진할 가능성이 있다. 좋은 뜻을 가진 괘상으로 "元亨利貞"의 四德이 갖추어져 있다. 바른 도리를 지키면 이로움이 있으나 八月에 이르러 흉하다고 하는 것은 陽氣가 쇠진하기 때문이다.

象曰 臨은 剛浸而長하며 說而順하고 剛中而應하여 大亨以正하니 天之道也라 至于八月有凶은 消不久也라.

象에 이르기를 강이 점점 자라나니 기뻐서 순종하고 강이 중용에서 응하여 크게 형통하고 바르게 하니 하늘의 도리라. 八月에 이르러 흉함이 있다는 것은 오래 가지 못하고 사라지나니라.

譯解: 陽이 점점 자라서 陰에 臨하는 象이다. 九二가 剛한 가운데 六五와 應하고 있다. 그래서 바르게 하면 하늘의 도리와 합치하여 크게 발전할 수 있다. 陽의 성장기에 있어서 陰이 압박을 받을 것이며, 언제까지 陽이 번영하는 것이 아니고 머지않아 陽이 소멸될 때가 올 것이다. 하늘의 움직임이 당연한 것은 군자의 道가 성하면 머지않아 쇠퇴할 때를 경계한 것이다. 八月이 흉하다고 말한 것은 陽이 쇠퇴하기 때문이다.

象曰 澤上有地臨이니 君子以하여 敎思无窮하며 容保民이 无疆하나니라.

象에 이르기를 못 위에 땅이 있는 것이 臨이니 군자 이로써 가르치는 생각이 끝이 없으며 백성을 용납하여 보호하는 것이 끝이 없나니라.

譯解: 연못 위에 땅이 있음은 곧 땅이 연못에 臨하는 것을 말한다. 君子는 이 괘상을 보고 백성 위에 臨하여 이를 가르치고 보호한다. 사람이란 자신의 위치에서 생각하면서 삶을 유지해야 하는 것이다. 좋을 때에 조심하고 나쁠 때에 반성하는 것이 사람의 도리라고 옛 성인은 이를 경계하고 있다.

初九는 咸臨이니 貞하여 吉하니라.
象曰 咸臨貞吉은 志行正也라.

初九는 감동하여 임함이니 바르게 해야 길하니라.
象에 이르기를 감동하여 임함이니 바르게 해야 길하다 함은 뜻을 바르게 행함이라.

譯解: "咸"은 감동한다는 뜻이다(王弼). 初九는 陽爻로서 제자리에 있으니 六四와 응하여 덕으로 감화시켜 따르게 하니 길한 것은 당연하다. 陽이

陰을 압박하는 때에 있다. 그래서 初九는 힘으로 臨하지 않고 덕으로 상대를 감화시켜 복종하게 한 것이다.

九二는 咸臨이니 吉하여 无不利하니라.
象曰 咸臨吉无不利는 未順命也라.

九二는 감동하여 임하니 길하여 이롭지 아니함이 없나니라.
象에 이르기를 감동하여 임하니 길하여 이롭지 아니함이 없다는 것은 명령에 따르지 않기 때문이다.

譯解 : 九二는 陽爻로 陰의 자리에 있으며 六五와 서로 응하고 있다. 땅 위에 연못이 있음이 臨이라 하였다. 九二는 不正한 자리에 있는데 무엇 때문에 길이라 하였을까. 九二는 陰이 가까이 있음으로 四陰이 집결하여 명령에 복종하지 않으려 하였지만 九二는 강하고 중용의 덕으로 감동시켜 처음으로 복종하게 하였다. "未順命也"를 朱子는 未詳이라 하였다.

六三은 甘臨이라 无攸利하니 旣憂之라 无咎리라.
象曰 甘臨은 位不當也오 旣憂之하니 咎不長也리라.

六三은 달콤한 자리에 임함이라 이로울 바 없나니 이미 근심함이라 허물이 없으리라.
象에 이르기를 달콤한 자리에 임한다 함은 자리가 마땅치 아니함이요 이미 근심한다 하니 허물이 길지 않으리라.

譯解 : 六三은 사람에게 임하는 지위에 있다. 그러나 성질이 유순하고 중용의 덕이 없다. 달콤하게 즐겨하는 뜻이 있는 六三은 달콤한 일에 빠져있는 망령된 신하이다. 이러한 태도는 심히 부도덕한 행위를 가지고 있다. 만일 경계하지 않으면 허물을 면키 어려울 것이다.

六四는 至臨이니 无咎하니라.
象曰 至臨无咎는 位當也할세라.

六四는 지극하게 임하니 허물이 없으리라.
象에 이르기를 지극하게 임하니 허물이 없다는 것은 그 자리가 마땅하기 때문이다.

譯解 : 六四는 陰爻로서 陰의 자리에 있고 初九와 서로 응하고 있음은 말하자면 아랫자리의 어진 사람을 대신이 신임하는 형상이다. 그래서 아래에 임하는 태도가 지극하니 당연히 허물이 없다. 유능한 협력자를 얻어 정치의 바른도리를 행하면 과실은 없다.

六五는 知臨이니 大君之宜이니 吉하니라.
象曰 大君之宜은 行中之謂也라.

六五는 지혜롭게 임하여 대군으로서 마땅하니 길하니라.
象에 이르기를 대군으로서 마땅하다 함은 중용을 행하기 때문이다.

譯解 : "知"는 智와 뜻을 같이 한다. 六五는 군주의 자리에서 유순하고 중용의 자리에서 九二와 응하고 있다. 그 실력있는 신하의 보필을 받으니 지혜로운 행동이다. 지혜를 가지고 있으므로 大君의 마땅한 태도를 가지고 있다.

上六은 敦臨이니 吉하여 无咎하니라.
象曰 敦臨之吉은 志在內也라.

上六은 독실하게 임하니 길하여 허물이 없음이라.
象에 이르기를 독실하게 임하니 길하다는 것은 뜻이 안에 있음이라.

譯解 : "敦" 독실하다는 뜻이다. 上六은 윗자리에 있으나 밑에서 올라오는 二陽을 유순한 태도로 임하는 상이다. 上六은 유순한 태도 극진하게 대우하였으며 이것은 윗자리에 있는 경사스러운 행동이다.

䷓ 風 地 觀

觀은 盥而不薦이면 有孚하여 顒若하리라.

觀은 손만 씻고 제사지내지 않으면 성실하여 우러러보리라.

譯解 : "觀"은 내가 남을 본다, 또는 남이 나를 본다는 뜻이다. 군주가 도덕적으로 백성을 본다든가 자신이 사람들에게 우러러보이는 것을 觀이라고 한다. 九五는 중용의 자리에서 바른 정치를 천하에 펴보려는 현상이다. "盥"은 제사지내기 전에 손을 씻고 음식을 갖추어 신에게 제사지내는 것을 뜻한다. 겸허한 마음으로 정성을 다하면 아랫사람들도 믿을 것이며 우러러 본다는 것은 무슨 일이든 성실해야 된다는 뜻이 포함되어 있다. 王弼은 盥을 灌으로 해석하였다. 이 괘상은 陰이 성하고 陽이 쇠퇴하는 과정에 있으므로 겸허한 행동으로 성실하게 한다면 백성이 믿고 따라올 것이다. 요즘의 정치인들은 행동이 경솔하여 국민의 지탄을 받으면서도 부끄러움을 모른다. 입으로만 민주주의를 떠들고 있지만 행동은 반민주적이니 국민은 정치인들을 믿지 않고 있는데 말끝마다 국민을 우롱하고 있으니 한심한 오늘의 작태이다.

象曰 大觀으로 在上하여 順而巽하고 中正으로 以觀天下니 觀盥而不薦有孚顒若은 下觀而化也라 觀天之神道而四時不忒하니 聖人이 以神道設敎而天下服矣리라.

象에 이르기를 大觀 위에 있어 백성이 겸손하게 순종하는 것은 중용의 바른 자리에서 천하를 보니 觀은 손을 씻고 제사를 지내지 아니하여도 우러러본다는 것으로, 아래에 있는 사람이 보고 감화를 받음이라. 하늘의 神을 보고 사계절이 틀리지 않으니 성인은 神의 道로써 가르침을 펴서 천하가 복종하나니라.

譯解 : 九五는 높은 자리에서 위대한 덕으로 백성들이 우러러보며 순종한다. 손만 씻고 만일 제사를 지내지 아니하여도 그 태도가 엄숙하여 믿음직하니 아랫사람이 우러러보며 감화되었다. 하늘의 신비함과 사계절의 운행이 어긋남이 없음을 보고, 성인은 하늘의 이치에 따라 가르침으로써 천하가 다 따른다는 뜻이다. 하늘의 이치에 어긋나는 행동은 반드시 벌을 받게 되어있다. 그래서 하늘의 무서움을 알아야 하거늘 요즘 세태를 관찰하건대 하늘보다 사람이 더 무서워졌으니 하늘의 벌이 멀지 않았음을 깊이 마음속에 새겨두면 어떨까.

象曰 風行地上이 觀이니 先王이 以하여 省方觀民하여 設敎

하니라.

象에 이르기를 바람이 땅 위에서 부는 것이 觀이니 선왕은 이로써 사방을 살피고 백성을 보아서 가르침을 펴나니라.

譯解 : 바람이 땅 위에 불어 그 혜택이 만물에 미치게 되니 선왕은 이를 본받아 사방을 두루 살피며 민속을 살핀 후에 가르침을 편다는 뜻이다.

初六은 童觀이니 小人은 无咎요 君子는 吝하리라.
象曰 初六童觀은 小人道也라.

初六은 어린애처럼 봄이니 소인은 허물이 없고 군자는 부끄러운 일이니라.
象에 이르기를 初六의 어린애처럼 본다는 것은 소인의 길이니라.

譯解 : 初六은 陰爻로 밑에 있으니 九五와 거리가 멀고 힘이 약하여 바르게 보지 못한다. 마치 어린애처럼 유치하게 본다. 몽매한 백성이 가까운 곳의 일이나 알 수 있고 멀리 떨어져 있는 군주의 위대한 덕을 알아볼 수 없다. 그래서 소인일 때에는 허물이 없지만 군자로서는 부끄러운 일이다.

六二는 闚觀이니 利女貞하니라.
象曰 闚觀女貞이 亦可醜也니라.

六二는 틈으로 엿보는 것이니 여자가 바르게 하면 이롭나니라.
象에 이르기를 틈으로 엿보는 것이니 여자가 바르게 하면 이롭다는 것은 또한 부끄러운 일이라.

譯解 : 六二는 陰爻로서 중용의 자리에 있으나 약하고 어두워서 의괘에 있는 九五와 서로 응하고 있다. 문틈으로 밖을 엿보는 것은 視野가 좁은 탓이다. 자신의 자리에서 정당한 행동으로 여자의 도리를 지켜야 옳은 일이거늘 문틈으로 밖을 내다보는 것은 부정한 행위이니 바르게 하는 것이 이롭다고 표현하였다.

六三은 觀我生하여 進退로다.
象曰 觀我生進退하니 未失道也라.

六三은 나의 삶을 보고 진퇴하도다.

象에 이르기를 나의 삶을 보고 진퇴함은 도리를 잃지 아니하였음이라.

譯解 : 나의 삶은 내가 행하는 일을 뜻한다. 六三은 陰爻가 양의 자리에 있으니 不正하다. 나갈 수도 있고, 물러갈 수도 있다. 六五를 우러러보는 것이 아니고 자신의 하는 일이 잘 진행되는가, 막히는가를 보고 진퇴를 결정한다. 이것은 때에 따라 처세하는 것이니 사람의 도리를 벗어난 것은 아니다.

六四는 觀國之光이니 利用賓于王하니라.
象曰 觀國之光은 尚賓也라.

六四는 나라의 빛남을 볼 것이니 왕의 손님노릇함이 이롭나니라.
象에 이르기를 나라의 빛남을 본다는 것은 손님을 극진히 대접함이라.

譯解 : "賓"은 벼슬을 뜻한다. 옛날 유덕한 사람이 조정에 찾아가면 왕은 빈객의 예로 대접하였다. 六四는 陰爻로서 九五에 가까이 접해있으므로 군주의 덕을 피부로 느낄 수 있다. 군주의 덕을 보려는 것이 아니고 나라의 빛을 보려는 것은 그 나라의 아름다운 풍속을 보려는 것이다(程子의 학설). 觀光의 語原은 여기서 비롯되었다고 한다. 군주를 보기 전에 그 나라의 풍속을 보면 그 나라의 군주의 덕을 알 수 있다. 그리고 선비로서 治國이 잘 된 나라를 보면 그 군주에게 벼슬하려는 생각은 당연한 일이다.

九五는 觀我生하되 君子면 无咎리라.
象曰 觀我生은 觀民也라.

九五는 나의 삶을 보되 군자면 허물이 없으리라.
象에 이르기를 나의 삶을 본다는 것은 백성을 봄이니라.

譯解 : 九五는 陽爻로서 제자리에 있으며 觀卦의 주체이며 지배자로서 자신의 행함이 잘 되어 있는가 잘못되었는가를 살펴보아 중용을 지켰다면 군주로서 부끄러움이 없으니 허물이 없다. 지배자의 행동을 보고 백성의 풍속이 선량한가 악한가를 알 수 있으며 지배자의 덕행이 어떠한가를 알 수 있다.

上九는 觀其生하되 君子면 无咎리라.

象曰 觀其生은 志未平也라.

上九는 그 삶을 보되 군자면 허물이 없으리라.

象에 이르기를 그 삶을 본다는 것은 뜻이 평안치 못함이라.

譯解 : 上九는 윗자리에 있으나 부정하기 때문에 정치 밖에서 속세를 떠나 아무 속박없이 편히 삶을 영위하는 형상이다. 정치와는 거리가 멀지만 그의 행동을 백성들이 보고 있다. 그래서 자신의 행위를 반성하고 군자로서 어울리는 덕이 있다면 허물은 없다. 그러나 마음은 편안치 못하다. 九五는 자신의 삶을 반성하지만 여기서는 上九의 삶을 보고 있으니 주체가 다르다고 할 수 있다. 백성이 살피고 있으니 마음이 항상 편안치 못하다.

䷔ 火雷噬嗑

噬嗑은 亨하니 利用獄하니라.

서합은 형통하니 형벌을 쓰면 이롭나니라.

譯解 : "噬嗑"은 씹어서 합한다는 뜻으로 입안의 물건을 다 씹어서 위턱과 아래턱이 합쳐진 것을 噬嗑이라 한다. 입안에 장애물이 있으므로 이것을 씹어 없애고 합해야 길하다고 하였다. 입안에 장애물을 씹어 없애는 것은 형벌을 다스리는 형상이다. 상괘 離는 밝은 것을 뜻하고 하괘 震은 천둥을 뜻한다. 그래서 천둥과 같은 위세와 태양처럼 밝은 정치로 형벌을 다스려 억울한 백성이 없도록 한다는 뜻이다.

象曰 頤中有物할새 曰噬①嗑②이니 噬嗑而亨하니라 剛柔分하고 動而明하고 雷電이 合而章하고 柔得中而上行하니 雖不當位나 利用獄也니라.

象에 이르기를 입속에 물건이 있음을 이르되 씹어 합함이니 씹어서 합함이 형통하니라. 剛과 柔가 나뉘고 움직여서 밝게 하고 우레와 번개가 합하여 빛

☲ 火雷噬嗑 99

나고 柔가 중용을 얻어 올라가니 비록 자리는 마땅치 아니하나 형벌을 판별함이 이롭나니라.

譯解 : "噬嗑"은 입안에 물건이 끼워져서 입을 벌리고 있는 형상이다. 그리고 입속의 물건을 씹어 먹으면 형통하다는 것이다. 陽과 陰이 각 三爻씩 나뉘어 왕성한 활동력과 밝은 관찰로써 굳센 용단을 내린다. 六五는 비록 자리가 마땅치 못하나 중용을 얻어 형벌을 밝게 처리한다. 정치는 반드시 공정해야 백성의 원성을 듣지 아니한다. 더구나 형벌을 다스릴 때에는 억울한 사람이 없도록 법을 공정히 집행해야 나라의 기강이 확립되고 국민이 정부를 믿는다는 정치의 윤리를 알아야 한다.

① 噬(씹을 서), ② 嗑(입다물 합)

象曰 雷電이 噬嗑이니 先王이 以하여 明罰勅法하나니라.

象에 이르기를 우레와 번개가 서로 합쳤으니 선왕은 이로써 형벌을 밝히고 법을 제정하나니라.

譯解 : 先王은 번갯불과 같이 밝게 형벌을 다스리고 천둥소리와 같이 위엄있게 법령을 제정한다는 뜻이다(程子의 학설). 옛날의 왕자는 이 천둥을 본받아 형벌을 밝히 처리하였다.

初九는 屨①校하여 滅趾니 无咎하니라.
象曰 屨校滅趾는 不行也라.

初九는 발목에 고랑을 채워서 발꿈치를 없애니 허물이 없으리라.
象에 이르기를 발목에 고랑을 채워서 발꿈치를 없앤다 함은 행하지 못하게 함이라.

譯解 : 初九는 지위없는 천민의 형상이다. 죄가 가볍기 때문에 고랑을 채워서 발꿈치를 상하게 하여 악을 다시 범하지 못하도록 징계한 것이다. 악을 초기에 방지하는 것은 허물이 없다고 표상하였다. 악이 세상을 어지럽게 하는 이때에 범죄를 예방하는 것이 사회를 보전하고 명랑한 사회를 건설하는 방법임을 정치인은 깊이 생각할 일이다.

① 屨(삼신구)

六二는 噬膚하되 滅鼻니 无咎하니라.

象曰 噬膚滅鼻는 乘剛也일세라.

六二는 살을 물어뜯어서 코를 상하게 하니 허물이 없음이라.

象에 이르기를 살을 물어뜯어서 코를 상하게 함은 剛을 탔기 때문이다.

譯解 : 六二는 중용의 제자리에서 형을 다스리되 살을 깨물 정도로 쉬운 것이다. 그러나 六二는 아래에 있는 九二는 강하고 성질이 악한 사람이기 때문에 호되게 깨물지 않으면 변할 수 없다. 그래서 자신의 코가 다칠 정도로 깊이 깨물었지만 허물은 없다. 악한 사람을 엄하게 처벌하는 것은 당연한 일이라고 표현하고 있다. 악질 범인은 중벌로 처벌하고 죄질이 가벼운 사람은 경범으로 처벌해야 국가의 기강이 확립될 것이다.

六三은 噬腊①肉하다가 遇毒이니 小吝이나 无咎리라.

象曰 遇毒은 位不當也일세라.

六三은 마른 고기를 씹다가 독을 만났으니 조금 부끄러운 일이나 허물은 없으리라.

象에 이르기를 독을 만났음은 자리가 마땅치 아니함이라.

譯解 : 六三은 陰爻로 陽의 자리에 있으니 부정하다. 그러나 형벌을 다스리는 데 뜻밖에 반발에 부딪쳐 상대가 복종하지 않는다. 예를 들면 마른고기를 씹다가 독을 만나게 된다. 나쁜 것을 씹다가 독을 만나서 벌하는 것은 나쁘지 않으며 허물도 없다. 우습게 여기다가 큰코 다친다는 옛말을 상기하면서 어려운 세상을 항상 조심하면서 살아가면 큰 실수는 없을 것이다.

① 腊(마른고기 석)

九四는 噬乾胏①하여 得金矢나 利艱貞하니 吉하니라.

象曰 利艱貞吉은 未光也라.

九四는 마른 뼈 붙은 고기를 씹다가 금 화살을 얻었으나 어려워도 바르게 하면 이롭나니 길하리라.

象에 이르기를 어려워도 바르게 하면 이롭고 길한 것은 빛나지 못함이라.

譯解 : 九四는 六五의 가까운 자리에서 씹어서 합하는 책임이 있다. 형벌

을 엄하게 다스리면 저항이 강하여 뼈 붙은 고기를 씹는다고 비유한 것이다. 그러나 굳은 뼈에 붙은 고기를 씹다가 고기에서 금화살이 나왔다. 九四는 강직하나 형벌을 다스리는 데 어려움을 당하고 있다. 그래도 형벌을 다스리는 데 가볍게 처리해서는 안된다. 바른도리를 지키면 반드시 길할 것이다(程子의 학설).
① 胏(뼈가 붙은 포자)

六五는 噬乾肉하여 得黃金이니 貞厲면 无咎리라.
象曰 貞厲无咎는 得當也일세라.

六五는 마른고기를 씹다가 황금을 얻었으나 바르게 하고 두려워 하면 허물이 없음이라.
象에 이르기를 바르게 하지만 두려워하면 허물이 없음은 마땅함을 얻었음이라.

譯解: 六五는 유순한 성질을 가지고 중용의 자리에서 형벌을 다스리고 있다. 그러나 군주의 자리에서 임금의 권한으로 사람을 처벌하기란 용이한 일이 아니다. 마른고기를 씹는 것처럼 단단하였으나 마른고기에서 황금을 씹었다. 금은 강한 것으로 九四를 가리킨 것으로, 강직한 신하의 보좌를 상징한 것이다. 그러나 형벌을 다스리는 데 위험이 따르고 있으니 바른도리를 지켜야 길하다고 하였다.

上九는 何校하여 滅耳니 凶하도다.
象曰 何校滅耳는 聽不明也라.

上九는 형틀을 져서 귀를 다치니 흉하도다.
象에 이르기를 형틀을 져서 귀를 다친다는 것은 듣는 것이 밝지 못함이라.

譯解: 上九는 윗자리에서 중형을 받는 형상이다. 극악하여 큰 죄를 받고 있다. 형틀을 등에 지고 있으므로 귀를 다치게 된 것은 당연하다. 평소 사람의 말을 듣지 않아서 죄가 된 것은 자신의 잘못으로 받는 것이다.

䷕ 山 火 賁

賁은 **亨**하니 **小利有攸往**이니라.

賁은 형통하니 적게 가야만 이로움이 있나니라.

譯解 : 賁은 꾸미다 장식하다의 뜻이다. 예를 들면 사람이 모이면 예의를 꾸미는 것이 필요하다. 물질이 모이면 반드시 질서와 모양이 생기게 된다. 내괘는 離로서 밝은 것이고 외괘 艮은 머무른다는 뜻이 있다. 문명제도에 따라서 각각 모양이 달라지고 인간의 집단생활에 필요한 것은 꾸미는 것이다. 그래서 賁이라고 하였다. 요즘 세상은 꾸미기를 좋아한다. 건물의 장식이나 사람들의 복장이 날이 갈수록 변해가고 있다. 겉으로 아무리 잘 꾸몄다 하더라도 마음속이 바르지 않으면 사람의 모습이 아니다.

彖曰 賁亨은 **柔來而文剛故**로 **亨**하고 **分剛**하여 **上而文柔故**로 **小利有攸往**하니 **天文也**요 **文明以止**하니 **人文也**니 **觀乎天文**하여 **以察時變**하며 **觀乎人文**하여 **以化成天下**하나니라.

彖에 이르기를 賁가 형통한 것은 柔가 와서 剛을 장식하는 까닭으로 형통하고, 강을 나누어서 위로 올라가서 유를 장식하는 까닭으로 적게 가는 데 이로움이 있다는 것이니 천문이요, 문명으로서 그치니 인문이라. 천문을 보아 사계절의 변천을 살피며 인문을 보아서 천하를 감화시켜 이루나니라.

譯解 : 柔가 剛을 장식하고, 剛이 柔를 장식하여 剛柔가 이리저리 엇갈리고 陰陽이 서로 균형과 조화를 이루어 자연의 모습인 日月星辰의 배열을 관찰하고 四季節의 변천을 알 수 있다. 인간의 생활을 관찰하여 인류의 질서를 바로잡아 천하를 교화시키고 풍속을 이루는 것이다.

象曰 山下有火賁이니 **君子以**하여 **明庶政**하되 **无敢折獄**하나니라.

象에 이르기를 산 밑에 불이 있는 것이 賁이니 군자는 이로써 모든 정치를 밝게 하되 형벌을 감히 다스리지 못하나니라.

譯解 : 산밑에 불은 멀리 비추지 못하므로 군자는 이를 거울삼아 정치는 밝게 하되 형벌을 다스리지 아니함은 정치를 밝게 잘 다스려 형옥이 일어나지 않도록 한다는 뜻이다.

初九는 賁其趾니 舍車而徒로다.
象曰 舍車而徒는 義弗乘也라.

初九는 그 발을 장식하였으니 수레를 버리고 걸어서 가도다.
象에 이르기를 수레를 버리고 걸어서 간다는 것은 의리로서 타지 아니하는 것이라.

譯解 : 初九는 제자리에서 만족하고 있다. 발은 사람의 몸에서 걸어다니는 器官으로 아름답게 장식하고 있다. 이러한 사람은 결백하여 졸부보다는 가난한 생활을 즐긴다. 좋은 수레를 선물로 받았지만 의리 때문에 타지 않고 마음 편하게 걸어서 가고 있다.

六二는 賁其須로다.
象曰 賁其須는 與上興也라.

六二는 그 수염을 장식하도다.
象에 이르기를 그 수염을 장식한 것은 위와 함께 움직임이라.

譯解 : "須"는 수염을 뜻한다. 六二는 중용의 자리에 있으며 수염에 해당한다. 그러나 서로 상대할 응이 없으므로 九三에게 접근하여 맹종하고 있다. 중용의 덕을 지켜야 할 사람이 부정하게 이웃의 남자를 유혹하는 것은 도리가 아니나 陰은 홀로 있을 수 없기 때문에 위와 함께 움직인다고 표현하였다.

九三은 賁如濡如하니 永貞하면 吉하니라.
象曰 永貞之吉은 終莫之陵也니라.

九三은 꾸미는 듯하고 윤택하게 하는 듯하니 길이 바르게 한다면 길하리라.
象에 이르기를 길이 바르게 하면 길하다는 것은 마침내 업신여기지 못할 것이다.

譯解 : "如"는 然과 같은 뜻이다. 九三은 六二 六四의 틈에서 두 陰이 꾸며 주기 때문에 빛나고 있다. 그러나 六二와 六四는 九二의 正應이 아니다. 九三은 이러한 처지를 좋게 여겨서는 안된다. 언제든지 바른 도리를 지키고 유혹에 넘어가지 않아야 사람들에게 업신여김을 당하지 않을 것이다.

六四는 賁如皤①如하며 白馬翰如하니 匪寇면 婚媾리라.
象曰 六四는 當位疑也니 匪寇婚媾는 終无尤也라.

六四는 꾸민 듯하고 흰 듯하며 백마를 타고 나는 듯이 오니 도둑이 아니면 혼인을 청함이라.

象에 이르기를 六四는 자리가 마땅하나 의심하니 도둑이 아니고 혼인을 청한다는 것은 마침내 허물이 없음이라.

譯解 : "皤"는 노인의 머리털처럼 흰 모양을 뜻한다. "翰如"는 새의 깃 또는 새가 나는 것처럼 빠르다는 것을 뜻한다. 六四는 初九와 정당한 자리에서 서로 적응해야 당연하다. 그러나 불행히도 九三이 가로막고 있으니 만날 수가 없다. 아무 꾸민 것도 없이 初九를 만나려 六四는 백마처럼 달리고 있다. 그러나 九三은 강력한 힘으로 六四의 가는 길을 막고 있다. 힘만을 믿고 공격하려는 것이 아니고, 六四와 결혼을 요청하고 있다. 六四가 그처럼 마음에 드는 것은 정당한 배우자 初九와 멀리 떨어져 있고 九三과 가까이 접근해 있으므로 현혹되기 쉬운 위치에 있기 때문이다. 그러나 六四는 지조를 지키고 九三의 결혼신청을 거절하고 최후에는 初九를 만나서 마침내 허물이 없다는 뜻이다.

① 皤(흴 파)

六五는 賁于丘園이니 束帛이 戔戔이면 吝하나 終吉이리라.
象曰 六五之吉은 有喜也라.

六五는 동산을 꾸미니 묶은 비단이 부족하면 부끄러우나 마침내 길하리라.
象에 이르기를 六五의 길함은 기쁨이 있음이라.

譯解 : "丘園"은 언덕과 밭을 뜻하고 "束帛"은 다섯 필을 묶은 비단을 뜻

한다. "戔戔"(옛날 화폐) 六五는 중용의 자리에서 유순한 성질을 가지고 있으며 賁卦의 주체인 것이다. 六五는 겉으로 꾸미지 않고 여성의 본질을 지키니 인색한 편이다. 六五의 높은 자리에서 싸구려인 비단을 가지고 있을 뿐이니 부끄러운 일이나 사치를 멀리하고 절약하는 모습은 오히려 여러 사람의 칭찬을 받으니 기쁜 일이다.

上九는 白賁면 无咎리라.
象曰 白賁无咎는 上得志也라.

上九는 꾸밈이 없으면 허물이 없음이라.
象에 이르기를 꾸밈이 없으면 허물이 없으며 위에서 뜻을 얻었음이라.

譯解 : "白賁"은 흰 장식 본래의 모습을 뜻한다. 인간의 꾸밈이 예법이라면 장식이 극에 달하면 얼마 안되어 바른자리로 돌아오게 된다. 上九는 꾸밈이 헛됨이라는 것을 깨닫고 본래의 자리로 돌아오니 허물이 없다.

山 地 剝

剝은 不利有攸往하니라.

剝은 가는 곳이 있어도 이롭지 아니하니라.

譯解 : 剝은 깎아내린다는 뜻이다. 陽의 氣가 점점 줄어들어 위기에 놓여 있는 형상이다. 陽이 이제 깎아내려가서 없어지려는 위기에 처해 있다. 바꾸어 말하면 陰이 성하며 陽이 쇠퇴하는 것을 말한다. 군자는 이러한 때에 말을 삼가고 능력을 기르면서 적극적인 행동을 삼가야 한다. 현실을 내다보고 자신의 삶을 어떻게 처신해야 하는가를 깊이 생각하고 수양하는 길이 시기에 맞는 처세라고 믿는다. 사람의 한평생은 짧은 것이어늘 이를 알지 못하고 날뛰는 사람을 보면 한심하기 그지없다.

象曰 剝은 剝也니 柔變剛也니 不利有攸往은 小人이 長也

일세라 順而止之는 觀象也니 君子尙消息盈虛天行也라.

　象에 이르기를 剝은 깎아내림이니 柔가 剛을 변하게 하니 가는 곳이 있어도 이롭지 않다고 함은 소인이 자라고 있을세라. 순응하여 그치는 것은 象을 봄이니 군자가 消息盈虛를 숭상하는 것은 하늘이 행함이라.

　譯解 : 陰이 점점 나가서 陽을 침식해 가는 때인지라 柔가 剛으로 변하게 되니 행동을 삼가야 하겠다. 소인의 세력이 자라는 때라 군자는 일을 하더라도 불리함을 알고 시세에 순응하여 머무른다. 군자는 반드시 사라지면 자라고 성하면 쇠퇴하는 것을 알고 행동에 옮기는 것이 하늘의 바른 도리요, 삶의 방법인 것이다.

　　象曰 山附於地剝이니 上이 以하여 厚下安宅하나니라.

　象에 이르기를 山이 땅에 붙어있는 것이 剝이니 위에 있는 사람이 이로써 아래를 후하게 하고 집을 편안히 하나니라.

　譯解 : "宅"은 집이 아니고 宅地이며 몸이 있을 장소를 뜻한다. 산이 땅에 붙어있는 형상이다. 산은 본래 땅 위에 높이 솟아있고 땅에 붙어있으므로 剝이라고 한다. 사람 위에 있는 사람은 이 괘상을 본받아서 아랫사람을 후하게 하고 자신의 지위를 편안히 한다. 윗자리에 있다고 아랫사람을 얕보거나 업신여기지 말라. 사람은 언제든지 한 자리에 오래 머물러 있지 아니할 것이니 삼가면 사람의 도리를 다할 줄 아는 것이다.

　　初六은 剝牀以足이니 蔑貞이라 凶하도다.
　　象曰 剝牀以足은 以滅下也라.

　初六은 침상을 깎는데 다리부터 함이니 바른 것을 없앰이라 흉하도다.
　象에 이르기를 침상을 깎되 다리부터 한다는 것은 아래부터 없앰이라.

　譯解 : "牀"은 침상을 말한다. 陰이 陽을 깎되 아래부터 시작하여 점점 위로 올라간다. 初六은 剝의 처음으로 이미 침식당하고 있다. 침대의 다리를 깎고 있으며 바른 것을 없애려고 한다. 사악한 것이 바른 것을 없애려는 것은 흉하기 때문이다.

六二는 剝牀以辨이니 蔑貞이라 凶하도다.
象曰 剝牀以辨은 未有與也라.

六二는 침상을 깎는데 가장자리부터 함이니 바른 것을 없애려니 흉하도다.
象에 이르기를 침상을 깎는데 가장자리부터 하는 것은 함께 있지 못하기 때문이다.

譯解 : "辨"은 침대의 가장자리를 말한다. 六二는 깎아서 올라오고 있다. 침대의 가장자리를 깎아오는 것은 사악한 것이 바른 것을 없애려는 방법이 심해지고 있다. 사악한 세상에서는 바른 일이 오히려 박해를 받을 수 있으니 성실한 마음으로 사악한 무리를 물리쳐야 한다. 이것이 삶의 철학이며 올바른 행동철학이다. 요즘은 사악한 무리들이 오히려 큰소리 치고 있으니 굳은 사상과 철저한 교육만이 세상을 바로잡을 수 있다.

六三은 剝之无咎니라.
象曰 剝之无咎는 失上下也라.

六三은 깎아도 허물이 없나니라.
象에 이르기를 깎아도 허물이 없다는 것은 위 아래를 잃었음이라.

譯解 : 六三은 上九와 적응하여 陰의 무리를 깎아버리고 군자의 도리에 따르고 있다. 그래서 허물이 없다고 표현하였다. 위와 아래를 잃었다고 하는 것은 六三이 홀로 바른도리를 지키고 있는 까닭으로 陰과의 교제를 끊어버린 결과이다.

六四는 剝牀以膚니 凶하니라.
象曰 剝牀以膚는 切近災也라.

六四는 침상을 깎아서 피부에 미치니 흉하니라.
象에 이르기를 침상을 깎아서 피부에 미친다는 것은 재앙이 가까와진 것임이라.

譯解 : 六四는 재앙이 절박하여 침대의 몸통이 깎이고 몸의 피부에 이르러서 깎이고 있다. 재앙이 몸에 절박한 까닭으로 악함과 바른 것을 말할 여유가 없다. 이러한 때에는 자신이 처해 있는 위치를 바르게 판단하고 어

려운 고비를 슬기롭게 넘기면 좋으련만 이미 절박한 상태이니 어찌 하겠는가.

六五는 貫魚하여 以宮人寵이면 无不利리라.
象曰 以宮人寵은 終无尤也라.

六五는 물고기를 꿰어서 궁인처럼 사랑을 받으면 이롭지 않음이 없으리라.
象에 이르기를 궁인처럼 사랑을 받음은 마침내 허물이 없음이라.

譯解 : "貫魚"는 물고기를 꼬치에 꿴 것을 뜻한다. "宮人"은 후궁의 처첩을 뜻한다. 六五는 陰으로 중용의 자리에 있으나 부정하다. 五陰의 宮人들 중에 六五의 총애를 받게 된다. 후비는 궁인을 통솔하여 上九의 총애를 받게 된다. 후비는 보름달 밤에 왕의 침전에 들고 빈이나 첩은 보름 전에 왕의 침전에 들어간다고 하였다. 그것은 마치 물고기를 꼬치에 꿴 것과 같은 것이다.

上九는 碩果不食이니 君子는 得輿하고 小人은 剝廬리라.
象曰 君子得輿는 民所載也요 小人剝廬는 終不可用也라.

上九는 큰 과일을 먹지 않으니 군자는 수레를 얻고 소인은 농막을 빼앗길 것이다.
象에 이르기를 군자는 수레를 얻는다는 것은 백성의 추대를 받았음이요, 소인은 농막을 빼앗겼다 함은 마침내 쓰이지 못함이라.

譯解 : 上九만이 아직 남아 있다는 것은 큰 과실을 먹지 않고 남아 있음을 상징하고 있다. 上九가 陰으로 변하였다면 陽이 모두 없어졌다고 생각하는 것은 잘못이다. 上九는 陰의 극성으로 혼란한 때이지만 백성은 태평한 세상을 바라고 있다. 유덕한 사람이 나타나서 올바른 정치가 이루어지기를 바란다. 그래서 유덕한 군자가 윗자리에 있으면 아래의 五陰인 백성이 기뻐하면서 추대할 것이다. 그러나 소인은 몸둘 곳이 없어진다는 뜻으로 농막마저 빼앗긴다고 표현했다.

䷗ 地雷復

　　復은 亨하니 出入에 无疾하여 朋來라야 无咎리라. 反復其道하여 七日來復하니 利有攸往이니라.

　　復은 형통하니 출입하는 데 병이 없고 벗이 와야 허물이 없으리라. 그 도를 반복하여 七日만에 돌아오니 가는 곳이 있으면 이롭나니라.

譯解 : 復은 돌아온다는 뜻이다. 동지괘를 復이라고 하며 陽이 갔다가 돌아오니 만물이 생성하고 군자의 도리가 다시 통할 것이다. 내괘는 震이니 움직이고 외괘는 坤이니 순종한다. 陽이 되돌아옴으로써 만물이 생기가 트고 땅속 깊이 봄기운이 발동하고 있음을 나타낸다. 天風姤은 五月卦로 一陰이 始生하고, 地雷復은 十一月卦로 一陽來復은 우주의 순환으로 계절이 변하면서 사람의 일도 변하는 것이다. 그래서 흉하던 사람은 반드시 길하게 되고 위험하던 사람은 반드시 편안해진다. 이것이 자연의 원칙이요, 사람이 살아가면서 어려운 일과 괴로움을 이겨나가면서 삶을 유지하게 하는 원동력이다.

　　象曰 復亨은 剛反이니 動而以順行이라 是以出入无疾朋來无咎니라. 反復其道七日來復은 天行也요 利有攸往은 剛長也일세니 復에 其見天地之心乎저.

　　象에 이르기를 復이 형통한 것은 강이 돌아옴이니 움직여서 순하게 행함이라. 이로써 출입하는 데 병이 없고 벗이 와도 허물이 없음이라. 그 道를 반복하여 七日만에 돌아온다 함은 천도의 운행이요 가는 곳이 있으면 이롭다 함은 剛이 자라기 때문이라. 復에서 천지의 마음을 볼 수 있을진저.

譯解 : 陽氣가 되살아나서 생기를 유통시키는 것은 천지자연의 원칙이며 아무 장애도 받지 아니한다. 七日만에 되돌아온다는 학설이 여러 가지로 나뉘어졌으나 여기서는(朱子와 王弼의) 七日來復에 대하여 설명하고자 한다. 七日만에 一陽이 來復하는 것은 陰陽消長의 주기를 말한 것이다. 이 一

陽來復의 괘에 의하여 천지만물이 성장하는 것을 볼 수 있다. 王弼은 이러한 말로 천지의 마음을 설명하였다. 復이란 근본으로 다시 돌아가는 것이라고 하였다. 예를 들면 動이 정지하면 靜으로 돌아가는데, 靜은 動의 대립하는 개념이 아니고 절대의 靜으로 無는 有의 근본이라고 하였다. 그리고 有는 無와 대립하는 것이 아니고 有無의 대립을 초월한 절대의 無라고 하였다. 천지의 삼라만상이 천변만화하는 것은 그 근본이 無요 靜이라고 한다. 절대의 無, 절대의 靜이야말로 천지의 마음인 것이다. 만일 有의 마음을 가지고 있다면 천지의 만물이 생육될 수 없으며 復卦의 모든 動은 地中에서 靜으로 돌아갈 때에 여기에 의해서 천지의 마음을 볼 수 있다고 하였다. 朱子는 천지의 마음을 無라고 한다면 復卦의 初九 陽을 어떻게 설명할 것이냐고 반문하였다. 그러나 윤리적인 생각은 방향이 비슷하였다. 朱子의 周易本義에서 一陽來復에 대하여 천지만물의 마음이 보인다고 하는 것은 사람의 마음이 극악하지만 마침내는 善의 본심으로 돌아가는 것과 비슷하다고 하였다.

象曰 雷在地中이 復이니 先王이 以하여 至日에 閉關하여 商旅不行하며 后不省方하나니라.

象에 이르기를 우레가 땅 속에 있는 것이 復이니 先王이 이로써 동짓날에 관문을 닫고 장사꾼과 나그네를 다니지 못하게 하여 군주도 지방을 순시하지 못하나니라.

譯解 : 우레가 땅 속에 있는 것은 陽氣가 다시 싹트는 상이다. 그러나 아직 陽氣가 약한 때이므로 안정시키지 않으면 아니된다. 옛날 성왕은 陽이 처음으로 動하는 동짓날 관문을 닫고서 행상인이나 나그네의 통행을 금지하고 군주도 사방을 순시하지 않게 하였다. 하늘의 바른 도리에 의해서 안정을 요하는 때에 인간들도 여기에 따라 안정을 보전하려는 것이었다. 옛날 동양의 왕도정치는 사계절의 변화에 따라 정책을 결정하였다. 그것은 하늘의 뜻과 일치하지 않으면 재앙이 일어난다는 신앙이 보편적이었기 때문이다.

初九는 不遠復이라 无祇悔니 元吉하니라.

象曰 不遠之復은 以脩身也라.

初九는 머지않아 돌아올지라 후회하는 일이 없을지니 크게 길하리라.

象에 이르기를 머지않아 돌아온다는 것은 몸을 수양하기 때문이다.

譯解 : 初九는 一陽來復의 괘에 주체이다. 괘의 밑에 있으므로 사물의 시초라고 한다. 그러니까 과실이 있어도 큰 문제가 아니고 善으로 돌아간다고 하였다. 그래서 머지않아 돌아온다고 한 것이다.

六二는 休復이니 吉하니라.
象曰 休復之吉은 以下仁也라.

六二는 돌아옴이 아름다워서 길하니라.

象에 이르기를 돌아옴이 아름다워서 길하다 함은 아래가 어진 때문이다.

譯解 : 六二는 유순하고 중용의 자리에서 初九의 덕에 감화된 것은 바로 윗자리에서 가까이 지냈기 때문이다. 사람은 자기보다 낮은 자리에 있다 하더라도 존경할 줄 알고 서로 상의하여 일을 처리하는 것이 직장을 위하여 큰 도움이 될 것이다. 그런데 사소한 일에 서로 물어뜯는 일을 흔히 볼 수 있으니 마음부터 개조해야 하겠다.

六三은 頻復이니 厲하나 无咎리라.
象曰 頻復之厲는 義无咎也니라.

六三은 자주 돌아오니 위태하나 허물은 없으리라.

象에 이르기를 자주 돌아오는 것이 위태한 것은 의리로서 허물이 없음이라.

譯解 : "頻"은 여러번을 뜻한다. 六三은 제자리가 아닌 陽의 자리에 있으니 부정하다. 돌아가는 태도가 일정하지 못하여 여러번 실패하였지만 사정에 의하여 돌아간다면 도의상으로 허물은 없다. 실패를 거듭하여 위태하지만 잘못을 깨닫고 본위치로 돌아가면 과실을 탓하기 보다는 동정을 받을 것이다.

六四는 中行하되 獨復이로다.
象曰 中行獨復은 以從道也라.

六四는 중도에 가다가 홀로 돌아오도다.
象에 이르기를 중도에 가다가 홀로 돌아옴은 바른길을 따를 뿐이다.

譯解 : "中行"은 중도에 간다는 뜻이다. 六四는 제자리에서 여러 陰爻와 같이 있으나 初九와 적응하고 있다. 나쁜 친구들과 어울려서 함께 가다가 도중에서 홀로 初九를 따르는 형상이다. 陽氣가 심히 미약한 상태에 있으므로 무엇을 하려고 해도 불충분한 환경에 있다. 그래서 길흉을 말하지 아니하였다. 도리에 따르지 아니할 수 없으므로 길흉을 말할 처지가 아니다. 漢의 董仲舒는 어진 사람은 의를 바르게 하고 이로움에 따르지 않으며 도리를 명백히 하고 공을 생각지 말라고 하였다. 현실에서는 생각하기 어려운 문제라고 보는 것은 의리를 배반하기를 예사로 하기 때문이다.

六五는 敦復이니 无悔하니라.
象曰 敦復无悔는 中以自考也라.

六五는 독실하게 돌아오니 뉘우침이 없음이라.
象에 이르기를 독실하게 돌아오니 뉘우침이 없다는 것은 중도에서 스스로 생각함이라.

譯解 : "敦"은 독실하다는 뜻이다. 六五는 제자리가 아니지만 유순한 덕을 지니고 있다. 그리고 높은 자리에 있으니 復의 때에 해당한다. 독실한 마음으로 돌아가니 당연히 허물이 없다고 표현하고 있다.

上六은 迷復이니 凶하니 有災眚하여 用行師면 終有大敗하고 以其國이면 君이 凶하여 至于十年에 不克征하리라.
象曰 迷復之凶은 反君道也라.

上六은 돌아오다 방황함이라 흉하므로 재앙이 생겨서 군사를 동원하면 마침내 크게 패하고 나라의 임금까지 흉하여 십년이 되어도 정벌하여 이기지 못하리라.
象에 이르기를 돌아오다 방황하여 흉함은 임금의 도에 반대함이라.

譯解 : "迷"는 방황한다는 뜻이다. 上六은 陰爻로 제자리에 氣가 약하여 돌아오는 때에 최후까지 방황하여 善으로 돌아가지 못하고 있다. 그래서

흉함은 당연한 것이다. 재해가 생겨서 군대를 동원하였지만 최후에 크게 패하여 그 누를 국왕에게 끼쳤으니 흉한다. 십년동안 적을 정벌하지 못하였다.

䷘ 天雷无妄

无妄은 元亨하고 利貞하니 其匪正이면 有眚하여 不利有攸往하니라.

　无妄은 크게 형통하고 바르게 하면 이롭나니 그 바른 것이 아니면 재앙이 있을지니 갈 곳이 있으나 이롭지 아니하리라.

　譯解 : "无妄"은 성실의 반대요 바라지 않는데 이루어진다는 뜻이다. 그리고 바른도리는 자연이 그렇게 된다는 뜻이다. 내괘는 動하고 외괘는 건실한 덕이 있으니 하늘의 도리로써 움직임을 표상한 것이다. 사람이 无妄하고 진실한 도리를 지키면 모든 일에 임하여도 크게 형통하다는 것이다. 만일 부정한 마음으로 요행을 바란다면 도리어 재앙이 따를 것이다. 그래서 하늘의 거짓없는 마음을 본받아 그대로 실현하는 것이 사람의 도리인 것이다. 사람의 도리를 벗어난 행동으로 사람에게 해를 끼친다면 어찌 행복하기를 바랄 수 있으랴. 모름지기 사람은 어린애의 모습이 본연의 성품이어늘 점점 자라면서 사회악에 물들어 못된 행동만을 일삼으니 깊이 생각하고 반성하여 본연의 본성으로 돌아가야 하겠다.

彖曰 无妄은 剛이 自外來而爲主於內하니 動而健하고 剛中而應하여 大亨以正하니 天之命也라 其匪正有眚不利有攸往은 无妄之往이 何之矣리요 天命不祐를 行矣哉아.

　彖에 이르기를 无妄은 剛이 밖에서 와서 안을 주장하니 움직이면 건실하고 강이 중용에 응하여 바르게 함으로써 크게 형통하니 하늘의 명이라. 그 바른 것이 아니면 재앙이 있고 가는 곳에 있어도 이롭지 아니함은 무망한 때에 어디로 가리요. 천명이 돕지 아니함을 행할 수 있으랴.

譯解 : 내괘는 震이니 動하고 외괘는 乾이니 실하여 九五가 제자리에서 강건하고 六二는 유순하게 움직인다. 이것은 하늘의 도리에 당연하고 무망한 것이다. 조금이라도 부정이 있다면 무망이 아니다. 무망을 벗어나서 가려고 하지만 갈 곳이 없다. 무망을 벗어난 행동은 하늘의 이치를 어긴 것이니 하늘이 돕지 않을 것이다.

象曰 天下雷行하며 **物與无妄**하니, **先王**이 **以**하여 **茂對時**하여 **育萬物**하나니라.

象에 이르기를 하늘 아래서 우레가 움직이며 물건과 함께 무망하니 선왕이 이로써 때에 맞추어 만물을 육성하나니라.

譯解 : 하늘 아래에서 우레가 움직인다. 우레의 진동으로 陰陽이 화합하여 만물이 자라난다. 물질마다 속성이 있고 자연의 목적성이 부여되고 있다. 선왕은 이를 본받아서 하늘과 시공의 때를 합하여 만물을 키운다.

初九는 **无妄**이니 **往**에 **吉**하리라.
象曰 无妄之往은 **得志也**라.

初九는 무망이니 가면 길하리라.
象에 이르기를 무망이니 가면 길하다 함은 뜻을 얻었음이라.

譯解 : 初九는 내괘의 주동이며 제자리에 있으니 강건한 행동으로 무망하고 바른 마음을 가지고 하늘의 뜻에 따라 행동하면 뜻을 얻어 성공할 것이다. 무망할 때에 사사로운 욕심이 마음에서 발동하면 재앙을 면키 어려우나 바른 마음을 항상 지킨다면 어려운 일도 해결할 것이다.

六二는 **不耕穫**하며 **不菑**①**畬**②니 **則利有攸往**하나라.
象曰 不耕穫는 **未富也**라.

六二는 밭갈지 않고도 거두며 개간하지 않고도 기름지니 갈 곳이 있으면 이로움이 있나니라.
象에 이르기를 밭갈지 않고도 거두었다 함은 부함이 아니라.

譯解 : 六二는 유순하고 중용의 자리에 있으니 때에 역행함이 없이 하늘

의 이치에 따라 움직이고 자신의 마음대로 원함이 아니고 바라지 아니하였는데 자연이 그렇게 된 것이 무망이라 한다. 사람이 무엇을 바라는 것은 妄이고 사람이 바라지 아니하였는데 하늘의 이치에서 저절로 그렇게 된 것은 无妄이다(程子의 학설).
① 菑(한해밭 치), ② 畬(삼년된밭 여)

六三은 无妄之災니 或繫之牛하나 行人之得이 邑人之災로다.
象曰 行人得牛이 邑人之災也라.

六三은 무망의 재앙이니 혹 소를 매어 놓았으나 행인이 끌고 가니, 고을 사람의 재앙이 됨이로다.
象에 이르기를 행인이 소를 끌고 간 것이 고을 사람의 재앙이 되리라.

譯解 : 六三은 陰爻가 陽의 자리에 있으니 부정하다. 생각지도 아니한 재앙을 만나게 된다. 소를 마을 가운데에 매어두었는데 지나가던 사람이 말없이 소를 끌고 가버렸다. 그래서 가까운 마을 사람에게 소도둑으로 의심을 받는다는 뜻이다. 요즘에도 무죄한 사람이 옥살이를 치르는 일이 허다하다. 이는 법을 잘못 집행했거나 수사과정의 착오에서 오는 억울한 일인데, 이같은 경우를 신문지상에서 심심치 않게 독자에게 알려주고 있다.

九四는 可貞이니 无咎리라.
象曰 可貞无咎는 固有之也일세라.

九四는 가히 바르게 하면 허물이 없으리라.
象에 이르기를 가히 바르게 하면 허물이 없다는 것은 굳게 가지고 있었기 때문이다.

譯解 : "有"는 守를 뜻한다. 九四는 陽으로 강건한 성질을 가지고 있으나 아래에 적응이 없다는 것은 사적인 친교가 없다. 강건한 사사로운 마음이 없으면 무망이다. 무망의 도리를 굳게 지키는 것이 결과가 좋다. 그러면 허물이 없다.

六五는 无妄之疾은 勿藥이면 有喜리라.

象曰 无妄之藥은 不可試也니라.

六五는 무망의 병은 약을 쓰지 않으면 기쁨이 있으리라.
象에 이르기를 무망의 약은 맛볼 수 없음이라.

譯解 : "試"는 맛본다는 뜻이다. 九五는 중용의 덕을 가지고 강건하게 높은 자리에서 六二와 적응하고 있다. 무망괘에서 가장 좋은 현상이다. 뛰어난 덕을 가지고 있으면서 병이 생긴 것은 예기치 못한 재난이며 무망의 질환이라고 한다. 원인 모르는 병에 걸려 있을지라도 약을 먹지 아니하면 치유될 것이다. 자연이 치유되는 병에 약을 먹으면 반자연적이고 작위로서 무망이 아니다. 그래서 "不可試也"라 하였다.

上九는 无妄에 行이면 有眚하여 无攸利하니라.
象曰 无妄之行은 窮之災也라.

上九는 무망에 간다면 재앙이 있어서 이로울 바 없나니라.
象에 이르기를 무망에 가는 것은 궁한 재앙이라.

譯解 : 上九는 지나치게 강하여 먼저 가면 반드시 무리하게 되어 有妄이 된다. 그래서 재앙이 생기고 아무 이로움이 없다.

䷙ 山天大畜

大畜은 利貞하니 不家食하면 吉하니 利涉大川하니라.

大畜은 바르게 하면 이롭나니 집에서 먹지 아니하면 길하니 큰 내를 건너가는 것이 이롭나니라.

譯解 : "畜"은 멈춘다, 쌓는다는 뜻이다. 內卦 乾은 陽이고 外卦 艮도 陽이니 大라고 한다. 그리고 艮은 멈추고 乾은 건실하여 전진하려는 乾을 艮이 멈추게 한다. 멈추게 하는 상대도 크고 멈추게 하는 힘도 크다. 그래서 "大畜"이라 한다. 변괘에서 볼 때 大畜은 需卦의 九五가 윗자리의 陰爻와 자리를 바꾼 것이다. 즉 大畜의 六五는 원래 需卦의 윗자리에 있던 것인데

아랫자리의 九五에게 몸을 낮추어 자기 자리에 올려 놓은 것이다. 바른 사람이 아니면 이같이 할 수 없다. 그래서 "利貞"이라 하였다. 六五가 어진 사람을 등용하는 어진 임금으로 조정에서 벼슬하는 것이 길하다. 내괘 九二와 적응하는 것은 내괘가 하늘이기 때문에 六五의 행위는 하늘의 바른도리에 따르고 있다. 그래서 어떤 어려움도 능히 감당할 수 있다.

象曰 大畜은 剛健하고 篤實하고 輝光하여 日新其德이니 剛上而尙賢하고 能之健이 大正也라 不家食吉은 養賢也요 利涉大川은 應乎天也라.

象에 이르기를 大畜은 강건하고 독실하고 빛나서 날로 그 덕을 새롭게 함이니 강이 위로 올라가서 어진 사람을 높이고 능히 건실함을 머물게 하니 크게 바른 것이라. 집에서 먹지 않는 것이 길하다는 것은 어진 사람을 기르기 때문이요, 큰 내를 건너가는 것이 이롭다는 것은 하늘에 응함이라.

譯解 : 乾은 건실한 덕이 있고 艮은 멈출 곳에 멈춤으로 독실한 덕이 있는 까닭으로 그 덕이 빛나고 날로 새롭게 된다. 五의 자리에 있던 上九를 六五의 어진 임금이 신하를 높은 자리에 있게 한다. 지나치게 올라가는 것을 멈추게 하는 것도 어진 사람을 높이고 바른길을 지키기 때문에 "利貞"이라고 하였다.

象曰 天在山中이 大畜이니 君子以하여 多識前言往行하여 以畜其德하나니라.

象에 이르기를 하늘이 산속에 있는 것이 大畜이니 君子 이로써 먼저 말과 지나간 행동을 많이 알아서 그 덕을 기르나니라.

譯解 : 군자는 이 괘상을 살펴보고 학문을 넓히고 도덕을 기르면서 옛 성현들의 말씀과 행함을 많이 알아야 한다고 하였다.

初九는 有厲리니 利已니라.
象曰 有厲利已는 不犯災也라.
初九는 위험한 일이 있으니 그만 두는 것이 이롭나니라.

象에 이르기를 위험한 일이 있으리니 그만두는 것이 이롭다 함은 재앙을 범하지 말라 함이라.

譯解 : 내괘 乾은 건실하여 올라가려는 뜻이 있어 세 陽爻가 함께 앞으로 나가려는 것을 외괘 艮이 정지시키고 있다. 앞으로 나가면 위험한 일이 있으니 중지할 것을 경고하고 있다.

九二는 輿說輹이로다.
象曰 輿說輹은 中이라 无尤也라.

九二는 수레바퀴 살이 벗겨졌음이라.
象에 이르기를 수레바퀴 살이 벗겨졌다 함은 중용을 지키고 있음이라 허물이 없으리라.

譯解 : 九二는 六五에 의해서 정지당한다. 그러나 九二는 중용에 있으므로 자리를 지켜 자진해서 멈추고 있다. 나가지 아니하는 것은 마치 수레바퀴가 벗겨져서 수레가 앞으로 나가지 못하는 형상이다. 비록 자신이 하려는 일이라 하더라도 윗사람이 말릴 때에는 중지하는 것이 도덕적으로 당연한 행동이라고 본다.

九三은 良馬遂이니 利艱貞하니 日閑輿衛면 利有攸往하리라.
象曰 利有攸往은 上이 合志也일세라.

九三은 좋은 말을 타고 쫓으니 일이 어렵더라도 바르게 하면 이롭나니 날마다 수레와 호위병을 훈련시키면 가는 곳이 있어도 이롭나니라.
象에 이르기를 가는 곳이 있어도 이롭다 함은 위와 뜻이 합하기 때문이라.

譯解 : "閑"은 習으로 뜻한다. 九三은 陽爻로 제자리에 있으니 성질이 강건하여 멈추지 않고 좋은 말을 타고 上九를 쫓아가는 형상이다. 九三은 성질이 강해서 너무 서둘러 나가려 하기 때문에 "利艱貞"이라 표상했다. 구체적으로 말한다면 上九를 쫓는 한편 車夫나 호위병을 훈련시키면서 자신의 수레를 굳게 지키며 전진한다 할지라도 큰 허물은 없으며 上九와 뜻이 합한다고 표현하였다.

六四는 童牛之牿^①이니 元吉하니라.
象曰 六四元吉은 有喜也라.

六四는 송아지가 외양간에 있으니 크게 길하리라.
象에 이르기를 六四의 크게 길하다 함은 기쁨이 있음이라.

譯解 : 六四는 陰爻로서 바른자리에 있으니 初九를 멈추게 하는데 그다지 힘들지 않다. 初九는 밑에 있으므로 힘이 약하다. 그래서 이를 멈추게 하려면 뿔이 나지 아니한 송아지를 외양간에 가두는 것처럼 쉽다는 뜻이다. 初九를 멈추게 하는 것을 처음부터 한다면 힘을 적게 들이고도 공이 크고 길할 것이다. 윤리적으로 해석한다면 악을 미연에 방지하는 것이 최선의 방책이다. 법이 아무리 엄중하더라도 국민이 법을 지키지 않으면 죽은 법이라는 말을 백성의 입으로 할 수 있을까.

① 牿(외양간 곡)

六五는 豶豕之牙니 吉하니라.
象曰 六五之吉은 有慶也라.

六五는 거세시킨 돼지의 어금니이니 길하니라.
象에 이르기를 六五의 길하다 함은 경사가 났음이라.

譯解 : "豶"은 거세시킨 돼지를 말한다. 六五는 九二를 거세시킨 돼지의 형상이다. 六五는 유순하고 높은 자리에 있으나 九二를 무리하게 다루지 말고 기회를 보아 거세시킴으로써 성질이 유순하게 되어 멈추기 쉽다는 말이다. 비록 어금니가 있다 하더라도 물지 아니함은 유순하기 때문이다. 정치의 도는 이와 같아서 국민의 악을 엄벌로 다스리는 것보다 생활의 안정을 우선하면 악을 미연에 방지할 수 있을 것이다.

上九는 何天之衢니 亨하니라.
象曰 何天之衢니 道大行也라.

上九는 하늘의 넓은 거리니 형통하니라.
象에 이르기를 하늘의 넓은 거리요. 道가 크게 행함이라.

譯解 : 上九는 하늘의 넓은 거리라. 四方이 환히 트인 길을 말한다. 上九

는 하괘 乾을 멈추게 아니하고 道를 통하여 하늘의 거리를 자유자재로 통달하였음을 말한다.

䷚ 山雷頤

頤는 貞하면 吉하니 觀頤하여 自求口實하나니라.

頤는 바르게 하면 길하니 턱을 보아서 스스로 口實을 구하나니라.

譯解 : "震"은 움직인다는 뜻이다. 그래서 음식을 먹을 때에 위턱은 움직이지 않고 아래턱이 움직이는 까닭으로 頤라고 하였다. 頤卦를 총체적으로 관찰하면 내용적으로는 턱을 보고 스스로 口實을 구하면 바르다는 것이다. 倒置法으로 頤를 본다면 사람이 평생 무엇을 기르고 있었는가를 보아야 스스로 口實을 구한다는 것을 알 수 있다는 것이다. 그리고 자신을 위하여 기르는 수단이 무엇인가를 관찰하여 바른 행동이라면 길하다는 것이다.

象曰 頤貞吉은 養正則吉也니 觀頤는 觀其所養也요 自求口實은 觀其自養也라 天地養萬物하며 聖人이 養賢하여 以及萬民하나니 頤之時大矣哉라.

象에 이르기를 頤는 바르게 하면 길하다는 것은 바른 것을 기르면 길하다. 턱을 본다는 것은 그 기르는 것을 보는 것이요, 스스로 口實을 구한다는 것은 그 기르는 것을 스스로 관찰함이라. 천지는 만물을 기르며 성인이 어진 사람을 길러 만민에게 미치게 하나니 頤의 때 큼이로다.

譯解 : 천지의 만물이 자연적으로 생육된 것이 아니고 陰陽의 조화에 의하여 성장한 것이다. 頤卦의 본뜻을 깊이 관찰한다면 사람은 자신의 삶과 가족의 부양을 위하여 실질적으로 행동해야 인간생활에 참된 길을 알 수 있다. 성인이 어진 사람을 길러내며 백성을 위하여 일하도록 하는 것이 頤卦의 참뜻이라 하였다.

山雷頤

象曰 山下有雷頤이므로 君子以하여 愼言語하며 節飮食하나니라.

象에 이르기를 산밑에 우레가 있는 것이 頤니 군자 이로써 말을 삼가며 음식을 조절하나니라.

譯解 : 산밑에서 우레의 움직임이 있다는 것은 초목을 기르는 형상이다. 그러한 까닭으로 군자는 말을 삼가고 음식을 조절함으로써 몸을 건강하게 하였다.

初九는 舍爾靈龜하고 觀我朶①頤하니 凶하니라.
象曰 觀我朶頤하니 亦不足貴也로다.

初九는 너의 신비한 거북을 버리고 나를 보고 입을 벌리고 있으니 흉하니라.
象에 이르기를 나를 보고 입을 벌리고 있으니 역시 귀히 여길 것이 못되도다.

譯解 : 初九는 陽爻로 제자리에 있으나 굳은 성질을 가지고 명석한 마음이 필요한 때에 다른 일을 탐내고 있다는 것은 욕심을 다른 곳에 두고 있으니 마음이 바르지 않으며 행동이 부정하기 때문에 흉하다고 표현하였다. 자신을 바른도리로 수양함이 옳거늘 함부로 욕심을 내는 것은 남의 물건을 탐내는 것과 비슷하여 朶頤라고 표상하였다. 六四의 적응이 있음에도 불구하고 중용의 자리에서 분수를 지키지 못하니 흉한 것은 말할 필요도 없다.

① 朶(움직일 타)

六二는 顚頤라 拂經이니 于丘에 頤하여 征하면 凶하니라.
象曰 六二征凶은 行이 失類也라.

六二는 거꾸로 부양을 바라는지라. 떳떳함에 어긋남이니 윗사람에게 받으러 간다면 흉하니라.
象에 이르기를 六二가 가면 흉하다는 것은 가는 것이 동류를 잃었음이라.

譯解 : "拂"은 어긋난다는 것을 뜻한다. "丘"는 윗자리를 말한다. 六二는 陰爻로 제자리에 있으나 적응이 없으므로 初九에 의지하려는 것은 거꾸로 부양을 받는 것이니 떳떳함이 아니다. 비록 여자는 독신으로 있을 수 없다 하더라도 예의는 지킬 줄 알아야 한다. 그래서 윗자리에 있는 上九에게 부

양을 받고자 하나 응해주지 아니하니 억지로 간다면 흉할 것이며 동류들을 잃게 된다. 그래서 "失類"라 하였다.

六三은 拂頤貞이라 凶하여 十年勿用이라 无攸利하니라.
象曰 十年勿用은 道大悖也라.

六三은 부양하는 데 어긋남이라 바르더라도 흉하여 십년동안 움직이지 말라. 이로움이 없음이라.

象에 이르기를 십년동안 움직이지 말라는 것은 도리에 크게 어긋났기 때문이라.

譯解 : 六三은 부정한 자리에서 도리에 어긋난 행동을 하려는 것은 비록 바른일이라 하더라도 흉하다. 십년동안 움직이지 아니함이 오히려 자신의 도리를 지키는 결과가 될 것이다. 먹기 위하여 부정한 행동을 한다는 것은 頤卦의 도리에 어긋난 것이니 십년동안 움직이지 않는 것이 흉함을 면할 것이다.

六四는 顚頤나 吉하니 虎視耽耽하며 其欲逐逐하면 无咎리라.
象曰 顚頤之吉은 上施光也일세라.

六四는 거꾸로 부양을 받으나 길하니 범이 노리듯이 그 욕심을 쫓아버리면 허물이 없으리라.

象에 이르기를 거꾸로 부양을 받으나 길한 것은 위에서 베푸는 것이 빛나고 있음이라.

譯解 : "虎視耽耽"은 범이 먹이를 노려 눈을 부릅뜨고 내려다 본다는 뜻이다. "逐逐"는 거듭 뒤쫓는다는 뜻이다. 六四는 陰爻로 바른자리에 있으나 자신을 부양하지 못하니 천하의 백성을 부양할 수 없다. 그래서 初九의 陽에게 부양을 바라고 있다. 윗자리에 있는 사람이 아랫자리에 있는 사람에게 부양을 바라는 것은 거꾸로 된 일이다. 六四가 初九에게 부양을 요구하는 것은 아랫사람에게 부양을 바라고 있는 현상이다. 유약한 윗사람이 강력한 아랫사람에게 부양을 요구하고 있으며 六四는 범이 노리듯이 위엄한 태도로 初九에게 접근하고 있다(王弼 程子). 六四는 初九에게 뒤쫓아 거듭 거듭 욕심을 달성하지 않으면 계속 부양을 받을 수 없기 때문이다. 그러한

행동을 탓할 수는 없다.

　　六五는 拂經이니 居貞하면 吉하려니와 不可涉大川이니라.
　　象曰 居貞之吉은 順以從上也일세라.
　　六五는 떳떳한 도리에 어긋남이나 바르게 하면 길하려니와 큰 내를 건너지 못하니라.
　　象에 이르기를 바르게 하면 길하다는 것은 순종하여 윗사람을 따를 뿐이다.
　　譯解: "經"은 떳떳한 도리를 뜻한다. 六五는 높은 자리에 있으나 부정한 성질을 가지고 있으며 백성을 돌보지 못한다. 그래서 上九의 실력자에게 백성의 부양을 바라는 것은 떳떳한 도리에 어긋나는 일이나 백성을 위한 바른 동기에서 나온 행동으로써 上九를 신임하고 따라야 한다.

　　上九는 由頤니 厲하면 吉하니 利涉大川하니라.
　　象曰 由頤厲吉은 大有慶也라.
　　上九는 이로 말미암아 부양하니 두려워하면 길하니 큰 내를 건너는 것이 이롭나니라.
　　象에 이르기를 이로 말미암아 부양하니 두려워하면 길하다는 것은 크게 경사가 있음이라.
　　譯解: 천하가 모두 上九에 의해서 부양되는 형상이다. 이제 군주의 위임을 맡아서 무거운 책임을 지고 있다. 그래서 항상 두려워하는 마음으로 책임을 다하면 길할 것이다. 그리고 누구에게나 규탄받지 않고 백성을 구제하는 정책을 수립하여 바른도리를 행하니 경사스러운 일이다.

䷛ 澤風大過

　　大過는 棟이 橈니 利有攸往하여 亨하니라.
　　大過는 대들보가 휘어지니 가는 곳이 있으면 이롭고 형통하니라.

譯解 : "大過"의 大는 陽이며 過는 도가 지나쳤다는 뜻이다. 괘의 형상을 보면 중앙에 네 陽爻로 되어 있으니 지나치게 성하다고 볼 수 있다. "棟"이란 집의 대들보를 말하며 이 대들보가 가운데는 단단하지만 두 끝이 약해서 지붕의 무게를 견디지 못하여 가운데가 휜 것이다. 사람으로 말하면 높은 지위에서 무거운 책임을 다하지 못하는 형상이다. 그러나 九五와 九二는 중용의 자리에서 순종하고 기뻐하니 형통할 것이다. 이 세상은 너무 지나칠 정도로 부패하여 기둥이 썩어가고 있다. 모든 사람이 미치광이처럼 날뛰고 있으면서 이것이 민주주의라고 큰소리치고 있다. 너무 정도가 지나친 게 아닐까.

象曰 大過는 大者過也니 棟橈는 本末이 弱也라 剛過而中하고 巽而說行이니 利有攸往하여 乃亨하니 大過之時大矣哉라.

象에 이르기를 大過는 陽이 지나친 것이라. 대들보가 휜 것은 근본과 끝이 약한 때문이라. 剛이 지나치나 중용에 있고, 순종하여 기쁘게 행하니 가는 곳이 있으면 이에 형통하니 大過의 때와 뜻이 크도다.

譯解 : 陽爻가 지나치게 너무 많아서 대들보를 받치고 있는 기둥이 약하다. 大過의 괘를 상징하는 시간이란 참으로 위대하다고 표현하고 있다. 그러나 어려운 시기를 맞이하여 바른 도리로 하늘의 이치에 따르면 堯임금이 평민인 舜에게 천하를 양보하였고 殷나라의 湯王과 周나라의 武王은 자신의 군주를 시해하였으니 어느 쪽이든 지나친 일이요 大過의 행위라 아니할 수 없다. 그러나 국가와 민족을 위한 일이면 우리들은 이를 용인하지 아니할 수 없다.

象曰 澤滅木이 大過니 君子以하여 獨立不懼하며 遯世无悶하나니라.

象에 이르기를 연못에 나무가 침몰된 것이 大過니 군자 이로써 홀로 서 있어도 두려워하지 않으며 세상을 피하여도 걱정함이 없음이라.

譯解 : 陽爻가 너무 많아서 陰이 약하니 대들보가 물에 잠기고 말았다. 군자는 이 괘상을 보고 세상 사람들이 떠들고 비난하지만 홀로 바른길을

가면서 두려워하지 않고 속세를 떠나서 남모르게 살아가도 후회하는 일이 없다. 자기의 행동이 올바르면 무슨 일이든 감당할 수 있다는 뜻도 된다.

初六은 藉①用白茅니 无咎하니라.
象曰 藉用白茅는 柔在下也라.

初六은 흰 떠풀을 깔고 있으니 허물이 없음이라.
象에 이르기를 흰 떠풀을 깔고 있다는 것은 柔함이 아래에 있음이라.

譯解 : "白茅"는 흰 떠풀을 뜻한다. 정결한 물건을 올려놓는 데 사용하였기 때문에 지나칠 정도로 공손한 태도를 말한다. 初六은 陰으로 약하여 공손하게 따른다. 너무 유순하기 때문에 大過의 때를 당하여 삼가고 두려워하는 것은 그리 탓할 일이 아니다. 험악한 세상에서 생활해 나가기 위해 어려운 일을 앞에 두고 경계하고 삼가면 능히 해결해 나갈 것이다.

① 藉(깔 자)

九二는 枯楊이 生梯하여 老夫得其女妻니 无不利하니라.
象曰 老夫女妻는 過以相與也라.

九二는 마른 버드나무에 싹이 났으며 늙은 지아비가 젊은 아내를 얻었으니 이롭지 아니함이 없음이라.
象에 이르기를 늙은 지아비가 젊은 아내를 얻었음은 지나치게 서로 만났음이라.

譯解 : 九二는 陽으로 중용의 자리에 있으나 적응할 상대가 없으므로 아래에 있는 初六과 이웃하고 있다. 九二는 陽이고 初六은 陰이기 때문에 친해질 가능성은 충분하다. 그러나 九二는 쇠퇴한 陽으로 어린 初六과 서로 맺어진다면 이것은 마치 마른 버드나무에 새싹이 나고 늙은 남자가 젊은 아내를 얻은 것과 같이 정상적이지는 않지만 음양화합으로 아들을 생육할 수 있다. 분수를 지나친 인연이지만 흠잡을 일은 아니다.

九三은 棟이 橈니 凶하니라.
象曰 棟橈之凶은 不可以有輔也일세라.

九三은 대들보가 휘어졌으니 흉하니라.

象에 이르기를 대들보가 휘어졌으니 흉한 것은 이를 도와서 바로 잡지 못함이라.

譯解 : 九三은 괘의 중앙에 있으니 대들보의 형상이다. 九三은 강한 陽爻가 강한 자리에 있으나 떠받치고 있는 기둥이 무거워서 견디지 못하여 집이 무너질 위험이 있다.

九四는 棟隆이니 吉하거니와 有它①면 吝하리라.
象曰 棟隆之吉은 不橈乎下也일세라.

九四는 대들보가 높으니 길하거니와 다른 일이 있으면 부끄러울 것이니라.

象에 이르기를 대들보가 높으니 길하다는 것은 아래가 휘지 아니할 것이니라.

譯解 : 九四는 陽爻로 陰의 자리에 있으니 강하지 못하다. 그러나 九四는 아래에 있는 初六과 적응하고 있다. 初六이 자신의 동지라고 하면서 도와주려고 온다면 九四 자체가 약하기 때문에 더 약해질 우려가 있다. 初六의 도움을 받아들인다면 너무 약해질 것이니 다른 사람의 유혹에 넘어가면 부끄러움이 있을 것이므로 아래의 初六을 맞이해서는 안된다.

① 它(다를 타)

九五는 枯楊이 生華하며 老婦得其士夫니 无咎나 无譽리라.
象曰 枯楊生華何可久也며 老婦士夫亦可醜也라.

九五는 마른 버드나무에 꽃이 피었으며 늙은 부인이 젊은 선비를 얻었으니 허물은 없으나 명예도 없으리라.

象에 이르기를 마른 버드나무에 꽃이 피었으니 어찌 오래가며 늙은 부인이 젊은 선비를 얻었으니 또한 부끄러운 일이라.

譯解 : 九五는 네 陽爻의 높은 자리에 있으니 강함이 지나칠 정도로 극한 점에 있다. 아래에 응이 없으므로 윗자리의 陰인 上六과 친해지려고 한다. 陰과 陽이 한패가 되니 上六이 기쁘게 받아들인다. 九五보다 늙었다고 보는 것은 윗자리에 있기 때문이다. 쇠퇴한 陽과 늙은 陰이 화합한 것은 잘못된 결합이다. 九二와 初六은 꽃이 핀 젊은이고, 上六과 九五는 아들을 생

육할 수 없으니 부끄러운 일이다.

　　上六은 過涉滅頂이니 凶하니 无咎하니라.
　　象曰 過涉之凶은 不可咎也니라.
　　上六은 무리하게 물을 건너다가 이마까지 빠지니 흉하나 탓할 수는 없다.
　　象에 이르기를 무리하게 물을 건너서 흉하다는 것은 허물이 될 것이 없는 것이니라.
　　譯解 : 上六은 大過卦의 궁극적인 지점에 있다. 약한 陰爻이기 때문에 천하의 위란을 구할 수 없음에도 불구하고 몸으로 부딪치려는 것은 결과적으로 흉하지만 殺身成仁하는 것이므로 탓할 수 없다. 이는 자신의 능력을 알지 못하고 무리한 행동으로 생명을 잃게 된 것이다.

䷜ 坎爲水

　　習坎은 有孚하여 維心亨이니 行하면 有尙이리라.
　　習坎은 성실함이 있으면 오직 마음이 형통할 것이니 행하면 숭상함이 있을지니라.
　　譯解 : "習"은 새의 날개를 거듭 움직여 나는 연습을 하는 것으로 거듭이라 해석한다. "坎"은 위험 또는 구덩이를 뜻한다. 이 괘는 상하가 坎으로 겹쳐 있으니 위험한 것을 "習坎"이라 한다. 坎의 모양에서 밖의 두 획은 陰으로 虛하고, 가운데 한 획은 陽이니 實이라 한다. 그래서 성실함이 있다고 "有孚"라 하였다. 대체적으로 나쁜 괘상이나 어려움 속에서 사람의 성실함이 있음을 알게 된다. 강이 안에 있는 까닭으로 성실하다고 하였으며 陽이 밖으로 드러나지 않고 안에 있으므로 마음이 형통하고 마음을 통할 수 있다고 하였다(王弼). 만일 陽이 밖에 있고 陰이 안에 있으면 마음이 약한 까닭으로 형통할 수 없다(王弼의 학설).

象曰 習坎은 重險也니 水流而不盈하며 行險而不失其信이니 維心亨은 乃以剛中也요 行有尙은 往有功也라 天險은 不可升也요 地險은 山川丘陵也니 王公이 設險하여 以守其國하나니 險之時用이 大矣哉라.

　象에 이르기를 習坎은 거듭 험한 것이니 물은 흘러 차지 아니하며 험한 데를 가도 그 믿음을 잃지 아니함이니 오직 마음이 형통함은 이에 剛이 중용에 있음이요, 행하면 숭상함이 있다는 것은 가면 공이 있으리라. 하늘의 험한 것은 가히 올라가지 못함이요, 땅의 험한 것은 산천과 구릉이니 왕공이 험한 것을 이용해서 그 나라를 지키나니 험한 것을 때에 따라 씀이 크도다.

譯解 : 坎은 陽이 두 陰의 가운데 빠져 있으므로 坎이라 이름하였다. 또한 坎(☵)의 형상이 옛날 상형문자인 "水"字와 비슷하여 물이라고 표현하였다. 물이란 흐르면서 장애물이 있다 하더라도 그 본질은 흐르고 있는 것이다. 그래서 믿음을 잃지 아니하기 때문에 성실함이 있다고 하였다(朱子의 학설). 인간이 비록 위험에 빠지더라도 성실함을 잃지 않는 것을 암시한 것이다. 九二와 九五는 강하고 중용의 덕이 있으므로 어떠한 험난함이 앞에 들이닥칠지라도 성실한 마음으로 참되게 행하면 반드시 공적이 있을 것이다. 하늘은 높고 올라갈 수 없기 때문에 위험하다고 하였으며 땅은 평편하지만 높은 산과 깊은 바다가 험한 곳이다. 나라를 다스리는 왕들은 험난한 것을 보고 인위적으로 성을 쌓고 개울을 파서 나라를 지키며 백성을 보호하였다. 왕조실록 선조 三十五年(西紀 1602) 十月 十二日의 경연 장면을 소개하면 다음과 같다. 선조대왕이 시독관 박진원(朴震元)에게 "習坎의 뜻을 해석하면 무엇인가?"라고 물었을 때, 박진원이 아뢰기를 "習坎은 중복되었다는 뜻으로 이 괘에만 '習'字를 붙였습니다"라고 대답하였다. 왕조실록의 경연에서 주역을 강론한 장면을 간단히 여기에 소개한다.

象曰 水洊至習坎이므로 君子以하여 常德行하여 習敎事하나니라.

　象에 이르기를 물이 계속해서 흐르는 것이 習坎이니 군자는 이로써 항상 덕을 행하고 가르치는 일을 익힐 것이니라.

譯解 : 이 괘상은 물 위에 물이 있기 때문에 물이 흘러서 끊임이 없다고

하였다. 왕조실록의 경연에 선조대왕이 질문하기를 "덕행을 떳떳이 하며 가르치는 일을 익힌다고 한 것은 무엇인가"라고 했을 때 심희수(沈喜壽)가 아뢰기를 "자신을 닦고 남을 다스린다는 뜻입니다"라고 했다. 또 정인홍(鄭仁弘)이 아뢰기를 "이 괘야말로 오늘의 일을 말하는 것이 아니겠습니까. 남쪽과 북쪽의 걱정거리가 모두 중첩되고 있으니 험난함을 설치하는 뜻도 이와 같아야 하겠습니다"라고 하였다. 이에 선조대왕은 주역에 큰 관심을 가지고 신하들의 강론을 듣고 있었다.

初六은 習坎은 入于坎窞이니 凶하니라.
象曰 習坎入坎은 失道라 凶也라.

初六은 習坎은 구덩이 속에 빠지니 흉하니라.
象에 이르기를 習坎이 구덩이에 빠지는 것은 바른 길을 잃었음이라 흉할 것이라.

譯解: 初六은 陰爻로서 깊은 구덩이에 빠져 있으니 벗어날 길이 없다. 선조대왕이 窞자는 무슨 뜻이냐고 물으니 유영경(柳永慶)이 아뢰기를 대체로 구덩이 속에 구멍이 있다는 것을 뜻한다고 하였다. 선조는 알았다는 듯이 머리를 끄덕였다.

九二는 坎에 有險이니 求를 小得하리라.
象曰 求小得은 未出中也라.

九二는 구덩이에 험한 것이 있으나 구하면 조금 얻으리라.
象에 이르기를 구함을 조금 얻는다는 것은 구덩이 속에서 나오지 못했다는 것이라.

譯解: 九二는 陽爻로 중용에 있으니 아무리 험한 구덩이 속에 빠져도 살 길을 구한다면 조금은 얻을 수 있으나 구덩이 속에서 빠져나올 수는 없다는 뜻이다. 선조임금이 말하기를 陽爻로서 구덩이 속에 빠졌으니 만일 한결같이 참되게 행하지 않으면 제대로 성공할 수 없다는 말이겠다고 하였다. 이에 박진원이 아뢰기를 "물이 흘러차지 않는다는 뜻인데 坎卦는 陽으로 움직이는 것이기 때문에 흘러서 차지 않아도 험난함 속에서 벗어날 수 있습니다"라고 하였다.

六三은 來之에 坎坎하며 險에 且枕하여 入于坎窞이니 勿用이니라.
象曰 來之坎坎은 終无功也니라.

六三은 오고가도 구덩이 뿐이며 험한데 또 걸려서 넘어져 깊은 구덩이 속에 빠질 것이니 움직이지 말지니라.

象에 이르기를 오고가도 구덩이 뿐이니 마침내 공이 없음이라.

譯解 : 六三 陰爻로서 부정하여 오고가도 구덩이 뿐이니 나가지도 물러서지도 못하여 불안한 형상이다. "且枕(沈)"은 더욱 깊다고 하는 학자도 있으며 불안하여 쉰다는 뜻으로 해석한 학자는(旺弼 程子 朱子) 이 세분이 같은 뜻으로 해석하였다. 다만 譯者 "枕"字를 장애물에 걸려서 넘어진 것으로 해석하였다. 선조임금이 "枕"字에 대하여 신하에게 질문하니 유몽인이 아뢰기를 이 "枕"字는 지탱한다는 뜻으로 보통 枕자와는 뜻이 같지 않은 듯하다고 하였다. 옛날 王弼도 불안하다는 뜻으로 해석하였다.

六四는 樽酒와 簋貳를 用缶하고 納約自牖이면 終无咎하리라.
象曰 樽酒簋貳는 剛柔際也일세라.

六四는 한잔의 술과 두 그릇의 음식을 질그릇에 담아 간략하게 창문으로 들여 보내면 마침내 허물이 없으리라.

象에 이르기를 한잔의 술과 두그릇의 음식은 剛과 柔가 교접함이라.

譯解 : 이 爻辭는 어려운 구절이다. 六四는 九五의 높은 자리에 접근해 있지만 군신의 의가 엄하기 때문에 마음을 털어놓고 접근할 수 없다. 그러나 험난한 때를 당하여 계책을 세우는 데 있어서 번거로운 예절을 생략하고 소박하게 성심을 다하여 군주의 마음을 밝게 한다. 어려운 때일수록 신하된 도리를 다하려면 성실한 마음으로 간략한 정성을 다하는 것이 군주를 위한 도리이며 나라를 구하는 길이다. 요즘의 정치인들이 서로 인신공격을 예사로이 하는 것을 볼 때마다 나라의 장래가 걱정되며 앞으로 나라의 운명을 그러한 사람들에게 맡길 수 없다고 국민들은 마음속으로 다짐할 것이다. 六四도 정문으로 들어가서 군주와 의논할 수 없기 때문에 창문으로 간략한 음식을 들여보내는 것은 九五의 군주를 밝은 곳으로 향하게 하려는 간절한 심정에서 그리 한 것이다.

九五는 坎不盈이니 祗旣平이면 无咎리라.

象曰 坎不盈은 中이 未大也라.

九五는 구덩이에 물이 차지 않았으니 이미 평탄하게 되면 허물이 없으리라.

象에 이르기를 구덩이에 물이 차지 않았음은 중용의 덕이 크지 못하기 때문이다.

譯解: 이 효사도 해석하기 어려운 구절이라고 朱子는 말하였다. 九五는 상괘 坎의 한가운데 자리하고 있다. 물이 구덩이 속을 채우지 못하여 넘쳐 흐르지 않으니 벗어나지 못하고 있다. 그래도 九五는 강하고 중용의 자리에 있기 때문에 중요한 일을 책임진 군주로써 천하의 어려움을 벗어날 수 있다. 그러나 九五는 坎卦의 거의 끝에 이르러 坎을 벗어날 때가 가까와 물이 구덩이를 채우고 있으나 중용의 덕이 크지 않기 때문에 九四의 도움이 필요한 것이다. 선조임금은 六四는 陰으로 대신의 위치에 있고 九五는 陽으로 군주의 자리에 있으나 험난한 중에 있으므로 군주와 신하가 국사를 논할 때에는 서로 도와 의논함이 당연한 일이라고 하교하였다.

上六은 係用徽纆하여 寘于叢棘하여 三歲라도 不得이니 凶하니라.

象曰 上六失道는 凶三歲也라.

上六은 세겹 노끈과 두겹 새끼로 결박하여 가시덤불 속에 버려두니 삼년이 되어도 벗어나지 못하니 흉하니라.

象에 이르기를 上六이 도리를 잃었다 함은 흉함이 삼년동안이나 계속할 것이니라.

譯解: 上六은 陰의 자리에 있는 몸으로 극에 도달하였다. 험난한 곳에 빠져 허덕이고 있다. 열겹 스무겹으로 결박하여 가시덤불에 버렸으나 삼년동안 나오지 못하고 있다. 약한 성질을 가진 자리에서 험난한 곳에 있음은 도리를 벗어났기 때문이다. 선조임금께 구의강은 아뢰기를 상괘 三爻는 반드시 물이 가득 차야만이 흘러나갈 수 있는 까닭에 삼년이라고 한 것이라고 하였다. 또 유영경이 아뢰기를 "이 괘는 이 시대와 비슷한 점이 있습니다. 九五가 강하고 중용의 덕으로 험난한 시기에 처하여 있으니 어진 신하가 협력하여 도와 주어야 험난한 시대를 구제할 수 있습니다."라고 하였다. 이상은 왕조실록 선조편에서 주역의 강론하는 장면을 일부 소개한 것이다.

☲ 離爲火

離는 利貞하니 亨하니 畜牝牛하면 吉하니라.

離는 바르게 하면 이롭나니 형통하니라. 암소를 기르면 길하리라.

譯解 : 離는 태양을 상징한다. 불에 탄다는 뜻으로 붙어서 떨어지지 아니한다. 離는 한가운데에 陰爻가 있으므로 공허하다. 불 자체가 공허하지만 밖은 밝으며 괘의 모양도 겉은 陽, 속은 陰으로 표현하였다. 태양은 밝은 것이며 자연적으로 빛을 발생한다. 그래서 하늘과 땅 사이에 있는 물체는 붙어서 떨어지지 아니한다. 붙어서 떨어지지 아니하는 것이 바른 것이라야 한다. 인간도 친절하려면 서로의 정이 두터워야 하며 자신이 시작한 일이나 주위가 반드시 바른 것을 택해야 한다. 태양이 온 세상에 빛을 밝게 보내는 것처럼 사람의 마음도 서로 밝게 비치면 서로의 간격이나 틈이 생기지 아니할 것이다. 밝은 마음으로 이웃의 사정이나 잘못을 서로 용서한다면 평화로운 세상을 살 것이다.

象曰 離는 麗也니 日月이 麗乎天하며 百穀草木이 麗乎土하니 重明으로 以麗乎正하여 乃化成天下하나니라. 柔麗乎中正故로 亨하니 是以畜牝牛吉也라.

象에 이르기를 離는 붙어있음이니 日月이 하늘에 붙어있으며 백곡초목이 땅에 붙어있다. 거듭 밝음으로 바르게 붙어서 천하를 교화시키나니라. 柔는 중용의 자리에 붙어있기 때문에 형통하니 이로써 암소를 기르는 것이 길하니라.

譯解 : "麗"는 붙어있다는 것을 뜻하는 것으로 "附"字나 "著"字를 사용하지 않고 "麗"字로 해석한 것은 뜻이 비슷하기 때문이다. 日月이 하늘에 붙어있음이 바른 것이고 백곡초목이 땅에 붙어있는 것이 바른 것이다. 이 괘

의 六二는 바른자리에서 중용의 덕을 가지고 있다. 위 아래가 밝게 붙어있으니 천하를 바르게 감화시키고 풍속을 완성하였다. 六二와 六五가 가운데 자리에서 柔하기 때문에 유순한 암소를 기르면 길하다고 표현하였다. 선조 三十五年(西紀 1602) 四月 二十三日 유인몽이 아뢰기를 "離卦는 위아래가 모두 陽이고 陰이 그 속에 있으니 붙어있는 형상이고 또 陽이면서 속이 비었기 때문에 밝다고 하는 것입니다. 만물은 각기 걸린 곳이 있으니 사람 역시 그 걸린 곳에서 바르게 하는 것이 이롭습니다"라고 하였다. 선조임금이 말하기를 "그렇다면 그 해석은 바르게 하면 이롭다고 해야 하겠다"라고 하였다. 유인몽이 또 아뢰기를 "그렇습니다. 해와 달은 하늘에 걸려 있고 곡식과 초목은 땅에 붙어있으며 사람 역시 바른 것에 붙어있으면 형통한 것입니다. 임금과 신하가 모두 밝은 덕에 있으면 천하를 변화시키고 문명한 풍속을 이룰 수 있다는 것입니다"라고 하였다. 선조임금은 깊은 관심을 가지고 『주역』의 강론을 듣고 있었다.

　　象曰 明兩이 作離하니 大人이 以하여 繼明하여 照于四方하나니라.
　　象에 이르기를 밝은 것이 두 번 일어나는 것이 離라 하니 대인은 이로써 밝은 것을 이어받아 사방을 비추나니라.

譯解 : 明은 태양을 말한다. 作은 起와 같은 뜻이다. 태양은 오늘도 내일도 계속해서 떠오르는 것을 확실히 보인 것이 離卦인 것이다. 성인은 이를 본받아서 밝은 덕으로 사방을 비춘다는 것이다.

　　初九는 履錯然하니 敬之면 无咎리라.
　　象曰 履錯之敬은 以辟咎也라.
　　初九는 행동이 착잡하니 삼가면 허물이 없으리라.
　　象에 이르기를 행동이 착잡한 것을 삼가는 것은 허물을 피함이라.

譯解 : 錯然은 아무렇게나 걸어간다는 뜻이고, 辟는 避와 같은 뜻이다. 初九는 陽爻로서 적극적이며 총명한 성격을 구비하고 있다. 이와 같은 성격으로 낮은 자리에 있으니 당연히 올라가려는 뜻이 강렬하다. 그런데 급히 나가려는 시기에 이르지 아니하였는데도 동서남북 어느 방향을 정하지 않

고 아무렇게나 발을 내딛고 있으니 위험에 부딪칠 것을 미리 경계한 것이다. 선조임금이 初九에 대하여 박진원에게 질문하니 박진원이 아뢰기를 "初九는 陽으로 아래에 있으니 움직이기를 좋아하여 조급하게 올라가는 것을 경계시켰습니다. 그러나 삼가면 허물이 없다는 것입니다"라고 하였다. 임금이 말하기를 "履字는 그저 신발을 말함인가 밟고 다닌다는 뜻인가"라고 하니, 박진원이 아뢰기를 "신발로 해석해야 마땅합니다마는 간다는 뜻도 겸하고 있습니다"라고 하였다.

六二는 黃離는 元吉하니라.
象曰 黃離元吉은 得中道也라.

六二는 누런빛이 붙어있으니 크게 길하니라.
象에 이르기를 누런빛이 붙어있으니 크게 길하다는 것은 중용의 자리를 얻었음이라.

譯解 : 黃은 土色이며 五行의 中央土色을 말한다. 六二는 陰으로 중앙의 자리인 중용을 지키고 있으므로 길하다고 하였다. 문명의 정신으로 밝은 행동을 가지고 윗자리인 六五를 도와주는 것이 사리에 당연하지만 힘이 약한지라 자기의 자리만 굳게 지키고 있을 뿐이다.

九三은 日昃之離니 不鼓缶而歌면 則大耋之嗟라 凶하니라.
象曰 日昃之離 何可久也리요.

九三은 해가 기울었는데 밝아 있으니 장구를 치지 않고 노래하면 늙은이가 슬퍼할지라 흉하니라.
象에 이르기를 해가 기울었는데 밝고 있으니 어찌 오래 가리요.

譯解 : "昃"은 해가 서쪽으로 기울었다는 뜻이다. "耋"은 팔십세 노인을 말한다. 九三은 해가 기울어 서쪽으로 넘어가려는 순간이다. 그래서 사람도 삶을 떠나 죽는 것이 떳떳한 이치라 할 수 있다. 그러한 이치를 깨닫게 되면 마음의 안정을 찾고 술동이를 두드리고 노래하며 나머지의 삶을 즐겨 천명을 다하는 것이 옳으나 늙은 것을 탓하고 한숨짓는다면 도리어 몸을 해칠 것이니 흉하다. 이처럼 사람에게 죽음은 필연적으로 오기 마련이다. 그래서 사람은 죽음이 자신에게 온다는 사실을 피할 수 없다.

九四는 突如其來如라 梵如니 死如니 棄如니라.
象曰 突如其來如는 无所容也니라.

　　九四는 갑자기 달려오는 듯함이라. 불타는 듯하니 죽는 듯하며 버리는 듯하니라.
　　象에 이르기를 갑자기 달려오는 듯함은 용납할 곳이 없음이라.

譯解 : 九四는 陰의 자리에 있으나 강한 성질을 가지고 유약한 九五의 자리를 넘겨다 보면서 달려온다. 새로이 밝은 군주의 자리를 계승하려는 때에 강력한 힘을 가진 九四는 군주의 자리를 넘겨보는 음흉한 간신이다. 여러 사람들의 미움을 받아 몸 둘 곳이 없으니 당연이 흉하다. 자신의 분수를 모르고 윗자리를 넘겨보는 것은 스스로 화를 자초하는 것이니, 누구를 탓하랴.

六五는 出涕①沱②若하며 戚嗟若이니 吉하리라.
象曰 六五之吉은 離王公也라.

　　六五는 눈물이 비오듯이 하며 근심하고 슬퍼하는 듯하니 길하니라.
　　象에 이르기를 六五가 길하다는 것은 군주의 자리에 있음이라.

譯解 : "沱若"은 눈물이 흐르는 모양을 말하며 "戚嗟若"은 근심하고 슬퍼하는 모양을 뜻한다. 六五는 陰으로써 높은 자리인 군주의 자리에 있다. 다만 중용의 덕이 있기 때문에 군주의 자리를 지키고 있다. 비록 九四와 上九의 핍박을 받아 한숨짓고 눈물을 흘리지만 밝고 바른 마음으로 자신의 처지를 알고 굳은 신념을 잃지 않고 있다.
　① 涕(눈물 체), ② 沱(눈물흐를 타)

上九는 王用出征이면 有嘉니 折首코 獲匪其醜면 无咎리라.
象曰 王用出征은 以正邦也라.

　　上九는 군주가 군대를 보내어 정벌하도록 명령을 내리면 경사스러움이 있을 것이니 적의 우두머리를 베고 잡은 것이 그 동류가 아니면 허물이 없으리라.
　　象에 이르기를 군주가 군대를 보내어 정벌하도록 명령을 내린 것은 나라를 바로잡기 위함이라.

譯解 : 上九는 陽이 陰의 자리에 있으나 밝은 마음으로 나라의 모든 곳을 살핀다. 군주가 밝은 덕을 가지고 군대를 보내어 정벌하도록 명령을 내렸을 때에 적의 우두머리를 벤다면 경사스러운 일이나 도리에 어긋난 처벌은 할 수 없다. 죽이고 생포하는 대상이 악인이라야 하지만 죄없는 사람은 처벌할 수 없다. 그리고 자신의 죄를 뉘우치는 사람은 용서하는 마음을 가져야 나라를 바로잡을 수 있다. 나라에는 반드시 기강이 확립되어야 평화를 유지할 수 있다.

易 下 經

䷞ 澤 山 咸

咸은 亨하니 利貞하니 取女면 吉하니라.
咸은 형통하니 바르게 하면 이롭나니 여자를 얻으면 길하니라.

　譯解: 이 卦가 易經下卷의 앞에 놓이게 된 이유를 序卦傳에서는 다음과 같이 밝히고 있다. 남녀가 있은 연후에 부부가 있고 부부가 있은 연후에 父子 君臣 上下의 人倫 관계가 발생한다고 하였다. 그리고 上卷은 만물을 창조하는 하늘과 땅을 기본으로 하여 밝히고 있으며 下卷은 인륜의 첫 머리를 남녀의 결합으로 시작하였다. 咸은 感과 같으며 느낀다 감응한다는 뜻이다. 下卦 艮은 젊은 남자, 上卦 兌는 젊은 여자를 뜻한다. 남자가 여자에게 몸을 낮추어 서로 감응하는 것은 부부가 되는 바른 길이라 할 수 있다. 艮은 머문다는 뜻으로 경솔하게 움직이지 않고 몸 가짐을 신중하게 하여 상대방을 감응시키는 것이고 또한 兌는 기뻐한다는 뜻으로 남자의 진심을 기뻐하며 그 뜻에 순응하고 있다. 그래서 이 卦는 남녀의 감응을 잘 표현하고 있다.

　象曰咸은 感也니 柔上而剛下하여 二氣感應以相與하여 止而說하고 男下女라 是以亨利貞取女吉也니라. 天地感而萬物이 化生하고 聖人이 感人心而天下和平하나니 觀其所感而天

地萬物之情을 可見矣리라.

　彖에 이르기를 咸은 感이니 柔는 올라가고 강은 내려가서 두 기가 감응하고 서로 함께 하여 그치고 기뻐하고 남자가 여자에게 낮춤이라. 이로써 형통하고 바르면 이롭고 여자를 얻으면 길함이라. 천지가 감응하여 만물이 화생하고 성인이 사람의 마음을 감응하여 천지가 화평하나니 그 감응하는 바를 본다면 천지 만물의 정을 가히 볼 것이다.

　譯解：卦辭를 해석한 것이다. 서로 모르는 사람끼리 감응하여 終身토록 결합하는 것은 자연의 신비로운 움직임이라 할 수 있다. 하늘과 땅의 二氣가 감응하여 만물이 각각 그 형체를 이룸과 같이 성인이 많은 사람들을 감동시켜서 천하를 평화롭게 한다. 그 감응하는 도리를 알 것 같으면 천지만물의 비밀을 알 수 있을 것이다.

　　象曰 山上有澤이 咸이니 君子以하여 虛로 受人하나니라.

　象에 이르기를 산 위에 못이 있는 것이 咸이니 군자 이로써 虛한 것으로 사람을 받아들이나니라.

　譯解：못의 水氣를 받아들여 윤택하게 한다. 그리고 산과 못은 氣로써 감응한다. 그래서 덕있는 사람은 이를 본받아 마음을 공허하게 하여 다른 사람을 받아들인다. 마음이 공허하다고 하는 것은 자아를 겸허하게 하는 것이다.

　　初六은 咸其拇라.
　　象曰 咸其拇라 志在外也라.

　初六은 그 엄지 발가락에서 감동함이라.
　象에 이르기를 그 엄지 발가락에서 감동함이라는 것은 뜻이 밖에 있음이라.

　譯解：사람의 의욕에서 감응하는 표현을 육체의 일부분에서 찾아낸 것이다. 즉 자신의 육체에 견주어 이해하기 쉬운 의도가 숨어있다. 拇는 엄지발가락을 뜻한다. 初六은 맨밑에 있으므로 발가락으로 표현하였다. 初六은 九四와 음양이 서로 응하고 있다. 그래서 初六은 九四에게 마음이 쏠려있기 때문에 엄지발가락이 감응되어 움직이고 있다. 그러나 엄지발가락으로써는 그 온몸을 움직일 힘이 부족하다. 감응하는 바는 어디까지나 자연히 無心으로 이루어지는 것이다.

六二는 咸其腓면 凶하니 居하면 吉하리라.
象曰 雖凶居吉은 順하면 不害也라.

六二는 그 종아리에서 감동하면 흉하니 그대로 있으면 길하리라.
象에 이르기를 비록 흉하나 그대로 있으면 길하다 함은 순종하면 해롭지 아니함이라.

譯解 : 腓는 종아리를 뜻한다. 사람이 걸어가려면 그 신경이 맨먼저 종아리 근육에 느끼게 되고 종아리가 움직이므로 발이 움직인다. 六二는 음효로 경망하고 수동적이어서 자신을 지키지 못할 것이다. 그리고 자주성이 없어서 망동할 위험성이 있지만 중정의 덕이 있기 때문에 제자리만 지키면 안전할 것이다.

九三은 咸其股라 執其隨니 往하면 吝하리라.
象曰 咸其股는 亦不處也니 志在隨人하니 所執이 下也라.

九三은 그 넓적다리에 감동함이라. 잡히면 그대로 따를 것이니 가면 부끄러울 것이다.
象에 이르기를 그 넓적다리에 감동함은 또한 그대로 있을 것이 아니니 뜻이 남을 따라가는 데 있는 것이니 잡는 바는 아래에 있음이라.

譯解 : 九三은 陽爻로 內卦 止에 있으니 당연히 고요하게 머물러 있어야 옳다고 본다. 그러나 他人의 뒤를 따르는 것은 자주성이 없다고 볼 수 있다. 이러한 태도는 결국 부끄러운 일을 당한다고 표현하고 있다.

九四는 貞하면 吉하여 悔亡하리니 憧憧往來면 朋從爾思리라.
象曰 貞吉悔亡은 未感害也니 憧憧往來면 未光大也라.

九四는 바르게 하면 길하여 뉘우침이 없으리니 이리저리 밀려 왕래한다면 벗이 너의 생각을 따르리라.
象에 이르기를 바르면 길하고 뉘우침이 없음은 감동하여도 해롭지 아니함이요, 이리저리 밀려 왕래함은 빛이 크지 않기 때문이다.

譯解 : 憧憧은 마음이 일정하지 않아 오고가는 모습이다. 九四는 咸卦의 주체로서 육체부분에서 심장에 해당한다. 그래서 잡을 수가 없으므로 "憧憧往來"라 한 것이다. 감응함을 반드시 바르게 해야 하며, 또한 지속적으로 하지 않으면 안된다. 이성에 대하여 음탕한 마음을 품거나 윗사람에 대해서 교태를 부리는 것은 부정한 감응이라 할 수 있다. 그런데 九四는 陰의 자리에 陽爻가 있으니 이미 不正한지라 바른길을 지킬 수는 없을 것이다. 그리고 사사로운 욕심을 생각한다면 넓은 범위에서 교제하지 못하고 아무리 해 보아도 친한 벗들 사이에 공감을 얻는 데 불과할 것이다.

九五는 咸其脢니 无悔리라.
象曰 咸其脢는 志末也일세라.

九五는 등에 감동함이니 뉘우침이 없으리라.
象에 이르기를 그 등에 감동함은 뜻이 끝에 있음이라.

譯解 : 脢는 등살을 뜻한다. 등살은 심장보다 위에 있고 입보다는 아래에 있다. 그런데 등살이라 하는 것은 심장의 뒤쪽에 있다. 손과 발은 심장의 명령에 따라 움직인다. 등은 바깥쪽을 향하고 있으므로 밖으로부터 자극을 느낄 수 없으며 또한 등살에는 눈이 없기 때문에 밖의 어떤 것에도 이끌리지 아니한다. 사람으로 말하면 넓은 세상의 여러 사람들과 교제할 수는 없다. 혼자만 고상한 태도를 가지고 있는 것은 좋지만 사람을 감화시킬 수는 없다.

上六은 咸其輔頰舌이라.
象曰 咸其輔頰舌은 滕口說也라.

上六은 그 위턱과 뺨과 혀에 감동함이라.
象에 이르기를 위턱과 뺨과 혀에 감동함은 口說에 오를지니라.

譯解 : "輔"는 위턱을 뜻한다. 上六은 맨 위에 있으므로 인체 부분에서는 안면에 속한다. 上卦는 兌로서 喜說 또는 說이다. 그래서 上六은 진심으로 사람을 감동시키지 못하고 말로써 감동시키려는 것은 소인이나 여자가 할

일이다. 그리고 上六은 陰爻로서 소인이며 여자라 할 수 있다. 그래서 "輔頰舌"이란 말 뿐으로 성의가 보이지 않으며 경박하게 입만 놀리는 형상인 것이다.

䷟ 雷風 恒

恒은 亨하여 无咎하니 利貞하니 利有攸往하나라.

恒은 형통하여 허물이 없으리니 바르게 하면 이롭나니 가는 바 있어도 이롭나니라.

譯解 : "恒"은 항구적이라는 뜻이며 항상이라고도 해석된다. 咸은 부부의 길이니 부부의 관계는 항구적이라야 한다. 그래서 咸卦 다음에 恒卦를 둔 것이다. 下卦는 巽이니 장녀의 형상이고 上卦는 震이니 장남의 형상이다. 咸卦의 正反對로 여자가 남자에게 몸을 낮추는 형상이니 이것은 부부의 떳떳한 길이라 할 수 있다. 이 卦에서는 陰陽交感의 이치를 보이고 있으며 남녀 모두가 자기 자리에서 바른 길을 지켜 나가면 형통할 것이며 부부의 참 사랑이 가정의 행복을 가져올 것이고 나라의 평화를 바라볼 것이다.

象曰 恒은 久也니 剛上柔下하고 雷風이 相與하고 巽而動하고 剛柔皆應이 恒이니 恒亨无咎利貞은 久於其道也니 天地之道恒久而不已也니라. 利有攸往은 終則有始也일세라. 日月이 得天而能久照하며 四時變化而能久成하며 聖人이 久於其道而天下化成하나니 觀其所恒而天地萬物之情을 可見矣리라.

象에 이르기를 恒은 오랜 것이니 剛은 올라가고 柔는 내려가서 우레와 바람이 서로 함께 하고 순종하여 움직이고 강유가 모두 응함이 恒이니 恒은 형통하고 허물이 없을 것이므로 바르면 이롭다 함은 그 도가 오래 지속되었음이니 천지의 도는 항구해 마지 아니함이라. 가는 바 있으면 이롭다 함은 끝이 있으면 시작이 있을지니라. 해와 달은 하늘의 법칙을 얻어서 능히 오래 비추며 사시는 변화해서 능히 오래도록 이룩하여 성인이 그 도를 오래 지속하여 천하를 교화하여 이루나니 그 항구한 바를 살펴본다면 천지만물의 정을 가히 알지니라.

譯解 : "恒"이라는 것은 일정하고 불변인 것을 뜻한다. 그래서 가는 바 있으면 이로움이 있다고 하였다. 日月은 하늘의 법칙에 따라 영구히 온 세상을 비추고, 사계절은 하늘의 법칙에 따라 영구히 만물을 생성하고, 성인은 바른 길을 영구히 지속하여 천하가 여기에 감화되고 질서가 완성된다. 자연계 인간계의 참모습을 잘 관찰하면 천지 만물의 비밀을 밝힐 수 있을 것이다.

象曰 雷風이 恒이니 君子以하여 立不易方하나니라.

象에 이르기를 우레와 바람이 恒이니 군자는 이로써 立身하되 방위를 바꾸지 아니하나니라.

譯解 : 천둥치고 바람이 부는 것이 恒이니 겉으로 보면 우레와 바람이 움직이고 멈추지 아니할 것으로 보이나 양자가 서로 도울 것 같으면 눈에 보이지 않는 恒常性이 있다. 군자는 이를 본받아 그날 그날의 행동이 때에 따라 일정하지 않지만 중심은 변하지 아니한다.

初六은 浚恒이라 貞하여 凶하니 无攸利하니라.
象曰 浚恒之凶은 始에 求深也일세라.

初六은 恒을 깊게 함이라 바르게 하여도 흉하니 이로운 바 없으리라.
象에 이르기를 恒을 깊게 함이라 흉하다 함은 처음부터 깊이 구하였을세라.

譯解 : "浚"은 깊이 관여한다는 뜻이다. 初六이 九四와 서로 응함은 陰陽相合으로 떳떳한 교합이나, 初六은 맨밑에 있으므로 깊이 관여할 수는 없다. 중간에 있는 九二 九三이 방해하고 있으니 상대인 九四는 처음부터 初六과 응할 생각이 없었다. 그러나 初六은 어리석게도 이런 뜻도 모르고 九四에게 깊이 관여한 것은 바른 뜻으로 행동하였지만 결과적으로 마음이 상할 뿐이다.

九二는 悔亡하니라.

象曰 九二悔亡은 能久中也라.

九二는 뉘우침이 없나니라.

象에 이르기를 九二의 뉘우침이 없다 하는 것은 능히 가운데 자리에 오래 있음이라.

譯解 : 九二는 陽爻로서 陰의 자리에 있으니 본래는 뉘우침이 있어야 하지만 九二는 중용의 자리에 있으므로 예상했던 후회는 없어지고 말았다.

九三은 不恒其德이라 或承之羞니 貞이면 吝하리라.
象曰 不恒其德하니 无所容也로다.

九三은 그 덕을 항구히 지키지 못함이라. 혹 부끄러움을 당할지니 바르게 하여도 부끄러움이 있으리라.

象에 이르기를 그 덕을 항구히 지키지 못하니 용납할 곳이 없도다.

譯解 : 九三은 陽爻가 陽의 자리에 있으나 중용의 덕을 벗어나 있기 때문에 上六을 쫓아가려는 형상이다. 바른 자리를 오래 지키지 못하는 것은 항구성이 없기 때문이다. 그래서 不恒其德이라 하였다. 항구성이 없으면 사람에게 용납되지 않아 부끄러움을 당할 것이다. [論語·子路篇]에 "不恒其德이니 或承之羞"라는 두 글귀가 있음은 易을 인용한 것이다.

九四는 田无禽이라.
象曰 久非其位어니 安得禽也리요.

九四는 사냥을 해도 짐승을 잡은 것이 없음이라.

象에 이르기를 오래 그 자리에 있지 않으니 어찌 짐승을 얻을 수 있으리요.

譯解 : 田은 狩獵, 禽은 사냥을 뜻한다. 九四는 陽爻가 陰에 자리에 있으니 어찌 그 자리에 오래 있을 수 있으리요. 부정함으로 아무것도 얻는 것이 없을 것이다.

六五는 恒其德이면 貞하니 婦人은 吉코 夫子는 凶하니라.
象曰 婦人은 貞吉하니 從一而終也일세요 夫子는 制義어늘 從婦하면 凶也라.

六五는 그 덕을 항구히 지키면서 바르게 함이니 부인은 길하고 남편은 흉하니라.

象에 이르기를 부인은 바르게 하면 길하니 한 남편을 따라 일생을 마치기 때문이요, 남편은 의리로 제재하거늘 부인을 따르면 흉하니라.

譯解 : "婦人"은 아내를 뜻하고 夫子는 남편을 뜻한다. 六五는 陰爻로서 중용의 자리에 있고 九二는 陽爻로서 중용의 자리에 있으니 서로 충실하게 응하고 있다. 말하자면 그 중용의 덕이 항구적인 사람은 바르게 지속적인 덕을 가지고 있다. 그러나 한마음으로 유순하게 사람을 따르는 것을 떳떳하다고 함은 아내로서의 바른 길이라 할 수 있고 남편으로서의 갈 길은 아니다. 그래서 아내는 한 남편을 따라 일생을 마쳐야 할 것이요, 남편은 자신이 계획을 세워 명령하는 입장에 있으니 아내를 따를 수는 없다.

上六은 振恒이니 凶하니라.

象曰 振恒在上하니 大无功也라.

上六은 항상 움직이고 있으니 흉하니라.

象에 이르기를 항상 움직이는 것이 위에 있으니 크게 공이 없을지라.

譯解 : "振"은 진동한다는 뜻이다. 上六은 맨 위에 있는 爻인지라 항상 움직이는 형상이다. 윗자리는 너무 높아서 불안하거늘 또한 흔들흔들 움직이고 있으니 "振恒"이라 할 수 있다. 대체적으로 사람이 윗자리에 있으려면 항구성이 있어야 가능하거늘 이렇게 항상 움직이고 있으니 무슨 성과가 있으랴.

䷠ 天 山 遯

遯은 亨하니 小利貞하니라.

遯은 형통하니 소인을 바르게 해야 이롭나니라.

譯解 : 遯은 피한다는 뜻이고 遁으로 통용한다. 陰이 아래에서 성장하므

로 陽이 쇠하여 피하고 있다. 그래서 遯이라고 이름을 붙인 것이라고 본다. 군자로서는 당연히 지조를 굳게 지키고 활동하려 하지만 소인의 박해를 받아 부득이 피하려는 것이 하나의 계책이라고 본다. 그리고 소인은 바른 길을 굳게 지켜야 형통할 것이요, 군자를 박해하여서는 아니된다. 그래서 小利貞이라 표현하였다.

象曰 遯亨은 遯而亨也니 剛當位而應이라 與時行也니라.
小利貞은 浸而長也일세니 遯之時義 大矣哉라.

象에 이르기를 遯은 형통하다 함은 피하여 형통함이니 剛이 제자리에 있어 응하는지라. 때와 더불어 행할 것이니라. 소인이 바르게 하면 이롭다 함은 점점 자라기 때문이니 遯의 때와 뜻이 크기도 하니라.

譯解 : 遯卦가 형통하다고 판단하는 것은 뒤쪽으로 물러나는 것이 군자의 맑은 기분으로 행하는 것이다. 九五의 陽爻가 君主의 자리에서 六二와 응하고 있다. 九五의 태도는 반드시 피하려는 것이 아니고 때로는 행동으로 나타내고 혹 정권에 대하여 관심을 보이기도 한다. 그러나 숨어 피하려는 이중성을 나타내고 있다. 그러나 陰이 영역을 침범하고 세력을 신장하는 것을 견제해 보려고 六二에 대하여 바른 길을 지키라고 경계하고 있다. 여기서처럼 老莊思想을 말하기 전에 儒家의 經世濟民을 이상으로 한 정치이념을 펴보려다가 어지러운 세상이 되면 담담하게 정치와 담을 쌓고 현실을 피하는 그런 관념이 보편적이었다.

象曰 天下有山이 遯이니 君子以하여 遠小人하되 不惡而嚴하나니라.

象에 이르기를 하늘 밑에 산이 있는 것이 遯이니 군자 이로써 소인을 멀리하되 미워하지 않고 엄하게 하나니라.

譯解 : 이 卦는 하늘 아래에 산이 있고, 하늘의 높이는 限이 없으며 산의 높이는 끝이 있다. 산이 하늘에 가까와지려고 하지만 하늘이 피하여 가까워질 수 없다. 그래서 이 卦를 遯이라 이름하였다. 군자는 이를 보고 소인을 멀리하고 미워하지 않으며 자신의 태도를 엄하게 할 뿐이다.

初六은 遯尾라 厲하니 勿用有攸往이니라.
象曰 遯尾之厲는 不往이면 何災也리오.

初六은 숨는 것이 뒤졌음이라 위태하니 갈 곳이 있어도 가지 말지니라.
象에 이르기를 숨는 것이 뒤져서 위태하다 함은 가지 않으면 어떠한 재앙이 있으리요.

譯解：初爻를 맨 밑이라고 하지만 여기서는 피한다는 뜻이 있으므로 아래에서 본다면 먼저 피하는 것은 위에 있는 爻라 할 수 있다. 그리고 初爻는 맨 뒤에 처져 있으므로 꼴찌를 뜻한다. 막다른 初六은 숨으려는 때에 망설이다가 뒤에 처진 것이다. 소인이 번성하는 세태에 도망가서 숨으려는 것은 위태로운 일에 부딪칠 것이다. 적극적인 행동으로 나타내려는 것은 아니되며 흉한 일은 없을 것이다.

六二는 執之用黃牛之革이라 莫之勝說이니라.
象曰 執用黃牛는 固志也라.

六二는 잡아 매려면 누른 쇠가죽을 쓸지라 이것을 벗기지 못할지니라.
象에 이르기를 잡아 매려면 누른 쇠가죽을 쓴다 함은 뜻을 굳게 함이라.

譯解：說은 脫과 같은 뜻이다. 六二는 중용의 자리에서 九五와 유순하게 응하고 있다. 중용의 덕을 가지고 몸을 깨끗하게 지키고 숨어서 피하려는 뜻은 굳다고 할 수 있다. 따르는 九五도 숨어서 피하려는 뜻이 더 한층 높아지고 있으며, 九五의 굳은 뜻은 누른 쇠가죽으로 묶은 것처럼 많은 사람의 힘으로도 풀지 못한다. 六二의 중용의 자리와 九五의 유순함을 나타내며 자신의 굳은 뜻을 지키고 세상밖으로 나오려 하지 아니한다.

九三 係遯이라 有疾하여 厲하니 畜臣妾은 吉하니라.
象曰 係遯之厲는 有疾하여 憊也요 畜臣妾吉은 不可大事也니라.

九三은 숨으려 하지만 얽매어 있음이라. 병이 있어 위태하니 신하와 첩을 기르면 길하리라.
象에 이르기를 숨으려 하지만 얽매어 위태롭다 함은 병이 있어서 피곤함이요 신하와 첩을 기르면 길하다는 것은 가히 큰 일이 아니라.

譯解 : "係"는 얽매이다 관련하다라는 뜻이다. "臣妾"은 노비를 뜻한다. 九三은 陽爻로서 아래 두 陰爻와 가까이 접하고 있다. 九三은 결정적인 태도로 세상을 숨어서 피하려는 때에 아래 두 陰爻인 여자에게 얽매여서 뒷머리를 끌려가고 있으며 이를 係遯이라 한다. 이러한 상태는 마치 병에 걸려 신음하는 형상으로 위태로운 일이라 아니할 수 없다. 그리고 "畜臣妾吉也"는 노비와 주종관계에 있으며 미련없이 홀가분하게 떠날 수 있으므로 "不可大事也"라 하였다.

九四는 好遯이니 君子는 吉하고 小人은 否하니라.
象曰 君子는 好遯하고 小人은 否也니라.

九四는 좋아서 피함이니 군자는 길하고 소인은 그렇지 못하니라.
象에 이르기를 군자는 좋아서 피하고 소인은 그렇지 못하니라.

譯解 : 九四는 初六과 응하고 있으나 강건한 성격으로 마음에 드는 상대가 있어도 미련없이 남성적인 행동으로 결연히 세상의 모든 괴로움에서 벗어나 피하고 있다. 이것이 즉 好遯이며, 克己心이 강한 군자에게는 쉬운 일이지만 소인은 불가능한 일이다.

九五는 嘉遯이니 貞하여 吉하니라.
象曰 嘉遯貞吉은 以正志也라.

九五는 훌륭하게 피함이니 바르게 해야 길하니라.
象에 이르기를 훌륭하게 피하니 바르게 해야 길하다 함은 뜻을 바르게 하는 것이라.

譯解 : 嘉는 산뜻하다 또는 아름답다는 뜻이다. 九五는 보통 군주의 자리로 여겨왔으나 이 卦는 숨어 피하는 형상으로 그 자리에 얽매이지 아니한다. 九五는 강건하고 중정의 자리에서 아래 六二와 서로 응하고 있다. 六二는 중용의 자리에서 자신의 유순한 자세를 가지고 있으며 九五와 더불어 얽매어있지 않다. 九五는 가볍게 세상을 피하고 있으며 숨어 피하는 것을 좋아하기 때문에 嘉遯이라 한다. 九五의 자리는 上六의 자리에 비하여 세

상 안에 있으므로 그 뜻을 지속적으로 바르게 해야 한다. 아무것에도 매이지 않고 자유롭게 삶을 영위하고 있다.

上九는 肥遯이니 无不利하니라.
象曰 肥遯无不利는 无所疑也라.

上六은 여유있게 피함이니 이롭지 아니함이 없나니라.
象에 이르기를 여유있게 피함이니 이롭지 아니함이 없다는 것은 의심할 바 없나니라.

譯解 : 肥는 여유가 있는 모양을 뜻한다. 上六의 자리는 보통 卦에서는 행동에 막다른 나쁜 의미를 뜻함이 많다. 上六은 五의 윗자리에 있으므로 정치에서는 물러나 있는 형상으로 숨어 사는 사람에 잘 맞는 자리라 할 수 있다. 세상 밖에 자리한 上九는 강건하고 아래에 응이 없음은 얽매어 있지 않다는 뜻이다. 세속을 떠날 때에도 얽매어 있지 않고 물러나도 의심을 받을 필요가 없다.

䷡ 雷 天 大 壯

大壯은 利貞하니라.

大壯은 바르게 하면 이롭나니라.

譯解 : 大壯은 번성함을 뜻하며 大는 陽을 가리킨 것이다. 네 개의 陽爻가 번성하여 성장하는 것은 번성한다는 의미로 大壯이라 이름하였다. 陽의 번성은 군자라는 卦로서 원하는 일이 형통하고 길하다고 함은 말하지 않아도 명백한 일이다. 다만 바르게 지키는 것을 조건으로 한다면 세력의 번성을 얻어 형통할 것이요, 그렇지 않으면 난폭하게 되어 두려움에 부딪칠 것이다.

象曰 大壯은 大者壯也니 剛以動故로 壯하니 大壯利貞은

雷天大壯

大者正也니 正大而天地之情을 可見矣리라.

　彖에 이르기를 大壯이란 큰 것이 성장하는 것이니 강이 움직이는 까닭으로 성장하니 大壯이 바르게 하면 이롭다 함은 큰 것이 바르기 때문으로 바르고 커서 하늘과 땅의 정을 가히 볼 수 있으리라.

　譯解 : 大壯은 卦 이름으로 陽이 卦의 반 이상을 점유하고 있기 때문에 붙여진 이름이다. 이것은 卦 전체의 형상이며 上下로 나누면 下卦 乾은 剛爻로 가장 강건하다. 上卦 震은 움직이는 덕이 있으므로 강한 힘이 움직여서 번성하는 것이다. 卦辭에 大壯은 바르게 하면 이롭고 크다고 하는 것은 陽이 강건할 뿐만 아니라 바르게 하여 크게 되면 천지와 더불어 어깨를 나란히 할 것이다. 그러면 하늘과 땅의 비밀을 알 수 있다.

象曰 雷在天上이 大壯이니 君子以하여 非禮弗履하나니라.

　象에 이르기를 우레가 하늘 위에 있음이 大壯이니 군자는 이로써 예가 아니면 행하지 아니하나니라.

　譯解 : 이 卦는 우레가 하늘 위에서 강렬히 울려 퍼진다. 그래서 크게 번성하는 모양을 大壯이라 이름하였다. 군자로써 크게 번성하는 것은 사람을 일으키는 것이 아니고 자신을 일으키는 것을 말한다. 군자는 우레와 같이 위엄스러운 결단으로 자신을 일으키려고 노력하지 않으면 안된다. 자신을 일으키는 길은 무엇인가? 이것이 바로 예의 실천인 것이다.

初九는 壯于趾니 征이면 凶이 有孚리라.
象曰 壯于趾하니 其孚窮也로다.

　初九는 발꿈치가 씩씩하니 가면 흉하니 믿음이 있으리라.
　象에 이르기를 발꿈치가 씩씩하니 그 믿음이 궁함이로다.

　譯解 : 趾는 사람의 신체 아랫부분에 있으므로 발꿈치를 말한다. 初九는 陽剛하고 大壯의 卦에 맨 밑에 있으므로 大壯은 陽이 번성하는 때라 할 수 있다. 初九는 당연히 나아가 움직이는 의기가 왕성한 것이다. 孚는 믿는다는 뜻으로 약속을 지키려는 의미가 있으나 最下位에서 반성하고 나아가려는 것은 자신을 모르는 파멸의 길임을 알아야 한다. 움직여서는 안되며 가

면 반드시 흉할 것이다.

　　九二는 貞하여 吉하니라.
　　象曰 九二貞吉은 以中也라.
　　九二는 바르게 해야 길하니라.
　　象에 이르기를 바르게 해야 길하다 함은 中에 있기 때문이라.

　譯解 : 九二는 陽爻가 陰의 자리에 있으니 부정한 것이다. 그러나 다행히도 二의 자리는 內卦의 중용의 덕을 가지고 있다. 중용의 덕을 지킴으로써 있는 장소가 마땅한 자리는 아니지만 마음의 바른 행동을 잊어서는 안된다. 중용의 자리를 밟으면서 바른 길을 구한다면 마침내 길함을 얻으리라. 크게 반성하는 때에 이럭저럭 하다가는 정도에 넘치기 쉽다고 본다. 그런 까닭으로 중용이란 무엇보다도 필요한 덕이라고 할 수 있다.

　　九三은 小人은 用壯이요 君子는 用罔이니 貞厲하니 羝①羊이 觸②藩③하여 羸④其角이로다.
　　象曰 小人은 用壯이요 君子는 罔也라.
　　九三은 소인은 씩씩한 것을 쓸것이요 군자는 그것을 쓰지 아니하니 바르게 하여도 위태로우나 숫양이 울타리에 받혀서 그 뿔이 약해지도다.
　　象에 이르기를 소인은 씩씩한 것을 쓸것이요 군자는 그런 일이 없도다.

　譯解 : 罔은 亡으로 無를 假借한 뜻으로 사용한 것이다. 象傳에 小人用壯 君子罔也는 遯卦 九四의 象傳에 君子好遯 小人否也와 같은 문법으로 소인은 씩씩한 것을 쓰고 군자는 그렇지 않다. 九三은 강한 爻가 강한 자리에 있으며 아래 두 爻가 거듭 강하고 중용의 자리를 벗어나서 강이 너무 지나치다. 소인은 사람을 일으키는 것으로 문제를 삼고 있으며 오로지 왕성한 상태를 이용하여 돌진하는 것이다. 군자는 자신이 일으킨다는 마음가짐을 다짐하고 있으나 이러한 방법을 사용할 수는 없다.
　　① 羝(숫양 저), ② 觸(받을 촉), ③ 藩(울타리 번), ④ 羸(약할 이)

　　九四는 貞吉하여 悔亡하니 藩決不羸하여 壯于大輿之輹이로다.

象曰 藩決不羸는 尙往也라.

九四는 바르면 길하여 뉘우침이 없으리니 울타리가 터져도 양의 뿔이 약하지 아니하며 큰 수레의 바퀴가 씩씩함이로다.

象에 이르기를 울타리가 터져서 약하지 아니함은 가는 것을 숭상함이라.

譯解 : 九四는 이미 卦의 반을 넘어선 강한 爻가 거듭 있으니 심히 왕성한 것이다. 그러한 강한 爻가 유한 자리에 있으니 부정이라 할 수 있다. 이대로 한다면 후회할 일이 생길 것이니 바르게 하면 길하고 후회할 일이 없어진다. 예를 들면 숫양의 전방에 가로막은 울타리가 부서진다면 그 뿔에 가시 덤불이 얽히지 아니할 것이다. 九三은 앞길에 강한 爻가 있었지만 九四의 전방에는 유한 爻가 있을 뿐이다. 큰 차에 바퀴가 굴러가는 것은 한없는 앞길이 보이기 때문이다. 九四의 앞길에 유한 爻가 가로막고 있으나 강한 힘으로 밀어 붙인 것은 생울타리가 부서진 것을 뜻한다.

六五는 喪羊于易이면 无悔리라.
象曰 喪羊于易은 位不當也라.

六五는 양을 밭길에서 잃으면 뉘우침이 없으리라.

象에 이르기를 양을 밭길에서 잃어버린 것은 자리가 마땅치 아니하기 때문이다.

譯解 : 易은 밭길 또는 논두렁을 뜻하며 六五는 陰爻로서 중용의 자리에서 크게 왕성하는 성격을 잃고 있다. 힘이 강하지만 앞으로 나아갈 수는 없으며 후회할 일은 없다. 크게 왕성할 때에는 지나치게 왕성한 것을 경계하고 있다. 그리고 중용의 자리를 얻은 六五는 안전한 도리를 얻고 있으며 六五는 陽의 자리에 陰爻가 있으니 왕성함을 잃고 있다.

上六은 羝羊이 觸藩하여 不能退하여 不能遂하여 无攸利니 艱則吉하니라.
象曰 不能退不能遂는 不詳也요 艱則吉은 咎不長也일세라.

上六은 숫양이 울타리에 받혀 물러나지도 못하고 앞으로 나가지도 못하여 이로울 바 없으니 어려움을 견디면 길하리라.

象에 이르기를 물러나지도 못하고 나가지도 못함은 자세하지 못함이요, 어려움을 견디면 길하다 함은 오래 가지 않기 때문이다.

譯解 : 上六의 자리는 맨 위에 있으므로 의기 왕성하여 돌진하고 있다. 다시 바꾸어 말하면 숫양이 울타리를 들이받아 물러 설 수가 없다. 上六은 陰爻로써 힘이 부족하여 울타리를 부수고 물러나지 못하는 모양이 되고 말았다. 다행하게도 上六은 유연한 陰爻로 운명을 역행할 수 없으며 유연하게 대처한다면 어려운 입장에 있다 하더라도 스스로 각성하고 참고 견디다 보면 어려운 일이 열리고 길할 것이다.

䷢ 火 地 晉

晉은 康侯를 用錫馬蕃庶하고 晝日三接이로다.

晉은 강후에게 말을 많이 주고 낮에 세 번 접하도다.

譯解 : 康叔의 이름에서 자연히 떠오르는 생각이 있으니 周나라 무왕의 동생 衛康叔을 들 수 있는데, 殷周의 혁명 이후 衛에 봉한 것으로 되어 있다. [書經]에 康誥는 그 때에 周公이 康叔에게 내린 訓戒라고 기록되어 있으며 卦辭에는 周의 文王이 저술한 것으로 알려져 있다. 文王이 저술한 문장 가운데 衛康叔이 나오는 것은 문제가 있다고 본다. 그래서 古來의 注釋에서는 康叔을 보통명사이고 고유명사가 아니라고 하였다. 이 卦의 離는 태양이고 坤은 땅이니 離는 붙는 덕이 있고 땅에는 순응하는 덕이 있다. 태양이 땅 위에서 빛나고 있으며 모든 만물이 유순하게 자라고 있다. 그리고 제후가 공손히 王者에게 朝會하는 형상이며 나라를 잘 다스린 제후가 王者에게 謁見하고 공적을 포상받아 출세의 길을 가고 있다.

象曰 晉은 進也니 明出地上하여 順而麗乎大明하고 柔進而上行이라 是以康侯用錫馬蕃庶晝日三接也라.

象에 이르기를 晉은 나가는 것이니 밝은 것이 땅 위에 나와서 순종하고 크게 밝아서 자리잡고 柔가 나가서 위로 행함이라. 이로써 강후가 말을 많이 받고 하루 세 번 접견함이라.

譯解 : 밝은 태양이 땅 위에 떠오르고 있다. 유순한 신하가 현명한 군주에게 벼슬하는 형상이다. 그리고 유순한 군주가 유화의 덕으로 천하를 밝게 다스리니 온 국민이 순종하는 뜻이다.

象曰 明出地上이 晉이니 君子以하여 自昭明德하나니라.

象에 이르기를 밝은 태양이 땅 위에 떠오르는 것이 晉이니 군자 이로써 스스로 밝은 덕을 밝히나니라.

譯解 : 태양이 땅 위에 떠오르는 것이 晉이다. 태양이 떠오르면 온 세상의 구석구석을 밝혀주고 있다. 유덕한 군자는 이 卦를 기준으로 삼고 따르며 자신의 본래의 모습으로 밝은 덕을 더욱더 밝히고 있다.

初六은 晉如摧如에 貞이면 吉하고 罔孚라도 裕면 无咎리라.
象曰 晉如摧如에 獨行正也오 裕无咎는 未受命也일세라.

初六은 나가는 듯하고 꺾이는 듯하여 바르면 길하고 믿음이 없을지라도 너그러우면 허물이 없으리라.

象에 이르기를 나가는 듯하고 꺾이는 듯하여 홀로 바른 것을 행함이요 너그러우면 허물이 없다 함은 명을 받지 아니함일세라.

譯解 : 初六은 陰爻로서 힘이 약하고 아래 자리에 있으면서 九四와 응하고 있다. 그러나 九四는 중용의 덕이 없고 부정하여 도저히 돌봐 줄 상대가 안된다. 그래서 나가려 하였지만 꺾여서 맥없이 물러나고 말았다. 짓누르고 있어서 올라가지 못하고 자신의 바른 태도를 굳게 지키면 드디어 길할 것이다. 가령 사람들에게 신임을 받지 못한다 하더라도 마음을 너그럽게 가지고 운명에 대처한다면 허물은 없을 것이다.

六二는 晉如愁如나 貞이면 吉하리니 受茲介福于其王母리라.
象曰 受茲介福은 以中正也라.

六二는 나가는 듯하고 근심하는 듯하니 바르면 길하리니 이에 큰 복을 王母에게서 받으리라.

象에 이르기를 이에 큰 복을 받음은 바른 자리에서 중용을 얻고 있기 때문이다.

譯解 : 六二는 중용의 자리에 있기 때문에 당연히 올라갈 위치에 놓여 있거늘 위에 응이 없다. 그래서 나가려고 하지만 앞길이 막혀서 괴로워하며 근심을 벗어나지 못한다. 그러나 바른길을 굳게 지키면 중용의 덕을 인정받아서 王母로부터 큰 복을 받는다고 설명하고 있다. 王母는 六五를 가리킨 것이며, 여기서 王母의 글자가 나오게 된 까닭을 先祖의 妣를 제사지내면 큰 복을 받는다고 표현하고 있다.

六三 衆允이라 悔亡하니라.
象曰 衆允之는 志上行也라.

六三은 무리들이 믿는지라 뉘우침이 없나니라.
象에 이르기를 무리들이 믿는다 함은 뜻이 위로 행함이라.

譯解 : "允"은 信으로 해석된다. 六三 부정한 자리에 있으므로 당연히 뉘우침이 있을 것이지만 아래 두 陰爻와 뜻을 같이하여 밝은 군주에 접근하고 있기 때문에 여러 사람의 믿음을 얻어 뉘우침을 미연에 방지하였음을 뜻한다.

九四는 晉如鼫鼠니 貞厲하니라.
象曰 鼫鼠貞厲는 位不當也일세라.

九四는 나가는 듯한 들쥐니 바르더라도 위태하니라.
象에 이르기를 들쥐는 바르더라도 위태하다 함은 자리가 마땅하지 못함일지니라.

譯解 : 九四는 중용의 자리에 있지 않고 부정한 몸으로 높은 자리에 올라간 것은 잘못된 일이다. 그리고 덕이 없이 부당하게 높은 자리에 오른 것은 욕심이 많기 때문이다. 언제나 겁이 나서 떨지 않으면 안된다는 것은 욕심이 많은 탓으로 겁이 나서 떠는 모양은 들쥐와 같은 것이다. 변변치 못한 재주를 가지고 높은 자리에 있는 것은 위험한 일로써 바르게 하여도 위태로울 것이다.

六五는 悔亡한대 失得을 勿恤이니 往에 吉하여 无不利하니라.
象曰 失得勿恤은 往有慶也라.

六五는 뉘우침이 없을진대 잃고 얻음을 근심하지 말지니 가면 길하여 이롭지 아니함이 없으리라.

象에 이르기를 잃고 얻음을 근심하지 말라 함은 가면 경사가 있으리라.

譯解 : "失得"은 잃고 얻음을 뜻하며 恤은 걱정하다의 뜻이다. 六五의 陰爻가 陽의 자리에 있으니 부정하여 후회하게 될 것이다. 그러나 크고 밝은 군주의 자리에 있으므로 아랫사람들이 모두 순종하여 쫓아오니 뉘우침은 당연히 없어질 것이다. 잃고 얻음을 마음에 두지 않고 처해 있는 자신의 위치에서 깊이 반성하고 앞길을 향해 나간다면 길하고 무엇을 할지라도 이로울 것이다.

上九는 晉其角이니 維用伐邑이면 厲하나 吉코 无咎이어니와 貞엔 吝하리라.
象曰 維用伐邑은 道未光也라.

上九는 그 뿔까지 나가니 오직 고을을 치면 위태하나 길하고 허물이 없거니와 바르게 함엔 부끄러울 것이다.

象에 이르기를 오직 고을을 친다 함은 道가 빛나지 못함이라.

譯解 : 邑은 자신의 고을을 뜻한다. 上九는 강한 爻가 나가서 맨 윗자리에 이르렀으며 동물의 몸에 비유하면 뿔에 해당한다. 이 爻의 한 장면을 설명하고 있으며 뿔에 이른 것을 뜻한다. 자신의 영토에서 반란을 토벌하려면 일이 위태롭긴 하여도 결과는 길하고 아무런 허물도 없다. 그러나 가장 강건한 신체를 가지고 작은 마을을 정벌하는 것은 바른 일에는 틀림이 없으나 부끄러운 일이라 아니할 수 없다. 본래 반란 따위는 일어나지 않게 평소부터 옳은 정치를 베풀어야 하며 무력을 행사해서는 안된다. 그 반면에 넓고 크지 않은 것을 보여야 할 것이다.

䷣ 地火明夷

明夷는 利艱貞하니라.

明夷는 어려워도 바르게 하면 이롭나니라.

譯解 : "夷"는 부상하다, 찢어지다의 뜻이다. 이 卦의 형상은 태양이 땅의 아래에 있으므로 태양의 밝음이 어두워지고 있다. 이 卦의 주체는 六五로서 바로 위에 있는 上六이 暗君으로 六五의 입장을 어렵게 만들고 있다. 어려운 때에 바르게 하면 이로운 일이 생기고 어려움을 스스로 깨닫고 괴로운 가운데 바른 길을 지키고 있으면 여러 사람의 도움으로 모든 일이 좋게 해결될 것이다.

象曰 明入地中이 明夷니 內文明而外柔順하여 以蒙大難이니 文王이 以之하니라. 利艱貞은 晦其明也라 內難而能正其志니 箕子以之하니라.

象에 이르기를 밝은 것이 땅 속으로 들어가는 것이 明夷니 안은 문명하고 밖은 유순하여 이로써 큰 어려움을 당함이니 文王이 이것으로써 하나니라. 어려워도 바르게 하면 이롭다 함은 밝은 것이 어두워지기 때문이다. 안에 어려움이 있어도 능히 그 뜻을 바르게 하니 箕子 이것으로써 하나니라.

譯解 : 밝은 지혜가 땅 속에 들어가 있는 것이 明夷라고 한다. 卦의 덕은 內卦는 文明하고 外卦는 유순하여 인간으로 말하면 內心에 밝은 지혜가 있으면서 다른 사람에게 유순한 마음을 가지고 있으니 周나라(BC 12세기) 文王이 이러한 사람이다. 밝은 지혜를 숨기고 폭군 紂를 섬기다가 羑里에 갇힌 몸으로 어려움을 겪으면서도 몸을 보전하였던 것이다. 文王이 나라 안에서 일어나는 어려운 가운데 紂를 섬긴 것은 밝은 지혜를 숨기고 있었기 때문이다. 箕子는 紂의 異腹兄弟로서 狂人처럼 행동하면서 밝은 지혜를 숨기고 있으므로 바른 뜻을 지키게 된 것이다.

地火明夷

象曰 明入地中이 明夷이므로 君子以하여 莅衆에 用晦而明하나니라.

象에 이르기를 밝은 것이 땅 속으로 들어가는 것이 明夷니 군자 이로써 무리에 임하여 어두운 것을 밝게 하나니라.

譯解 : 군자의 지혜는 태양처럼 구석구석을 비추고 있으며 그리고 너무 꼼꼼하면 마음이 언짢아 관용의 덕과 모순이 된다. 민중에 임할 때에는 일부러 그 밝은 지혜를 숨기고 막연한 태도로 마주 대한다. 그렇게 하면 상대는 마음을 통틀어 군자에게 보인다.

初九는 明夷于飛에 垂其翼이니 君子于行에 三日不食하면 有攸往에 主人이 有言이로다.

象曰 君子于行은 義不食也라.

初九는 어두운 때에 나니 그 날개가 늘어지니 군자가 갈 때에 사흘을 먹지 아니하여 가는 바 있어도 주인이 말이 있도다.

象에 이르기를 군자가 갈 때에 의리로서 먹지 아니함이라.

譯解 : 初九는 明의 일부분으로 그것이 상한 것을 明夷라 한다. 다만 상한 날개가 자칫하면 아래로 늘어질 것이다. 그리고 여행을 떠나서 三日동안 밥을 먹지 않고 어딘가에서 묵으려고 하였지만 그 집의 주인이 이상히 여기고 있다. 다시 말하면 세상에 용납되지 않아서 방황하며 녹을 손에 넣지 못한다. 누구에게 봉사하려 하지만 군주는 그대의 이념은 현실에 부합되지 않는다고 비난하고 있다. 이 세상 사람들이 미치광이처럼 날뛰고 있으니 義를 생각하면 벼슬에 나갈 수 없다.

六二는 明夷에 夷于左股니 用拯馬壯하면 吉하니라.

象曰 六二之吉은 順以則也일세라.

六二는 어두운 때에 왼쪽 다리를 상하니 구원하는 데는 말이 씩씩하면 길하니라.

象에 이르기를 六二의 길하다 함은 유순하고 법칙대로 함이니라.

譯解 : 六二는 明夷의 일부분으로 어두운 때에 왼쪽 다리에 상처를 입으

니 걷기가 부자유스럽다. 씩씩한 말을 가지고 구원한다면 어지러운 세상을 벗어날 수 있을까. 六二는 初九보다 한걸음 앞서 있기 때문에 상처가 깊어서 걷기가 불편하다.

九三은 明夷于南狩하여 得其大首니 不可疾貞이니라.
象曰 南狩之志는 乃大得也로다.

九三은 어두운 때에 남쪽에서 정벌하여 그 우두머리를 얻으니 급하면 바르지 아니하니라.
象에 이르기를 남쪽에서 정벌하는 뜻은 이에 큰 것을 얻기 위함이라.

譯解: 九三은 강한 爻가 강한 자리에서 가장 밝은 지혜를 가지고 있다. 上六의 어두운 곳과 응하고 있으니 처음에는 밝은 지혜를 숨기고 인내하였으나 언제까지 그렇게 할 수는 없다. 밝은 곳에서 어두운 곳을 정벌하는 까닭은 우두머리를 잡으려는 것이니 지극히 당연한 일이다. 다만 이것은 변혁이며 비상사태이기 때문에 가벼이 해서는 안된다고 표현하고 있다. 殷나라 湯王도 周나라 文王이 桀紂의 暴君을 유폐하는 데는 어려운 일이 뒤따랐으며 民心을 얻은 연후에 혁명을 완성하였던 것이다.

六四는 入于左腹이니 獲明夷之心하여 于出門庭이로다.
象曰 入于左腹은 獲心意也라.

六四는 왼쪽 배로 들어가서 明夷의 마음을 얻어 문밖 뜰로 나오도다.
象에 이르기를 왼쪽 배로 들어간다 함은 마음과 뜻을 얻었음이라.

譯解: 왼쪽 배로 들어간다고 하는 것은 자기를 낮추어 상대의 마음속을 들여다 보고 마음을 사로잡는 것으로 明夷의 마음을 얻는다는 뜻이다. 상대의 마음을 사로잡는다면 暴君의 곁에 있더라도 위험한 일은 없으며 暗君을 꾀할 수 있다. 자신의 집안에 숨어있으면 오히려 상대의 마음을 거슬려 상하게 할 것이다. 그래서 문밖으로 나와 조정에서 일을 맡아보는 것이 어려움을 피하는 현명한 처신이라고 본다.

六五는 箕子之明夷니 利貞하니라.

象曰 箕子之貞은 明不可息也라.

六五는 箕子가 밝은 것을 어둡게 하니 바르게 하면 이롭나니라.

象에 이르기를 箕子의 바른 것은 밝은 것이 쉬지 아니함이라.

譯解 : 箕子은 紂를 諫하였으나 듣지 아니함으로 사람들이 망명할 것을 권유하였다. 그러나 그는 사람의 신하로서 諫하다가 듣지 아니한다고 가버리는 것은 임금의 악을 드러내는 것으로 신하로서 할 일이 아니라고 하였다(史記宋世家). 六五는 중용의 자리에서 上六과 가까이 있으나 바른 것을 잃지 않고 있다. 비록 箕子는 미치광이 행세를 하였지만 자신의 밝은 덕을 끝까지 지키고 있다.

上六은 不明하여 晦니 初登于天하고 後入于地로다.

象曰 初登于天은 照四國也요 後入于地는 失則也라.

上六은 밝지 아니하여 어두우니 처음은 하늘로 올라가고 나중에는 땅으로 들어가도다.

象에 이르기를 처음은 하늘로 올라간다 함은 사방을 비춤이요, 나중에는 땅으로 들어간다 함은 법칙을 잃었음이라.

譯解 : 上六은 陰爻로서 그 위에 坤의 윗자리에 있으니 陰爻일 뿐이다. 그리고 맨 윗자리에 놓여 있으니 덕이 밝지 아니하여 정말 어두운 것이다. 여하튼 卦의 上位에 있으니 처음에는 하늘을 올라가서 四方의 나라를 비추고 있는 높은 자리라 할 수 있다. 그리고 사람의 밝음을 상하게 하다보니 자신을 망하게 하며 나중에는 혁명의 깃발아래 목숨을 잃고 땅에 묻히게 된다.

䷤ 風 火 家 人

家人은 利女貞하니라.

家人은 여자가 바르게 하면 이롭나니라.

譯解 : 家人은 한 가정의 사람들을 뜻하며 가정 내의 인륜도덕을 설명한 卦라 할 수 있다. 外卦에는 九五가 있고 內卦에는 六二가 저마다의 바른길을 열고 있다. 요컨대 집밖에서 활동하는 남자와 집안에서 일하는 여자가 각각 바른길을 걷고 있기 때문에 이 卦를 家人이라 이름하였다. 특히 여자가 바르게 하면 이롭다고 하는 것은 집안에서는 부인이 중요한 자리에 있고 여자가 바르게 하면 집안이 바르게 된다고 하였다.

象曰 家人은 女正位乎內하고 男正位乎外하니 男女正이 天地之大義也라 家人이 有嚴君焉하니 父母之謂也라 父父子子兄兄弟弟夫夫婦婦而家道正하리니 正家而天下定矣리라.

象에 이르기를 家人은 여자는 안에 바른 자리가 있고 남자는 밖에 바른 자리가 있으니 남녀가 바른 것이 천지의 큰 의리라. 家人에 엄군이 있으니 부모를 이름이라. 아비는 아비로서 자식은 자식으로서 형은 형으로서 아우는 아우로서 남편은 남편으로서 아내는 아내로서 家道가 바르게 되리니 집을 바르게 해야만 천지가 안정되리라.

譯解 : 六二의 여자는 안에 바른 자리를 얻고 있으며 九五의 남자는 밖에 바른 자리를 얻고 있다. 남녀가 제각기 안팎에서 바른 자리를 얻고 있다고 하는 것은 확실히 천지음양의 큰 뜻에 합치하는 것이다. 집안에 존엄한 부모가 없으면 孝悌의 덕과 집안의 위계질서가 성립되지 아니한다. 儒家에 도덕적인 孝悌의 사상은 근본이 되고 골육의 애정은 만인의 공통적인 애정이다. 그리고 孝悌의 사상이 집집마다 바르게 되면 집안의 규범이나 천하의 정치가 올바르게 될 것이다.

象曰 風自火出이 家人이니 君子以하여 言有物而行有恒하나니라.

象에 이르기를 바람이 불어서 나오는 것이 家人이니 군자 이로써 말에 실지가 있고 행함에 떳떳함이 있어야 하니라.

譯解 : "物"은 사실을 뜻하고 "恒"은 법칙을 말한다. 이 卦는 안에 불이 있고 밖이 바람이니 불이 붙어서 뜨거운 바람이 일고 있다. 군자는 바람과 불이 안팎에서 나오는 것을 보고 사물에 대한 이치를 깨닫고 있다. 거기서

먼저 내 자신의 몸을 깨끗이 닦고 집안을 다스린다. 一言一行을 소홀히 하지 않고 말에는 반드시 사실이 있어야 하고 행함에는 법칙이 있어야 한다.

初九는 閑有家면 悔亡하리라.
象曰 閑有家는 志未變也라.

初九는 집안의 어지러움을 막으면 허물이 없으리라.
象에 이르기를 집안에 어지러움을 막는다 함은 뜻이 변하지 아니함이라.

譯解 : "有"字에 대한 해석이 눈에 띄지 아니한다. 初九는 陽爻가 陽의 자리에 있으니 강건하고 과단성이 있다. 집안의 어지러움을 미리 방지할 수 있으며 대가족이 함께 살다보면 집안이 평화스럽지 못하고 법도가 문란할 수 있다. 그러나 初九의 노력으로 뉘우침을 미리 방지하여 근심이 없어졌다. "有家"를 여기서는 대가족으로 해석한다.

六二는 无攸遂요 在中饋①면 貞吉하리라.
象曰 六二之吉은 順而巽也일세라.

六二는 일을 이루는 바가 없음이요, 집안에서 살림을 맡아 하면 바르고 길하리라.
象에 이르기를 六二의 길하다 함은 순종하고 겸손할지니라.

譯解 : "遂"은 成就를 뜻한다. 六二는 陰爻로 陰의 자리에 있으니 유순할 뿐이고 주체로서 사물을 판별하지 못하고 있다. 다만 유순하고 중용의 자리에서 부인의 덕망을 가지고 있다. 그리고 살림꾼으로 집안을 잘 꾸려갈 것이다.

① 饋(먹일 궤)

九三은 家人이 嗃嗃하니 悔厲하면 吉하나 婦子嘻嘻면 終吝하리라.
象曰 家人嗃嗃은 未失也요 婦子嘻嘻는 失家節也라.

九三은 집사람이 준엄하니 지나친 것을 뉘우치면 길하나 부녀자가 소리내어 웃는 것은 마침내 부끄러움을 당하리라.

象에 이르기를 집사람이 준엄한 것은 집의 법도를 잃지 아니함이요, 부녀자가 소리내어 웃는 것은 집의 절도를 잃었음이라.

譯解 : 九三은 內卦 위에 있으니 집안을 잘 다스린다. 陽爻가 강한 자리에 있기 때문에 강한 것이 너무 지나쳐 부녀자를 엄하게 다스리니 히히대며 비명을 지른다. 위태로움이 지나쳐서 후회할 일이 있겠지만 결과는 길하다. 九三이 집사람을 엄하지 않게 다스려서 부녀자들이 소리내어 깔깔대면 집의 법도를 잃게 되어 부끄러울 것이다.

六四는 富家니 大吉하니라.
象曰 富家大吉은 順在位也라.

六四는 집이 부유하게 되니 길하니라.
象에 이르기를 집이 부유하게 되니 크게 길하다 함은 순종하여 그 자리에 있을세라.

譯解 : 六四는 陰爻로서 陰의 자리에 바른 자리를 얻고 있다. 上卦 巽은 겸손하고 순종하여 바른 길을 걷고 있으며 일에 열중한다면 당연히 집을 부유하게 할 것이다(程子). 象에 유순한 자리에 있기 때문에 富家大吉이라 하였다.

九五는 王假有家니 勿恤하여 吉하니라.
象曰 王假有家는 交相愛也라.

九五는 왕이 그 집에 이르니 근심치 말아야 길하니라.
象에 이르기를 왕이 그 집에 이른다 함은 사귀어 서로 사랑함이라.

譯解 : "假"는 至로 해석된다. 九五는 陽爻로 陽의 자리에서 중용을 얻고 있으며 아래 六二와 서로 응하고 있다. 五의 왕자가 二의 여성의 집에 갈 때에는 서로 사랑하여 만나게 되는 것이다. 남편은 아내의 내조를 얻고 있으며 아내는 남편의 강건함을 사랑하고 있다.

上九는 有孚코 威如면 終吉하리라.
象曰 威如之吉은 反身之謂也라.

上九는 믿음이 있고 위엄이 있는 듯하면 마침내 길하리라.

象에 이르기를 위엄이 있는 듯하면 길하다 함은 몸을 반성하는 것을 이르는 것이다.

譯解 : 孚는 信, 威如는 위엄있는 모습, 反은 반성을 뜻한다. 上九는 家人卦의 윗자리에 있으니 가장인 것이다. 가장이 참된 마음을 가지고 임한다면 집사람이 감화되어 따르게 될 것이다. 가정을 사랑으로 이끌면 아내와 자식이 가장에 대한 존경심을 가지고 믿고 따라올 것이다.

火澤睽

睽는 小事는 吉하니라.

睽는 적은 일에는 길하니라.

譯解 : 睽는 反目하다, 외면하다라는 뜻이다. 上卦는 불이고 下卦는 못이니 물과 불은 성질이 상반되어 합할 수 없다. 그리고 離는 中女이고 兌는 少女의 형상으로 두 여자가 함께 살면 반드시 반목하기 때문에 睽라 이름하였다. 서로 외면하고 반목하는 상태에서 길하다고 볼 수 없으나 離는 밝은 덕이 있고 兌는 기뻐하여 속으로는 일치하고 있으니 작은 일은 길하다고 표현하고 있다.

象曰 睽는 火動而上하고 澤動而下하여 二女同居하나 其志不同行하니라. 說而麗乎明하고 柔進而上行하여 得中而應乎剛이라 是以小事吉이니라. 天地睽而其事同也며 男女睽而其志通也며 萬物이 睽而其事類也니 睽之時用이 大矣哉라.

象에 이르기를 睽는 불이 움직여 올라가고 못은 움직여 내려오며 두 여자가 함께 살고 있으나 그 뜻은 함께 가지 못하니라. 기뻐서 밝은 데 붙고 유순하게 나아가 위로 올라가서 중용을 얻어 강에 응함이라. 이로써 작은 일은 길할 것이니라. 하늘과 땅이 어긋나도 그 일은 같으며 남녀는 외면하지만 그 뜻은 통하여 만물이 어긋나지만 그 일은 같으니 睽의 때와 쏨이 크도다.

譯解 : 이 사회는 서로 상반된 모순 속에서 움직이고 서로 일치하는 점이 있다. 하늘은 높고 땅은 낮으나 만물을 성장하는 것은 같고 남녀가 체질로는 다르지만 애정으로는 서로 통하게 된다. 그리고 만물은 제각기 상반된 형체를 가지고 있으나 음양의 기를 받아 생기고 성장하는 것은 같은 것이다. 그래서 서로 모순된 속에서도 합치고 어그러지는 것을 뜻한 것이다.

象曰 上火下澤이 睽니 君子以하여 同而異하나니라.

象이 이르기를 위에 불이 있고 아래에 못 물이 있는 것이 睽니 군자 이로써 같으면서 다르게 하나니라.

譯解 : 睽는 上卦는 불이고 下卦는 연못이니 그 성질에 있어서는 다르다고 볼 수 있다. 군자는 도를 행하는 의도는 사람들과 뜻을 같이 하지만 사귀면서 살아가는 방법은 다르다. 그리고 진리를 추구하는 뜻은 같지만 학설적으로는 다르다고 할 수 있다. 그래서 "同而異"라 하였다.

初九는 悔亡하니 喪馬하고 勿逐하여도 自復이니 見惡人하면 无咎리라.

象曰 見惡人은 以辟咎也라.

初九는 뉘우침이 없으니 말을 잃고 쫓아가지 않아도 스스로 돌아올지니 악한 사람을 만나면 허물이 없으리라.

象에 이르기를 악한 사람을 보는 것은 허물을 피하는 것이다.

譯解 : 初爻는 응할 수 있는 爻는 四爻의 자리지만 같은 陽爻이기 때문에 응할 수 없다. 그러나 睽는 應合하는 것은 어그러지고 벌어지는 것은 오히려 합한다. 初九는 당초에 九四가 응하여 주리라고는 생각하지 않았으나 위에 응이 없으면 올라갈 수 없다. 그래서 쫓지 않아도 말이 홀로 돌아오는 것처럼 올라갈 가능성이 저절로 열릴 것이라는 뜻이다. 그러나 사람의 마음이 반목하는 때인지라 교제하는 데 마음을 쓰지 않으면 어려운 일에 부딪칠 것이다.

火澤睽 165

九二는 遇主于巷①하면 无咎리라.

象曰 遇主于巷이 未失道也라.

九二는 임금을 거리에서 만나면 허물이 없으리라.

象에 이르기를 임금을 거리에서 만난다 함은 도를 잃지 아니함이라.

譯解 : 主는 군주를 뜻하며 六五를 가리킨 것이고 巷은 邑村을 뜻한다. 九二는 六五와 陰陽이 서로 합하여 응하는 것이 당연하지만 睽에 때인 만큼 헤어져서 서로 찾아 헤매다가 우연히 거리에서 서로 만나는 것은 신하로서 예의에 벗어난 일이지만 도리를 잃었다고 볼 수 없다.

① 巷(거리 항)

六三은 見輿曳코 其牛掣①며 其人이 天且劓②니 无初코 有終이니라.

象曰 見輿曳는 位不當也요 无初有終은 遇剛也일세라.

六三은 수레가 끌려가고 그 소는 제지당하며 그 사람이 이마를 다치고 코를 베이니 처음은 없고 나중엔 있으리라.

象에 이르기를 수레가 끌려간 것은 자리가 마땅하지 못함이요, 처음은 없고 나중엔 있다 함은 강을 만났음일세라.

譯解 : 六二는 上九와 응하여 쫓아가려 하지만 힘이 약하고 앞뒤에서 陽爻가 견제하고 있다. 뒤에서는 九二가 잡아당기고 앞에서는 九四가 가로막아 분리시키고 있으니 서로 만나지 못한다. 上九가 六三이 늦어지고 있으니 서로 만나지 못한다. 上九는 六三이 늦어지고 있음을 시기하고 있으며 六三 자신이 上九 때문에 이마를 다치고 코를 베이는 형벌을 받고 있다. 그렇지만 바르지 못한 것이 바른 것을 이기지 못하여 나중에는 요사스러운 것이 없어질 것이다.

① 掣(끌 체), ② 劓(코베일 의)

九四는 睽孤하여 遇元夫하여 交孚니 厲하나 无咎리라.

象曰 交孚无咎는 志行也라.

九四는 반목하여 외로워 훌륭한 사람을 만나 서로가 믿으니 위태로우나 허물이 없으리라.

象에 이르기를 서로가 믿으니 허물이 없다 함은 뜻대로 행함이라.

譯解 : "元夫"는 훌륭한 사람, 初九를 가리킨다. 九四는 初九와 응하고 있으나 같은 陽끼리 응할 수 없어서 외롭게 지내고 있었으나 어그러지면 합하는 것이 卦의 덕인지라 九四와 初九는 서로 만났으나 睽의 때이기 때문에 위태로움이 따르니 서로 강한 덕으로 성실하게 믿으면 허물이 없을 것이다.

六五는 悔亡하니 厥宗이 噬①膚면 往에 何咎리요.
象曰 厥宗噬膚는 往有慶也라.

六五는 뉘우침이 없으니 그 종족이 살을 합하면 그렇게 간들 무슨 허물이 있으리요.

象에 이르기를 그 종족이 살을 합한 것은 그렇게 가면 경사가 있으리라.

譯解 : "宗"은 종족을 뜻한다. 그리고 九二를 가리킨다. 六五는 陰爻가 陽의 자리에 있으나 힘이 약한 몸으로 높은 자리에 있으니 당연히 뉘우침이 생길 것이라고 예상하고 있다. 그러나 六五는 중용의 자리에서 九二와 六五와 합하려 하지만 앞에 있는 六三이 장애물이 되지만 유하기 때문에 살을 깨물기 쉬울 것이다. 二爻와 五爻가 합하기 쉬운 것을 보이고 있으며 어그러지는 때에 六五에게 충실한 종족의 응원으로 경사가 있고 또한 무슨 허물이 있으리요.

① 噬(씹을 서)

上九는 睽孤하여 見豕負塗와 載鬼一車라 先張之弧하고 後說之弧하여 匪寇라 婚媾니 往遇雨하면 則吉하리라.
象曰 遇雨之吉은 群疑亡也라.

上九는 외면하여 외로워서 돼지가 진흙을 진것과 귀신을 한 수레 싣고 있는 것을 본지라. 먼저는 활을 당기고 뒤에는 활을 벗겨놓아 도둑이 아니라 혼인을 구함이니 가다가 비를 만나면 길하리라.

象에 이르기를 비를 만나면 길하다 함은 모든 의심이 없어졌음이라.

譯解 : 이 爻辭는 역경 전체를 통틀어 봤을 때 환상적이고 기괴한 부분이라 볼 수 있다. 上九는 上卦의 궁극점에 있고 또한 睽卦의 맨 위에 있으니 강한 자리에 강한 성질을 가지고 있다. 또한 밝은 지혜를 가지고 있으나 不明한 시기심에 가득 차 있다. 六二는 앞뒤에 陽爻가 가로막아 수레를 끌지 못하고 소가 제지당하여 上九를 찾아가지 못한다. 六三은 주위에 있는 陽爻에게 본의 아니게 어울려 있는 것은 매우 더러운 물건처럼 보였다. 上九는 돼지가 진흙을 등에 짊어진 것을 고통스럽게 바라보고 있다. 그리고 시기심을 가지고 없는 것을 있는 것처럼 보고 있으면 귀신을 한 수레에 싣고 있는 것을 생생히 생각한다. 上九는 당초 마른 억새의 유령으로 보고 활을 당겨서 六三을 사살하려고 하였으나 자신의 잘못을 깨닫고 그 후에 모든 의심이 없어져 활을 벗겨 놓았다. 뒤에는 六三을 자신의 적이 아니고 음양화합의 상대라고 생각하였다.

䷦ 水 山 蹇

蹇①은 利西南하고 不利東北하며 利見大人하므로 貞하면 吉하니라.

蹇은 서남쪽이 이롭고 동북쪽은 이롭지 아니하며 훌륭한 사람을 만나보는 것이 이롭나니 바르게 하면 길하니라.

譯解 : 蹇은 나가기 어렵다는 뜻. 上卦 坎은 위험하다는 뜻이고, 下卦 艮은 멈춘다는 뜻으로 앞에 위험을 보고 멈추는 것을 蹇이라 한다. 평지를 걷기란 쉬운 일이지만 산을 걷는다는 것은 무리한 일이다. 그래서 서남쪽은 이롭고 동북쪽은 이롭지 않다고 하였다. 어려울 때에는 훌륭한 인물을 만나지 않으면 어려움을 벗어나지 못한다. 그리고 어디까지나 바른 길을 걷지 않으면 안된다.

① 蹇(절름발이 건)

象曰 蹇은 難也니 險在前也니 見險而能止하니 知矣哉라

蹇利西南은 往得中也요 不利東北은 其道窮也라 利見大人은
往有功也라 當位貞吉은 以正邦也니 蹇之時用이 大矣哉라.

　彖에 이르기를 蹇은 어려운 것이니 험한 것이 앞에 있다. 험한 것을 보고
그치니 지혜로운 일이라. 蹇은 서남쪽이 이로운 것은 앞으로 가면 중정을 얻
을 것이요 동북쪽이 이롭지 아니한 것은 그 길이 궁함이요 훌륭한 사람을 만
나면 이로운 것은 앞으로 가면 공이 있을 것이요 마땅한 자리가 바르고 길한
것은 나라를 바르게 함이니 蹇의 時用이 큼이로다.

　譯解 : 蹇은 고난을 뜻하며 위험이 앞에 있음을 보고 멈추는 형상이다.
卦變으로 보면 小過卦의 九四와 九五가 자리바꿈을 하면 蹇이 된다. 그래
서 "往得中也"라 하였으며 서남쪽에서 이로움이 있고 동북쪽에서 이로움이
없다고 하였다. 그리고 훌륭한 사람을 만나야 이롭다고 하는 것은 위험한
때를 당하여 훌륭한 사람이 나타나는 것을 필요한 조건으로 하고 있다. 그
리고 훌륭한 사람으로 하여금 공적을 세우게 한다. 바르게 해야만이 자신
을 바르게 세울 수 있으며 어려움에서 벗어날 수 있다.

　象曰 山上有水蹇이니 君子以하여 反身修德하나니라.

　象에 이르기를 산 위에 물이 있는 것이 蹇이니 군자는 이로써 몸을 반성하
고 덕을 닦나니라.

　譯解 : 산은 위험하고 물을 건너기 어려우니 蹇이라 한다. 앞길이 험난할
때에는 한걸음 물러서서 반성하고 덕을 닦는 것이 군자의 도리인 것이다.

　初六은 往蹇코 來譽리라.
　象曰 往蹇來譽는 宜待也니라.

　初六은 가면 험하고 오면 명예가 있으리라.
　象에 이르기를 가면 험난하고 오면 명예가 있으라 하는 것은 마땅히 기다릴
지니라.

　譯解 : "宜待也"를 唐의 陸德明의 經典釋文과 李鼎祚의 周易集解에서는
"宜待時也"로 하여 "時"字가 있음을 명시하였다. 初六은 陰爻로 陽의 자리
에 있으나 힘이 약하고 위에 응이 없으니 강하게 밀어 붙이면 위험에 떨어

질 뿐이다. 그래서 갈 때에는 반드시 험난에 떨어질 위험이 있으니 미리 나가지 말고 때를 기다리면 나중에 명예로움이 있을 것이다.

六二는 王臣蹇蹇은 匪躬之故라.
象曰 王臣蹇蹇은 終无尤也라.

六二는 왕과 신하가 발을 절룩거리니 자기 몸 때문이 아니라.
象에 이르기를 왕과 신하가 발을 절룩거린다 함은 마침내 허물이 없으리라.

譯解 : "蹇蹇"은 고난을 겪는다는 뜻이다. 六二는 유순하고 중용의 자리에 있으며 또한 중정의 자리에 있는 九五의 왕과 상응하고 있다. 그리고 九五의 군주는 험난한 가운데 빠져있다. 六二의 신하는 어려운 가운데 있는 군주를 구해 내려고 하는 것은 자신을 위한 일은 조금도 없다. 다만 일이 결국엔 이루어지지 않는다 하더라도 허물을 탓할 수는 없다. 후세에 전하는 충신의 희생정신을 匪躬이라고 표현한 뜻이 여기에 있다.

九三은 往蹇코 來反이리라.
象曰 往蹇來反은 內喜之也리라.

九三은 가면 험난하고 오면 돌이켜지리라.
象에 이르기를 가면 험난하고 오면 돌이켜진다 함은 안에서 기뻐함이라.

譯解 : 九三은 內卦의 맨 위에 있으며 陽의 자리에 陽爻가 있으니 강하다. 그러나 九三은 上六과 상응하여 거기에 올라가려고 하지만 上六은 벼슬이 없고 무력한 자리에 있기 때문에 믿을 수 없다. 그래서 九三은 올라가면 오히려 괴로움만 당함으로 생각을 고쳐서 원래의 자리인 三爻로 돌아오면 아래 陰爻들이 반가이 맞이할 것이다.

六四는 往蹇코 來連이리라.
象曰 往蹇來連은 當位實也라.

六四는 가면 험난하고 오면 따를 것이니라.
象에 이르기를 가면 험난하고 오면 따른다 하는 것은 마땅한 자리에서 충실함이라.

譯解 : 六四는 이미 上卦의 험난 가운데 들어가 있으며 나가려 하지만 괴로움에 부딪혀 있다. 그래서 往蹇이라 한다. 이 陰爻는 바른자리에 있으며 세상의 어려움을 구하려는 정의감에 불타 있다. 아래 九三도 바른자리에 있는 동지라 할 수 있다. 六四는 九三과 손을 잡고 세상의 고난을 구제하려는 것을 來連이라 한다. 홀로 나가려는 것은 무리한 일이니 동지들이 나타나기를 기다려서 나가는 것이 좋을 것이다.

九五는 大蹇에 朋來로다.
象曰 大蹇朋來는 以中節也라.

九五는 크게 험난하지만 벗이 오도다.
象에 이르기를 크게 험난하지만 벗이 온다 함은 가운데 자리에서 절제하는 것이라.

譯解 : 九五는 군주의 자리에 있으며 험난한 가운데 있는 것을 큰 어려움이라 한다. 그러나 九五는 강건한 성격을 가지고 중용의 덕이 있다. 중점의 자리에서 절제를 지키고 있으면 바른자리에 있는 동지들이 도와 주려는 뜻으로 모여오고 있다. 중용의 덕을 가지고 있으면 반드시 동지들의 도움을 받아 괴로운 가운데서 벗어날 것이다.

上六은 往蹇코 來碩이라 吉하려니 利見大人하니라.
象曰 往蹇來碩은 志在內也요 利見大人은 以從貴也라.

上六은 가면 험난하고 오면 큰 것이라. 길하리니 훌륭한 사람을 만나는 것이 이롭나니라.
象에 이르기를 가면 험난하고 오면 큰 것이라 함은 뜻이 안에 있음이요, 훌륭한 사람을 만나는 것이 이롭다 함은 귀한 것을 따름이라.

譯解 : 上六은 끝에 있는 爻로서 올라가려 하지만 갈 곳이 없다. 아래로 내려가서 九五와 더불어 험난을 벗어나려고 노력한다면 큰 공적을 세울 것이다. 훌륭한 사람을 만나면 이롭고 겸하여 "來碩"을 말한 것은 九五의 군주를 가리킨 것이다. 九五와 더불어 만난다면 험난한 세상을 구제하여 크게 이로움을 얻을 것이다. 上六의 뜻이 아래 九五를 향하고 있기 때문에 貴를 나타냈으며 군주의 자리인 九五를 가리킨 것이다. 上六이 九三과 응

한다면 大人이 九三으로 오해할 여지가 있기 때문에 九五를 明示하여 貴를 말한 것이다.

䷧ 雷水解

解는 利西南이니 无所往이라 其來復이 吉하니 有攸往이어든 夙하면 吉하니라.

解는 서남쪽이 이롭나니 갈 데가 없을지라. 되돌아오는 것이 길하니 갈 데가 있거든 빨리 가면 길하니라.

譯解 : "解"는 풀린다, 해결하다는 뜻이다. 上卦는 震이요 下卦는 坎이니 천둥치면서 비가 내리니 만물이 소생하는 그런 형상이며 解라고 이름하였다. 升卦의 九三이 六四와 자리를 바꿔서 解卦가 된 것이며 升의 上卦는 坤이니 西南인 까닭으로 利西南이라 한 것이다. 갈 곳이 없으면 어려운 일이 모두 해결되어 할 일이 없어서 제자리로 돌아와서 편하게 쉬는 것이 좋을 것이다. 만일 어려운 일이었으면 빨리 해결하고 처음 상태로 돌아가는 것이 길하다고 표상하였다.

象曰 解는 險而動이니 動而免乎險이 解라 解利西南은 往得衆也오 其來復吉은 乃得中也오 有攸往夙吉은 往有功也라 天地解而雷雨作하며 雷雨作而百果草木이 皆甲坼하나니 解之時大矣哉라.

彖에 이르기를 解는 험한데 움직이니 움직여서 험함을 면하는 것이 解라. 解는 서남쪽이 이롭다 함은 가면 무리를 얻을 것이요, 되돌아오면 길하다 함은 이에 중용을 얻었음이요, 갈 데가 있으면 빨리가야 길하다 함은 가면 공이 있음이라. 천지가 풀려 우레와 비가 일어나며 우레와 비가 일어나면 백과초목이 다 싹이 트는 것이니 解의 때 크기도 하여라.

譯解 : "作"은 起, "甲坼"은 껍질이 열리다라는 뜻이다. 九二는 중용의 자

리에서 험한 가운데 어려움을 풀어가는 형상이다. 갈 곳이 있으면 빨리 해결하는 것이 길하다. 인간만사가 막혔다가 때가 되면 풀리는 것은 대자연의 섭리인 것이다. 천지음양의 이치가 겨울이 되면 얼음이 얼어서 만물의 활동이 위축되어 겨울잠을 자는 동물도 있다. 그러나 봄이 되면 비가 내리고 초목의 싹이 터서 꽃이 피는 것처럼 어려운 일이 점점 풀릴 것이라고 표현하고 있다.

象曰 雷雨作이 解니 君子以하여 赦過宥罪하나니라.

象에 이르기를 우레와 비가 일어나는 것이 解니 군자 이로써 허물을 용서하고 벌을 가볍게 하나니라.

譯解 : "赦"는 용서를 뜻하고 "過"는 犯意가 없는 과실을 뜻하며, "宥"는 형벌을 가벼이 한다는 뜻이다. 막혔던 천지의 기가 풀려서 우레와 비가 일어난다. 군자는 이를 본받아 백성의 과실을 용서하고 죄와 형벌을 너그럽게 처리한다. 천지가 풀리면 초목이 생육하고 자연의 움직임에 대응하게 되는 것이다.

初六은 无咎니라.
象曰 剛柔之際라 義无咎也니라.

初六은 허물이 없을 것이니라.
象에 이르기를 剛과 柔의 사이라 마땅히 허물이 없나니라.

譯解 : "際"는 둘 사이 또는 교제를 뜻한다. 初六은 陰爻로서 맨 밑에서 온순한 태도로 잘 보이는 장소에 있는 것이 안전하다. 그리고 九四의 응원을 받으니 대길은 아니지만 허물은 없다.

九二는 田獲三狐하여 得黃矢니 貞하여 吉하도다.
象曰 九二貞吉은 得中道也라.

九二는 사냥을 하다가 여우 세 마리를 잡고 누른 화살을 얻으니 바르게 해야 길하도다.
象에 이르기를 九二는 바르게 해야 길하다 함은 중용의 도를 얻었음이라.

譯解 : "田"은 사냥을 뜻한다. 이 卦에는 넷의 陰爻가 있으나 六五의 陰을 제하면 셋의 陰爻가 있다. 九二는 강건한 陽爻로 중용의 길을 걷고 있으며 六五의 군주에게 신임을 받고 있다. 그리고 군주를 유혹하려는 소인들을 퇴치하는 것을 사냥에서 세 마리의 여우를 잡은 것으로 표현하고 있다.

六三은 負且乘이라 致寇至니 貞이라도 吝하니라.
象曰負且乘이 亦可醜也라 自我致戎이어니 又誰咎也리오.

六三은 짐을 지고 수레를 탔음이라. 도둑이 오니 바르게 하여도 부끄러움을 당하리라.

象에 이르기를 짐을 지고 수레를 탔음은 또한 추한 일이라. 나 스스로 도둑을 불러들였으니 또 누구를 탓하리오.

譯解 : 六三은 陰爻로 陽의 자리에 있고 부정한 자리에서 짐을 지고 수레를 타면 분수에 넘치는 짓으로 도적이 넘겨다 볼 것이다. 그리고 바른 일을 하려고 하지만 자신의 잘못으로 도적을 불러들였으니 부끄러움을 면할 수 없다.

九四는 解①而拇면 朋至하여 斯孚리라.
象曰 解而拇는 未當位也일세라.

九四는 너의 엄지발가락을 끊으면 벗이 이르러 믿으리라.
象에 이르기를 너의 발가락을 끊는다 함은 자리가 마땅치 못할 것이니라.

譯解 : "而"는 爾를 뜻한다. 解는 소의 뿔을 칼로 끊어버린다는 뜻이다. 初六은 九四와 서로 응하고 있으나 어느 쪽이나 부정한 관계로 본다. 그러나 九四는 陽이고 군자라 할 수 있으며 初六은 陰으로 소인이라 한다. 이제 서로 응하고는 있지만 동지로서의 친분 관계는 이루어지고 있지 않다. 九四가 자신의 엄지발가락을 끊어버리려는 것은 初六과 끊을래야 끊을 수 없는 인연을 끊어버리는 것이니 훌륭한 사람의 벗이 곁들고 있으면 자신을 믿어 줄 것이다.

① 解(끊을 개)

六五는 君子維有解면 吉하니 有孚于小人이니라.
象曰 君子有解는 小人의 退也라.

六五는 군자만이 오로지 끊음이 있으면 길하니 소인에게는 믿음이 있을지니라.

象에 이르기를 군자만이 끊음이 있다 함은 소인이 물러났음이라.

譯解: 이 卦에는 陰爻가 넷이 있다. 陰은 소인을 뜻하고 四陰의 가운데 六五만이 군주의 자리에 있고 군자로서 행동을 갖추고 있다. 소인과 아주 비슷하여 군자와의 교제를 하려는 것은 六五가 三陰과 가까이 하지 않고 떠난다고 한다면 마침내 길할 것이다. 전체적으로 군자가 사람들과 교제하는 것을 풀어버린다면 물러나는 것은 소인일 뿐이다. 有孚于小人을 魏나라 王弼은 소인이 믿고 복종한다고 하였다.

上六은 公用射隼于高墉之上하여 獲之니 无不利로다.
象曰 公用射隼은 以解悖也라.

上六은 공이 높은 담 위에서 새매를 쏘아 잡으니 이롭지 아니한 것이 없나니라.

象에 이르기를 공이 새매를 쏘아 잡았다는 것은 사나운 것을 제거한 것이니라.

譯解: "隼"은 사나운 새로써 六三을 가리킨 것이다. 上六은 卦의 높은 자리에 있으며 이 爻는 解卦의 마지막이라 할 수 있다. 모든 어려움을 해결하여 끝마치고 있다. 六三은 서로 응하지 않는 爻로서 높은 자리를 노리고 있는 소인이라 할 것이다. 上六에 의하여 높이 날아오르는 것을 쏘아서 떨어뜨렸다. 上六은 유한 陰爻로 유하게 보이지만 속으로 화살을 감추고 때를 기다려 한번은 악인을 쏘아서 죽인 것을 상징한 것이다.

䷨ 山 澤 損

損은 有孚면 吉元코 无咎하여 可貞이라 利有攸往하니 曷①之

用이리요 二簋②可用享이니라.

　損은 성실함이 있으면 크게 길하고 허물이 없어서 가히 바르게 할지니라. 갈 데가 있으면 이로울 것이니 어떻게 쓰리요. 두 그릇이면 가히 제사 지낼 수 있으리라.

　譯解 : "損"은 덜다의 뜻으로 손실을 뜻하지만 봉사라고도 할 수 있다. 자기의 힘을 나눠서 남을 돕는 것이 사회에 대한 봉사이다. 아래를 덜어서 위를 더해 준다. 즉 가득찬 백성의 부를 덜어서 위정자에게 더해주는 것은 백성이 세금을 내는 형상이다. 백성이 세금을 낼 때에는 반드시 믿음이 있어야 한다. 아래를 덜어서 위를 더하는 것은 허물이 있을 것으로 생각되지만 믿음이 있으면 허물이 없다. 損卦를 언뜻 보기에는 바람직하지 않은 것처럼 보이지만 위정자가 겸허한 마음으로 세금을 받아서 백성을 위한 일에 사용한다면 이롭지 아니함이 없을 것이다. 그리고 위정자의 허례 허식을 경계한 것은 세금의 낭비를 막으려는 것이다.

① 曷(어찌 갈), ② 簋(그릇 궤)

　彖曰 損은 損下益上하여 其道上行이니 損而有孚면 元吉无咎可貞利有攸往이니 曷之用二簋可用享은 二簋應有時며 損剛益柔有時니 損益盈虛를 與時偕行이니라.

　彖에 이르기를 損은 아래를 덜어서 위를 더해 주는 것이니 그 도는 위로 행함이니 덜어서 성실함이 있다면 크게 길하고 허물이 없고 바르게 하면 갈 데가 있어도 이로울 것이니 어떻게 쓸 것인가. 두 그릇이면 제사드릴 수 있다 함은 두 그릇으로 때에 적응할 수 있으며 剛을 덜고 柔를 더해주는 것도 때가 있으니 損益과 盈虛를 때와 더불어 함께 행하는 것이다.

　譯解 : 損이란 행위는 아래에서 위로 올라가는 방향을 말하며 덜게 되는 것은 불길한 생각이지만 믿음을 가진다면 좋은 결과가 된다. 卦辭에 두 그릇이면 가히 제사지낼 수 있다고 하는 것은 彖傳의 作者가 뒷사람이 이 글귀를 오해하여 모두 실속은 없이 겉만 그럴 듯하게 꾸미는 형식이 필요하지 않다고 생각할 것을 두려워 한 것이다. 겸허함을 표현하는 형식이 없다면 예의는 성립될 수 없다. 다만 문명이 난숙해지면 겉치레에 흐르기 쉽다. 그런데 지나칠 정도로 많은 것을 덜어서 보태주고 모자라면 더해주는 것이

바른 일이라 할 수 있다. 그것은 때에 따라 움직이고 행하는 것으로 우두머리의 마음을 가지고 행동해서는 안된다.

象曰 山下有澤이 損이니 君子以하여 懲忿窒欲하니라.

象에 이르기를 산 밑에 못이 있는 것이 損이니 군자는 이로써 忿을 경계하고 욕심을 막나니라.

譯解 : 군자는 이 卦를 본받아서 자신의 마음 속에서 덜어낼 것을 덜어내고, 자신의 성내는 것을 두 번 다시 성내지 않도록 스스로 경계한다. 程伊川은 사람의 욕심을 덜어내어 하늘로 돌아가게 해야 한다고 해설하였다. 그리고 老子의 사상이 연결되어 있다고 생각한 것은 확실한 판단이었다. 老子는 이것을 덜고 또 덜어서 無爲에 이르게 하는 것이라고 말하였다. 영리한 허무를 배격하고 무의 무욕인 자연으로 돌아가는 것이 老子의 철학인 것이다.

初九는 已事어든 遄①往이라야 无咎리니 酌損之니라.
象曰 已事遄往은 尙合志也라.

初九는 일을 그만두었거든 빨리 가야 허물이 없으리니 참작하여 덜지니라.

象에 이르기를 일을 그만두었거든 빨리 가야 함은 오히려 뜻이 합해진 것이니라.

譯解 : 初九는 아래를 덜어서 위를 더해주는 때에 六四와 응하고 있다. 初九는 강한 자리에 있으며 六四는 약하고 부족함이 많아서 도와주지 아니할 수 없다. 그래서 자신의 일을 그만두고 빨리 六四를 돕기 위하여 가는 것은 좋은 일이며 허물을 탓할 수 없다. 아랫사람이 자신의 재산을 덜어서 윗사람을 돕는 것은 사람의 행동으로서 당연한 일이라 할 것이다.

① 遄(빠를 천)

九二는 利貞코 征이면 凶하니 弗損이라야 益之리라.
象曰 九二利貞은 中以爲志也라.

九二는 바르게 하면 이롭고 가면 흉하니 덜지 않고 더해 주리라.

象에 이르기를 九二의 바르게 하면 이롭다 함은 중용의 뜻을 위함이라.

譯解: 九二는 강한 힘으로 중용의 자리에 있으며 자신의 중용의 덕을 지키는 것을 뜻으로 삼고 망령된 행동을 아니한다. 자신의 바른 길을 지키고 있는 것이 좋고 적극적인 행동으로 밖에 나가면 흉한 일에 부딪힐 것이다. 九二도 자신을 덜어서 위를 돕는 것이 당연한 일로 생각한다. 그러나 九二는 자신을 지키고 자기를 덜어서 위를 도우려 하지 아니한다. 실을 그렇게 뿌리친다면 다른 사람의 헌신적인 도움을 바라는 사람에게는 도리어 약이 될 것이다. 자신을 덜지 않고 상대를 돕는 것이 오히려 결과적으로 도움이 될 것이다. 세상에 어리석은 사람의 忠義는 이 논리를 알지 못할 것이다 (程伊川).

六三은 三人行엔 則損一人코 一人行엔 則得其友로다.
象曰 一人行은 三則疑也라.

六三은 세 사람이 가면 한 사람을 잃을 것이고, 한 사람이 가면 벗을 얻을 것이로다.
象에 이르기를 한 사람이 간다 함은 셋이 가면 의심하기 때문이라.

譯解: 六三이 혼자 가면 벗을 얻게 될 것이요, 셋이 함께 가면 한 사람을 잃게 될 것이라는 것은 천하의 모든 물질이 一陰一陽으로 짝이 되어 서로를 의지하기 때문에 홀로가면 짝이 생길 것이요, 셋이 함께 가면 한 사람을 잃게 되어 서로가 의심하게 된다는 것이다.

六四는 損其疾하되 使遄이면 有喜하여 无咎리라.
象曰 損其疾하니 亦可喜也로다.

六四는 그 병을 덜게 하되 빨리 하면 기쁨이 있어서 허물이 없으리라.
象에 이르기를 그 병을 던다고 하니 또한 기쁜 일이로다.

譯解: 初九는 陽의 자리에서 강건한 덕이 있고 六四는 陰의 자리에서 힘이 약한 소인이니 도덕적으로 병에 걸려서 앓고 있다. 初九의 좋은 점을 六四에게 더해 주면 그 결함을 덜어낸다. 그리고 병에 걸려 앓고 있을 때에는 빨리 손을 쓰면 병이 치유될 것이다. 그러므로 도덕적으로 병을 앓고 있으면 몹시 나빠지기 전에 치유하는 것이 좋은 결과라 할 것이다.

六五는 或益之면 十朋之龜도 弗克違하리니 元吉하니라.
象曰 六五元吉은 自上祐也라.

六五는 혹 더해주면 十朋의 거북 점도 어기지 아니하리니 크게 길하리라.
象에 이르기를 六五가 크게 길한 것은 하늘이 도와줌이라.

譯解 : 六五는 陰爻로 유순하고 겸허한 덕을 가지고 있으며 아래를 덜어서 위를 더해주는 때인지라 천하의 모든 사람들이 자신을 덜어서 군주에게 더해 주려고 할 것이다. 이렇게 경사스러운 결과가 생긴 것은 하늘이 六五를 도와준 것이다(魏 王弼).

上九는 弗損코 益之면 无咎코 貞吉하니 利有攸往이니 得臣이 无家리라.
象曰 弗損益之는 大得志也라.

上九는 덜지 않고 더해 주면 허물이 없고 바르게 하면 길하니 갈 데 있으면 이롭나니라. 신하를 얻고 집은 없으리라.
象에 이르기를 덜지 않고 더해 준다 함은 크게 뜻을 얻었기 때문이다.

譯解 : 上九는 윗자리의 陽爻로서 아래를 덜지 않고 오히려 더해 준다면 허물이 없다고 표현하였다. 바른 길을 지킨다면 길하고 앞으로 전진한다 하더라도 좋을 것이다. 그리고 위에 있으면서 아래를 덜지 않고 더해준다면 천하의 사람들이 다 따르고 있으니 "得臣"이라 표상하였으며 천하가 하나의 집이 되어 집집마다 경계가 없음을 "无家"라 하였다.

䷩ 風雷益

益은 利有攸往하며 利涉大川이니라.

益은 갈 데가 있으면 이롭고 큰 내를 건너면 이로울 것이니라.

譯解 : "益"은 더해준다는 뜻으로 損이 극에 이르면 益에 오는 것은 자연의 이치인 것이다. 그래서 損卦 다음에 益卦를 두게 된 것이다. 六二와 九五는 중용의 자리에서 서로 응하고 있기 때문에 갈곳이 있으면 이롭다고 하였다. 上卦 巽은 木이요, 下卦 震은 활동력을 가지고 있으며 나무가 움직이는 것으로 배를 상징하고 있다. 그래서 "利涉大川"이라 한 것이다 (王夫之說).

象曰 益 損上益下하니 **民說无疆**이요 **自上下下**하니 **其道大光**이라 **利有攸往**은 **中正**하여 **有慶**이요 **利涉大川**은 **木道乃行**이라 **益**은 **動而巽**하여 **日進无疆**하며 **天施地生**하여 **其益**이 **无方**하니 **凡益之道與時偕行**하나니라.

象에 이르기를 益은 위를 덜어 아래를 더해주니 백성의 기뻐함은 한량없고 위로부터 아래로 내려오니 그 도가 크게 빛나니라. 갈 데가 있으면 이롭다 함은 중정하기 때문에 경사가 있음이요 내를 건너는 것이 이롭다 함은 木의 道가 이에 행하여지는 것이라 益은 움직이고 유순하여 날로 나감이 한이 없으며 하늘은 생명을 베풀고 땅은 생물을 낳게 하여 그 유익함이 궁진함이 없으니 무릇 益의 도는 때와 더불어 함께 행하나니라.

譯解 : 說은 悅, 疆은 무한, 光은 廣으로 해석된다. 九五는 陽으로 중용의 자리에 있고 六二는 陰으로 중정의 자리에서 서로 응하고 있다. 갈 곳이 있으면 경사가 있고 큰 내를 건너가면 이로움이 있다고 하는 것은 上卦는 木이고 下卦는 動이니 결국은 배라고 할 수 있다. 배가 있으면 큰 내를 건너가면 이로움이 있다고 하였다(王夫之說). 하늘이 베풀어서 땅이 생기고 만물을 더해주는 것은 제한이 없다. 모든 물질을 더하고 다른 사람에게 더해주는 길은 천지가 계절에 따라서 만물을 더해주는 것처럼 때에 응해야 한다.

象曰 風雷益이니 **君子以**하야 **見善則遷**하고 **有過則改**하나니라.

象에 이르기를 바람과 우레가 益이니 군자는 이로써 착한 것을 보면 옮겨서 행하고 허물이 있으면 곧 고치나니라.

譯解 : 바람과 우레가 합하여 세력이 더해지기 때문에 益이라 이름하였

다. 군자는 이를 본받아서 다른 사람이 자신보다 착하게 보이면 곧 따라서 행한다. 그리고 자신의 과실이 있으면 지체없이 고친다(周易本義).

初九는 利用爲大作이니 元吉이라야 无咎리라.
象曰 元吉无咎는 下不厚事也라.

初九는 큰 일하는 것이 이로울지니 크게 길해야 허물이 없으리라.

象에 이르기를 크게 길하고 허물이 없음은 아랫사람은 아래 일을 감당하지 못함이라.

譯解 : 初九는 아랫자리에서 본래 큰 일을 해낼 수 있는 입장이 아니다. 그래서 위를 덜어서 아래를 더해주는 때인 것이다. 큰 일을 하는 것이 좋으나 다만 크게 길해야만이 허물이 없다. 조금이라도 좋은 일이 아니면 허물을 면하기 어려울 것이다. 왜냐하면 아랫자리에 있는 사람은 중대한 일을 감당하기 어렵기 때문이다.

六二는 或益之면 十朋之龜도 弗克違나 永貞이면 吉하니 王用享于帝라도 吉하니라.
象曰 或益之는 自外來也라.

六二는 더해주면 十朋의 거북점도 어긋나지 아니하나 영원히 바르게 하면 길할 것이니 왕이 하늘에 제사 지내면 길하리라.

象에 이르기를 혹 더해준다는 것은 밖에서 온다 함이라.

譯解 : 損卦를 뒤집어 놓은 것이 益卦다. 그래서 損卦의 六五는 益卦의 六二에 해당한다. 六二는 陰爻로서 중용의 자리를 얻고 있으며 유순하고 겸손하니 누구라도 도와주려고 하는 것은 영특한 거북점도 어기지 못한다(損卦六五). 다만 너무 유순해서 바른길을 지키지 못할까 두려워한다. 그래서 永貞吉이라 하였다. 帝는 하나님을 뜻하고 하늘에 제사지내는 것처럼 겸허한 마음을 가지면 九五로부터 도움을 받는다는 뜻이다.

六三은 益之用凶事엔 无咎어니와 有孚中行이라야 告公用圭리라.

象曰 益用凶事는 固有之也일세라.

六三은 더해주는 데 흉한 일을 가지고 할 때엔 허물이 없거니와 믿음으로써 중용을 행할 때라야 공후께 고하고 圭玉을 쓰리라.

象에 이르기를 더해주는 데 흉한 일을 가지고 굳게 있음이로다.

譯解 : 下卦는 動으로서 자신이 나가서 위에 있는 六四에게 도움을 청한다. 자신이 더해주기를 바라는 것은 군자로서 부끄러운 일이라 할 수 있다. 흉한 일에 도움을 청하는 것은 허물이 없으나 다만 두 가지 조건이 있어야 한다. 처음은 중용의 도를 가지고 믿음이 있어야 하고 다음은 公에게 고하고 圭玉을 사용한다. 그리고 公은 六四를 가리킨 것이다. 공에게 고하고 圭玉을 쓴다고 하는 것은 상대에게 믿음을 보이기 위함이니 중용의 자리에서 벗어나거나 도움을 청하는 상대에게 거짓말을 해서는 안된다.

六四는 中行이면 告公從하리니 利用爲依며 遷國이니라.

象曰 告公從은 以益志也라.

六四는 중용을 행하면 공에게 고하여 따르게 하리니 이에 의지해서 나라를 옮기는 것이 이롭나니라.

象에 이르기를 공에게 고하여 따르게 한다 함은 이로써 뜻을 더해 줌이라.

譯解 : 公에게 고한다면 반드시 긍정적이라 할 수 있다. 告한다고 하는 것은 군주나 혹은 이웃 나라에 보고할 일은 六三에서는 흉한 일에 한하였던 것이다. 그러나 여기서는 군주의 즉위식이나 결혼 등의 길한 일에만 알려주었으며 이웃 나라로부터 축하를 받고 선물을 받았다. 인심이 좋은 사람들은 많은 물건을 보내주었고 다만 중용의 덕이 있어야 한다는 조건이 붙었다. 새로이 나라를 옮기려면 이웃 나라에 의지하지 아니할 수 없다. 의지한다고 하는 것은 依를 말하는 것이다.

九五는 有孚惠心이라 勿問하여도 元吉하니 有孚하여 惠我德하리라.

象曰 有孚惠心이라 勿問之矣며 惠我德이 大得志也라.

九五는 믿음이 있고 은혜를 베풀려는 마음이 있음인지라 묻지 않아도 크게 길할 것이니 믿음이 있어서 내 덕을 고맙게 여기리라.

象에 이르기를 믿음이 있고 은혜를 베풀려는 마음이 있음인지라. 묻지 말것이며 내 덕을 고맙게 여긴다 함은 크게 뜻을 얻었음이라.

譯解 : 九五는 陽爻로 중용의 자리에 있으며 六二와 서로 응하고 있다. 지배자로서 성실하게 아랫사람들에게 은혜를 베풀면 묻지 않아도 크게 길한 것은 자명한 일이다. 그리하면 아랫사람들도 성의를 가지고 베푼 은혜를 고맙게 여길 것이다. "惠心"을 王弼은 물질이 아닌 마음으로 은혜를 베푼다고 해석하였고, 王夫之는 백성이 내 덕에 따른다고 해석하였다.

上九는 莫益之라 或擊之리니 立心勿恒이니 凶하니라.

象曰 莫益之는 偏辭也요 或擊之는 自外來也라.

上九는 더해주지 않는지라. 혹 쳐야 되리니 마음을 세우는 것이 떳떳치 못하니 흉하니라.

象에 이르기를 더해주지 않는다 함은 편벽된 말이요 혹 쳐야 된다 함은 밖으로부터 온 것이니라.

譯解 : 上九는 陽爻로 陰의 자리에 있으니 너무 이익만을 바라고 있으며 콧대가 세다보니 남에게 미움만을 사고 있는 형상이다. 이익만을 바란다면 올바른 마음가짐이 없기 때문에 흉한 결과가 생길 것이다.

☱ 澤天夬

夬는 揚于王庭이니 孚號有厲니라 告自邑이요 不利卽戎이니 利有攸往하니라.

夬는 조정에서 드날리니 성심으로 부르짖으니 위태로움이 있을지니라. 자기 고을에 고하고 군사를 일으키는 것은 이롭지 못하며 갈 데가 있으면 이롭나니라.

譯解 : 夬는 결단을 뜻한다. 陽이 왕성하여 陰을 몰아내는 것을 夬라 한

다. "卽戎"은 군대를 출동시키는 것을 뜻한다. 이 卦는 군자의 세력이 왕성하여 힘이 약한 소인을 제거하는 형상이다. 아무리 소인이라 하더라도 먼저 조정에서 그의 죄를 밝히는 것이 가장 중요한 조건이라고 본다. 그리고 성의를 다해서 여러 사람의 말을 듣고 소인의 죄를 다스리는 것이 옳은 일이다. 뜻밖에 변란을 대비해서 자신의 영토를 잘 다스려야 하고 무력을 행사해서는 안된다.

象曰 夬는 決也니 剛決柔也니 健而說하고 決而和하니라. 揚于王庭은 柔乘五剛也요 孚號有厲는 其危乃光也라. 告自邑不利卽戎은 所尙이 乃窮也요 利有攸往은 剛長이 乃終也리라.

象에 이르기를 夬는 決로서, 剛이 柔를 결단하는 것이니 건실하여 기뻐하고 결단하여 화목하니라. 조정에서 드날린다 하는 것은 柔가 다섯 강을 탔기 때문이요, 성심으로 부르짖으니 위태로움이 있다 함은 그 위태로움을 이에 빛낼 것이요, 자기 고을에 고하고 군사를 일으키는 것이 이롭지 않다 함은 숭상하는 바가 이에 궁함이요, 갈 데가 있으면 이롭다 함은 강이 자라서 이에 끝나기 때문이라.

譯解 : 下卦는 건실하다는 뜻이고, 上卦는 기뻐한다는 뜻이다. 건실하게 매진하여 사람을 시킨다. 그래서 끊을 때에 끊지만 원망을 사지 않는다. 柔爻가 다섯 剛爻의 위에 있다는 것은 소인이 많은 군자 위에 있음을 뜻하며 이것만으로도 그 죄를 용서할 수 없다. 소인을 처벌하려면 위험이 따르긴 하지만 군자의 도는 오히려 빛나게 된다. "所尙乃窮也"는 무력을 숭상하면 도리어 벽에 부딪치게 된다는 뜻이다. "剛長乃終也"는 陽爻가 變해서 陰卦가 된다. 그래서 강의 신장이 끝난다는 뜻이다.

象曰 澤上於天이 夬니 君子以하여 施祿及下하며 居德則忌하나니라.

象에 이르기를 못이 하늘 위에 있음이 夬니 군자는 이로써 녹을 베풀어 아랫사람에게 주며 덕에 있고 법을 꺼려 하나니라.

譯解 : 못이 하늘 위에 올라가면 제방이 끊어져 물이 쏟아지는 형상이다. 군자는 이를 거울삼아 아랫사람에게 덕을 베풀고 사리사욕을 억제한다는

뜻이다. 덕에 있으려면 상대에게 이득을 주는 것이 자부심을 갖게 한다. 녹은 군주의 손에서 아래로 내려주는데, 이는 하늘에서 내려주는 것이다. "居德則忌"를 魏 王弼은 덕에 몸을 맡기고 금하는 일을 밝힌다고 해석하였다.

初九는 壯于前趾니 往하여 不勝이면 爲咎리라.
象曰 不勝而往은 咎也라.

初九는 발이 앞으로 씩씩하게 나가니 가서 이기지 못하면 허물이 되리라.
象에 이르기를 이기지 못하면서 가는 것은 허물이 되리라.

譯解: 初九는 강한 자리에 陽이 있으니 뜻은 씩씩하지만 승리할 가망이 없으며 소인을 없애려는 때에 패배하는 것을 용서하지 못한다. 갈 때에는 반드시 일으키려는 계책을 세우지 않으면 안된다.

九二는 惕號니 莫夜에 有戎이라도 勿恤이로다.
象曰 有戎勿恤은 得中道也일세라.

九二는 두려워서 부르짖으니 깊은 밤에 전쟁이 있다 하더라도 근심하지 말지로다.
象에 이르기를 전쟁이 있을지라도 근심하지 말라 함은 중용의 자리를 얻었기 때문이다.

譯解: 九二는 소인의 죄를 다스리는 때에 강한 힘을 가지고 있으나 유연한 자리에 있기 때문에 밀어붙이는 행동은 아니할 것이다. 그리고 중용의 자리에서 적의 습격을 경계하고 있으며 깊은 밤에 적병의 습격을 받아도 패할 염려는 없다.

九三은 壯于頄하여 有凶코 君子는 夬夬라 獨行遇雨니 若濡有慍①이면 无咎리라.
象曰 君子는 夬夬라 終无咎也니라.

九三은 씩씩함이 관골에 나타나서 흉함이 있고 군자는 과단성이 있는지라 혼자서 가다 비를 만나니 젖은 것 같아서 노여움이 있지만 허물이 없으리라.
象에 이르기를 군자는 과단성이 있는지라 마침내 허물이 없나니라.

譯解 : 九三은 강한 陽으로 강한 자리에 있으니 지나치게 강하다. 그래서 소인을 없애려는 씩씩한 모습이 얼굴에 나타나 있다. 그런데 많은 군자들 가운데 九三만이 홀로 올라가서 上六의 소인과 화합하려는 것처럼 보이는 것은 변명에 여지가 없다. 그러나 비를 만나서 옷이 젖은 것은 음양 화합으로 군자의 불만스러운 표정을 읽을 수가 있다. 九三의 정체는 어디까지나 결연히 군자의 결심을 가지고 있으며 소인을 퇴치할 뜻을 가지고 있기 때문에 허물이 없다.
① 慍(성낼 온)

九四는 臀①无膚나 其行次且니 牽羊하면 悔亡하련마는 聞言하여도 不信이로다.

象曰 其行次且는 位不當也요 聞言不信은 聰不明也라.

九四는 볼기에 살이 없으며 가는 것이 더디니 양을 끌고 가면 뉘우침이 없으련마는 말을 듣고도 믿지 아니하도다.

象에 이르기를 가는 것이 더디다 함은 자리가 마땅치 아니함이요, 말을 듣고도 믿지 아니함은 귀가 밝지 아니하기 때문이라.

譯解 : 九四는 陽이 陰의 자리에 있으니 부정하다. 느낌이 좋지 않아서 침착성이 없으며 궁둥이에 피부가 벗겨져서 앉아 있을 수 없고 어색한 모양으로는 나갈 수가 없다. 양을 끌고 가는 비결은 자유스럽게 걸어가게 하고 뒤에서 따라가면 가지만 앞서가면 나가지 아니한다. 다른 陽爻의 선두에 서면 후회하고 궁지에 빠질 것이다. 陽爻의 나가는 뒤를 따라가면 뉘우침이 없어질 것이니 陽이 陰을 결단내는 때인지라 어떠한 방법으로 맹진하는 가의 주의를 듣고도 믿지 아니한다.
① 臀(볼기 둔)

九五는 莧陸夬夬면 中行에 无咎리라.

象曰 中行无咎나 中未光也라.

九五는 자리공처럼 부러지면 중용을 행함에 허물이 없으리라.

象에 이르기를 중용을 행하되 허물이 없다 하지만 중용이 빛나지 않기 때문이다.

譯解 : "莧陸"은 자리공과에 속하는 다년초 식물로서 약하고 습한 풀이다. 九五는 강한 양의 자리에서 陰을 결단내고 이 卦에 주체가 된다. 그러나 上六의 陰과 밀접한 관계에 있다. 九五의 陽爻가 중용의 자리에서 上六 소인을 결단내고 있는 가운데 중용의 덕을 잃지 않고 지나친 폭력을 행사하지 않으면 허물은 없다. 九五와 上六은 이웃하고 있으니 이상을 말한다면 성의에 의해서 감화되는 것이며 힘으로 이것을 결단낸다.

上六은 无號니 終有凶하니라.
象曰 无號之凶은 終不可長也니라.

上六은 부르짖으나 대답이 없으니 마침내 흉함이 있나니라.
象에 이르기를 부르짖으나 대답이 없으니 흉하다 하는 것은 마침내 길지 못하니라.

譯解 : 上六은 陰爻로서 소인이다. 군자가 소인을 밀고 나가는 卦이며 막다른 지경에 몰아 넣는다. 큰 소리로 부르짖으나 대답할 동료는 한 사람도 없다. 마침내 흉한 운이 있을 뿐이다. 소인이 군자의 위에 있는 것은 그 운명이 길 수 없음을 뜻한다.

䷫ 天風姤

姤는 女壯이니 勿用取女니라.

姤는 여자가 씩씩하니 그런 여자에게 장가들지 말지니라.

譯解 : 姤는 만난다는 뜻이다. 약속이 없는데도 뜻밖에 마주치는 그런 형상이다. 별안간 一陰이 나타나서 姤가 되고 돌연히 만나는 뜻이 있기 때문에 姤라 이름하였다. 한 여자가 다섯 남자를 만나는 것은 부정한 일이라 할 수 있다. 그리고 여자로서 심히 씩씩하다고 할 수 있지만 이런 여자를 아내로 맞이한다면 남편으로서는 이로움이 없을 것이다.

彖曰 姤는 遇也니 柔遇剛也라 勿用取女는 不可與長也일세라 天地相遇하니 品物이 咸章也요 剛遇中正하니 天下에 大行也니 姤之時義大矣哉라.

　彖에 이르기를 姤는 만나는 것이니 柔가 剛을 만나는 것이라. 그런 여자에게 장가들지 말라 함은 오래 함께 살 수 없기 때문이라. 하늘과 땅이 서로 만나니 만물이 모두 빛남이요 剛이 中正을 만나서 천하에 크게 행하여지니 姤의 때와 義가 크기도 하여라.

　譯解：一陰이 생하여 五陽을 만나는 卦이기 때문에 姤라 이름하였다. 여자에게 장가드는 것은 본래 여자와 더불어 오랫동안 감정을 보전하기 위함이다. 姤라 하여 전부 나쁜 뜻만이 있는 것은 아니다. 陰이 비로소 생기고 陽을 만나는 뜻을 표현한 것이다. 그리고 하늘과 땅의 음양이 서로 합하지 않으면 모든 만물이 생길 수 없다. 그래서 모든 종류의 물질이 뚜렷하게 저마다의 모습을 나타내고 있다(程子의 說).

象曰 天下有風이 姤니 后以하여 施命誥四方하나니라.

　象에 이르기를 하늘 아래 바람이 부는 것이 姤니 임금은 이로써 명령을 내려 사방에 알리나니라.

　譯解：하늘 아래에서 바람이 부는 것이 姤卦를 상징한 것이다. 바람이 널리 걸쳐서 불고 있으며 물질이 여기서 만나지 아니할 수 없다. 임금은 명령을 시행하고 사방에 널리 알린다. 姤卦는 본래 부정한 卦이지만 象傳에서는 좋은 해석을 내리고 있음은 성인은 고정적인 생각을 버리고 나쁜 때라 하더라도 좋은 방법을 제시하고 있는 것이다.

初六은 繫于金柅면 貞이 吉코 有攸往이면 見凶하리니 羸^①豕孚蹢^②躅^③하니라.
象曰 繫于金柅는 柔道牽也라.

　初六은 쇠로 만든 멈춤대에 매여 있으면 바르게 함이 길하고 가는 바 있으면 흉한 것을 볼 것이니 여윈 돼지가 사로 잡히어 깡충깡충 뛰나니라.

　象에 이르기를 쇠로 만든 멈춤대에 매여있다 함은 유의 도가 끌리기 때문이다.

譯解 : "金柅"는 쇠로 만든 수레를 정지시키는 멈춤대를 뜻한다. 初六은 陽의 아래에 비로소 생기는 陰을 가리킨 것이다. 이 陰을 정지시키면 소인의 세력을 막을 수 있는 것은 쇠로 만든 멈춤대로 정지시킨 것을 상징하고 있다. 만일 初六의 행동을 막지 못하면 소인이 왕성하여 군자를 해칠 것이다(王夫之說). 그래서 "有攸往見凶"이라 표상하였다. 그러나 소인은 움직이지 않고 있는 것이 아니고 여윈 돼지가 깡충 깡충 뛰고 있는 것처럼 틈만 있으면 나가려고 한다. 군자는 이를 깊이 경계하고 방지해야 할 것이다.
① 羸(약할 이), ② 蹢(머뭇거릴 척), ③ 躅(머물거릴 촉)

九二는 包有魚면 无咎리니 不利賓하니라.
象曰 包有魚는 義不及賓也라.

九二는 짚꾸러미 속에 생선이 있으면 허물이 없으리니 손님에게는 이롭지 아니하니라.

象에 이르기를 짚꾸러미 속에 생선이 있다 함은 의리로 보아 손님에게 미치지 못하게 하니라.

譯解 : "包"는 억새풀로 싼다는 뜻이다. 九二가 初六과 밀접한 관계에 놓여 있는 것은 初六과 만났기 때문이다. 初六은 九四와 서로 적응하고 있지만 姤卦에 있어서는 적응하는 것보다는 만나는 것을 중요시하고 있다. 九二의 陽은 初六의 陰을 밀어넣어 움직이지 못하게 하는 것을 마치 억새풀에 싼 생선처럼 보이게 한다. 그리고 다른 陽에게 初六을 만나게 하면 소인의 해로움이 널리 퍼질 우려가 있기 때문에 이를 막으려고 한 것이다. 그래서 象에 "義不及賓也"라 하였던 것이다.

九三은 臀无膚나 其行次且니 厲하면 无大咎리라.
象曰 其行次且는 行未牽也라.

九三은 볼기에 살이 없어서 그 가는 것이 더디니 위태롭지만 큰 허물은 없으리라.

象에 이르기를 그 가는 것이 더디다 함은 가는 것을 끌지 못함이라.

譯解 : 九三은 陽爻로 양의 자리에 있으니 너무 지나칠 정도이고 중용을 벗어났으니 중용의 덕이 없다. 아래의 初六은 이미 九二와 만나고 있으니

만날 수가 없다. 上九는 陽으로 서로 응하기 어렵고 위치가 불안정하며 볼기에 살이 벗겨져서 앉을 수가 없다. 소인이 상처를 입지 않도록 마음을 쓰고 있으며 위태로움이 있다 하더라도 허물을 탓할 수 없다.

九四는 包无魚니 起凶하니라.
象曰 无魚之凶은 遠民也일세라.

九四는 짚꾸러미 속에 생선이 없으니 흉한 일이 일어나니라.
象에 이르기를 생선이 없으니 흉하다 함은 백성을 멀리 했기 때문이다.

譯解 : 初六은 九二의 제지에 의하여 올라오지 않고 있다. 九四에 생선이 없다고 하는 것은 백성의 마음이 멀리 떨어지고 있다. 그러한 결과를 불러온 것은 백성과 거리가 멀어진 탓이다. 다만 너그럽게 감싸지 못하여 짚꾸러미에 생선이 없다고 표현하고 있다. 그리고 백성의 마음이 벌어진 것은 막을 길이 없다. "凶起"를 흉한 일이 일어난다고 한 것은 象傳에 "凶"字가 본래대로 爻辭에 나타나 있다.

九五는 以杞包瓜니 含章이면 有隕①自天이니라.
象曰 九五含章은 中正也요 有隕自天은 志不舍命也라.

九五는 산버들로 외를 싸니 아름다운 맛이 있으면 하늘에서 떨어지는 것이 있으리라.
象에 이르기를 九五의 아름다운 맛이 있다 함은 중정을 얻었기 때문이요, 하늘에서 떨어지는 것이 있다 함은 뜻이 천명을 버리지 않았기 때문이다.

譯解 : 九五는 강한 양으로 중정의 자리에서 卦의 주체가 되고 있다. 아래 初六이 생긴다 하더라도 두려워 할 필요를 느끼지 않는다. 가득한 九五의 덕과 힘으로 初六의 소인이 일으키는 일을 방지할 수 있으며 소인과 군자가 서로 비슷한 것은 시운이 그러하였기 때문이다. 九五가 교만하지 않고 자신의 아름다운 덕을 감추고 陰의 성장을 한번에 역전시킬 수 있는 것은 하늘이 나를 도와준 것이며 홀연히 생각 밖의 일이 생긴 것이다.

① 隕(떨어진 운)

上九는 姤其角이라 吝하니 无咎니라.
象曰 姤其角은 上窮하여 吝也라.

上九는 그 뿔에서 만나는지라. 부끄럽지만 허물이 없으리라.
象에 이르기를 그 뿔에서 만난다 함은 위에서 궁하여 부끄러운 일이다.

譯解 : 上九는 卦의 윗자리에 있으니 뿔처럼 강한 것이다. 그리고 자신으로부터 고립되어 있으며 陰과 陽이 만나는 때라고 하지만 初六의 陰과 만나려니 너무 멀어서 완고한 성질을 꺾지 못한다. 陰을 만나지 못한다고 하는 것은 소인과 접촉하지 않고 있으니 편협한 성격으로 부끄러운 일이나 악에 물들지 않았기 때문에 허물은 없다.

䷬ 澤 地 萃

萃는 王假有廟니 利見大人하니 亨하니 利貞하니라.
用大牲이 吉하니 利有攸往하니라.

萃는 왕이 종묘에 이르니 대인을 만나는 것이 이롭고 형통하니 바르게 해야 이롭나니라. 큰 희생을 씀이 길하니 갈 데가 있으면 이롭나니라.

譯解 : 이 卦는 아래에는 坤과 유순한 뜻을 가지고 있으며, 上卦의 兌는 기뻐서 따르는 것, 즉 모이는 것을 뜻한다. 그리고 땅 위에 물이 모여서 연못이 된다. 九五의 中正과 六二의 中正이 모여서 萃라고 이름하였는데, 이는 만물이 모이는 것을 상징하고 있다. 萃卦에 종묘에 제사지내는 유래는 무엇일까? 종묘는 선조의 신령이 모이는 장소이며 또한 자손들이 자기의 정신을 집중시키는 곳이다. 그리고 선조의 영혼과 하나가 되는 계기가 되며 훌륭한 사람을 만나면 이롭고 모든 사람이 모여서 평온하지 않으면 혼란이 온다. 그래서 평온을 가져올 수 있는 훌륭한 사람이 나타나기를 바라고 있다. 모이는 것이 부정하면 원하는 것이 통하지 않고 재물이 모이는 것이 부정하면 금방 흩어질 것이다. 종묘에서 제사지낼 때에 소의 희생을 바친다는 뜻은 아래 坤卦에 소를 상징하고 있기 때문이다. 물질이 풍부하

고 민심이 보이는 때에 적극적으로 사업을 일으켜 나가는 것이 이로울 것이다.

 象曰 萃는 聚也니 順而說하고 剛中而應이라 故로 聚也니라. 王假有廟는 致孝享也요 利見大人亨은 聚以正也일세라. 用大牲吉利有攸往은 順天命也니 觀其所聚而天地萬物之情을 可見矣리라.

 象에 이르기를 萃는 모이는 것이니 순종하여 기쁘게 하고 剛이 중용에 있어 응함이라. 그러므로 모이는 것이니라. 왕이 종묘에 이른다 함은 효성을 다하여 제사 지내는 것이요, 훌륭한 사람을 보는 것이 이롭고 형통하다 함은 모이되 바르게 함이요, 큰 희생을 씀이 길하고 갈 데가 있으면 이롭다 함은 천명을 따르기 때문이니 그 모이는 바를 보면 천지만물의 뜻을 볼 수 있으리라.

譯解 : 王者가 종묘에 이르러 孝心을 가지고 선조에게 바치는 물건을 뜻하며 훌륭한 사람을 만나면 이롭다고 하였다. 큰 희생을 바치는 것이 길하다고 하는 것은 풍부한 물질이 모이고 힘을 다할 때에 예절을 갖추는 것이 당연한 이치이며 하늘의 명에 따르는 것이다. 천지의 모든 물질이 음양의 기가 모여서 이루어지는 것이며 이러한 이치를 관찰하면 천지만물의 비밀을 손에 잡은 것처럼 알 수 있다.

 象曰 澤上於地萃니 君子以하여 除戎器하여 戒不虞하나니라.

 象에 이르기를 못이 땅 위에 있는 것이 萃니 군자 이로써 병기를 손질하여 뜻하지 아니한 변을 경계하나니라.

譯解 : "戎器"는 병기, "除"는 청소 또는 손질을 뜻한다. "不虞"는 예측하지 아니한 일을 뜻함. "澤"이란 물이 모여서 연못이 된다는 뜻으로 모든 물건이 많이 모이게 되면 뜻하지 않은 일이 일어나게 됨을 상징한다. 그래서 군자는 병기를 손질하고 뜻밖의 변을 대비한다.

 初六은 有孚나 不終이면 乃亂乃萃할세 若號하며 一握爲笑하리니 勿恤코 往하면 无咎리라.

象曰 乃亂乃萃는 其志亂也일세라.

初六은 성실함이 있으나 끝나지 아니하면 어지럽기도 하고 모이기도 할세 만약 울부짖으면 손을 잡고 웃게 될 것이니, 근심하지 말고 가면 허물이 없으리라.

象에 이르기를 어지럽기도 모이기도 한다 함은 그 뜻이 어지럽기 때문이다.

譯解 : 初六의 陰은 九四의 陽과 서로 응하고 있다. 初六의 본심은 九四와 합하고 싶었지만 중간의 六二와 六三이 初六을 억지로 끌어내고 九四와의 합하려는 것을 방해하고 있다. 初六은 九四와의 약속을 지키기 위하여 정성을 다하였다. 그리고 지조를 지키려고 노력하였지만 그리 쉬운 일만은 아니었다. 그러나 九四가 우연히 듣고서 손길을 뻗쳐서 손을 마주 잡았다. 그래서 먼저의 눈물이 웃음으로 변하여 염려할 일이 없어졌다.

六二는 引하면 吉하여 无咎하리니 孚乃利用禴이니라.
象曰 引吉无咎는 中하여 未變也일세라.

六二는 이끌고 가면 길하여 허물이 없으리니 믿음이 있으면 간소하게 제사 드리는 것이 이로우니라.

象에 이르기를 이끌고 가면 길하여 허물이 없다 함은 중용에 있어 변치 않기 때문이다.

譯解 : "禴"은 殷나라의 봄 제사, 周나라의 여름 제사를 뜻한다. 六二와 九五는 서로 적응하고 있으나 거리가 멀고 陰爻의 여럿 사이에 섞여 있으니 九五가 이끌어 주지 않으면 모일 수가 없다. 六二는 중용의 자리에서 유순하고 九五는 중용의 자리에서 강건하게 서로 적응하고 있다. 그리고 사람은 虛心하게 제사를 지내고 神은 성실하게 대답할 것이다. 그래서 믿음을 가지고 간소하게 제사 지내면 이롭다고 하였다(程子 王夫之).

六三은 萃如嗟如라 无攸利하니 往하면 无咎어니와 小吝하리라.
象曰 往无咎는 上이 巽也일세라.

六三은 모이는 듯하고 한숨짓는지라. 이로울 것이 없으니 가면 허물이 없거니와 조금은 부끄러우리라.

象에 이르기를 가면 허물이 없다 함은 위가 유순하기 때문이라.

譯解 : 六三은 陰으로서 陽의 자리에 있으니 부정하고 위에 응이 없다. 위에 九四는 初六과 응하고 있으므로 갈 곳이 없다. 六三은 상대가 없기 때문에 한숨짓고 있으나 다만 上六을 찾아가면 유순하게 받아줄 것이다 (象傳).

九四는 大吉이라야 无咎리라.
象曰 大吉无咎는 位不當也라.

九四는 크게 길해야 허물이 없으리라.
象에 이르기를 크게 길해야 허물이 없다 하는 것은 자리가 마땅치 않기 때문이라.

譯解 : 九四는 陽이 陰의 자리에 있으니 부정한 것이다. 九五의 군주와 밀접해 있고 아래 세 陰爻와는 친근한 관계로 백성의 마음을 움직일 수 있는 처지에 있다. 그래서 덕은 없지만 크게 길하다는 결과를 얻게 될 것이며 허물을 면할 것이다. 그래서 易의 倫理는 행위에 결과를 문제 삼지 않고 있다.

九五는 萃有位코 无咎하니 匪孚어든 元永貞이면 悔亡하리라.
象曰 萃有位는 志未光也일세라.

九五는 여러 사람이 모이는 데는 자리가 있고 허물이 없으리니 믿지 않거든 크게 오래도록 바르게 하면 뉘우침이 없으리라.
象에 이르기를 여러 사람이 모이는데 자리가 있다 함은 뜻이 빛나지 않기 때문이다.

譯解 : 九五는 강한 양효가 중용의 자리에 있으며 덕으로 다스리니 천하의 백성이 모여들고 있다. 만일 여러 사람이 믿지 않더라도 자기의 마음가짐을 영구히 선하게 한다면 뉘우침을 미연에 방지할 것이다. 그리고 세상의 사람들이 우러러 믿고 따른다 하더라도 만일 믿음을 얻지 못한다면 자기의 덕을 닦으라고 경계하고 있다.

上六는 齎^①咨^②涕^③洟^④니 无咎리라.

象曰 齎咨涕洟는 未安上也라.

上六은 슬퍼하여 눈물이 흐르니 허물이 없으리라.

象에 이르기를 슬퍼하여 눈물을 흘린다 함은 윗자리에서 편안치 않기 때문이다.

譯解 : 齎咨는 한숨짓고 탄식하는 모습이다. "涕洟"는 눈물 콧물을 뜻한다. 上六은 유약하여 따라오는 사람이 없어서 탄식하며 눈물을 흘리는 형상이다. 그리고 외로운 자리에 있기 때문에 언제나 마음이 불안하다. 외로움을 반성한다면 허물이 없을 것이다.

① 齎(아 재), ② 咨(탄식할 자), ③ 涕(눈물 체), ④ 洟(콧물 이)

䷭ 地 風 升

升은 元亨하니 用見大人하되 勿恤코 南征하면 吉하리라.

升은 크게 형통하니 훌륭한 사람을 만나보되 근심하지 말고 앞으로 가면 길하리라.

譯解 : 內卦는 겸손하고 外卦는 순종하여 올라가는 데 있어서 누구도 방해할 수 없다. 九二의 강한 爻가 內卦에서 중용의 자리를 얻고 있으며 六五와 응하고 있기 때문에 크게 형통하다고 하였다. 그리고 훌륭한 사람을 만난다면 아무런 근심도 없으려니와 사람으로서의 올바른 행동을 지켜야 할 것이다. 계급에 의하여 올라가려면 군주를 만나야 하고 도덕적인 문제로 올라가려면 성현을 만나야 된다. 그런데 남쪽을 향하는 것은 사람들이 자연적으로 그렇게 되는 것을 말한다.

象曰 柔以時升하여 巽而順하고 剛中而應이라 是以大亨하니라. 用見大人勿恤은 有慶也요 南征吉은 志行也라.

象에 이르기를 柔가 때로 올라가서 겸손하여 순종하고 剛이 중용의 자리에서 응하는지라. 이로써 크게 형통하니라. 훌륭한 사람을 만나되 근심하지 말라 함은 경사가 있음이요, 앞으로 가면 길하다 함은 뜻대로 행함이라.

譯解 : 六三의 柔가 때에 따라서 올라가는 것을 보고서 升卦라 이름하였다. 上下 卦의 전체를 눈여겨 보아도 탓할 곳이 없다. 그래서 훌륭한 사람을 만나면 염려할 일이 없고 남쪽으로 가면 길하다고 하였다.

象曰 地中生木이 升이니 君子以하여 順德하여 積小以高大하나니라.

象에 이르기를 땅 속에서 나무가 나는 것이 升이니 군자 이로써 덕을 순종하여 적은 것을 쌓아서 높고 크게 하나니라.

譯解 : 이 卦는 땅 속에서 나무가 나는 형상이다. 하루라도 성장이 멈추게 되면 나무는 말라 죽고 사람이 학문을 하루라도 쉰다면 마음이 죽을 것이니 군자는 이를 본받아 덕을 삼가고 적은 일이라도 날마다 실천에 옮기고 있다.

初六은 允升이니 大吉하니라.
象曰 允升大吉은 上合志也라.

初六은 성실한 마음으로 올라감이니 크게 길하니라.
象에 이르기를 성실하게 올라감이니 크게 길하다 함은 위와 뜻이 합하기 때문이다.

譯解 : "允"은 성실하다, 믿다라는 뜻이다. 初六은 맨 밑에 있으며 올라갈 때이지만 온순한 성격을 가진 初六은 혼자서 올라가지 못한다. 바로 위에 있는 九二 九三을 따라서 올라가면 순조롭게 따라갈 수 있다. 그래서 "上合志也"라 하였다.

九二는 孚乃利用禴이니 无咎리라.
象曰 九二之孚는 有喜也라.

九二는 성실함이 있으면 간소하게 제사를 지내는 것이 이로울지니 허물이 없으리라.

象에 이르기를 九二의 성실함은 기쁨이 있으리라.

譯解 : 九五와 九二는 중용의 자리에서 유순한 덕을 가지고 있다. 신과 사람이 감응하는 것처럼 간소한 제사를 지낸다는 뜻이다.

九三은 升虛邑이로다.
象曰 升虛邑은 无所疑也라.

九三은 빈 고을로 올라감이로다.
象에 이르기를 빈 고을로 올라간다 함은 장애물이 없음이라.

譯解 : "虛邑"은 사람이 없는 마을이다. 陽爻는 중이 실하지만 陰은 중이 허하다. 上卦는 坤이니 땅이요 下卦는 巽이니 겸손하다. 九三의 전방에는 빈고을이라 아무런 방해도 받지 않고 위로 올라갈 수 있다. "疑"는 장애물로 해석한다.

六四는 王用亨于岐山이면 吉코 无咎하리라.
象曰 王用亨于岐山은 順事也라.

六四는 왕이 岐山에서 제사 지내면 길하고 허물이 없으리라.
象에 이르기를 왕이 기산에서 제사 지낸다 함은 일에 순종함이라.

譯解 : 周의 文王이 오랑캐의 압박을 피해서 기산에 옮겨 살았다는 古事를 말한 것이다. 六四의 자리는 경대부의 자리이고 왕의 호칭을 부를 수 없다. 고대 중국에서는 왕은 하늘과 땅에 제사지내고 경대부는 산천을 제사지내는 풍습이 있었다고 한다. 六四는 유순한 자리에서 순조롭게 올라갈 수 있다.

六五는 貞이라야 吉하리니 升階로다.
象曰 貞吉升階는 大得志也라.

六五는 바르게 해야 길하리니 층계에 오르도다.
象에 이르기를 바르게 해야 길하리니 층계에 오른다 함은 크게 뜻을 얻었음이라.

譯解 : "階"는 층계 또는 계급으로 통한다. 六五는 陰이 陽의 자리에 있으

니 부정하지만 중용의 자리에 있기 때문에 아래 九二와 응하고 있다. 유능한 신하의 도움을 받아서 군주의 자리에 오르게 된 것은 바른길을 굳게 지켰기 때문이다.

上六은 冥升이니 利于不息之貞하니라.
象曰 冥升在上하니 消不富也라.

上六은 어두운데 오르니 쉬지 않고 바르게 하면 이롭나니라.
象에 이르기를 어두운데 오르는 것이 위에 있으니 흩어져서 富하지 않도다.

譯解 : "冥"은 어둡다, "不息"은 쉬지 않는다는 뜻이다. 上六은 陰爻로서 힘이 약하고 올라가려는 데 조급해서 눈이 어두워진다. 이와 같이 맨 윗자리에서 어두운 상태에 있으니 심하게 소모가 있을 뿐이고 富할 수는 없다.

䷮ 澤 水 困

困은 亨코 貞하니 大人이라야 吉코 无咎하니 有言不信이로다.

困은 트이고 바르게 하니 훌륭한 사람이라야 길하고 허물이 없다. 말이 있으나 믿지 아니하리라.

譯解 : "困"은 곤궁함과 괴로움을 뜻한다. 下卦 坎은 陽이요 上卦 兌는 陰이니 陽이 陰에 가려져 있다. 즉 군자가 소인에게 가려져 있는 형상이다. 九二의 陽爻는 初六과 六三에 가리워져 있고 九五의 陽爻는 上六의 陰爻에 가려져 있다. 군자가 소인에게 가려지고 있는 것을 困이라 이름하였다. 下卦는 험하고 上卦는 기뻐하는 형상으로 자신은 곤궁한 가운데 있지만 가는 길은 즐거움에 빠져 있다. 곤궁한 가운데 살고 있지만 자신의 이상을 트이게 하는 것은 바른길을 굳게 지키고 있기 때문이다. 그러나 마음씨가 부정한 소인에게는 불가능한 일이지만 훌륭한 사람에게 있어서는 가능한 일이다. 괴로운 가운데 바른길을 지키는 것은 훌륭한 사람의 태도로서 길한 일이다. 곤궁한 때에 유창한 언변을 토하여도 믿지 않고 있다.

彖曰 困은 剛揜①也니 險以說하여 困而不失其所亨하니 其唯君子乎저 貞大人吉은 以剛中也요 有言不信은 尙口乃窮也라.

彖에 이르기를 困은 강이 가려져 있으니 험하나 기뻐한다. 困하나 그 트이는 바를 잃지 않으니 그 오직 군자뿐인지라 바르게 하면 훌륭한 사람이 길하다 함은 강이 가운데 있음이요, 말이 있으나 믿지 않는다 함은 입만 숭상하면 더욱 곤궁함이라.

譯解 : 困이란 陽이 陰에 가려져 있어서 卦의 형상이 괴로움을 드러내고 있는 것이다. 험한 가운데 기뻐하고 괴로워하면서 자신의 흡족한 즐거움을 잃지 않고 있다. 九二와 九五의 강한 爻가 중용의 자리에서 의연하게 바른 길을 잃지 않고 있다. 곤궁한 사람이 어떠한 말을 해도 사람들이 믿어주지 아니한다. 그리고 곤궁에서 벗어나려 하지만 더욱 더 궁지에 빠지는 것을 경계하고 있다.

① 揜(손으로가릴 엄)

象曰 澤无水困이니 君子以하여 致命遂志하나니라.

象에 이르기를 못에 물이 없는 것이 困이니 군자 이로써 목숨을 바쳐 뜻을 이루나니라.

譯解 : 上卦는 못이요, 下卦는 물이니 못의 물이 밑으로 스며들어 못이 말라버린 형상으로 困이라 이름하였다. 군자는 곤궁할 때에 자신의 목숨을 바쳐 이상을 달성하였다.

初六은 臀困于株木이라 入于幽谷하여 三歲라도 不覿①이로다.
象曰 入于幽谷은 幽不明也라.

初六은 궁둥이가 나무 그루터기에 걸려서 괴로와함이니 어두운 골짜기로 들어가서 삼년동안 보이지 아니함이로다.
象에 이르기를 어두운 골짜기로 들어간다 함은 어두워서 밝지 못함이라.

譯解 : "株木"은 나무그루터기, "幽谷"은 깊은 골짜기를 뜻한다. 初六은 陽의 자리에 陰이 있으니 부정하고 소인으로서 곤궁한 때에 맨 밑에 있으니 나무그루터기에 궁둥이를 붙이고 있는 형상이다. 初六의 몸이 안주할 곳은

괴롭고 깊은 골짜기로 이곳에 숨어 들어가 3년동안 보이지 않고 있다.
① 覿(보일 적)

　　九二는 困于酒食이나 朱紱①이 方來리니 利用亨祀니 征이면
凶하니 无咎리라.
　　象曰 困于酒食은 中이라 有慶也리라.

　　九二는 술과 밥을 먹기 괴로우나 붉은 인끈을 찬 임금이 바야흐로 오리니 제사를 지내는 것이 이로울지니 그대로 가면 흉하나 허물은 없으리라.
　　象에 이르기를 술과 밥을 먹기 괴로워 함은 중용의 자리에 있기 때문이니 경사가 있으리라.

　譯解 : 朱紱은 붉은 이끈을 말함. 九二는 강한 爻가 중앙의 자리에서 훌륭한 신분을 가지고 있다. 부족해서 괴로워하는 것이 아니고 남아 돌아서 괴로워하는 것이다. 또한 술을 맛있게 마시지 않는다고 꾸짖어 괴로워하는 형상이며 붉은 인끈을 드리우고 이제 오고 있다. 참으로 희망이 아니고 높은 지위로 밀어 붙이고 있다.
① 紱(인끈 불)

　　六三은 困于石하여 據于蒺藜라 入于其宮이라도 不見其妻니
凶하도다.
　　象曰 據于蒺藜는 乘剛也일세라 入于其宮不其見妻는 不祥
也라.

　　六三은 돌에 막혀서 괴로움을 당하여 찔레에 몸을 의지함이라. 그 집에 들어갈지라도 그 아내가 보이지 않으니 흉하도다.
　　象에 이르기를 찔레에 몸을 의지함은 剛을 탔기 때문이요, 그 집에 들어갈지라도 그 아내가 보이지 아니함은 상서롭지 못함이라.

　譯解 : 六三은 陰이 陽의 자리에 있으니 소인이면서 부정하여 그 지위에 안정을 얻지 못하고 있다. 전진하려 하지만 앞에는 九四의 큰 돌이 가로막고 있으며 뒤로 물러서려면 九二의 강한 陽을 탔기 때문에 가시밭 길에 들어선 형상이니 괴로울 따름이다. 어쩔 수 없어서 집으로 돌아가니 집에 있

는 아내는 보이지 않고 나의 집은 三의 자리인지라 머무를 수 없다. 집에 들어가니 아내가 보이지 않는 것은 몸둘 곳이 없음이라 상서롭지 못한 일이다.

九四는 來徐徐는 困于金車일지니 吝하나 有終이리라.
象曰 來徐徐는 志在下也니 雖不當位나 有與也니라.

九四는 천천히 오는 것은 쇠수레에 괴로움을 당하는 것으로 부끄럽지만 끝이 있으리라.

象에 이르기를 천천히 오는 것은 뜻이 아래에 있으니 비록 자리가 마땅치 아니하나 함께 있음이라.

譯解 : 九四는 陽이 陰의 자리에 있으니 부정하다. 初六이 깊은 골짜기에서 괴로워하고 있으나 九四는 부정하고 힘이 약하여 사람을 구해내지 못한다. 아래 九二는 쇠로 만든 수레인지라 도중에서 장애물이 되지만 물리치지 못하고 있다. 그러나 바르지 못한 것은 바른 것을 범하지 못하기 때문에 마침내 장애물을 제거하고 서로 만나게 된다.

九五는 劓刖이니 困于赤紱하나 乃徐有說하리니 利用祭祀니라.
象曰 劓刖은 志未得也요 乃徐有說은 以中直也요 利用祭祀는 受福也라.

九五는 코를 베이고 다리를 베이나 붉은 인끈을 가진 사람에게 괴로움을 당하니 이에 천천히 기쁨이 있으리니 제사를 지내는 것이 이롭나니라.

象에 이르기를 코를 베이고 다리를 베인 것은 뜻을 얻지 못함이요 이에 천천히 기쁨이 있다 함은 中에 있음으로써 곧기 때문이요, 제사를 지내는 것이 이롭다 함은 복을 받음이라.

譯解 : 赤紱은 인끈(印綬), 朱色은 天子, 赤色은 諸侯를 뜻한다. 九五는 上六에게 코를 베이고 아래 六三에 다리를 베이는 고문을 당하고 있다. 그러나 군자는 소인에게 어려운 고문을 받으면서도 괴로워하지 않고 도리어 소인에게서 붉은 인끈을 드리우고 높은 벼슬자리에 오르게 되는 것을 괴로워한다. 九五는 兌의 일부분으로 기쁨의 덕이 있고 오랜시간에 걸쳐 기쁨의 결과를 가져온다. "困于赤紱"을 九四의 신하가 반란을 일으켜 괴로와한다

고 해석했다(朱子의 說). 二와 五가 응하지 아니할지라도 서로 성의를 다하는 점이 神과 사람의 관계와 비슷하다고 하였다.

上六은 因于葛藟①와 于臲②卼③이니 曰動悔라 하여 有悔면 征하여 吉하리라.

象曰 因于葛藟는 未當也요 動悔有悔는 吉行也라.

上六은 칡 덩굴의 위태로운 데서 괴로움을 당함이니 움직이면 뉘우친다 하여 뉘우침이 있으면 가야만 길하리라.

象에 이르기를 칡덩굴에 괴로움을 당함은 마땅치 않기 때문이요, 움직이면 뉘우침이 있는데 뉘우침이 있다 함은 길한 데로 가는 것이다.

譯解: 上六은 陰爻로 강한 九五의 윗자리에 있으니 위태로운 자리라 할 수 있다. 그래서 칡덩굴에 얽매여 벗어나지 못하는 형상이다. 그러나 上六이 앞으로 나가면 괴로움을 벗어날 수 있다고 象傳에서 吉行也라 하였다.
① 藟(덩굴 류), ② 臲(위태할 얼), ③ 卼(위태할 올)

䷯ 水 風 井

井은 改邑하되 不改井이니 无喪无得하며 往來井井하니라. 汔至亦未繘井이니 羸其瓶이면 凶하니라.

井은 고을은 고치되 우물은 고치지 못함이니 잃은 것도 없고 얻은 것도 없으며 가고 오는 데 우물은 우물로 쓰리라. 거의 이르러 또한 우물물을 긷지 못함이니 그 두레박이 깨지면 흉하리라.

譯解: 井은 "井"字 모양으로 짠 우물을 뜻한다. 孟子의 井田法은 四方一里의 토지를 九等分하여 주위 여덟 구역을 백성에게 분배하고 중앙은 公田으로 하여 거기서 생산되는 모든 곡물을 세금으로 거두어 들였으며 거기다 우물을 팠던 것이다. 그리고 四井을 한 邑으로 구획하였다. 王朝가 바뀌면 邑의 구획은 변경될 수 있으나 우물은 옮기지 못하였다. 우물물을 길어다 마시기 위하여 모든 사람들이 모여서 시장이 서게 되었으니 이를 市井이라 이름하게 되었다(史記). 우물의 물이 더하지도 않고 덜하지 않으며 아무리 길어 올려도 마르지 아니한다. 그리고 누구든지 길어다 마실 수 있으나 두레박 줄이 모자라서 물을 긷지 못하고 두레박이 깨지면 흉한 것은 당연한 것이다.

象曰 巽乎水而上水井이니 井은 養而不窮也하니라.
改邑不改井은 乃以剛中也요 汔至亦未繘井은 未有功也요 羸其瓶이라 是以凶也라.

　象에 이르기를 두레박을 물속에 넣어 물을 떠올리는 것이 우물이니 우물은 아무리 길어내어도 궁하지 아니하니라. 고을은 고쳐도 우물은 고치지 못하는 것은 이에 剛이 中에 있기 때문이요, 거의 이르러 또한 우물물을 긷지 못하는 것은 아직 공이 없음이라. 그 두레박이 깨졌으니 이로써 흉한 것이다.

譯解 : 上卦는 坎으로 물이요 下卦는 巽으로 들어간다는 덕이 있다. 물 아래로 들어가서 물을 들어올리고 있다. 九二와 九五는 陽爻이면서 중용의 자리에 있고 항구성을 지니고 있다. 그래서 우물의 불변성은 바로 여기에 바탕을 두고 있다.

象曰 木上有水井이니 君子以하여 勞民勸相하나니라.

　象에 이르기를 나무 위에 물이 있는 것이 우물이니 군자 이로써 백성을 위로하고 서로 돕는 것을 권하나니라.

譯解 : 나무 위에 물이 있는 것은 두레박을 말한다. 어차피 우물은 사람들이 물을 마시기 위하여 땅을 파거나 바위를 뚫어 만든 것이다. 군자는 이를 본받아서 백성을 위로하고 서로 돕는 것을 권한다.

初六은 井泥不食이니 舊井에 无禽이로다.
象曰 井泥不食은 下也일세라 舊井无禽은 時舍也라.

　初六은 우물이 흐려서 먹지 못함이니 옛 우물에 새도 없음이로다.
　象에 이르기를 우물이 흐려서 먹지 못함은 아래에 있기 때문이요, 옛 우물에 새도 없다 함은 때에 버려졌기 때문이라.

譯解 : 우물이 흐려서 먹지 못하니 새들도 오지 아니한다. 실제로 우물 옆에는 물통이 있어서 말이나 소가 물을 먹는다. 옛 우물에 새들도 오지 아니한다는 것은 즉 쓸모없는 사람은 세상에서 버림을 받는다는 뜻이다.

九二는 井谷이라 射鮒요 甕敝漏로다.

象曰 井谷射鮒는 无與也일세라.

九二는 우물물이 골짜기로 흐르는지라 붕어에게 부어줄 뿐이요 두레박이 깨어져서 물이 새도다.

象에 이르기를 우물물이 골짜기로 흘러서 붕어에게 부어준다 함은 함께 함이 없을세라.

譯解 : 물이 골짜기로 흐른다는 것은 물이 새어나오는 출구를 뜻한다. 九二는 강한 陽爻로 陰의 자리에 있으니 위에 적응이 없다. 아래 初六과 서로 친한 것은 물이 위로 올라가지 않고 아래로 새고 있다. 우물의 수맥에서 흐르는 물은 겨우 붕어에 부어줄 뿐이다. 두레박이 깨져서 물이 새니 올라오는 물이 없다는 것은 훌륭한 사람을 이끌어 주지 못한다는 뜻이다.

九三은 井渫①不食하여 爲我心惻하여 可用汲이니 王明하면 並受其福하리라.

象曰 井渫不食은 行을 惻也요 求王明은 受福也라.

九三은 우물을 쳐내도 먹지 못하여 나의 마음이 슬프다. 물을 퍼낼지니 임금이 밝으면 아울러 그 복을 받으리라.

象에 이르기를 우물을 쳐도 먹지 못한다 함은 행함을 슬프게 여김이요, 임금의 밝음을 구하는 것은 복을 받음이라.

譯解 : 九三은 陽爻가 陽의 자리에 있으니 바른 것을 얻고 있다. 우물물이 맑아도 먹지 않는지라 당연히 길어 먹어야 할 물인데 다만 아래에 있고 멀다는 이유만으로 나의 마음을 슬프게 한다. 王者가 사람을 보는 눈이 있어서 이 현명한 사람을 이끌어 주면 王者나 어진 사람과 함께 복을 받을 수 있다.

① 渫(칠 설)

六四는 井甃①면 无咎리라.
象曰 井甃无咎는 脩井也라.

六四는 우물에 돌을 쌓아 올리면 허물이 없으리라.
象에 이르기를 우물에 돌을 쌓아 올리면 허물이 없다 함은 우물을 수리했기 때문이다.

譯解 : 六四는 陰爻로 陰의 자리에서 바른 것을 얻고 있다. 陰은 힘이 약하여 물을 내뿜지 못하고 다만 물이 새지 않도록 돌을 쌓아서 수리하고 있다. 그러나 여러 사람에게 물을 먹일 수는 없다.
① 甃(돌쌓을 추)

九五는 井洌①寒泉食이로다.
象曰 寒泉之食은 中正也일세라.

九五는 우물이 맑고 차서 찬 샘물을 먹을 것이로다.
象에 이르기를 찬 샘물을 먹는다 함은 중정의 자리에 있기 때문이다.

譯解 : 泉은 地下水이다. 九五는 陽爻로 바른 자리에서 중용의 덕을 얻고 있다. 물을 적극적으로 내뿜고 있으며 만물을 키우는 우물로서 기능을 다하고 있다. 우물의 물은 맑고 찬 지하수가 나오고 있다.
① 洌(맑고차가울 열)

上六은 井收勿幕코 有孚라 元吉이니라.
象曰 元吉在上이 大成也라.

上六은 우물물을 길어내고 덮지 말며 믿음이 있을지라 크게 길하리라.
象에 이르기를 크게 길함이 위에 있으니 크게 이룰 것이다.

譯解 : 上六은 井卦의 윗자리에서 우물의 물을 길어 올리고 있는 것을 임무로 하고 있다. 그리고 우물로서 효용성을 최대한으로 완성하고 있음을 뜻한다. 우물의 물을 길어올려도 다함이 없이 계속해서 지하수가 쏟아져 나오고 있기 때문에 덮지 않고 여러 사람에게 우물을 개방하고 있다.

䷰ 澤火革

革은 己日이라야 乃孚하리니 元亨코 利貞하여 悔亡하니라.

革은 己日이라야 이에 믿으리니 크게 트이고 바르게 하면 이로워서 뉘우침이 없으리라.

譯解 : 革의 글자는 가죽을 뜻하고 皮革은 개혁을 뜻한다. 짐승의 껍질을 가공하여 日用品을 만들어 사용하고 있음은 옛부터 전해오고 있는 것이다. 上卦는 澤이고 下卦는 離로서 물을 끓이는 형상으로서 따라서 혁명을 뜻하고 있다. 王朝의 혁명은 제도와 습관은 개혁하고 나라를 다스리는 기본은 변하지 아니한다(淸의 王夫之). 그리고 己日을 태양이 辰巳 방향에 걸려있는 때라고 하였다. 乾의 덕인 元亨利貞을 겸비한 연후에야 인격이 완성되며 모든 사람을 거느리고 통치할 능력이 있게 된다. 卦辭의 뜻은 변혁이나 개혁을 필요로 할 때에 행동으로 옮겨서 실행하는 것으로, 여러 사람들이 믿음을 가지고 따라야만 개혁을 완수할 수 있다. 內卦는 밝음이요 外卦는 기뻐하는 형상으로 문명의 덕이 있는 사람들이 따라 준다면 뉘우침이 없어질 것이다. 개혁은 백성이 원할 때에 실행에 옮겨져야 하며 백성이 바라는 정치라야 가능하다고 본다.

象曰 革은 水火相息하여 二女同居하되 其志不相得이 曰 革이라 己日乃孚는 革而信之라 文明以說하여 大亨以正하니 革而當할새 其悔乃亡하니라. 天地革而四時成하며 湯武革命하여 順乎天而應乎人하니 革之時大矣哉라.

象에 이르기를 革은 물과 불이 서로 꺼지며 두 여자가 함께 있으되 그 뜻을 서로 얻지 못한 것이다. 己日이라야 이에 믿는다 함은 변혁되어야 믿는지라. 문명으로써 백성을 열복시켜서 크게 트이고 바르게 하니 변혁함이 마땅할세 그 뉘우침이 없을지니라. 천지가 변혁하여 사시가 이루어지며 탕왕(湯王) 무왕(武王)이 혁명을 일으켜서 하늘에 따르고 사람에 응하니 革의 때 크기도 하여라.

譯解 : "息"은 없어지다, 자라다의 상반된 두 가지 뜻을 가지고 있다. 上卦는 少女 下卦는 中女로 二女가 함께 살고 있으나 뜻이 서로 맞지 않아서 집안에 변혁이 일어날 것이다. 己日에 이르러 이에 믿는다는 것은 변혁을 사람들이 동조한다는 뜻이다. 개혁자는 문명의 덕이 있어야 하며 사람들이 기뻐서 따르는 것이 개혁자의 바른길이라 한다. 천지음양의 이치가 항시 변혁하고 四季節이 순환되어 만물이 자라고 성숙되는 것처럼 殷나라 湯王이나 周나라 武王이 위로는 하늘의 명에 따르고 백성의 마음에 순응하여 변혁을 완성하였던 것이다. "順天應人"은 후세 혁명자의 행동을 정당화시킨 상투어가 되었으며 儒家에서는 긍정적으로 보았다. 孟子(BC 372~289)는 여기에 대하여 명쾌한 말로 아래와 같이 표현하였다. 하늘의 명을 받은 천자는 하늘의 명의 유무를 민심의 향배에 의해서 알 수 있으니 민심이 이반된 천자는 하늘의 명을 잃었기 때문에 새로운 수권자에게 자리를 양보해야 된다고 하였다.

象曰 澤中有火革이니 君子以하여 治歷明時하나니라.

象에 이르기를 못 가운데 불이 있는 것이 혁이니 군자 이로써 曆을 다스리고 때를 밝혔나니라.

譯解 : "歷"은 曆과 같다. 못 가운데 불이 있으니 革이라 한다. 물이 성하면 불을 이기고 불이 성하면 물을 이긴다. 陰陽이 相克하여 四季節의 변혁을 가져온 형상이다. 그래 革卦라 이름하였다. 군자는 이 卦象을 보고 曆書를 제정하여 때를 분명히 하였다.

初九는 鞏用黃牛之革이니라.
象曰 鞏用黃牛는 不可以有爲也니라.

初九는 황소의 가죽을 굳게 사용할지니라.
象에 이르기를 황소의 가죽을 굳게 사용함은 가히 하지 못할 것이다.

譯解 : 初九는 맨 밑에 있으며 위에 응이 없다. 적극적인 행동을 삼가고 굳게 지켜야 한다. 黃은 五行으로 중앙 土色을 뜻하며 중앙 土는 중용의 덕을 암시하고 牛는 순종을 뜻하니 중용과 순종의 덕으로 몸을 굳게 지키라는 뜻이다.

澤火革

六二는 己日이어야 乃革之니 征이면 吉하여 无咎하리라.
象曰 己日革之는 行有嘉也라.

六二는 己日에야 이에 혁명을 일으킬 것이므로 정벌하면 길하여 허물이 없으리라.

象에 이르기를 己日에야 혁명을 일으킨다 함은 행하는 데 아름다움이 있으리라.

譯解 : 六二는 유순하고 중정을 얻어 아래에서 주동적인 爻라 할 수 있다. 문명의 덕으로 혁명주체가 된 것이다. 그래서 위에 있는 九五와 합심하여 부정을 뿌리 뽑는 것은 하늘이 명한 바이니 길하고 허물이 없다.

九三은 征이면 凶하니 貞厲할지니 革言이 三就면 有孚리라.
象曰 革言三就어니 又何之矣리오.

九三은 정벌하면 흉하니 바르게 하여도 위태할지니 혁명을 일으킨다는 말이 세 번 나가면 믿음이 있으리라.

象에 이르기를 혁명을 한다는 말이 세 번 나갔으니 또 어디로 가리오.

譯解 : 九三은 陽爻로 陽의 자리에 있으니 너무 지나치게 강하다. 변혁하려는 생각이 급하여 앞뒤 헤아림이 없이 실행에 옮기는 것은 위험한 일을 초래할 것이다. 다만 여러 사람의 의견을 듣고 결정한다면 변혁은 성공할 수 있을 것이다.

九四는 悔亡하니 有孚면 改命하여 吉하리라.
象曰 改命之吉은 信志也일세라.

九四는 뉘우침이 없으니 믿음이 있으면 혁명을 일으켜야 길하리라.
象에 이르기를 혁명을 일으켜야 길하다 함은 뜻을 믿을세라.

九四는 陽爻가 陰의 자리에 있으니 부정하다. 그러나 剛柔를 겸하고 있으니 겁이 없고 저돌적인 성격을 가지고 있어 혁명을 단행할 수 있다고 본다. 그래서 뉘우침도 없고 여러 사람이 뜻을 믿어주고 있으니 혁명자로서는 적임자이다. 다만 모든 사람이 그에 뜻을 믿어준다면 개혁을 단행하여도 길할 것이다.

九五는 大人이 虎變이니 未占에 有孚리라.
象曰 大人虎變은 其文이 炳也라.

九五는 대인이 범처럼 변하여 아직 점치기 전에 믿음이 있음이니라.
象에 이르기를 대인이 범처럼 변한 것은 그 무늬가 빛나는 것이다.

譯解 : 九五는 陽爻가 陽의 자리에서 중용의 덕을 얻고 革卦의 주도적 위치에 있다. 변혁을 할 때에는 대인 자신을 개혁하고 주위 사람을 개혁하여 천하의 혁명을 완성한 후에 모든 사람을 개혁시킨다. 그리고 일체의 문물을 환히 알 수 있도록 분명히 한다. "虎變"이란 범의 무늬가 가을이 되면 빛이 변하고 빛나는 것을 나타낸 말이다. "未占有孚"는 점을 치기 전에 벌써 대중의 신임을 얻었다는 뜻이다.

上六은 君子는 豹變이요 小人은 革面이니 征이면 凶하고 居貞이면 吉하리라.
象曰 君子豹變은 其文이 蔚也요 小人革面은 順以從君也라.

上六은 군자는 표범처럼 변함이요 소인은 얼굴 빛만 고침이니, 정벌하면 흉하고 바르게 살고 있으면 길하리라.
象에 이르기를 군자는 표범처럼 변함은 그 무늬가 진한 것이요, 소인은 얼굴 빛만을 고친다 함은 순종하여 임금을 따름이라.

譯解 : 上六은 革卦의 맨 윗자리에 있어 혁명을 완성한 뒤라 군자는 시대의 추리에 따라 자기를 변혁하고 새 문화건설에 공헌하는 것이 마치 표범처럼 계절 따라 털을 갈아 아름다워지는 것 같고, 소인은 결과만 받아들여 얼굴빛만 변한 채 새 군주를 따르고 무위안정하며 적극적인 행동은 기피한다(王弼). 윤리적인 해석으로는 선인은 성왕의 감화를 받아서 마음으로부터 과실을 고치고 선을 따르는 것이 표범처럼 확실히 밖에 나타난다. 그러나 소인은 마음으로부터 고치지 않고 얼굴빛만 변하여 윗사람의 명령에 따를 뿐이다. 인간의 본성은 선한지라 소인에게 그 이상의 변화를 바라는 것은 무리한 일이다(程子 朱子).

䷱ 火風鼎

鼎은 元(吉) 亨하니라.

鼎은 크게 형통하니라.

譯解 : "鼎"은 솥 또는 기른다는 뜻이다. 吉字는 彖傳에도 없고 程子, 朱子도 衍文이라고 해석하였다. 上卦는 불, 下卦는 나무로 표현하였으니, 나무 위에서 불이 타고 있다. 불을 때서 생물을 익히는 것이 솥의 용도라 할 수 있다. 고대 중국에서는 왕자의 권위를 상징하는 귀한 보물로 취급되었으며 신에게 제사 지내고 어진 선비를 기르는 그릇으로 그 기괴한 무늬는 악령을 물리친다고 생각하였으며 때에 따라서는 법률을 솥에 새겨서 백성에게 보였다. 새로운 왕의 즉위가 끝나면 반드시 솥을 주조하고 법률을 제정하여 새로운 시대에 적응하도록 하였다.

彖曰 鼎은 象也니 以木巽火亨飪也니 聖人이 亨하여 以享上帝하고 以大亨하여 以養聖賢하니라. 巽以耳目이 聰明하여 柔進而上行하고 得中而應乎剛이라 是以元亨하니라.

彖에 이르기를 솥은 형상이니 나무를 불에 넣어 음식을 삶아 익히니 성인이 음식을 삶아서 상제께 제사 지내고 많이 삶아서 성현을 기르나니라. 순종하여 귀와 눈이 총명하며 유가 나아가 올라가서 중을 얻어 강에 응함이라. 이로써 크게 형통하니라.

譯解 : "亨飪"의 亨은 烹으로 삶는다는 뜻이다. 享上祭의 享은 신 앞에 바치는 물건이며 제사를 뜻한다. 下卦는 巽으로 木이며 上卦는 離로 불이니 나무를 불에 넣어서 태운다는 뜻으로 鼎이라 이름하였다. 하늘에 제사지낼 때에는 반드시 신 앞에 바치는 물건을 중요하게 여긴다. 內卦는 巽으로 순종하고 外卦 離는 눈으로 형상화하였다. 그래서 내심으로 순종하고 밖을 향하여 耳目이 총명한 덕을 보이고 있다.

象曰 木上有火鼎이니 君子以하여 正位하여 凝命하나니라.

象에 이르기를 나무 위에 불이 있으니 鼎이라. 군자 이로써 자리를 바로잡고 명을 소중히 하나니라.

譯解 : 나무 위에 불이 있으니 생물을 삶는 형상이다. 솥의 형상이 단정하여 듬직한 자세로 있기 때문에 군자는 이 솥을 본받아서 앉아 있는 자세를 듬직하고 단정하게 하여 움직이지 아니한다.

初六은 鼎이 顚趾나 利出否하니 得妾하면 以其子 无咎리라.
象曰鼎顚趾나 未悖也요 利出否는 以從貴也라.

初六은 솥발이 엎어지나 찌꺼기를 쏟아버리면 이로우니 첩을 얻으면 그 아들에 미치니 허물이 없으리라.

象에 이르기를 솥발이 엎어지나 어그러짐이 아니요 나쁜 것을 쏟는 것은 귀함을 따르는 것이라.

譯解 : 初六은 맨 아래에 있으니 솥발에 해당한다. 初六은 위에 있는 九四와 적응하기 때문에 솥발이 위를 향하여 뒤집어진 것은 나쁜 것 같지만 그 속에 쌓여 있는 나쁜 물질을 쏟아 버리면 오히려 좋은 결과가 된다. 첩을 얻는 것 또한 잘못된 일이지만 후사를 얻었으니 도리어 좋은 결과라 할 수 있다. 마치 솥이 엎어져서 악을 일소한 결과가 되었다. 솥이 엎어진 것은 도리에 어긋나지만 다만 나쁜 것을 쏟아버려서 貴함을 따르게 된 것은 九四를 가리킨 것이다.

九二는 鼎有實이나 我仇有疾하니 不我能卽이면 吉하리라.
象曰 鼎有實이나 愼所之也니 我仇有疾은 終无尤也라.

九二는 솥에 실물이 있으니 내 원수에 병이 있을지니 내 가까이 아니하면 길하리라.

象에 이르기를 솥에 실물이 있으나 가는 바를 삼갈지니 내 원수에 병이 있음은 마침내 허물이 없으리라.

譯解 : 九二 陽爻로서 충실한 뜻이 있다. 중용의 자리에서 충실하기 때문에 솥에 실물이 가득하다. 나의 원수는 初六을 가리킨 것으로 陰과 陽이

서로 이끌고 있으나 初六이 부정하여 九二와 적응할 수 없다. 初六은 나쁜 병을 앓고 있으니 九二에게 병을 전염시킬 위험이 따른다. 그래도 九二가 중용의 덕을 가지고 자신을 지킨다면 初六이 접근하기는 어려울 것이다. 솥에 실물이 있다는 것은 재능이 있다는 뜻이고 가는 바를 삼가라는 것은 곁에 있는 初六의 병이 전염되지 않도록 자기를 지키라는 뜻이다.

九三은 鼎耳革하여 其行이 塞하여 雉膏를 不食하나 方雨하여 虧悔終吉하리라.

象曰 鼎耳革은 失其義也라.

九三은 솥귀가 떨어져서 그 가는 것이 막혀 꿩고기가 기름져도 먹지 못하니 바야흐로 비가 내려서 뉘우침이 없어지고 마침내 길하리라.

象에 이르기를 솥귀가 떨어진 것은 그 義를 잃었음이라.

譯解 : 九三은 솥의 한 가운데 부분에 해당한다. 강한 爻가 강한 자리에 있으니 너무 지나치게 강하고 가운데를 벗어나서 중용의 덕을 얻지 못하고 있다. 九五는 솥귀에 해당하나 九三과 서로 응할 수 없고 九三은 변혁의 시점에 있으니 솥귀가 떨어진 형상이며 솥을 들어올려 움직일 수가 없다. 솥귀가 떨어지고 길이 막힌 것은 벼슬길에 오르지 못함을 뜻한다. 꿩고기를 먹지 못함은 六五의 군주에 접근할 수 없다는 뜻이다. 九三은 바른 자리에서 바른 길을 지킨다면 반드시 음양이 서로 합하는 원리에 따라서 六五의 군주의 곁으로 접근할 기회가 올 것이라 믿는다.

九四는 鼎이 折足하여 覆公餗①하니 其形이 渥②이라 凶하도다.

象曰 覆公餗은 信如何也오.

九四는 솥의 다리가 부러져서 공의 음식을 엎지르니 그 얼굴이 젖어 있는지라 흉하도다.

象에 이르기를 공의 음식을 엎지른 것은 믿음이 어떠함이요.

譯解 : 九四는 陽이 陰의 자리에 있으니 부정하며 아래 初六과 적응하고 있으나 初六은 음유한 소인으로서 맡은 임무를 견디지 못하여 일을 아주 망쳐 버리고 말았다. 솥의 다리가 부러져 공의 음식을 엎질러서 솥의 몸통이 젖어있음과 비슷하다.

① 餗(솥안음식 속), ② 渥(젖을 악)

六五는 鼎黃耳金鉉이니 利貞하니라.
象曰 鼎黃耳는 中以爲實也라.

六五는 솥에 누런 귀와 금고리이니 바르게 하면 이롭나니라.
象에 이르기를 솥의 누런 귀라 함은 중용으로써 실을 삼나니라.

譯解 : 六五는 중용의 자리에 있으나 유하기 때문에 강한 九二의 도움이 있어야만이 그 자리를 지킬 수 있다. 六五는 가운데 자리에서 누런 귀라는 형상을 가지게 되었고 금고리는 강한 陽爻인 九二를 가리킨 것이다. 九二가 찾아와서 六五와 한 몸이 되어 솥의 귀와 고리로 통하는 것이며 바른 길을 지키면 이로움이 있을 것이다.

上九는 鼎玉鉉이니 大吉하여 无不利니라.
象曰 玉鉉在上이 剛柔節也일세라.

上九는 솥의 옥고리이니 크게 길하여 이롭지 아니함이 없나니라.
象에 이르기를 옥고리가 위에 있음은 剛柔가 조절함이라.

譯解 : 上九는 陽爻가 陰의 자리에 있으니 剛柔를 겸하였기 때문에 좋게 조절되어 있다. 그리고 硬한 가운데 軟한 멋이 있는 것이 玉의 성질이라 할 수 있다. 그러니까 上九는 玉으로 만든 고리가 된다. 만일 사람으로서 강한 가운데 인정미가 있으면 크게 길하고 이로움이 있을 것이다.

䷲ 震爲雷

震은 亨하니 震來에 虩①虩이면 笑言이 啞②啞이리니 震驚百里에 不喪匕③鬯④하나니라.

震은 형통하니 천둥칠 때에 두려워하면 웃음소리가 나리니 천둥소리가 백리까지 놀라게 하여도 숟가락과 술을 잃지 아니하나니라.

譯解 : 선조의 제사에는 장남이 祭主가 되어 제사를 주관한다. 鬯은 울창 주라는 술을 담가서 神前의 땅 표면에 뿌려 그 향기에 의하여 降神하도록 한다. 震은 父와 母가 처음으로 교합하여 낳은 아들을 장남이라 한다. 천둥 소리가 울려퍼지면 사람들이 모두 두려워하지만 천둥소리가 지나가면 소리 내어 웃는 평온을 되찾는다. 즉 두려워하고 스스로 반성한다면 뒤에 복이 온다고 한다. 다시 말하면 평생을 신중하게 반성하는 사람은 어려운 처지 에 부딪쳐도 자신을 잃지 아니한다. 우뢰소리가 四方百里에 퍼져서 사람들 이 놀라지만 한 마음으로 신에게 제사 지내는 사람은 우레 소리에 놀라서 숟가락이나 술잔을 떨어뜨리지 아니한다.
① 虩(두려워할 혁), ② 啞(웃음소리 액), ③ 匕(숟가락 비), ④ 鬯(술이름 창)

象曰 震은 亨하니 震來虩虩은 恐致福也요 笑言啞啞은 後有則也라 震驚百里는 驚遠而懼邇也니 出可以守宗廟社稷하여 以爲祭主也니라.

象에 이르기를 震은 형통하니 천둥칠 때에 두려워하는 것은 두려워해서 복 을 이룸이요 웃음소리가 나는 것은 뒤에 법칙이 있기 때문이라. 천둥소리에 백리까지 놀라는 것은 먼 곳을 놀라게 하고 가까운 곳을 두렵게 함이니 나아 가 종묘사직을 지키며 祭主가 되리라.

譯解 : 卦辭를 해석한 것임. 옛날 사람들은 천둥소리가 바로 하늘의 노여 움을 나타내는 것으로 사람들의 죄를 응징하는 것으로 알았다. 그래서 천 둥소리에 백리까지 놀란다고 하였다. 겸허한 마음으로 종묘에 제사 지낼 때에 장남이 제주가 되는 것이다. 우레가 울려도 숟가락과 술을 떨어뜨리 지 않고 신에게 겸허한 마음으로 제사 지내면 父의 뒤를 계승하여 선조의 묘당과 천제의 제단을 지키고 사제의 역할을 다할 것이다.

象曰 洊雷震이니 君子以하여 恐懼脩省하나니라.

象에 이르기를 거듭 천둥치는 것이 震이니 군자 이로써 두려워하며 반성하 고 수양하나니라.

譯解 : "洊"은 거듭이라는 뜻이다. 천둥이 거듭 오는 것이 震이며 우레는 하늘이 노여워 했기 때문에 군자는 이로써 이를 본받아 근신하고 두려워하

며 수양에 힘쓴다.

初九는 震來虩①虩이라야 後에 笑言啞②啞이리니 吉하니라.
象曰 震來虩虩은 恐致福也요 笑言啞啞은 後有則也라.

初九는 천둥칠 때에 두려워해야 뒤에 웃음소리가 나리니 길하니라.

象에 이르기를 천둥칠 때에 두려워함은 두려워해야 복을 이룸이요 웃음소리가 난다 함은 뒤에 법칙이 있음이라.

譯解 : 初九는 震卦의 주체인 爻이기 때문에 卦辭를 그대로 인용한 것이다.
① 虩(두려워할 혁), ② 啞(웃을 액)

六二는 震來厲라 億喪貝하여 躋①于九陵이니 勿逐하면 七日得하리라.
象曰 震來厲는 乘剛也일세라.

六二는 천둥치니 위태로운지라 많은 재물을 상실하여 높은 언덕에 오르니 쫓지 않으면 칠일만에 얻으리라.

象에 이르기를 천둥칠 때에 위태롭다 함은 강을 탔기 때문이다.

譯解 : "貝"는 옛 화폐를 뜻한다. "億"을 朱子는 未詳이라 하였고, 王弼은 감탄사라 하였고, 程子는 예측이라 해석하였으며 後漢의 鄭玄은 수량이 많다는 뜻으로 해석하였다. 六二는 陰爻로서 初九의 剛爻를 타고 있다. 初九는 地震의 主體로서 그 위에 있는 六二가 가장 위험한 처지에 놓여 있고 地震이 울려서 많은 재물을 상실하였다. 그리고 높은 언덕에 올라가 피하지 않으면 위험이 다가온다. 六二는 유순하고 중용의 자리에 있기 때문에 상실한 재물을 찾지 않아도 칠일만에 다시 찾을 수 있다.
① 躋(오를 제)

六三은 震蘇蘇니 震行이면 无眚하리라.
象曰 震蘇蘇는 位不當也일세라.

六三은 천둥이 울려퍼져 어리둥절하니 천둥쳐도 그대로 가면 재앙이 없으리라.
象에 이르기를 천둥이 울려 어리둥절함은 자리가 마땅치 않기 때문이라.

譯解 : "蘇蘇"는 넋을 잃은 모양이다. 六三은 陰이 陽의 자리에 있으니 부정하다고 할 수 있다. 六三은 공포에 떨어서 망연자실하는 형상이다. 자신의 잘못을 뉘우치고 허물을 고친다면 재앙은 없으리라.

九四는 震이 遂泥라.
象曰 震遂泥는 未光也로다.

九四는 천둥이 드디어 가라앉음이라.
象에 이르기를 천둥이 드디어 가라앉는다 함은 빛나지 않기 때문이라.

譯解 : 九四는 陽爻가 陰의 자리에 있으니 부정하다. 아래 두 陰과 위에 두 陰이 거듭 陽의 힘을 손상시키고 있으니 천둥이 울리지 아니한다. 그래서 象傳에 "未光也"라 하였다.

六五는 震이 往來厲하니 億하여 无喪有事니라.
象曰 震往來厲는 危行也요 其事在中하니 大无喪也라.

九五는 천둥이 울려 가고 오니 위태롭다. 크게 일을 잃음이 없으리라.
象에 이르기를 천둥이 울려 오고 가니 위태롭다 함은 위태로운 데 가는 것이요, 일이 가운데 자리에 있으니 크게 잃음이 없으리라.

譯解 : 六五는 陰爻로서 陽의 자리에 있으니 부정한 것이다. 천둥칠 때에 그것은 하늘의 노여움인 까닭으로 부정한 자는 위태로울 것이다. 가고 와도 강한 陽爻에 부닥쳐 어디를 가든지 위태로울 것이다. 그러나 六五는 중용의 덕을 얻고 있으므로 일을 크게 실패할 공산은 없을 것이다.

上六은 震이 索索하여 視矍①矍이니 征이면 凶하니 震不于其躬이요 于其隣이면 无咎리니 婚媾는 有言이리라.
象曰 震索索은 中未得也일세요 雖凶无咎는 畏隣戒也라.

上六은 천둥이 울려 두리번거리며 불안한 모양으로 보니 그대로 가면 흉하니 천둥이 그 몸에 미친 것이 아니고 그 이웃이라면 허물이 없으리니 혼인을 구하면 말이 있으리라.
象에 이르기를 천둥이 울려 두리번거린다 함은 중용을 얻지 못하였음이라.

비록 흉하나 허물이 없다 함은 이웃의 경계를 두려워함이라.

譯解 : "索索"은 풀이 죽어 있는 모습이고, "矍矍"은 불안한 모양이다. 上六이 윗자리에서 중용의 자리를 벗어나 있고 겁에 질려서 당황한 모습으로 망령되이 앞으로 나가려 한다면 흉할 것이다. 그러나 지진이 이웃집에 엄습한 것이고 자신의 집에 엄습한 것이 아니나 이웃집의 피해를 자신의 집 피해로 여긴다면 허물은 면할 것이다. 上六은 震卦의 맨 위에 있으며 적응할 陽爻가 없으니 음양이 서로 교합하는 원리를 알지 못할 것이다. 그래서 자신을 반성하고 경계해야 흉함을 면할 것이다.

① 矍(두리번거릴 확)

䷳ 艮 爲 山

艮其背면 不獲其身하여 行其庭하여도 不見其人하여 无咎리라.

艮은 그 등에 머물러 있으면 그 몸에서 얻지 못하며 그 뜰에 갈지라도 그 사람을 보지 못하여 허물이 없으리라.

譯解 : "艮"은 그치다, 머무른다는 뜻이다. 艮卦는 一陽이 二陰의 위에 머물러 있는 형상을 산의 모양으로 볼 수 있다. 그래서 땅 위에 높이 머물러 있는 것이 山을 뜻한다. 그 등에 머물러 있으면서 그 몸에서 얻지 못하고, 그 뜰에 갈지라도 그 사람을 보지 못하지만 허물은 없다. 사람의 몸은 동적이지만 가장 움직이지 않는 곳이 등이라고 할 수 있다. 마음이 머무를 곳에 머무르면 몸이 움직여도 마음은 움직이지 아니한다. 그리고 자기의 육체의 존재를 잃어버리면 마음에 있다하더라도 밖에 세상에 대하여 마음이 움직일 수는 없다(老莊思想). 자기 자신을 망각하고 있는데 다른 사람이 마음에 들어오지 아니한다(王夫之). 나를 망각하고 다른 사람을 망각하였다면 이것은 노장 사상에서 본 현실에 눈을 감고 소극적인 세계에 잠겨있는 생각이 깃들 위험성이 있다. 程子는 등에 머무른다는 것은 물질에 대한 욕망이 보이지 않는 뜻이라고 해석하였다.

艮爲山

象曰 艮은 止也니 時止則止하고 時行則行하여 動靜不失其時其道光明이니 艮其止는 止其所也일세라. 上下敵應하여 不相與也일세라. 是以不獲其身行其庭不見其人无咎也라.

　象에 이르기를 艮은 그치는 것이니 그쳐야 할 때에 그치고 가야할 때에 가서 동정이 그 때를 잃지 않는다면 그 도가 크게 밝을지니 그 그칠 때 그치는 것은 그 곳에 그친 것이라. 위 아래가 적으로 응하여 서로 함께 하지 않음이라. 이로써 그 몸을 얻지 못하고 그 뜰에 가도 그 사람을 보지 못하는 것은 허물이 없음이라.

譯解 : 艮은 머무른다는 뜻이다. 머무를 때에 머무르고 갈 때에 가는 것이지만 그 뜰에 가도 그 사람을 보지 못하게 된다. 이제 움직이는 가운데 머무르고 움직일 때나 머무를 때에 그러한 시기를 잃지 않는다면 그 길이 빛날 것이다. 그칠 때에 그치는 것은 卦辭의 그 등에 머무른다는 뜻을 보이고 있다. 그 등에 머무르고 그 그칠 때에 머무르는 것은 머무를 때에 머무르는 것을 말한다. [大學]에 이르기를 지극한 선에 머무르는 것을 군주는 仁에 머무르고, 신하는 敬에 머무르고, 아들은 孝에 머무르고, 아비는 慈에 머무르고, 사람들은 信에 머무른다고 하였다.

象曰 兼山이 艮이니 君子以하여 思不出其位하나니라.

　象에 이르기를 겹쳐 있는 산이 艮이니 군자 이로써 생각이 그 자리를 벗어나지 아니하나니라.

譯解 : 山이 二重으로 겹친 것이 艮卦이다. 산은 제자리에서 움직이지 않는다. 군자 이를 본받아 자기 분수를 지키고 야심을 품지 아니한다.

初六은 艮其趾라 无咎하니 利永貞하니라.
象曰 艮其趾는 未失正也라.

　初六은 그 발에 머무르는지라 허물이 없으니 길이 바르게 하면 이롭나니라.
　象에 이르기를 그 발에 머무른다 함은 바른 것을 잃지 아니함이라.

譯解 : 趾는 발목 밑을 뜻한다. 初六은 맨 밑에 있기 때문에 발에 해당한다. 강한 爻라면 움직이지만 힘이 약한 陰爻로서 발에 머물러 있는 卦이다.

움직일 때에 발이 처음으로 움직이고 발에서 머무른다는 것이다. 머무를 때에 미연에 머무르는 것은 바른 것을 잃은 것이 아니지만 그래도 陰爻가 마음이 약하여 길이 바른 것을 지키지 못할까 두려워 한 것이다.

六二는 艮其腓니 不拯其隨라 其心不快로다.
象曰 不拯其隨는 未退聽也라.

六二 그 종아리에 머무르니 구원하지 못하고 그대로 따르는지라 그 마음이 유쾌하지 못함이라.

象에 이르기를 구원하지 못하고 그대로 따른다 함은 물러나서 들으려 하지 않기 때문이다.

譯解: 六二는 陰爻로서 중용의 덕을 얻고 있으며 종아리는 하체의 中에 있다. 그리고 下卦의 주체는 九三으로서 六二는 이를 따라야 한다. 움직일 때에는 허리가 주체가 되고 종아리는 따라야만 한다. 그리고 六二는 중용의 자리에서 종아리에 머무른다. 九三은 중정의 자리를 벗어나 있고 강한 양효가 강한 자리에 있으니 지나치게 강하다. 六二는 중용의 덕으로 九三의 不中을 구하려 하지만 아무리 해도 힘이 부족하다. 마지못해 九三을 따라가려니 나의 마음은 불쾌할 따름이다. 象傳에 未退聽也는 九三이 한 발 물러서서 六二의 말을 듣지 아니하였다는 뜻이다.

九三은 艮其限이라 列其夤①이니 厲薰②心이로다.
象曰 艮其限이라 危薰心也라.

九三은 그 허리에 머무르는지라 그 허리띠가 찢어지니 위태로워서 마음을 타게 하도다.

象에 이르기를 그 허리에 머무르는지라 위태로워서 마음을 타게 하도다.

譯解: 限은 허리 身之中也라 하였다. 九三은 陽爻가 강한 양의 자리에 있지만 四陰爻의 사이에 끼어 있으니 허리를 펴고 구부릴 수가 없다. 九三의 좌우의 등살이 가로놓여 찢어질 뿐이니 등살이 움직일 수가 없다. 九三은 四陰爻의 한 가운데에 놓여 있는 형상이니 좌우의 사람들에게 미움을 사는 것은 강한 탓이다. 그리고 심장을 불에 그슬리는 것처럼 불안하다.

① 夤(허리띠 인), ② 薰(속탈 훈)

六四는 艮其身이니 无咎리라.
象曰 艮其身은 止諸躬也라.

六四는 그 몸에 머물러 있으니 허물이 없으리라.
象에 이르기를 그 몸에 머물러 있다 함은 모든 것이 몸에 머물러 있음이라.

譯解 : 九三은 허리에 해당하기 때문에 六四는 허리 위에 있으니 몸통인 것이다. 몸통에는 마음이 깃들어 있으니 발이 종아리를 움직이는 것과는 다르다. 그래서 스스로 억제할 수 있다(淸의 王夫之). 六四는 陰爻로서 바른 자리에 있으니 머무를 곳에 머물러 자신을 굳게 지키고 망령되이 움직이지 아니한다.

六五는 艮其輔라 言有序니 悔亡하나라.
象曰 艮其輔는 以中正也라.

六五는 그 볼에 머물러 있음이라. 말엔 순서가 있으니 뉘우침이 없으리라.
象에 이르기를 그 볼에 머무른다 함은 중정하기 때문이다.

譯解 : 輔는 볼을 뜻한다. 六五는 중용의 자리에 있으나 陰爻이기 때문에 바른 자리가 아니다. 六五는 위에 있으니 인체로 말하면 볼에 해당한다. 그래서 艮其輔라 하였다. 六五는 부정하여 당연히 뉘우침이 있어야 하지만 중용을 얻고 輔는 말하는 기관에 속하여 볼에 머무른다고 하였다. 그리고 중용의 자리에 있으니 망령된 말을 하지 않고 질서있게 말하였다.

上九는 敦艮이니 吉하나라.
象曰 敦艮之吉은 以厚終也라.

上九는 돈독하게 머물러 있으니 길하니라.
象에 이르기를 돈독하게 머물러 길한 것은 돈독한 것으로 끝났기 때문이다.

譯解 : "敦"은 돈독하다는 뜻이다. 대체적으로 艮卦는 맨 위에 陽爻가 머무른다는 뜻을 보이고 있다. 上九는 맨 위에 머무르는 종점에서 돈독하게 머무르고 있다. 모든 일은 머무를 때가 가장 중요한 것이다. 사람의 절개는 말년에 이르러 타락되기 쉽고, 학업은 긴 시간을 끌면 종반에 이르러 황폐하기 쉬운 것이다. [大學]에 이르기를 지극한 선에 머무른 것이 길한 것이

라 하였다.

䷴ 風山漸

漸은 女歸吉하니 利貞하니라.

漸은 여자가 시집가면 길하고 바르게 해야 이롭나니라.

譯解 : 漸은 물에 잠기는 것으로 물이 잠겨서 점점 나가려는 뜻이 있다. 下卦는 艮이니 산이요 上卦는 巽이니 나무를 뜻한다. 그리고 유순하게 머무르고 유순하게 가는 것이 점진한다는 뜻을 나타낸다. 여자가 시집갈 때에 예절의 수속을 밟고 점점 앞으로 나가야 한다. 또한 이 卦는 六二와 九五가 각각 바른 자리를 얻고 있다. 여자가 차분한 마음으로 몸가짐을 바르게 해야 길할 것이다. 그리고 여자는 시집갈 때에 바른 행동이 앞서야 길하다고 표현하고 있다.

象曰 漸之進也女歸吉也라 進得位하니 往有功也요 進以正하니 可以正邦也니 其位는 剛得中也라 止而巽할세 動不窮也라.

象에 이르기를 漸은 나가는 것이니 여자가 시집가면 길함이라. 나가서 자리를 얻으니 가면 공이 있을 것이요, 나가되 바르게 하니 가히 나라를 바르게 잡을지니 그 자리는 剛이 中을 얻음이라. 멈추어서 순종할세라 움직여도 궁하지 아니하니라.

譯解 : 漸之進也의 "之"자를 衍文이라 하였다(朱子). 六二에서 九五까지 모두 바른 자리에 있다. 그래서 앞으로 나아가 일을 행하면 공적이 있으며 바른 길을 지킨다면 나라를 바로잡을 수 있다. 卦의 중요한 자리 五爻가 陽爻로서 중용의 자리를 얻고 있다. 그래서 지도적 입장에 있는 사람은 중용의 덕을 가지고 망령되이 움직이지 않으면 이로울 것이다.

象曰 山上有木이 漸이니 君子以하여 居德賢하여 善俗하나니라.

象에 이르기를 산 위에 나무가 있음이 漸이니 군자 이로써 어진 덕에 머물러 풍속을 좋게 하나니라.

譯解 : 산 위에 나무가 점점 자라고 있으니 산도 높아진다. 군자는 이를 본받아 어진 덕을 지키고 풍속을 정화한다.

初六은 鴻漸于干이니 小子厲하여 有言이나 无咎리라.
象曰 小子之厲나 義无咎也라.

初六은 기러기가 물가로 날아가니 어린 새끼가 위태하여 말이 있으나 허물은 없으리라.
象에 이르기를 어린 새끼가 위태로우나 의롭기 때문에 허물이 없음이라.

譯解 : 이 卦의 爻辭에 기러기가 나오는 것은 행렬에 질서가 있기 때문으로, 여름이 되면 북쪽으로 가고 겨울이 되면 남쪽으로 가는 것은 계절에 따라서 질서를 지키면서 날아가는 것이다. 初六은 맨 밑에서 유약하여 어린 새끼의 형상이며 힘이 약해서 다른 기러기에 뒤떨어질 염려가 있다. 初六은 四爻와 응하고 있으나 四爻도 陰이기 때문에 서로 응하지 못한다. 그러나 四爻로부터 질책을 듣고 겁에 질려서 조심하는 것은 義로서 허물이 없다.

六二는 鴻漸于磐이니 飮食이 衎①衎하니 吉하니라.
象曰 飮食衎衎은 不素飽也라.

六二는 기러기가 바위로 날아가는지라. 음식을 즐겁게 먹으니 길하니라.
象에 이르기를 음식을 즐겁게 먹는다 함은 배를 채우려는 것이 아니다.

譯解 : 磐은 바위로 해석된다. 素飽는 아무일도 하지 않고 녹을 받는다는 뜻이다. 初六은 물가에서 배회하던 기러기가 날아서 반석 위에 이른 것이다. 이것은 六二와 九五가 서로 응하고 군주를 돕기 때문에 반석이라 표현한 것이다. 六二는 아무일도 하지 않고 녹을 받는 것이 아니라 중용의 덕으로 九五를 돕고 있으니 상하관계가 튼튼한 것이다. 그래서 磐石이라 하였다.

① 衎(화락할 간)

九三은 鴻漸于陸이니 夫征이면 不復하고 婦孕이라도 不育하여 凶하니 利禦寇하니라.

象曰 夫征不復은 離群하여 醜也요 婦孕不育은 失其道也요 利用禦寇는 順相保也라.

九三은 기러기가 뭍으로 날아가니 남편이 가면 돌아오지 않고 아내는 애를 뱄어도 기르지 못하여 흉하니 도둑을 막아야 이롭나니라.

象에 이르기를 남편이 나가서 돌아오지 아니함은 무리를 떠나서 추함이요, 아내는 애를 뱄어도 기르지 못함은 그 道를 잃었음이요, 도둑을 막는 것이 이롭다 함은 서로 유순하여 보전함이라.

譯解 : 九三은 바른자리에 있으나 위에 응이 없어서 九四와 친해보려는 것은 정당한 일이 아니다. 남편이 집을 나가서 돌아오지 않고 있음은 九三을 가리킨 것이다. 六四와 九三이 부정한 관계로 애를 뱄어도 기르지 못하니 이보다 흉한 일은 없다. 정당한 행위를 벗어난 일은 당연히 막아야 할 의무가 있다.

六四는 鴻漸于木이니 或得其桷이면 无咎리라.

象曰 或得其桷은 順以巽也라.

六四는 기러기가 나무 위로 날아가니 혹 평편한 나무를 얻으면 허물이 없으리라.

象에 이르기를 혹 평편한 나무 가지를 얻는다 함은 겸손하게 순종함이라.

譯解 : 桷은 가로로 뻗은 가지를 뜻한다. 六四는 나무 위에 있으니 불안하다. 그래서 평편한 재목을 얻으면 안정할 수 있다. 평편한 재목은 九三을 뜻하며 陰이 剛을 타면 불안하지만 이 九三과 六四는 친하게 지내고 있으니 염려할 일은 없다. 六四는 유순한 덕이 있어서 사람이 따른다. 그래서 象傳에서는 "或得其桷"이라 하였다.

九五는 鴻漸于陵이니 婦三歲를 不孕하니 終莫之勝이라 吉하리라.

象曰 終莫之勝吉은 得所願也라.

九五는 기러기가 언덕으로 날아가니 아내가 3년동안 어린애를 배지 못하여 마침내 이기지 못하니 길하니라.

象에 이르기를 마침내 이기지 못하니 길하다 함은 원하는 바를 얻었음이라.

譯解 : 陵은 높은 언덕을 뜻한다. 九五는 높은 자리에 있기 때문에 높은 언덕으로 표현하였다. 九五의 적응은 六二로써 교합하는 것이 당연하다. 그러나 가운데 자리에 있는 九三과 六四의 방해로 만나지 못하여 三年 동안 어린애를 배지 못하였다. 바르지 못한 것은 바른 것을 이기지 못한다고 하였다. 마침내 九五와 六二는 결합하게 됨으로써 象에 "得所願也"라 하였다.

上九는 鴻漸于陸이니 其羽可用爲儀니 吉하니라.

象曰는 其羽可用爲儀吉은 不可亂也라.

上九는 기러기가 공중으로 날아가니 그 깃을 가히 의식에 쓸 수 있으니 길하니라.

象에 이르기를 그 깃을 가히 의식에 쓸 수 있으니 길하다 함은 가히 어지럽히지 못할지니라.

譯解 : 陸은 逵의 誤字로 雲路, 즉 공중을 뜻한다(朱子, 程子). 上九는 맨 윗자리에 있어 기러기가 공중으로 날아가는 형상이다. 기러기는 공중으로 날아가서 돌아오지 아니하지만 그 떨어뜨린 깃은 의식에 쓸 수 있다. 九五는 높은 자리를 초월하여 속세의 밖으로 날아간다면 이 사회에서 쓸모 없는 것처럼 보이나 그 고결한 태도는 모든 사람의 귀감이 된다고 하였다.

䷵ 雷 澤 歸 妹

歸妹는 征하면 凶하니 无攸利하니라.

歸妹는 가면 흉하니 이로울 바 없나니라.

譯解 : 歸妹는 여자가 시집가는 형상으로 누이동생을 시집보낸다는 뜻이다. 下卦 兌는 소녀이니 妹가 되고 上卦 震은 장남으로 소녀와 장남이 결

합하는 것을 뜻한다. 그러나 소녀가 장남에게 시집가는 것은 무엇인가 잘못된 것으로 보인다. 소녀는 소남과 결합하는 것이 당연하나 소녀가 장남을 좋아서 따르는 것은 夫唱婦隨에 어긋나는 것이다. 二爻로부터 五爻까지 전부 부정함으로 나가면 흉하고 아무런 이익이 없다고 표현하였다.

彖曰 歸妹는 天地之大義也니 天地不交而萬物이 不興하나니 歸妹는 人之終始也라 說而動하여 所歸妹也니 征凶은 位不當也요 无攸利는 柔乘剛也일세라.

彖에 이르기를 歸妹는 천지의 큰 의리니 천지가 교접하지 않으면 만물이 일어나지 못하나니 歸妹는 사람의 마지막이자 처음이라. 기뻐하여 움직이는 것은 시집가는 누이동생이니 가면 흉한 것은 자리가 마땅치 않기 때문이요, 이로운 바 없다 함은 柔가 剛을 탔기 때문이다.

譯解 : 歸妹는 결혼을 뜻하며 陰과 陽의 결합은 천지 자연의 떳떳한 이치인 것이다. 만일 천지가 교합하지 않으면 만물이 발생하지 못하고 남녀가 결합하지 않으면 후사가 그칠 것이다. 그런 의미에서 귀매는 인류의 마지막이자 처음인 것이다. 이상은 卦辭에 흉하다는 내용에 부딪힌 것이 아니고 결혼이라는 개론이 성립된 것이다.

象曰 澤上有雷歸妹니 君子以하여 永終知敝①하나니라.

象에 이르기를 못 위에 우레가 있는 것이 귀매니 군자 이로써 영원히 끝마치는 것을 보아 폐단을 알게 되나니라.

譯解 : "敝"는 옷이 헤진 것을 뜻하며, 또한 일의 실패를 뜻한다. 연못 위에서 우레가 울리는 것이 귀매의 형상이다. 군자는 이를 본받아서 긴 안목으로 마침내 한눈으로 내다본다. 부정한 결혼은 반드시 실패하고 처음은 좋을 듯하나 마침내 실패할 것을 알 것이다.

① 敝(옷헤질 패)

初九는 歸妹以娣니 跛能履라 征이면 吉하리라.
象曰 歸妹以娣나 以恒也요 跛能履吉은 相承也라.

初九는 누이동생을 시집보내는데 첩으로 보내니 절름발이도 걸을 수 있을지라 가면 길하니라.

象에 이르기를 누이동생을 시집보내는데 첩으로 보내니 떳떳하게 함이요 절름발이도 걸을 수 있어서 길하다 함은 서로 이어받는 것이라.

譯解 : "娣"는 누이동생으로 첩을 뜻한다. 춘추시대에는 제후들이 결혼할 때에 정부인의 동생을 함께 맞이하는 풍속이 귀족사회에서 흔히 있는 일이었다고 한다. "跛能履"는 정실이 아니고 첩이 되는 것을 뜻한다. 初九는 맨 밑에 있고 상응이 없으므로 정실이 못되고 첩으로 시집가는 것을 말한다. 初九는 陽爻로서 여자의 강건한 덕이 있는 것은 떳떳한 덕과 정조를 말한다. 그러나 몸을 낮추어서 첩으로 시집간다면 오히려 길할 것이다. "跛能履吉相承也"를 王弼은 길한 것을 이어받아서 뒤를 이어 첩이 된다고 해석하였다.

九二는 眇①能視니 利幽人之貞하니라.

象曰 利幽人之貞은 未變常也라.

九二는 애꾸눈으로도 볼 수 있으니 숨어 사는 사람처럼 바르게 해야 이롭나니라.

象에 이르기를 숨어 사는 사람처럼 바르게 해야 이롭다 함은 떳떳함이 변치 아니함이라.

譯解 : 九二는 陽爻로서 중용의 자리에 있으며 여자로서 굳은 절개와 중용의 덕이 있어서 어질고 착한 여자라 할 것이다. 그러나 위에 있는 六五는 정당한 배우자라 할 수 있으나 음유한 소인으로 부정한 자리에 있으니 비록 어질다 하더라도 이러한 소인에게 시집가서 내조의 공을 바랄 수 없다. 그리고 애꾸눈으로 물건을 바르게 보려고 하지만 시력이 멀리서 잘 보이지 아니한다. 고고하게 숨어사는 사람처럼 자기의 정의감을 깊이 품고 있을 따름이다.

① 眇(애꾸 묘)

六三은 歸妹以須①니 反歸以娣니라.

象曰 歸妹以須는 未當也일세라.

六三은 누이동생을 시집보내려고 기다리니 도리어 첩으로 시집보내니라.
象에 이르기를 누이동생을 시집보내려고 기다린다 하는 것은 마땅치 않기 때문이라.

譯解 : 須는 侍로 해석된다. 六三은 陰爻가 양의 자리에 있으니 부정하다. 그래서 현숙한 여자로 볼 수 없으며 오히려 여자가 시집가려고 하나 누가 아내로 맞이하려는 사람이 없으니 부득이 정처로 시집가지 못하고 첩으로 시집가는 형상이다.

① 須(기다릴 수)

九四는 歸妹愆期니 遲歸有時니라.
象曰 愆期之志는 有待而行也라.

九四는 누이동생이 시집가는 시기를 놓쳤으니 시집을 늦게 보내는 것은 때가 있음이라.
象에 이르기를 시기를 놓친 뜻은 기다림이 있어서 그렇게 행함이라.

譯解 : 愆은 過로 해석된다. 九四는 陽爻로서 陰의 자리에 있으니 굳은 의지로 정절을 지키는 여자로 볼 수 있으나 아래에 적응이 없으니 배우자를 만나지 못하고 있다. 그렇다고 아무에게나 시집갈 수 없어서 적령기를 놓쳤다. 九四가 기회를 놓친 것은 적당한 배우자가 나타나기를 기다린 것이다.

九五는 帝乙歸妹니 其君之袂①不如其娣之袂良하니 月幾望이면 吉하리라.
象曰 帝乙歸妹不如其娣之袂良也는 其位在中하여 以貴行也라.

六五는 帝乙이 누이동생을 시집보내니 그 군의 옷소매가 그 첩의 옷소매보다 좋지 못하나 달이 보름에 가까우면 길하리라.
象에 이르기를 帝乙이 누이동생을 시집보내니 그 군의 옷소매가 그 첩의 옷소매보다 좋지 못한 것은 그 자리가 가운데 있어 귀하게 행하여지니라.

譯解 : "帝乙歸妹"는 泰卦五爻에도 있다. 帝乙은 殷나라의 帝王이고, 君은

女君으로 帝乙의 누이동생이다. "月幾望"은 가까운 보름달이고, 六五는 아래 九二와 응하고 있으니 천자의 누이동생이 신하에게 시집가는 형상이다. 六五는 유순하고 중용의 덕이 있고 신분이 귀하나 의상이 검소하여 외적인 꾸밈보다 내적인 고귀한 마음씨를 가지고 시집가는 형상이다. 비록 첩의 옷보다 좋지 못하나 滿月같이 밝다고 하는 것은 婦德을 말하는 것이다.

① 袂(옷소매 예)

上六은 女承筐①无實이니 士刲②羊无血이니 无攸利하니라.
象曰 上六无實은 承虛筐也라.

上六은 여자가 광주리 속이 비어있는 것을 받음이라. 선비는 양을 찔렀으나 피가 없으니 이로울 바 없나니라.
象에 이르기를 上六은 속이 없는 빈 광주리를 받은 것이라.

譯解 : 筐은 예물함을 말한다. 上六은 陰이 陰의 자리에 있으니 덕이 없다. 그리고 아래에 응이 없다는 것은 배우자를 얻지 못하는 형상이다. 약혼은 하였지만 결혼이 성립되지 아니한다(朱子). 억지로 결혼한다 하더라도 곧 헤어지고 말 것이다(程子). 여자가 시집갈 때에 가지고 가는 예물함 속에 아무것도 없고 남자가 혼례때에 쓰는 양을 잡았으나 불길하게도 피가 나오지 않는다. 그래서 "无攸利"라 한 것이다.

① 筐(광주리 광), ② 刲(찌를 규)

䷶ 雷火豊

豊은 亨하니 王이야 假之하나니 勿憂할 제 宜日中이니라.

豊은 형통하니 왕이 여기 이를 수 있나니 근심하지 말지니라. 해가 중천에 있으면 마땅하리라.

譯解 : 假는 至를 뜻하고 豊은 굽이 높은 그릇에 물건이 가득찬 형상으로 성대하다는 뜻을 가지고 있다. 下卦는 明이요, 上卦는 우레며 動이니, 우레와 번개가 함께 일어나는 것이 豊이라. 밝게 움직이고 있는 것은 성대한

덕을 얻고 있다. 그리고 천하에서 가장 풍성한 것은 王者로서 이 거대한 富와 수많은 백성을 지켜나가려면 반드시 근심이 따르게 마련이다. 그러나 태양이 중천에 솟아 있는 것처럼 천하의 모든 곳에 덕을 베푸는 것이 근심을 없애는 길이라 할 수 있다(程子 王夫之).

彖曰 豊은 大也니 明以動이라 故로 豊이니 王假之는 尚大也요 勿憂宜日中은 宜照天下也라 日中則昃하며 月盈則食하나니 天地盈虛도 與時消息이요 而況於人乎며 況於鬼神乎아.

彖에 이르기를 豊은 큰 것이니 밝은 것으로 움직이는지라. 그래서 豊이니 왕이 이에 이른다 함은 큰 것을 숭상함이다. 근심하지 말라. 해가 중천에 있으면 마땅한 것은 천하를 비추기 때문이라. 해가 한가운데 오면 기울고 달이 차면 이지러지나니 하늘과 땅이 차고 비는 것은 때와 함께 자라고 사라지는 것인데 하물며 사람이며, 하물며 귀신이랴.

譯解 : 豊은 성대하고 풍족한 뜻을 지니고 있다. 王者는 무엇이든 큰 것을 좋아하는 것은 천하를 비추는 덕이 있어야 한다는 뜻이다. 성대하면 반드시 쇠하는 것이 易의 이치인지라 태양이 중천에 이르면 기울어지고 달이 차면 이지러지는 것은 천지자연의 현상변화로서 인간이 그 법칙을 벗어날 수 있을까? 이것은 귀신도 못하리라.

象曰 雷電皆至豊이니 君子以하여 折獄致刑하나니라.

象에 이르기를 우레와 번개가 모두 이르는 것이 豊이니 군자 이로써 옥사를 판단하고 형벌을 집행하나니라.

譯解 : 천둥 번개가 함께 일어나는 것이 豊이라. 군자는 이를 본받아 소송을 공정히 판결하고 형벌을 밝게 집행하나니라.

初九는 遇其配主하되 雖旬이나 无咎하니 往하면 有尚이리라.
象曰 雖旬无咎나 過旬이면 災也리라.

初九는 그 配主를 만나되 비록 같으나 허물이 없을 것이므로 가면 높임이 있으리라.

雷火豐 229

象에 이르기를 비록 같을지라도 허물이 없으나 같은 것이 지나치면 재앙이 있으리라.

譯解 : 配는 배합한다는 뜻이며 아랫사람이 윗사람과 배합하는 것을 뜻한다. 그래서 初九가 九四를 칭할 때에는 配主라 하고 九四가 初九를 칭할 때에는 夷主라 한다. 旬은 均과 같은 뜻이다(程子·朱子·王弼). 그리고 旬을 十日로 해석한 사람은 淸의 王夫之라 할 수 있다. 初九와 九四는 서로 응하지 않으나 初九는 陽의 자리에 있고 九四는 陰의 자리에 있어서 세력이 고르면 충돌하지 않기 때문에 허물이 없고 고르지 않으면 반발하여 재앙이 있다는 뜻이다.

六二는 豐其蔀라 日中見斗니 往하면 得疑疾하리니 有孚發若하면 吉하리라.

象曰 有孚發若은 信以發志也라.

六二는 그 차일(遮日)이 커지는지라 대낮에 북두칠성이 보이니 가면 의심과 미움을 얻으리니 믿음을 가지고 마음을 풀어준다면 길하리라.

象에 이르기를 믿음을 가지고 마음을 풀어준다 함은 믿음으로써 뜻을 풀어주기 때문이다.

譯解 : "蔀"는 일광을 가리는 차일을 뜻하며, "發若"은 풀어준다는 뜻이다. 六二는 중용의 자리에서 바른 것을 얻고 있으며, 應爻인 六五는 陰의 자리에서 어두운 暗君이다. 대낮에 북두칠성이 보일 정도라면 그 어둠을 가히 알 수 있다. 이런 暗君을 따른다면 의심과 미움을 받을 것이니 중용의 덕으로 성의를 다해서 상대방의 마음을 풀어준다면 길할 것이다.

九三은 豐其沛①라 日中見沫②요 折其右肱이니 无咎니라.

象曰 豐其沛라 不可大事也요 折其右肱이라 終不可用也라.

九三은 그 장막이 큰지라 대낮에 작은 별이 보일 것이요, 오른팔이 꺾이니 허물이 없으리라.

象에 이르기를 장막이 큰지라 큰 일을 해서는 옳지 못함이요, 오른팔이 꺾였는지라 끝내 쓰는 것이 옳지 아니하다.

譯解 : 沛는 旆로 장막을 뜻하고 沬는 작은 별을 뜻한다. 九三은 下卦 離의 맨 위에 이르러 한낮이 지나고 해가 기울어진 때이다. 그리고 上六은 陰爻로 아둔한 사람이나 九三과 응하고 있다. 한낮에 이름없는 별이 보일 정도로 어둡다고 비유하고 있다. 바른 팔은 힘을 최대한으로 발휘하는 부분으로 九三은 밝은 지혜를 가지고 있으나 힘을 발휘할 기회를 얻지 못하고 있다. 상대의 上六은 아둔하고 벼슬자리가 없는 사람으로 힘을 발휘하지 못하여 오른팔이 부러진 형상이다. 上六은 陰爻가 陰의 자리에 있으나 힘이 없고, 九三은 陽爻가 陽의 자리에 있으니 바른자리에서 덕을 얻고 있기 때문에 허물이 없다고 표현하고 있다.
① 沛(깃발날릴 패), ② 沬(낮별 매)

九四는 豊其蔀①라 日中見斗니 遇其夷主하면 吉하리라.
象曰 豊其蔀는 位不當也일세요 日中見斗는 幽不明也오 遇其夷主는 吉行也라.

九四는 그 차일이 큰지라 대낮에 별을 보니 그 夷主를 만나면 길하리라.
象에 이르기를 차일이 크다 함은 자리가 마땅치 않기 때문이요, 대낮에 별을 볼 수 있다 함은 어둡고 밝지 못함이요, 그 夷主를 만난다 함은 가는 것이 길하리라.

譯解 : 夷는 비슷하다는 뜻이다. 夷主는 初九를 가리킨 것으로 九四는 初九와 대등한 입장에 있기 때문에 夷主라 칭한다. 九四는 비슷한 陽의 자리에서 서로 응하고 있으며 五爻의 밑에 있으니 대신의 자리라 할 수 있다. 그러나 六五의 陰爻가 장막을 친 것처럼 어두운 때에 자기와 대등하고 강직한 初九를 만나서 함께 행동하는 것이 오히려 길할 것이다.
① 蔀(차일 부)

六五는 來章이면 有慶譽하여 吉하리라.
象曰 六五之吉은 有慶也라.

六五는 아름다운 덕이 있는 사람이 온다면 경사와 명예가 있어서 길하리라.
象에 이르기를 六五의 길함은 경사가 있기 때문이라.

譯解 : 章은 아름다운 덕을 뜻하며 여기서는 아름다운 덕이 있는 사람을 뜻한다. 六五는 陰의 자리에서 아름다운 덕이 있는 아래의 六五를 만나야 경사가 있고 명예를 얻어서 길할 것이다. 下卦 離는 밝고 아름다운 덕이 있어서 章의 글자가 표현된 것이다.

上六은 豊其屋하고 蔀其家라 闚其戶하니 闃其无人하여 三歲라도 不覿이로소니 凶하니라.

象曰 豊其屋은 天際翔也요 闚其戶闃其无人은 自藏也라.

上六은 그 집을 크게 하고 그 집의 지붕을 덮는지라. 그 문을 엿보니 고요하고 사람이 없어서 三年이 되어도 아무도 보이지 아니하니 凶하니라.

象에 이르기를 그 집을 크게 한다 함은 하늘에 닿을 듯이 함이요, 그 문을 엿보니 고요하고 사람이 없음은 스스로 감춘 것이다.

譯解 : 上六은 陰柔한 소인으로 풍성한 것이 궁극에 이른 것이다. 지붕은 집의 높은 부분을 말하며 上爻를 뜻한 것이다. 점점 어두워져서 그 집의 문틈으로 엿보니 전혀 인기척이 없다. 三年이 지나도록 집 밖을 나오지 않고 다른 사람을 만나지도 않는다. 덕이 없는 사람이 높은 자리에서 교만하여 점점 자신의 지혜가 어두워지고 찾아오는 사람이 없음은 스스로 자초한 일이니 누구를 탓하랴.

火 山 旅

旅는 小亨코 旅貞하여 吉하니라.

旅는 조금씩 트이고 나그네가 바르게 해야 길하니라.

譯解 : "旅"는 나그네 또는 여행을 뜻한다. 上卦는 불이요, 下卦는 山이니 산불이 난 형상이다. 불이 산위로 번져 끊임없이 타올라 가는 것은 마치 나그네가 급히 길을 재촉하는 그런 모양이다. 그래서 旅라 한 것이다. 당초에 여행을 떠나오는 것은 삶의 터전을 떠나 낯선 고장에서 불안정한 생활

과 고독을 되씹으며 삶을 영위하는 그러한 형상이다. 그래도 바른길을 굳게 지키면 의지할 곳 없는 나그네지만 좋은 일이 열릴 것이다. 그리고 나그네는 이상을 실현하기 위하여 절대적인 노력이 필요하다. 인생은 길고 긴 여행길을 떠나는 것과 같기 때문이다.

彖曰 旅小亨은 柔得中乎外而順乎剛하고 止而麗乎明이라 是以小亨旅貞吉也니 旅之時義大矣哉라.

彖에 이르기를 旅는 조금씩 트인다 함은 유가 밖에서 中을 얻어서 剛에 순종하고 머물러 밝은 데에 자리를 잡은지라. 이로써 조금씩 트이고 나그네가 바르게 하면 길하다 함이니 旅의 때와 뜻이 큼이라.

譯解 : 卦辭에 "旅小亨"이라 함은 六五의 柔爻가 중용을 얻어서 上九와 九四의 陽爻에 순종하는 것은 유순의 덕을 지닌 사람이 나라 밖에서 중용의 덕을 지킨다는 뜻이다. 그래서 外卦는 艮으로서 머무르고 外卦는 離로 밝은 덕이 붙어 있다. 결국은 머물러서 밝은 덕에 붙어 있고 조용히 머물러서 밝히 살피고 나그네의 바른길을 지키면 길할 것이다.

象曰 山上有火旅니 君子以하여 明愼用刑하여 而不留獄하나니라.

象에 이르기를 산 위에 불이 있는 것이 旅니 군자 이로써 형벌을 신중하게 밝히며 옥사를 남겨두지 아니한다.

譯解 : 산 위에서 불이 타고 있음이 여행이니 군자는 이를 본받아 형벌을 신중히 다루며 재판을 지체하지 않고 속히 판결한다(淸의 王夫之).

初六은 旅瑣①瑣니 斯其所取災니라.
象曰 旅瑣瑣는 志窮하여 災也라.

初六은 여행하는 데 사소한 일에 구애되어 이것이 재앙을 불러오게 된다.
象에 이르기를 여행하는 데 사소한 일에 구애됨은 뜻이 궁해서 재앙이 있음이라.

譯解 : 瑣瑣는 좀스러운 모습을 표현한 말이다. 初六은 陰爻로서 기가 약

한 소인으로 맨 밑에 있으니 신분이 천하다. 이러한 사람이 고행길 여행에서 인색하고 도량이 좁아서 사소한 일에 얽매인다면 오히려 재난을 불러올 것이다. 象傳의 뜻은 마음을 정하지 못할 때에는 씩씩한 마음이 점점 없어지기 때문에 재앙을 불러오게 된다고 하였다.

① 瑣(좀스러울 쇄)

六二는 旅卽次하고 懷其資하고 得童僕貞이라.
象曰 得童僕貞은 終无尤也라.

六二는 여행하다가 숙소에서 노자를 품속에 간직한 하인의 정직함을 얻은 것이라.

象에 이르기를 하인의 정직함을 얻는다 함은 마침내 허물이 없음이라.

譯解: "次"는 멈춤, 또는 여인숙을 뜻한다. 六二는 유순하며 중용의 자리를 얻고 있으니 여행하는 가운데 여러 사람들로부터 친절을 받는 형상이다. 여행할 때에 가장 마음이 편한 것은 숙소에 들러서 충분한 여비를 품속에서 꺼내어 쓸 때라고 할 수 있다. 그리고 충실한 하인을 부린다면 더욱 허물이 없을 것이다. 이 爻辭는 여행하는 가운데 가장 상태가 좋은 것을 보이고 있다.

九三은 旅焚其次하고 喪其童僕貞이니 厲하니라.
象曰 旅焚其次하니 亦以傷矣요 以旅與下하니 其義喪也라.

九三은 여행하다가 그 숙소를 불태우고 그 하인의 정직한 것을 잃었으니 위태하니라.

象에 이르기를 여행하다가 그 숙소를 불태우니 역시 마음 아픈 일이요, 아랫사람과 함께 여행한 것은 그 義를 잃었음이라.

譯解: 여행하면서 머물러 있던 숙소는 불타버리고 갈 곳이 없으며 아랫사람인 하인은 도망쳐 버리고 말았다. 九三은 陽爻로 陽의 자리에 있으니 지나치게 강하여 불안정하다. 그런데 중용을 벗어나서 안정할 곳을 얻지 못한 형상이다. 下卦의 맨 위에 있으니 사람에게 교만하고 여행하면서 이러한 태도는 아랫사람을 다루기 어려우니 하인이 도망치는 것은 당연하다. 비록 여행의 동기가 바르더라도 이러한 태도로는 여행이 위험할 뿐이다.

九四는 旅于處하고 得其資斧하니 我心은 不快로다.
象曰 旅于處는 未得位也니 得其資斧하니 心未快也라.

九四는 여행하다가 한곳에 머물러 있고 그 노자와 도끼를 얻었으나 나의 마음은 불쾌하도다.

象에 이르기를 여행하다가 한곳에 머물러 있다는 것은 아직 자리를 얻지 못했음이니 그 노자와 도끼를 얻었으나 마음은 상쾌하지 못함이라.

譯解 : 資斧의 뜻에 대하여 唐의 陸德明의 經義釋文에서 보면, 黃鉞斧라는 도끼는 세상을 평정하는 데 사용하는 예리한 도끼라고 설명하고 있다. 예리한 도끼를 가지고 여행을 떠날 때에는 유연하고 겸손한 태도가 필요한 것이다. 九四는 강한 陽爻가 음의 자리에 있으니 剛柔를 겸하고 있다. 그러나 九四는 上卦의 맨 아래에 해당하니 사람들에게 자기를 낮추는 덕이 있어야 한다. 여행하는 가운데 안정된 장소를 얻고 야영에 필요한 도끼를 얻었으니 여행에서 부자유스러울 일은 없다. 그러나 위에 강력한 자기 편이 없고 아래 六三은 陰爻로 힘이 약하여 資斧를 얻었으나 마음은 편하지 않다. 그래서 "我心不快"라 하였다. 孟子에게 齊宣王이 만종의 녹봉과 황금 만근을 준다고 하였지만 孟子는 이를 깨끗이 거절한 것을 淸의 王夫之는 설명하고 있다.

六五는 射雉一矢亡이라 終以譽命이리라.
象曰 終以譽命은 上逮也일세라.

六五는 꿩을 쏘아 살 하나를 잃었는지라 마침내 명예와 명이 있으리라.
象에 이르기를 마침내 명예와 명이 있음을 위에서 알았음이라.

譯解 : 六五는 陰爻로 유순하고 중용을 얻고 있으며 上卦의 主爻인 것이다. 離卦는 문명의 덕이 있고 꿩을 상징하기 때문에 꿩을 쏘아 살 하나를 잃었지만 마침내 꿩을 쏘아서 잡고 명예와 벼슬을 얻을 것이란 뜻이다. 六五는 유순하면서 중용의 자리에서 문명의 덕을 가지고 여행한다면 처음은 다소의 손실이 있지만 드디어 목적을 달성하고 명예와 벼슬을 얻을 것이다. 옛날에 선비가 처음으로 벼슬길에 나가려면 꿩을 진상품으로 올렸던 습관이 있다고 하였다. 그래서 꿩을 쏘아 잡는 것은 입신출세를 상징한 것이다. 五爻를 보통은 군주의 자리로 알고 있으나 여기서는 여행하는 사람

으로 지칭하고 있다(程子).

上九는 鳥焚其巢니 旅人이 先笑後號咷라 喪牛于易이니 凶하니라.

象曰 以旅在上하니 其義焚也요 喪牛于易하니 終莫之聞也라.

上九는 새가 보금자리를 불태우니 여행하는 사람이 먼저는 웃고 뒤에는 울부짖으니 소를 밭길에서 잃었으니 흉하니라.

象에 이르기를 여행하는데 윗자리에 있으니 그 의리로 불태우는 것이요, 소를 밭길에서 잃었으니 마침내 듣지 못하였도다.

譯解 : 號咷는 울부짖다의 뜻으로 同人卦 九五의 先號咷而後笑라고 표현하고 있다. 上九는 윗자리에 있기 때문에 새에 비유한 것이다. 콧대가 세고 교만한 태도를 보이고 있으나 여행할 때에는 반드시 겸손한 행동을 가지고 처음으로 몸둘 곳을 얻어야 한다. 그러나 上九의 태도는 여러 사람에게 미움을 사고 안정된 곳을 얻지 못하고 있으니 새가 둥지를 불태운 것으로 표현하고 있다.

䷸ 巽爲風

巽은 小亨하니 利有攸往하며 利見大人이니라.

巽은 조금씩 형통하니 갈 데가 있으면 이로우며 훌륭한 사람을 만나면 이롭나니라.

譯解 : 巽은 순종, 겸손 또는 바람을 뜻한다. 巽卦는 二陽 밑에 一陰爻가 온순하게 엎드려 있으니 순종을 뜻하며 또한 파고들어간다는 뜻도 된다. 상대가 따라주니 들어가기 쉬운 것은 자연의 이치로서 따라가면 들어가기 쉽다. 그것은 바람이 어디든지 들어갈 수 있기 때문이다. 二陽 밑에 一陰이 卦의 주체가 되며 조금은 형통할 것이다. 陰이 陽을 따르는 것이 자연의 순리로서 가는 곳이 있으면 이롭다고 하였다. 다만 따른다 하더라도 상대

가 악인이라면 마주 대할 수 없다. 그래서 훌륭한 사람을 만나야 이롭다고 하였다.

象曰 重巽으로 以申命하나니 剛이 巽乎中正而志行하며 柔皆順乎剛이라 是以小亨하니 利有攸往하며 利見大人하나니라.

象에 이르기를 거듭 순종하는 것으로 명령을 반복하나니 剛이 중정에 따라 뜻대로 행하며 柔가 모두 剛에게 순종함이라. 이로써 조금씩 트이는 것이니 갈 데가 있으면 이롭고 훌륭한 사람을 만나는 것이 이롭나니라.

譯解 : 重은 거듭, 申은 반복을 뜻한다. 巽卦는 위 아래가 거듭된 卦로서 이치에 따라서 순종하고 또한 들어간다는 뜻도 되며 어떤 일이라도 유연성을 가지고 밑에까지 들어갈 수 있다는 뜻이다. 이 卦는 두 개가 거듭된 것으로 명령을 소중하게 반복할 뜻을 표현하고 있다. 九五는 강한 陽爻로 중정의 자리에 있으며 바른 길을 따라서 뜻대로 행하고 있다.

象曰 隨風이 巽이니 君子以하여 申命行事하나니라.

象에 이르기를 바람을 따라가는 것이 巽이니 군자 이로써 명령을 거듭해서 일을 행하나니라.

譯解 : 隨는 앞뒤가 계속되는 것을 뜻한다. 바람이 구석구석까지 불고 있으며 군자는 이를 본받아서 명령을 몇 번이고 반복하여 백성에게 일을 철저히 시키고 실행에 옮긴다.

初六은 進退니 利武人之貞이니라.
象曰 進退는 志疑也요 利武人之貞은 志治也라.

初六은 나가고 물러가니 무인처럼 바르게 함이 이롭나니라.
象에 이르기를 나가고 물러가는 것은 뜻을 의심하는 것이요, 무인처럼 바르게 하면 이롭다 함은 뜻이 다스려짐이니라.

譯解 : 初六은 巽卦의 主爻로서 맨 밑에 있으니 겸손하다. 지나치게 자기를 낮추기 때문에 행동에 자신이 없고 나갔다 물러났다 하는 것은 결단력이 부족한 탓이다. 만일 무인과 같은 기질이 있다면 비실비실한 마음을 없

애고 우유부단한 결점을 시정할 것이다.

九二는 巽在牀下하니 用史巫紛若하면 吉하고 无咎리라.
象曰 紛若之吉은 得中也일세라.

九二는 겸손해서 침상 밑에 있으니 史와 무당을 많이 쓰면 길하고 허물이 없으리라.
象에 이르기를 史와 무당을 많이 쓰면 길한 것은 중용을 얻었기 때문이다.

譯解 : "牀"은 침상을 뜻하고 "史"는 卜을 다루는 司官, "紛若"은 많은 모양을 뜻한다. 九二는 陽爻가 陰의 자리에서 자신을 낮추는 태도를 보이고 있다. 겸손한 태도로 꿇어 앉아서 史官과 무당을 시켜서 신에게 빌고 있는 것은 성의를 보이고 있으니 길하고 허물이 없다. 史와 巫를 많이 쓰는 것은 지나치게 비굴하게 보이지만 九二는 강하고 중용의 자리에서 성의를 가지고 정중하게 표현하고 있다. 결코 과도하게 비굴한 것은 아니다.

九三은 頻巽이니 吝하니라.
象曰 頻巽之吝은 志窮也라.

九三은 자주 겸손하니 부끄러워 하니라.
象에 이르기를 자주 겸손하니 부끄러워 함은 뜻이 궁하기 때문이다.

譯解 : "頻"은 번번이 또는 몇 번이란 뜻이다. 九三은 陽爻로 陽의 자리에 있으니 너무 지나치게 강하다. 정말 겸손한 것이 아니고 번번이 겸손한 척 흉내를 내는 것은 본디의 모습을 드러내니 부끄러운 일이다.

六四는 悔亡하니 田獲三品이로다.
象曰 田獲三品은 有功也라.

六四는 뉘우침이 없으니 사냥해서 세 가지의 물품을 얻으리라.
象에 이르기를 사냥해서 세 가지 물품을 얻는다 함은 공이 있음이라.

譯解 : "田"은 사냥을 뜻하고, "三品"은 등급을 뜻한다. 천자나 제후가 사냥할 때에 잡은 짐승을 화살이 맞은 곳을 가지고 上殺, 中殺, 下殺의 세 단계로 구분해서 심장에 화살이 맞으면 최상품으로 말려 供物로 정하고, 다

리에 맞으면 그 다음으로 손님에게 제공한다. 그리고 마지막으로 腸에 맞으면 맛이 없는 것으로 자신의 반찬으로 사용한다. 六四는 유순하고 힘이 약한데 위에 강한 陽이 있고 아래에 강한 陽을 타고 있으니 당연히 뉘우침이 없어질 것이다.

九五는 貞이면 吉하여 悔亡하여 无不利니 无初有終이라 先庚三日하며 後庚三日이면 吉하리라.

象曰 九五之吉은 位正中也일세라.

九五는 바르게 하면 길하여 뉘우침이 없어서 이롭지 아니함이 없을지니 처음은 없으나 끝이 있으리라. 庚보다 앞선 三日이며 庚보다 뒤진 三日이면 길하리라.

象에 이르기를 九五의 길함은 자리가 정중하기 때문이라.

譯解 : 先庚三日, 後庚三日은 어떠한 뜻인지 알 수 없으나 蠱卦의 先甲三日 後甲三日과 뜻이 비슷하며, 옛 사람이 제삿날에 점을 쳐서 판단할 글귀라고 한다. 九五는 강건한 성격을 가지고 巽卦에 있다. 그러나 巽은 유순한 뜻을 가지고 있으나 강건한 뜻이 있을 수 없다. 그래도 九五는 중정의 자리에서 바르게 하여 길함을 얻고 있으며 뉘우침이 없어지고 무엇을 하던 이익이 있다. 처음은 없으나 끝이 있다고 하는 것은 마침내 뉘우침이 소멸하는 것을 가리킨 것이다. 先庚三日은 庚의 前三日이 丁日이니 丁寧의 뜻이 있고 만일 사물의 변경이 있을 때에는 백성에게 알린다. 後庚三日은 庚의 後三日이 癸日이니 즉 사물의 변경된 뒤를 잘 헤아려야 될 것이란 뜻이다. 즉 사물의 변경이 있을 때에는 신중하게 판단해야 옳을 것이다.

上九는 巽在牀下하여 喪其資斧이니 貞에 凶하니라.

象曰 巽在牀下는 上窮也요 喪其資斧는 正乎아 凶也니라.

上九는 겸손하여 침상 밑에 있다가 그 노자와 도끼를 잃었으니 바르게 하여도 흉하니라.

象에 이르기를 겸손하여 침상 밑에 있다 함은 위가 궁하다는 것이요, 노자와 도끼를 잃었다 함은 바로 흉함이라.

譯解 : 巽在牀下는 九二에도 있다. 上九는 巽卦의 윗자리에 있으면서 겸

손함이 도를 지나쳤다. 침대 밑에 엎드려 있으니 겸손이 지나쳐 강건한 덕을 상실하고 있다. 그래서 資斧을 상실하였음을 표현하고 있다. 강건하고 과단성이 있는 것은 예리한 도끼와 비슷하며 높은 자리에서 결단력을 상실한 것은 바로 흉한 것이다.

䷹ 兌爲澤

兌는 **亨**하니 **利貞**하니라.

兌는 형통하니 바르게 하면 이롭나니라.

譯解 : "兌"는 말이라는 뜻과 기쁘다는 뜻이 있다. 兌의 형상은 一陰이 二陽 위에 자리잡고 있으니 기뻐하는 정이 밖에 나타나는 象이다. 이 卦를 연못이라 칭한 것은 坎의 下流를 막으면 연못이 된다는 뜻이다(淸의 王夫之). 또한 연못에 담겨있는 물은 만물을 윤택하게 적셔주고 있으며, 兌의 형상을 살펴보면 陽이 가운데 있고 밖에 陰이 있음은 유화한 태도로 여러 사람을 기쁘게 하는 형상이다. 그러나 어떠한 일을 하더라도 여러 사람을 기쁘게 하면 좋다는 뜻은 아니다. 바른길을 지키는 것이 이로울 것이며 또한 陽이 가운데 자리에 있으니 바른길을 지켜나갈 능력이 있음을 뜻한다.

象曰 兌는 **說也**이니 **剛中而柔外**하여 **說以利貞**이라 **是以順乎天而應乎人**하여 **說而先民**하면 **民忘其勞**하고 **說以犯難**하면 **民忘其死**하나니 **說之大民勸矣哉**아.

象에 이르기를 兌는 기뻐하는 것이니 剛은 가운데 있고 柔는 밖에 있어서 기쁘게 하고 바르게 하면 이롭나니라. 이로써 하늘에 순종하고 사람에게 응하여 기쁜 마음으로 먼저 백성을 대하면 백성이 그 노고를 잊고 기쁜 마음으로 어려운 일을 하면 백성이 그 죽음을 잊으나니 기쁨의 큼을 백성에게 권하라.

譯解 : "說"은 悅과 같은 뜻이다. 兌와 강한 爻가 가운데 자리를 얻고 있으며 柔爻가 밖에 있으니 밖이 柔하여 사람들이 기뻐하며 剛이 가운데를

바르게 지키고 있으니 백성의 마음과 합치하고 있다. 만일 부정한 수단으로 백성을 기쁘게 한다면 하늘의 이치에 어긋나고 멀지 않아 백성의 마음은 떠날 것이다. 백성보다 앞서서 일을 행한다면 백성이 노고를 잊어버리고 따라올 것이다. 그리고 백성보다 먼저 위험한 전쟁터에 임한다면 백성은 죽음을 두려워하지 않고 용감하게 따라올 것이며 기쁨의 바른길을 백성에게 권할 것이다.

象曰 麗澤이 兌니 君子以하여 朋友講習하나니라.

象에 이르기를 두 연못이 붙어 있는 것이 兌니 군자 이로써 벗을 모아 강론하고 익히나니라.

譯解 : "麗"는 붙어있다는 뜻이다. 이 卦는 澤이 겹쳐서 물이 서로 통하고 있다. 그래서 군자는 이를 본받아 벗들과 모여서 학문을 논의하고 학습한다. 이 卦는 두 개의 입이 나란히 겹쳐서 마주 보고 기쁘게 웃는 모습을 보이고 있다.

初九는 和兌니 吉하니라.
象曰 和兌之吉은 行未疑也일세라.

初九는 화목해서 기뻐함이니 길하니라.

象에 이르기를 화목해서 기뻐하니 길하다 하는 것은 行을 의심하지 않기 때문이라.

譯解 : 初九는 陽이 제자리에 있고 강직한 성격을 가지고 있다. 아랫자리에 있으나 만족하게 여기고 무리한 출세를 탐하지 아니한다. 그리고 위에 응이 없으니 사적인 친분관계가 없고 모든 일에 공명한 태도로 임한다. 아랫자리에 만족해 하고 사람을 기쁘게 하는 바른길을 걷고 있기 때문에 의심을 받을 일이 없다.

九二는 孚兌니 吉하고 悔亡하나니라.
象曰 孚兌之吉은 信志也일세라.

九二는 성실해서 기쁘니 길하고 뉘우침이 없나니라.

象에 이르기를 성실해서 기쁘니 길하다 함은 뜻을 믿게 함이니라.

譯解 : 九二는 陽爻로 중용의 자리에 있으니 성실하다. 성심성의를 가지고 사람들을 기쁘게 한다면 길하고 뉘우침이 없을 것이다. 그러나 陽이 陰의 자리에 있으면 본래는 뉘우침이 있어야 한다. 다만 성실한 믿음을 가지고 두려움을 소멸시키면 마음이 성실한 탓이라고 한다.

六三은 來兌니 凶하니라.
象曰 來兌之凶은 位不當也일세라.

六三은 와서 기뻐하니 흉하니라.
象에 이르기를 와서 기뻐하니 흉하다 함은 자리가 마땅하지 않기 때문이라.

譯解 : 六三은 兌卦의 主爻로서 陰이 陽의 자리에 있으니 부정하다. 그리고 위에 응이 없어서 아래의 初九와 九二의 눈치를 살피고 있다. 부정한 행위로 사람을 기쁘게 한다면 흉함을 면키 어렵다.

九四는 商兌未寧이니 介疾이면 有喜리라.
象曰 九四之喜는 有慶也라.

九四는 상의하여 기뻐하나 아직 편안치 못함이니 지조가 있어 미워하면 기쁨이 있으리라.
象에 이르기를 九四의 기뻐함은 경사가 있음이라.

譯解 : "商"은 헤아리다라는 뜻이다. 介疾은 지조를 가지고 미워한다는 뜻이다. 九四는 아래 六三은 부정한 陰으로 교합하는 것은 부당한 일이다. 보통 陽과 陰이 기뻐하는 것은 당연한 일이나 상대가 부정할 때에는 기뻐하는 것이 옳은가. 그렇지 않다는 것을 마음 속으로 저울질하고 있음은 마음이 정해져 있지 않기 때문이다. 그러나 九四가 강한 陽으로 부정한 陰의 유혹을 물리칠 수 있었던 것은 병을 앓고 있다가 치유된 것이며 또한 경사가 있음을 상징한 것이다.

九五는 孚于剝이면 有厲이리라.
象曰 孚于剝은 位正當也일세라.

九五는 성실함이 깎이면 위태함이 있으리라.
象에 이르기를 성실함이 깎인다 함은 자리가 정당하기 때문이라.

譯解 : "剝"은 陰이 陽을 깎아내린다는 뜻이다. 九五는 陽으로 陽의 자리에서 중용을 얻고 있으며 기뻐하는 때에 五의 자리에서 결국은 자신을 기쁘게 하려는 사람들에 의해서 둘러싸여 있다. 그러나 上六은 가장 가깝게 있고 음유한 소인이 兌卦의 主爻가 되어 九五에게 접근하여 사악한 행동으로 아첨하고 있다. 그것은 강한 陽의 氣를 깎아내리려는 술책인 것이니 九五는 조심하고 삼가야 하겠다. 요컨대 九五의 바른자리는 중용의 덕을 갖추고 있으며 높은 자리에서 자신있게 소인과 접근하고 있다. 그러나 스스로 믿는 것은 도리어 위험한 일에 부딪칠 것이다.

上六은 引兌라.
象曰 上六引兌는 未光也라.

上六은 이끌려서 기뻐함이라.
象에 이르기를 이끌려서 기뻐함은 빛나지 못함이라.

譯解 : 上六은 上卦 兌의 主爻로서 음유한 성질을 가지고 있으며 兌卦의 윗자리에 있다. 사람을 기쁘게 하는 일에 그릇되고 올바른 것을 분별하지 못한다. 아래 두 陽爻를 유인하여 그 마음을 잡아매려는 것이다. 그래도 그 덕이 크지 못하여 상대가 따라주려는지 알지 못하고 있으니 길하다던가 흉하다는 말을 표현하지 않고 있다.

䷺ 風水渙

渙은 亨하니 王假有廟며 利涉大川하니 利貞하니라.

渙은 형통하니 왕이 종묘에 이르게 되면 큰 내를 건너는 것이 이롭나니 바르게 하면 이롭나니라.

譯解 : "渙"은 흩어지다라는 뜻이다. "假"는 至로 해석되고, "有廟"는 종묘

또는 사당을 뜻한다. 渙卦의 위는 바람이요, 아래는 물이니 바람이 물 위에서 불면 파도를 일으켜 일제히 흩어진다. 그래서 渙卦라 이름하였다. 九二는 강한 陽爻가 중용의 자리에서 六三과 六四가 마음을 합친다는 좋은 덕을 가지고 있는 까닭으로 형통하다고 하였다. 왕이 몸소 종묘에 이르러 제사 지내는 것은 선조의 영혼이 흩어지는 것을 막으려는 데 있다. 上卦는 木이요, 下卦는 水이니 뗏목을 타고 큰 내를 건너가려면 위험이 따르지만 바르게 하면 이롭다는 뜻이다.

象曰 渙亨은 剛이 來而不窮하고 柔得位乎外而上同할세라.
王假有廟는 王乃在中也이요 利涉大川은 乘木하여 有功也이라.

彖에 이르기를 渙이 형통하다 함은 剛이 와서 궁하지 않고 柔가 자리를 밖에서 얻어서 위와 같은지라. 왕이 사당에 이르렀다 하는 것은 왕이 가운데 자리에 있기 때문이요, 큰 내를 건너는 것이 이롭다 함은 뗏목을 타야 공이 있음이니라.

譯解 : "上同"은 윗사람과 마음이 같다는 뜻이다. 九二가 중용의 자리에 있고 六三 六四가 마음을 합하여 흩어지려는 것을 막으려는 형상이다. 九五가 가운데 있어 종묘에 제사 지내는 것은 흩어지려는 백성의 마음을 막을 수 있다는 뜻이다.

象曰 風行水上이 渙이니 先王이 以하여 享于帝하며 立廟하나니라.

象에 이르기를 바람이 물 위에서 부는 것이 渙이니 선왕이 이로써 천제께 제사 지내며 종묘를 세우나니라.

譯解 : 바람이 물 위에서 부는 것이 渙卦다. 선왕은 이를 본받아 천제께 제사 지내고 종묘를 세워 백성의 흩어짐을 막는 것이다.

初六은 用拯하되 馬壯하니 吉하니라.
象曰 初六之吉은 順也일세라.

初六은 사람을 구하는데 말이 씩씩하니 길하니라.
象에 이르기를 初六이 길하다 함은 순종하기 때문이라.

譯解 : 用拯馬壯은 明夷卦의 九二에도 있다.
馬壯은 九二를 가리킨 것이다. 初六은 渙卦의 처음으로 그다지 흩어져 있지 않고 이산이 심하지 않아 구제하는 데 몹시 힘든 것은 아니다. 씩씩한 말만 있으면 쫓아가서 무난히 돌이킬 수 있을 것이다. 初六의 힘만으론 구제할 수 없고 강효인 九二를 따르면 길할 것이다.

九二는 渙에 奔其机면 悔亡하리라.
象曰 渙奔其机는 得願也라.

九二는 흩어지는 때에 책상으로 달려가서 몸을 의지하면 뉘우침이 없어질지니라.
象에 이르기를 흩어지는 때에 책상으로 달려가서 몸을 의지한다 함은 원함을 얻었음이라.

譯解 : "机"는 몸을 의지하는 脇息이다. 九二는 陽爻가 陰의 자리에 있으니 당연히 뉘우침이 있어야 하나 內卦에서 가운데 자리를 얻어 몸을 편하게 의지할 수 있으므로 奔其机라 표현한 것이다. 이렇게 안정된 장소에 달려왔기 때문에 미리 짐작했던 뉘우침이 없어졌다.

六三은 渙에 其躬이 无悔니라.
象曰 渙其躬은 志在外也일세라.

六三은 그 사사로움을 흩어버리면 뉘우침이 없으리라.
象에 이르기를 그 사사로움을 흩어버림은 뜻이 밖에 있음이로다.

譯解 : "躬"은 자기 몸을 뜻하며, 여기서는 이기심을 뜻한다. 六三은 음유함과 중용을 벗어나서 이기심이 강한 성격을 가지고 있다. 그래서 陽의 자리에 있다는 것은 적극적인 행동을 취할 수 있음을 뜻하고 있다. 흩어지려는 바깥 세상을 위하여 이기심을 버리고 천하를 구제하려는 행동을 한다면 뉘우침이 없어질 것이다.

風水渙

六四는 渙에 其群이라 元吉이니 渙에 有丘匪夷所思리라.
象曰 渙其群元吉은 光大也라.

六四는 그 무리를 흩어버림이라. 크게 길하여 흩어버림에 언덕이 있으니 보통 사람은 생각할 바 아니라.

象에 이르기를 그 무리를 흩어버리는지라 크게 길하다 함은 공이 크게 빛날 것이라는 것이다.

譯解: "群"은 무리 또는 私黨을 뜻하고, "夷"는 보통사람을 뜻한다. 六四는 陰爻가 陰의 자리에 있으니 바른 자리를 얻고 있다. 위로는 九五의 군주와 밀접한 관계로 흩어지려는 백성의 마음을 막으려는 책임을 지고 있다. 아래에 응이 없어서 사사로운 교제가 없다. 그래서 사사로운 朋黨을 자기 스스로 해산시키고 공에 봉사하는 사람이다. 이것은 말할 것도 없이 공을 위한 일이며 크게 길할 것이다.

九五는 渙에 汗其大號면 渙에 王居니 无咎리라.
象曰 王居无咎는 正位也라.

九五는 흩어지는 때에 큰 명령을 내리며 왕의 재물을 흩으리니 허물이 없으리라.

象에 이르기를 왕의 재물을 흩으니 허물이 없다 함은 자리가 바르기 때문이라.

譯解: "大號"는 왕의 명령을 말한다. "汗"은 명령을 내리는 것을 뜻하고, "王居"는 왕의 재산을 뜻한다. 九五는 陽爻로 바른 자리에서 중용을 얻고 있으며 덕이 높은 왕자의 자리에 있다. 왕이 사사로이 저축한 재산을 천하의 백성을 위하여 흩어버리면 백성의 헤어짐을 막을 것이다. 사유재산을 흩어버리는 것은 보다 큰 효과가 있음을 뜻한 것이다.

上九는 渙에 其血이 去하여 逖出하면 无咎리라.
象曰 渙其血은 遠害也라.

上九는 그 위험이 흩어지니 벗어나서 멀리 가면 허물이 없으리라.

象에 이르기를 그 위험이 흩어진다 함은 해를 멀리 함이라.

譯解 : "血"은 위험 또는 부상을 뜻한다. 上九는 渙卦의 마지막으로 下卦의 위험한 곳과 멀리 떨어져 있다. 그래서 상해를 당할 일이 멀리 있다. 상해를 당할 위험한 장소가 멀리 떨어져 나오면 허물은 없다.

䷻ 水澤節

節은 亨하니 苦節은 不可貞이니라.

節은 형통하니 苦節은 바르게 지킬 수 없나니라.

譯解 : "節"은 대나무의 마디를 가리키는 말이며, 절제 절조 등을 뜻한다. 上卦는 水요, 下卦는 澤이니 연못에 물이 담겨 있는 象이다. 그래서 스스로 절제하고 자제해야 된다는 뜻으로 節이라 이름하였다. 절제를 하더라도 한도를 지나치게 하면 본인을 괴롭히는 것은 물론이려니와 지나친 절약은 괴로운 것이라는 뜻이다. 한도를 벗어난 절약은 떳떳한 이치를 벗어난 절약으로 이를 고집할 필요는 없다.

象曰 節亨은 剛柔分而剛得中할세요, 苦節不可貞은 其道窮也일세라. 說以行險하고 當位以節하고 中正以通하니라. 天地節而四時成하나니 節以制度하여 不傷財하며 不害民하나니라.

象에 이르기를 節이 형통하다 함은 剛과 柔가 나뉘어져서 剛이 中을 얻었음이요, 苦節은 바르게 지킬 수 없다 함은 그 도가 궁하기 때문이라. 기뻐함으로써 험한 일을 행하고, 마땅한 자리에 있음으로써 절제하고, 중정함으로써 통하니라. 천지에 절도가 있어서 사시가 이루어지나니 제도로써 절제하여 재물을 상하지 않게 하며 백성에게 해를 주지 아니하나니라.

譯解 : "節"은 형통한 덕을 갖춘 이유를 卦의 형상을 보고 설명하고 있다. 이 卦象은 三陰·三陽으로 陰爻와 陽爻가 반반이며 上下卦에서 陽爻가 中을 얻고 있다. 上下卦로 나누어서 보면 上은 坎으로 험난하고, 下는 兌로 기쁨이 사람의 마음에 드는 대상을 보고 함부로 돌진하려 한다. 험난을 무

릅쓰고 충돌한다면 여기서 멈추는 바를 알게 되는데, 이는 기쁘고 험난한 절제를 뜻한다. 九五는 높은 자리에서 천하를 절제하는 입장에 있고 중용의 덕을 가지고 백성과 마음이 통한다. 무한의 하늘과 땅에 절도가 있으니 그것이 四季節을 성립하게 되며 천지의 절도가 없다면 계절의 순환이 없을 것이다. 성인이 이를 본받아 제도를 세우고 무한의 욕심을 막아 절제할 것이다. 그렇게 하면 재물의 낭비를 막고 백성의 욕심을 막아 해로움이 없게 된다.

象曰 澤上有水는 節이니 君子以하여 制數度하며 議德行하나니라.

象에 이르기를 못 위에 물이 있는 것이 節이니 군자 이로써 예절을 제정하고 덕행을 의논하나니라.

譯解 : 數度는 계층에 따라서 衣食住의 차등이 있는데, 이를 예절이라 칭한다. 이 卦는 澤 위에 물이 있으며 연못은 물을 받아들이고 멈추는 뜻이 있으므로 節이라 이름하였다. 군자는 이를 본받아서 사람의 욕망을 절제하고 예절을 제정하여 신하의 덕행을 높낮이에 따라서 덧붙일 것이다.

初九는 不出戶庭이면 无咎리라.
象曰 不出戶庭이니 知通塞也이니라.

初九는 문 밖의 뜰에 나가지 아니하면 허물이 없으리라.
象에 이르기를 문 밖의 뜰에 나가지 아니함이니 통하고 막힌 것을 아나니라.

譯解 : "戶庭"은 방문 밖의 뜰을 뜻한다. 初九는 陽爻로 강한 자리에 있으니 출세할 능력은 있지만 아직 나설 때가 못되어서 절제하고 나서지 아니한다. 그 동안에 時運이 열리고 막힌 것을 지켜보고 있으니 허물이 있을 수 없다.

九二는 不出門庭이라 凶하니라.
象曰 不出門庭凶은 失時極也일세라.

九二는 문안 뜰에도 나가지 아니함이라 흉하니라.

象에 이르기를 문안 뜰에도 나가지 아니함이라 흉하다 함은 때를 잃었음이 極함이라.

譯解 : 門庭은 中門 밖의 뜰을 뜻한다. 初爻로서는 나설 때가 아니지만 九二는 中에 있어 당연히 나가야 할 시기인데 陽爻로서 陰에 자리에 있으니 부정하고 위에 응이 없기 때문에 문 밖을 나가지 않고 있다. 이것은 절제할 줄만 알고 융통성이 없어서 시기를 잃고 말았으니 흉할 뿐이다.

六三은 不節若이면 則嗟若하리니 无咎니라.
象曰 不節之嗟를 又誰咎也리오.

六三은 절제하지 않으면 슬퍼하리니 허물이 없나니라.
象에 이르기를 절제하지 않으면 슬퍼함을 누구를 탓하리요.

譯解 : "節若"은 절제하는 모습을 나타낸다. "嗟若"은 슬퍼 탄식하는 모습을 뜻한다. 六三은 陰爻로 陽의 자리에 있으니 부정하다. 자신을 바르게 지키지 못하고 또한 절제하지 못하여 슬퍼할 결과가 되었으니 이것은 자신의 잘못이므로 누구를 탓하리요.

六四는 安節이니 亨하니라.
象曰 安節之亨은 承上道也라.

六四는 절제하여 편안함이니 형통하니라.
象에 이르기를 절제하여 편안함이니 형통함은 위에 도를 이어받음이라.

譯解 : 安節은 강하게 절제하는 것이 아니고 마음 편하게 절제하는 것이다. 六四는 유순하여 正을 얻고 있다. 위에는 節卦의 주체인 九五를 이어받아서 자연히 절도를 체득하고 있다.

九五는 甘節이라 吉하니 往하면 有尙이리라.
象曰 甘節之吉은 居位中也일세라.

九五는 절제함을 달갑게 여김이라 길하니 가면 가상함이 있으리라.
象에 이르기를 절제함을 달갑게 여겨 길하다 하는 것은 자리가 中에 있기 때문이라.

譯解 : 九五는 陽爻로서 중용의 자리를 얻고 높은 자리에 있다. 중정의 덕으로 자신을 절제하고 이에 따라 모든 백성을 절제시켜도 이를 달갑게 받아들인다. 그래서 甘節이라 칭한 것이다. 그리고 적극적으로 행동하여도 백성들이 높이 받아준다. 그것은 중용의 자리에서 자신을 절제할 줄 알기 때문이다.

上六은 苦節이니 貞이면 凶코 悔亡하리라.
象曰 苦節貞凶은 其道窮也일세라.

上六은 괴로운 절제이니 바르게 하여도 흉하고 뉘우침이 없으리라.
象에 이르기를 괴로운 절제이니 바르게 하여도 흉하다 함은 그 道가 궁하기 때문이라.

譯解 : 이 爻는 節卦의 맨 위에서 극단적인 절제를 하고 있는 것으로, 괴로운 절제를 뜻하고 있다. 괴로운 절약을 하는 것은 절약의 길을 행동으로 보이고 있다. 그래서 苦節이라 표현하고 있다. 너무 苦節을 고집하다 보면 오히려 길이 막혀 흉할 것이다.

䷼ 風澤中孚

中孚는 豚魚면 吉하니 利涉大川하고 利貞하니라.

中孚는 돼지와 물고기면 길하니 큰 내를 건너는 것이 이롭고 바르게 하면 이롭나니라.

譯解 : "中孚"는 마음 속이 성실함을 뜻한다. "孚"字는 瓜와 子가 합친 것으로 어미새가 날개 밑에 알을 품고 있는 형상이며 孵化 날짜를 어기지 않기 때문에 성실을 뜻한다. 이 卦의 위 아래에 二陽爻가 있고 한가운데에 三爻 四爻가 陰으로 있으니 이는 虛心을 나타낸다. 虛心이란 즉 성실을 뜻한다. 위 아래 二爻 五爻는 陽爻로 中이 實하므로 中孚라 이름하였다. 淸의 王引之에 의하면 士庶人이 吉凶事에 돼지와 물고기를 사용했는데 제사 지내는 사람의 마음이 성실하면 신이 이를 받아들여 복을 준다고 하였다. 上

卦는 木이요 下卦는 澤으로 배를 뜻한다. 배로 큰 내를 건너려면 어려움에 부딪칠 것이니 바른 길을 지키면 반드시 이로움이 있을 것이다.

彖曰 中孚는 柔在內而剛得中하여 說而巽으로 孚乃化邦也니라.

豚魚吉은 信及豚魚也요 利涉大川은 乘木코 舟虛也요 中孚코 以利貞이면 乃應乎天也니라.

彖에 이르기를 中孚는 柔가 안에 있어서 강이 中을 얻었으므로 기뻐하고 겸손함으로 믿음이 이에 나라를 감화시키니라. 돼지나 물고기나 길하다 함은 믿음이 돼지나 물고기에 미치기 때문이요, 큰 내를 건너는 것이 이롭다 함은 나무를 타고 배를 비웠기 때문이요, 중심이 성실하고 바르게 함으로써 이롭다 함은 이에 하늘에 순응한 것이니라.

譯解 : 上卦는 巽으로 유순하고 下卦는 兌로 기뻐하는 형상으로 가운데가 성실하다는 뜻이다(王弼). 孚는 본래 孵化의 뜻이 있으므로 化라고 하였다(王夫之). 豚魚가 길하다고 하는 것은 제사 지내는 사람이 정성을 다하면 돼지와 물고기와 같이 보잘 것 없는 제사라 하더라도 신에게 통한다는 것이다. 卦의 형체가 배의 형상과 비슷하여 안으로 공허하다. 가운데가 성실하면 바른 덕이 있고 하늘에 순응하면 이롭다는 것이다.

象曰 澤上有風이 中孚니 君子以하여 議獄緩死하나니라.

象에 이르기를 연못 위에서 바람이 부는 것이 中孚니 군자 이로써 옥사를 의논하여 죽음을 늦추나니라.

譯解 : 연못 위에 바람이 불면 물은 虛心으로 바람을 받아들이고 성실한 사람에게 다다를 때에 샅샅이 찾아갈 것이다. 군자는 이를 본받아서 마음으로 성실함을 가지고 소송을 논의할 때에 사형수에게 가능한 한 감형하여 살려준다고 한다.

初九는 虞하면 吉하니 有他면 不燕하리라.
象曰 初九虞吉은 志未變也일세라.

初九는 헤아리면 길하니 다른 것이 있으면 편안하지 않으리라.
象에 이르기를 初九는 헤아리면 길하다 함은 뜻이 변하지 않기 때문이라.

譯解 : "虞"는 헤아린다는 뜻이며 "燕"은 편안하다는 뜻이다. 初九는 맨 밑에 있으니 경솔하게 누구나 믿을 수는 없으며 믿어도 좋은 상대인가를 가려서 믿을 수는 없는데 믿어도 좋은 상대인가를 가려서 믿는다면 길할 것이다. 일단 믿었다면 끝까지 신의를 지켜야 하며 다른 사람에게 마음을 둔다면 오히려 몸 둘 장소를 잃게 되므로 믿을 상대는 六四를 가리킨 것이다. 初九는 헤아릴 것 없이 六四를 믿는 것처럼 보인다. 그러나 여기서 처음으로 신중을 강조한 것은 서로 응하기 때문에 믿어도 좋다고 말하지 않고 있다(程子).

九二는 鳴鶴이 在陰이어늘 其子和之로다. 我有好爵하여 吾與爾靡之하노라.
象曰 其子和之는 中心願也라.

九二는 우는 학이 그늘에 있거늘 그 새끼가 화답하도다. 내가 좋아하는 벼슬이 있어서 내 너와 함께 이것을 같이 하노라.
象에 이르기를 그 새끼가 화답함은 중정의 마음으로 원하는 것이라.

譯解 : 九二와 九五는 上下卦에서 중용의 자리를 얻고 있으며 성실한 동지로서 비록 멀리 떨어져 있어도 뜻은 서로 통하고 있다. 예를 들면 그늘에 있는 학이 울고 있으면 보이지 않는 곳에 있는 새끼가 소리를 합하여 울고 있다. 그것은 마음 속으로 원하는 것이 서로 통하기 때문이다. 좋은 자리라고 하는 것은 가운데 있는 二爻의 자리를 가리킨 것이다. 덕이 뛰어난 그대와 좋은 자리를 같이 하려는 것은 내가 원하는 것을 그대도 원하는 일이라 믿기 때문이다.

六三은 得敵하여 或鼓或罷或泣或歌로다.
象曰 或鼓或罷는 位不當也일세라.

六三은 적을 만나 혹 북을 치고 혹 그치며 혹 울며 혹 노래하도다.
象에 이르기를 혹 북을 치고 혹 그친다 함은 자리가 마땅치 않기 때문이다.

譯解 : 六三은 陰爻로서 陽의 자리에 있으면서 함부로 전진하려는 성격을 가지고 있다. 그런데 바로 앞에 六四가 가로막고 있으니 六四와는 서로 친해질 수 없다. 그래서 결국은 六三과 六四는 적이 될 수밖에 없다. 적을 공격하려고 진군의 북을 울리기도 하고 공격하기에 지쳐서 후퇴하기도 한다. 六三은 부정하여 六四를 이길 수 없어서 울기도 하고 六四와 화목하여 기뻐하며 노래를 부르기도 한다. 그러나 자리가 부정하여 불리할 뿐이다.

六四는 月幾望이니 馬匹이 亡하면 无咎리라.
象曰 馬匹亡은 絶類하여 上也라.

六四는 달이 보름에 가까우니 짝 말이 없어지면 허물이 없으리라.
象에 이르기를 짝 말이 없어졌다 함은 동류와 끊고 위를 따름이라.

譯解 : 六四는 陰爻로 陰의 자리에 있으니 군주의 자리에 가장 가깝다. 달이 보름에 가깝다고 비유한 것은 달이 陰의 순수한 정기라고 하기 때문이다. 짝 말이 없어진 것은 六四와 初九와의 관계를 끊어버리는 것을 뜻한다. 六四는 初九와의 동류를 끊고 위를 향하여 가고 있음은 五爻를 따라간다는 뜻이다.

九五는 有孚攣如이면 无咎리라.
象曰 有孚攣如는 位正當也일세라.

九五는 믿음이 있어서 매인 듯하면 허물이 없으리라.
象에 이르기를 믿음이 있어서 매인 듯하다 함은 자리가 정당하기 때문이다.

譯解 : 九五는 陽爻로서 중용의 자리에 있으니 진실한 덕이 있다. 그리고 卦의 주체로서 아래 九二와 같은 진실한 덕을 갖추고 있으며 뜻이 통하고 있다. 그런 까닭으로 믿음이 매여 있다고 표현하고 있다.

上九는 翰音이 登于天이니 貞하여 凶하도다.
象曰 翰音登于天이니 何可長也리요.

上九는 닭의 울음 소리가 하늘에 올라가니 바르게 하여도 흉하니라.
象에 이르기를 닭의 울음 소리가 하늘에 올라감이니 어찌 오래 갈 수 있으리요.

譯解 : "翰音"은 닭이 길게 우는 소리를 뜻한다. 中孚卦에 닭이 나오는 것은 매일 새벽을 알리기 위하여 첫닭이 울고 있음을 信이라 뜻하기 때문이며 또한 上卦 巽은 닭에 해당하기 때문이다. 上九는 陽爻로 너무 자신을 過信한 탓으로 九五의 군주를 따르지 않고 자기 홀로 신념에 불타서 여러 사람과 절교하는 것은 제대로 날지도 못하는 닭이 하늘에 올라가려다가 땅에 떨어지는 형상이다. 그래서 象에 "何可長也리요"라고 하였다.

䷽ 雷 山 小 過

小過는 亨하니 利貞하니 可小事요 不可大事니 飛鳥遺之音에 不宜上이요 宜下면 大吉하리라.

小過는 형통하니 바르게 하면 이롭나니 작은 일은 할 수 있지만 큰 일은 할 수 없나니 새가 날면서 남긴 소리에 올라가는 것은 마땅치 못하고 내려오면 크게 길하리라.

譯解 : "小過"는 작은 것이 지나치다는 뜻이며, 이 卦는 四陰二陽으로 陰이 지나치게 있다. 陽은 大요 陰은 小이니 小過라 하고 이 卦象을 볼 때에 어떠한 일을 하든 너무 지나치게 해서는 안된다고 표상하였다. 그리고 바른 길을 지켜야 하며 큰 일보다는 작은 일이 좋을 것이다. 이 卦의 형상은 나는 새와 비슷하여 가운데 二陽爻는 새의 동체이고 위 아래 四陰爻는 좌우의 날개라 할 수 있다. 그래서 이 卦의 형상은 나는 새의 모양이라 한다. 나는 새의 남긴 소리를 잘 들으면 "不宜上宜下"라 한 것은 새가 날아서 높이 올라가면 머무를 곳이 없고 아래로 내려오면 편하게 서식할 곳을 얻을 수 있다고 경계하고 있는 것이다. 이것은 사람에게 신이 계시한 뜻이라고 한다.

象曰 小過는 小者過而亨也니 過以利貞은 與時行也니라. 柔得中이라 是以小事吉也요 剛失位而不中이라. 是以不可大

事也니라. 有飛鳥之象焉하니 飛鳥遺之音不宜上宜下大吉은 上逆而下順也라.

　象에 이르기를 小過는 작은 것이 지나쳐서 형통함이니 지나침으로써 바르게 하면 이롭다 함은 때와 더불어 행함이라. 柔가 中을 얻었음이라. 이로써 작은 일은 길하다 함이요, 剛이 제자리를 잃고 中을 얻지 못함이라. 이로써 큰 일은 하지 못함이라. 나는 새의 象이니 새가 날면서 남긴 소리가 올라가는 것은 마땅치 못하고 내려오면 크게 길하다 함은 올라가는 것은 逆이요 내려오는 것은 順이라.

譯解 : 小過는 陰이 지나치다는 뜻이다. 지나치게 하는 일도 그 때의 사정에 알맞게 행동할 때가 있고 바르게 한다면 원하는 일이 형통할 것이다. 큰 일을 하려면 힘이 강한 陽爻가 중심이 되어야 한다. 그러나 이 卦에는 陰이 가운데에 자리하고 있기 때문에 작은 일이 길하다고 하였다. 이 卦의 형상은 나는 새의 모습으로 올라가면 마땅치 못하고 내려오면 길하다고 하였다. 새가 아래에서 위로 올라가려면 어려운 일이고 위에서 아래로 내려오면 순종하여 길한 일이라고 하였다.

　象曰 山上有雷小過니 君子以하여 行過乎恭하며 喪過乎哀하며 用過乎儉하나니라.

　象에 이르기를 산 위에 우레가 있는 것이 小過니 군자 이로써 행동은 공손한데 지나치며 喪은 슬퍼하기에 지나치며 쓰는 것은 검소한데 지나치나니라.

譯解 : 이 卦는 산 위에서 우레가 울리는 형상이다. 군자는 이를 본받아서 행할 때는 지나칠 정도로 공손하고 喪이 있을 때는 지나칠 정도로 슬퍼하고 쓸 때에는 지나칠 정도로 검소하다.

　初六은 飛鳥라 以凶하니라.
　象曰 飛鳥以凶은 不可如何也라.
　初六은 나는 새이니 이로써 흉하노라.
　象에 이르기를 나는 새이니 이로써 흉하다 함은 어찌하지 못함이라.

譯解 : 初六은 음유한 소인으로 九四와 응하고 있으나 마음이 안정되지

않아 높이 올라가는 것은 새와 같은 것이다. 소인의 몸으로 올라갈 줄만 알고 내려올 줄을 모르니 당연히 결과는 흉하다.

六二는 過其祖하여 遇其妣니 不及其君이요 遇其臣이면 无咎리라.
象曰 不及其君은 臣不可過也라.

六二는 그 할아버지를 지나서 그 할머니를 만나니 그 임금에게 미치지 못하고 그 신하를 만나면 허물이 없으리라.
象에 이르기를 그 임금에게 미치지 못한다 함은 신하를 지나치지 못함이라.

六二는 응하는 爻가 六五이나 다만 五爻가 陽이 아니면 응이 아니다. 만일 五爻가 陽爻라면 祖父나 君主에 해당하나 陰爻이기 때문에 祖母나 신하로 본다. 六二는 중용의 자리에서 거침없이 올라가지만 자신과 같은 陰爻인 六五를 만난다. 그래서 祖父를 지나서 祖母를 만나는 것이다. 군주 있는 곳으로 가지 않고 신하를 만나는 것을 뜻한다. 六五의 자리를 군주로 보지 않으며, 陽을 군주로 陰을 신하로 표상하고 있다.

九三은 弗過防之면 從或戕之라 凶하니라.
象曰 從或戕之는 凶如何也요.

九三은 지나치지 않고 막으면 따라서 혹 해를 입을지니 흉하니라.
象에 이르기를 따라서 혹 해를 입을지니 흉함이 어떠하리요.

譯解: "戕"은 해를 입히다라는 뜻이다. 자국민이 군주를 살해하면 弑라 하고 외국인이 군주를 살해하면 戕이라고 한다(王引之). 九三은 陽爻로 강한 자리에 있으나 소인이 지나치게 성하는 때인지라 자신의 강직만을 믿고 돌진한다면 이는 계획이 없는 일이다(王夫之). 윗자리에 있는 上六은 소인으로 九三을 올라오지 못하게 방지하는 한편 그를 살해하려는 뜻이 숨어 있으니 어쨌든 흉한 일이다.

九四는 无咎하니 弗過하여 遇之니 往이면 厲라 必戒며 勿用永貞이니라.

象曰 弗過遇之는 位不當也요 往厲必戒는 終不可長也일세라.

九四는 허물이 없으니 지나치지 아니하며 만나니 가면 위태할지라. 반드시 경계할 것이며 오래도록 바르게 하지 말지니라.

象에 이르기를 지나치지 아니하여 만난다 함은 자리가 마땅치 않기 때문이요, 가면 위태하므로 반드시 경계한다 함은 마침내 오래 가지 못할지니라.

譯解 : 九四는 陽이 陰의 자리에 있으니 지나치게 강하지 않으니 허물이 없다. 應인 初六은 망동하는 소인이지만 九四는 陰陽相合으로 初六을 잠깐 만나준다. 陰이 지나치게 행동하는 때에 자신의 정의감을 고집한다면 상대에게 업신여김을 당할 우려가 있다. 그래서 완고한 태도를 고집하지 말라고 "勿用永貞"이라 표현했다.

六五는 密雲不雨는 自我西郊니 公이 弋①取彼在穴이로다.

象曰 密雲不雨는 已上也일세라.

六五는 짙은 구름이 있어도 비가 내리지 아니함은 내 서쪽 들에서부터 그러하니 공이 줄을 매 화살로 굴 속에 있는 저를 잡도다.

象에 이르기를 짙은 구름이 있어도 비가 내리지 아니함은 너무 올라갔기 때문이다.

譯解 : 六五는 비록 높은 자리에 있으나 陰爻로 힘이 약하다. 소인이 지나치게 행동하는 때인지라 적극적으로 일하려는 의욕은 있지만 실행에 옮기지 못하는 모양을 "密雲不雨"라 표현하였다. 아래에 있는 六二를 끌어올려 자신의 보좌를 삼으려 하였지만 약한 二陰이 합세하여 일을 해내려 하는 것은 힘이 부족하다는 것이 너무도 명백한 사실이다.

① 弋(줄살 익)

上六은 弗遇하여 過之니 飛鳥離之라 凶하니 是謂災眚이라.

象曰 弗遇過之는 已亢也라.

上六은 만나지 아니하고 지나치니 나는 새가 떨어지는지라 흉하니 이것을 재앙이라 한다.

象에 이르기를 만나지 않고 지나친다 함은 너무 높이 올랐기 때문이다.

譯解 : 初爻와 上六은 小過卦의 날개에 해당하며 나는 새를 상징한 것이다. 上六은 소인으로 陰이 너무 지나친 때에 소인의 버릇으로 높이 올라가려는 것이다. 높이 날아서 하늘에 오른다면 몸을 편히 쉴 곳이 없다. 上爻와 初爻는 새의 날개에 해당한다. 높은 자리에 오르면 결국은 그 자리에서 떨어질 운명에 부딪칠 것이며 이것은 자신이 끌어들인 재앙인 것이다.

水火旣濟

旣濟는 亨이 小니 利貞하니 初吉코 終亂하니라.

旣濟는 형통한 것이 작으니 바르게 하면 이롭나니라. 처음은 길하고 나중에는 어지러울 것이다.

譯解 : "旣濟"는 일이 끝났다는 것으로 일의 완성을 뜻한다. 이 卦의 형상을 자세히 살피면 陽爻는 전부 홀수에 있고 陰爻는 전부 짝수에 있다. 淸의 王夫之는 陰陽의 조화에 묘는 음양이 불규칙적인 상태에서 발생한다고 하였다. 그래서 易이란 끊임없이 변화하고 발전되며 일이 완성된 뒤에는 패망이 예상되는 까닭으로 바른길을 굳게 지키라고 경계하고 있다. 그래서 "初吉終亂"으로 표상하고 있다.

象曰 旣濟亨은 小者亨也니 利貞은 剛柔正而位當也일세라.
初吉은 柔得中也요 終止則亂은 其道窮也라.

彖에 이르기를 旣濟가 형통하다 하는 것은 작은 것이 형통하니 바르게 하면 이롭다 함은 강과 유가 바르고 마땅한 자리에 있기 때문이라. 처음이 길하다 함은 柔가 中을 얻었기 때문이요 나중에 이르러 어지러워진 것은 그 道가 궁함이라.

譯解 : 旣濟는 완성된 뒤에는 반드시 내리막길이 있으니 경계해야 한다. 반드시 해야 이롭다는 것은 이 卦의 陽爻 陰爻가 제자리에 있다고 하지만 궁함을 면하기는 어렵다. 六二의 陰爻가 중용을 얻어서 분수를 지키고 교만하지 아니함은 제자리에 머물러 있기 때문이다.

象曰 水在火上이 旣濟니 君子以하여 思患而豫防之하나니라.

象에 이르기를 물이 불 위에 있는 것이 旣濟니 군자 이로써 환란을 생각하고 미리 방지하나니라.

譯解 : 물 위에서 타오르는 불길을 끄려는 것이 旣濟이므로 군자는 이를 본받아 이미 이루어졌을 때는 그 뒤에 닥쳐올 재난을 미연에 방지하도록 힘쓴다.

初九는 曳①其輪하여 濡其尾면 无咎리라.
象曰 曳其輪은 義无咎也니라.

初九는 그 수레바퀴를 끌면서 그 꼬리를 적시면 허물이 없으리라.
象에 이르기를 그 수레바퀴를 끈다 함은 義로워서 허물이 없나니라.

譯解 : "曳其輪"은 내를 건너려고 하는데 수레바퀴를 끌어당기고 있다는 뜻이다. 그리고 여우가 내를 건널 때에 꼬리를 세우고 있는데 꼬리를 적셨다면 건널 수 없다. 그 수레바퀴가 뒤로 끌려오고 여우 꼬리를 적셨다면 내를 건널 수 없다. 처음으로 내를 건널 때에 이처럼 신중을 기하면 허물은 없다.
① 曳(끌 예)

六二는 婦喪其茀①이니 勿逐하여도 七日에 得하리라.
象曰 七日得은 以中道也라.

六二는 부인이 장식품을 잃었으니 찾지 아니하여도 이레만에 얻으리라.
象에 이르기를 이레만에 얻는다 함은 中道로서 하기 때문이라.

譯解 : "茀"은 장식품이다. 六二는 가운데 자리에서 중용을 얻고 있으며 離의 主爻로서 문명의 덕이 있다. 그러나 위에는 九五와 같은 강한 陽爻가 중용을 얻고 있으며 바른 자리에 있는 군주와 응하고 있다. 六二는 당연히 세상에 나가서 뜻을 행할 기회가 있었지만 九五는 사업을 완성한 뒤인지라 마음놓고 편히 쉬고 있다. 그리고 野에 있는 어진 사람을 맞이할 노력을 하지 않고 있다. 그래서 六二는 세상 밖에 나가지 못하는 것은 마치 부인이 사용하는 장식품이 없어서 나가지 못하는 것과 같은 것이다. 없어진 장

식품을 찾지 아니하여도 七日만에 되돌아오는 것은 부인이 밖에 나갈 수 있음을 뜻한다. 그것은 六二가 중용의 자리에 있기 때문에 때가 오면 세상 밖을 나갈 수 있다. 七日만에 六爻가 한바퀴 돌면 七日이 된다(王夫之).
① 茀(머리꾸미개 불)

九三은 高宗이 伐鬼方하여 三年克之니 小人勿用이니라.
象曰 三年克之는 憊也라.
九三은 고종이 북쪽 나라를 쳐서 三年만에 이겼으니 소인은 쓰지 말지니라.
象에 이르기를 三年만에 이겼다 함은 고달픔이라.

譯解 : 高宗(BC 14C)은 殷나라 중흥의 영명한 군주로서 본명은 武丁이다. 鬼方은 북쪽 오랑캐 나라, 河南省에서 殷나라 옛 王都에서 卜筮에 관한 龜甲이 출토되었다. 九三은 강한 陽爻로 바른 자리에 있으니 고종에 비유한 것이다. 鬼方을 정벌하여 승리하였지만 三年이란 세월이 걸려서 겨우 적을 물리칠 수 있었다. 그래서 피곤함을 면하기 어려우며 논공행상에서 소인에게 금품을 주고 정치에 간여시키지 아니하였다.

六四는 繻에 有衣袽①하고 終日戒니라.
象曰 終日戒는 有所疑也라.
六四는 배에 물이 드니 헌옷으로 막고 종일 경계하니라.
象에 이르기를 종일 경계한다 함은 의심하는 바 있음이라.

譯解 : "繻"는 "濡"字의 誤字로 배에 물이 든다는 뜻이다(王弼·程子·朱子). 이 卦는 내를 건너는 뜻이 있으므로 六四는 배에 물이 들어 막으려고 헌옷을 가지고 하루종일 경계하고 있다. 六四는 유한 陰爻로 陰의 자리에 있으니 세심한 성격을 가지고 환란을 미리 방지하려는 것이다. 旣濟의 때에는 환란이 생길까 두려워하여 종일토록 경계하고 있다.
① 袽(헤진옷 여)

九五는 東鄰殺牛 不如西鄰之禴①祭 實受其福이라.
象曰 東鄰殺牛 不如西鄰之時也니 實受其福은 吉大來也라.

九五는 동쪽 이웃에서 소를 잡는 것이 서쪽 이웃에서 검소한 제사를 지내는 것만 못하니 참으로 그 복을 받으리라.

象에 이르기를 동쪽 이웃에서 소를 잡는 것이 서쪽 이웃에서 때를 맞추는 것만 같지 못하니 참으로 그 복을 받는다 함은 길함이 크게 온다는 것이라.

譯解 : "禴"은 검소한 제사를 뜻하며, "東"은 陽方, "西"는 陰方이다. 九五는 陽爻이니 동쪽이고 六二는 陰爻이니 서쪽이다. 九五는 旣濟卦의 높은 자리에 있고 천하를 평정하고 사업을 완성하여 최고의 자리에 있기 때문에 더 이상 나아갈 수 없다. 六二는 아랫자리에서 처음으로 세상에 나올 때를 얻었으니 천하의 民心이 그리로 돌아온다. 동쪽 이웃에서 소를 잡는 것이 서쪽 이웃에서 검소한 제사를 지내는 것만 못하다는 것은 殷의 紂王과 周의 文王에 비유한 뜻이다. 그래서 "實受其福"이라 하였다.

① 禴(여름제사 약)

上六은 濡其首라 厲하니라.
象曰 濡其首厲 何可久也리요.

上六은 그 머리를 적시는지라 위태하리라.
象에 이르기를 그 머리를 적시는지라 위태하다 함은 어찌 오래 갈 수 있으리요.

譯解 : 上六은 윗자리에 있으니 여우에 비유하면 머리에 해당한다. 上六은 陰爻로서 힘이 약한 처지에 물을 건너는 것은 모험을 하는 것이다. 그래서 여우가 물을 건너다가 머리를 적시는 결과를 가져온 것이다. 물이 머리까지 올라오니 그대로 오래가지는 아니할 것이다.

䷿ 火 水 未 濟

未濟는 亨하니 小狐汔濟하여 濡其尾니 无攸利하니라.

未濟는 형통하니 어린 여우가 강을 거의 다 건너려다가 그 꼬리를 적시니 이로울 바 없나니라.

譯解 : 未濟는 일을 끝내지 못한 미완성을 뜻한다. 모든 사물이 완성일 수는 없는데, 미완성을 뜻하는 卦를 맨 나중에 둔 것은 六十四卦가 새로운 변화와 발전을 보이기 위하여 易經의 끝을 맺은 것이다. 이 卦는 전부 바른 자리에 있지 않으니 미완성이라 한다. 爻가 전부 바른 자리를 잃고 있지만 오히려 미래를 바라볼 수 있다. 이것이 易의 이치요 변화의 묘라 할 수 있다. 어린 여우가 내를 건너면서 한걸음을 남긴 채 그만 꼬리를 적시고 건너지 못하니 결국 일을 끝내려다가 끝을 맺지 못하였으니 무슨 이익이 있으랴?

象曰 未濟亨은 柔得中也요 小狐汔濟는 未出中也요 濡其尾 无攸利는 不續終也라. 雖不當位나 剛柔應也라.

象에 이르기를 未濟가 형통한 것은 柔가 中을 얻었기 때문이요, 어린 여우가 거의 다 건너게 되었다 함은 가운데를 벗어나지 못함이요, 그 꼬리를 적셔서 이로울 바 없다 함은 계속해서 마치지 못함이라. 비록 자리는 마땅치 못하나 剛柔가 서로 응하니라.

譯解 : 未濟는 아직 일이 끝나지 아니한 卦에 형통함이 있다는 것은 六五가 中을 얻어 중용의 덕을 가지고 있다는 것이다. 어린 여우가 내를 건너려다가 뜻대로 못한 것은 九二는 下卦 坎의 한가운데서 벗어나지 못함이라. 이 卦는 陽爻는 陰의 자리에 있고 陰爻는 陽의 자리에 있어 불길한 듯하나 剛柔가 서로 응하고 있으니 좋은 현상이다.

象曰 火在水上이 未濟니 君子以하여 愼辨物하여 居方하나니라.

象에 이르기를 불이 물 위에 있는 것이 未濟니 군자 이로써 신중히 물건을 분별하여 제자리에 있게 하나니라.

譯解 : 이 卦는 불이 물 위에 있으니 불은 올라가고 물은 내려가므로 본질이 다르다. 그래서 未濟라 하였다. 군자 이를 본받아서 신중히 사물의 성질을 분별하여 적합한 장소에 두고 어지럽게 아니한다.

初六은 濡其尾니 吝하니라.

象曰 濡其尾니 亦不知極也라.

初六은 그 꼬리를 적시니 부끄러워 하니라.

象에 이르기를 그 꼬리를 적시니 또한 極을 알지 못함이라.

譯解 : 初六은 맨 밑에 있으니 여우 꼬리에 해당한다. 陰爻로서 힘이 약해서 도저히 물을 건널 수 없다. 그러나 여우는 건너려다 꼬리를 적셔서 실패하고 만다. 이것은 자신의 힘의 한계를 모르기 때문이다.

九二는 曳其輪이면 貞하여 吉하리라.
象曰 九二貞吉은 中以行正也일세라.

九二는 그 수레바퀴를 끌면 바르게 해야 길하니라.

象에 이르기를 九二의 바르게 해야 길하다 하는 것은 中에 있어 바르게 행함이라.

譯解 : 君主의 道가 어려운 때에 六五의 君主는 陰爻로서 힘이 약하니 九二에게 의지할 수 밖에 없다. 다행히도 九二는 陽爻로 陰에 자리에 있고 中을 얻어서 겸손하며 중용의 덕으로 망동하지 않고 자기를 억제하는 태도를 가지고 있다. 九二는 본래 부정이라 할 수 있지만 中을 얻었으니 中이 正보다 우세하다고 할 수 있다(程子).

六三은 未濟에 征이면 凶하니 利涉大川하니라.
象曰 未濟征凶은 位不當也일세라.

六三은 아직 이루지 못한 때에 가면 凶하므로 큰 내를 건너는 것이 이롭나니라.

象에 이르기를 아직 이루지 못한 때에 가면 凶하다 함은 자리가 마땅치 않기 때문이다.

譯解 : 下卦는 坎으로 六三이 여기서 벗어나려 하지만 陰爻로 힘이 약해서 탈출하지 못하여 일이 아직 끝나지 아니하였다. 마음이 약한 가운데 자리가 부정하여 적극적인 행동은 오히려 凶하다. 그러나 신중을 기하고 있기 때문에 큰 내를 건너도 이롭다는 결론이다.

火水未濟 263

　　九四는 貞이면 吉하여 悔亡하리니 震用伐鬼方하여 三年에야 有賞于大國이로다.
　　象曰 貞吉悔亡은 志行也라.
　　九四는 바르게 하면 길하여 뉘우침이 없으리니 위엄을 떨쳐 북쪽 나라를 정벌한지 三年만에 큰 나라에서 상이 있음이로다.
　　象에 이르기를 바르게 하면 길하여 뉘우침이 없다 함은 뜻대로 행함이라.
　譯解 : "震"은 위엄을 떨치는 행위를 뜻한다. 九四는 陽爻가 陰의 자리에 있으니 부정하여 본래는 뉘우침이 있을 것이나 바른길을 지킴으로써 뉘우침이 없어졌다. 그러나 양강한 기질로 오랫동안 노력하지 않으면 불가능한 일이다. 그래서 위엄을 떨치고 오랑캐를 정벌한지 三年만에 겨우 평정하여 국왕으로부터 상을 받는 것을 상징하고 있다. 바르게 하면 뜻이 천하에 행하여져서 길하고 뉘우침이 없어졌다는 뜻이다.

　　六五는 貞이라 吉하여 无悔니 君子之光이 有孚라 吉하니라.
　　象曰 君子之光은 其暉吉也라.
　　六五는 바르게 함이라 길하여 뉘우침이 없으니 군자의 빛이 믿음이 있을지니 길하니라.
　　象에 이르기를 군자의 빛은 그 빛남이 길하니라.
　譯解 : 六五는 陰爻가 陽의 자리에 있어서 정을 얻지 못하고 있다. 그러나 上卦 離의 主爻로서 문명의 덕을 가진 군주로 아래의 강한 九二와 응하고 있다. 마음 속이 공허한데 공허한 실력있는 신하의 보좌를 바라고 있음은 바른 생각이요, 문명의 덕이 빛나고 있음을 뜻하는 것이다.

　　上九는 有孚于飮酒면 无咎이어니와 濡其首면 有孚에 失是하리라.
　　象曰 飮酒濡首 亦不知節也라.
　　上九는 성실하게 술을 마시면 허물이 없거니와 그 머리를 적시면 성실하여도 그 옳은 것을 잃음이라.
　　象에 이르기를 술을 마시다가 머리를 적시는 것은 또한 절제를 알지 못하는 것이라.

譯解 : 上九는 강한 陽爻로 陰의 자리에 있으나 현명한 野人으로 안정된 시대가 오려는 때인지라 술을 마시며 성실하게 태연히 천명을 기다리고 있으니 허물은 없다. 그러나 술을 너무 마셔서 도에 지나쳐 술에 푹 빠져 머리를 적시고 있다. 먼저 자신을 가진 운명을 잃게 된다면 "亦不知節也"라 할 수 있다.

易經의 六十四卦 三百八十四爻는 여기서 끝을 맺는다. 그러나 易의 체계는 삼라만상이 무한히 순환하는 것을 상징하고 있다. 上九는 미완성의 마지막에 이르러 술을 마시면서 자신의 뒤에 오는 완성을 바라고 있다. 易의 문장은 여기서 끝을 맺고 변역의 원리는 다시 元으로 돌아간다.

1. 繫辭上傳

天尊地卑하니 乾坤定矣요 卑高以陳하니 貴賤位矣요 動靜有常하니 剛柔斷矣요 方以類聚코 物以群分하니 吉凶이 生矣요 在天成象코 在地成形하니 變化見矣라.

하늘은 높고 땅은 낮으니 乾과 坤이 정해진 것이요, 낮은 것과 높은 것이 베풀어지니 귀하고 천한 것이 자리를 잡았음이요, 움직이고 고요한 것이 떳떳함이 있으니 剛과 柔가 판단함이요, 방향으로써 同類를 모으고 물건을 무리로써 나누니 길하고 흉함이 생겼음이요, 하늘에서는 象을 이루고 땅에서는 形을 이루나니 변화가 나타남이라.

譯解 : 만물을 구성하는 음양의 氣가 형체를 이루는 실체로서 만물의 기본이 된다. 그 중에서도 하늘의 이치와 사람의 도덕률을 뜻하는 것이다. 하늘은 위에 있고 땅은 아래에서 하늘의 기를 받아들이고 만물을 싣고 있다. 易의 가운데 순양의 卦 乾과 순음의 卦 坤이 정해져 있고 六爻의 자리가 정해져 있다. 그리고 六爻의 자리에 귀천이 있고 천지 자연의 형태를 모방하고 있다. 음양은 서로 얽히고 합하여 하늘에 있어서는 日月星辰을 형성하고 땅에 있어서는 동식물의 형상을 구성하고 있다. 그리고 易의 이치는 천변만화하여 陰爻가 陽爻로 변하고 陽爻가 陰爻로 변한다.

是故로 剛柔相摩하며 八卦相盪[1]하며

이러한 까닭으로 剛과 柔가 서로 마찰하여 八卦가 서로 움직이며

譯解 : "摩"는 마찰을 뜻한다. 음양이 서로 마찰해서 八卦를 낳고 八卦가 서로 움직여서 六十四卦가 된다(淸의 王夫之).
① 盪(움직일 탕)

鼓之以雷霆하며 **潤之以風雨**하며 **日月**이 **運行**하며 **一寒一暑**하여 **乾道成男**하고 **坤道成女**하니

번개와 우레로써 고동시키며 바람과 비로써 적셔주고 해와 달이 운행하여 한번 추우면 한번 더워진다. 乾道는 남자를 이루고 坤道는 여자를 이루나니

譯解 : 陽이 陰의 아래에서 고동할 때에 번개와 우레가 울리는데, 震卦가 그것이다. 陽이 陰의 아래로 들어가서 음양이 화합할 때에 비바람이 되어 만물을 적셔준다. 음양이 서로 섞여서 빛이 나면 日月이 되고 日月이 순환함에 있어 혹 춥고 혹 더운데 이에 따라서 계절이 순환하고 있다.

乾知大始이고 **坤作成物**이라.

乾은 위대한 창조를 맡고 坤은 만물을 만드나니라.

譯解 : "知"는 맡아 하다라는 뜻이다. "乾"은 위대한 창조력을 뜻하며, "坤"은 乾을 보좌하여 만물을 기르는 것을 뜻한다.

乾以易知이고 **坤以簡能**이니

乾은 쉬운 것으로써 알고 坤은 간단한 것으로써 능함이니

譯解 : "乾"은 창조적이요, 어떠한 방해도 없이 용이하게 실행한다. "坤"은 수동적이요 자발적인 행동은 하지 않고 다만 乾을 따라서 보좌할 뿐이다. 그 흐르는 듯한 순응성을 簡·簡易·簡約이라 부른다.

易則易知이고 **簡則易從**이요 **易知則有親**이요 **易從則有功**이요 **有親則可久**요 **有功則可大**요 **可久則賢人之德**이요 **可大則賢人之業**이니라.

쉬우면 알기 쉽고, 간단하면 따르기 쉬우며, 알기 쉬우면 친함이 있음이요,

따르기 쉬우면 공이 있음이요, 친함이 있으면 가히 오래 갈 것이요, 공이 있으면 가히 클 것이요, 오래갈 수 있으면 어진 사람의 덕이요, 가히 클 수 있으면 어진 사람의 사업이니라.

譯解 : 인간의 행동도 乾처럼 쉽고 자연스러우면 그 마음은 밝고 밝아서 알기 쉽고, 그 행동이 坤처럼 간단하면 만인이 따르기 쉽고, 그 마음이 알기 쉬우면 친할 사람이 자연히 많아지고, 그 명령을 따르기 쉬우면 협력자가 많아서 공을 세울 것이요, 사람들에게 친절하면 위험과 두려움이 없을 것이요, 영원히 존속할 것이다. 덕은 마음에서 체득하는 것이요, 사업이란 세상 밖에서 발전하는 것으로 사람이 乾坤의 바른길에서 본받으면 어진 사람이 된다고 기술하였다.

易簡而天下之理得矣니 天下之理得而成位乎其中矣니라.

쉽고 간단해서 천하의 이치를 얻으니 천하의 이치를 얻으면 자리가 그 가운데 이루어지니라.

譯解 : 乾의 쉬움과 坤의 간략한 덕을 사람의 몸에 간직한다면 어수선한 가운데 마음먹고 하는 일이 없이 천하의 이치를 궁극의 경지에 이르게 되어 賢人이 성인이 될 것이다.

聖人이 設卦하여 觀象繫辭焉하여 而明吉凶하며 剛柔相推하여 而生變化하니 是故로 吉凶者는 失得之象也요 悔吝者는 憂虞之象也요 變化者는 進退之象也요 剛柔者는 晝夜之象也요 六爻之動은 三極之道也니라.

성인이 卦를 베풀어서 象을 살피고 辭를 지어서 길흉을 밝히며 剛과 柔가 서로 추리하여 변화를 발생하니 이런 까닭으로 길흉이란 것은 잃고 얻는 象이요, 뉘우치고 부끄러워하는 것은 근심하고 두려워하는 象이요, 변화하는 것은 나가고 물러가는 象이요, 剛과 柔라는 것은 낮과 밤의 象이요, 六爻가 움직이는 것은 三極의 道니라.

譯解 : 성인 卦爻에 나타난 현상을 보고 吉凶悔吝을 말하게 되었다. 길흉이란 좋고 나쁨을 상징한 것이다. "悔"는 후회를 뜻하며 "吝"은 부끄러워하

는 것이다. 卦爻에 의한 剛柔의 변화작용은 낮과 밤을 뜻하며 사람의 행동에 의한 動과 靜을 상징한 것이다. 三極의 道는 하늘의 재앙과 땅의 험난함을 말하고 사람의 좋고 나쁜 것을 명시한 것이다.

是故로 君子 所居而安者는 易之序也요 所樂而玩者는 爻之辭也니 是故로 君子居則觀其象而玩其辭하고 動則觀其變而玩其占하나니 是以自天祐之하여 吉无不利니라.

이런 까닭으로 군자가 편안히 거처하는 바는 易의 차례요 玩味하여 즐거워하는 바는 爻의 말이니 이런 까닭으로 군자는 거처할 때에 그 象을 관찰하여 그 말을 玩味하고 움직이면 그 변화하는 것을 관찰하여 그 占을 玩味하나니 이로써 하늘이 도와서 길하고 이롭지 아니함이 없나니라.

譯解 : 군자는 자신이 처해 있는 위치와 마음이 안정을 얻을 수 있는 것을 卦爻의 표현에서 찾고 있다. 그리고 군자는 卦爻의 상징을 관찰하고 그 것에 대한 말을 玩味하고 행동할 때에는 卦爻의 변화를 살피고 그 결과에서 생기는 길흉을 판단한다. 그리고 動靜에서 생기는 이치를 깨닫게 되면 하늘의 도움을 받아서 길할 것이다.

象者는 言乎象者也요 爻者는 言乎變者也요 吉凶者는 言乎其失得也요 悔吝者는 言乎其小疵也요 无咎者는 善補過也니 是故로 列貴賤者는 存乎位하고 齊小大者는 存乎卦하고 辨吉凶者는 存乎辭하고 憂悔吝者는 存乎介하고 震无咎者는 存乎悔하니 是故로 卦有小大하여 辭有險易하니 辭也者는 各指其所之니라.

象이라 하는 것은 象을 말함이요, 爻라는 것은 변화를 말하는 것이요, 길흉이라는 것은 그 잃고 얻음을 말하는 것이요, 길흉이라는 것은 그 잃고 얻음을 말하는 것이요, 뉘우치고 부끄러워하는 것은 그 작은 홈을 말하는 것이요, 허물이 없다는 것은 허물을 잘 보충한다는 것이니 이런 까닭으로 귀하고 천한 것을 벌려 놓은 것은 자리에 있고, 작고 큰 것을 가지런하게 한 것은 卦에 있고, 길흉을 분별하는 것은 말에 있고, 뉘우치고 부끄러움을 근심하는 것은 선악을 구별하는 데 있고, 허물이 없다고 큰 소리치는 것은 뉘우침이 있으니 이런 까닭으로 卦의 크고 작은 것이 있으며 말에는 험하고 쉬운 것이 있으니 말이라 하는 것은 각각 그 갈 바를 가리키는 것이니라.

譯解 : 象辭는 이른바 卦辭를 뜻하고 爻는 爻辭를 뜻한다. 卦爻辭에서 나오는 吉凶이란 일이 좋고 나쁜 것을 뜻한다. 易의 卦에는 六爻의 자리가 있으니 五爻는 귀한 자리요, 初爻는 천한 자리로서 귀천이 정해져 있다. 陰爻가 짝수 자리에 있고 陽爻가 홀수 자리에 있으면 바른자리가 되고, 바꾸어서 陰이 홀수 자리에 있고 陽이 짝수 자리에 있으면 부정한 자리로서 吉凶을 분별하는 것은 卦爻辭에 의존한다. 선악의 구별은 卦의 길흉에서 찾을 수 있으며 뉘우침과 허물의 유무에 대해선 爻辭에서 찾아볼 수 있다.

易이 與天地準이라 故로 能彌綸天地之道하나니 仰以觀於天文하고 俯以察於地理라 是故로 知幽明之故하며 原始反終이라 故로 知死生之說하여 精氣爲物이요 游魂爲變이라 是故로 知鬼神之情狀하나니라.

易은 하늘과 땅에 비준함이라. 고로 능히 천지의 道에 합치나니 우러러 天文을 보고 구부려 地理를 살피는지라. 이런 까닭으로 幽明의 연고를 알 수 있으며 처음을 근원으로 하여 나중으로 돌아옴이라. 그러므로 삶과 죽음의 이치를 알며 정기는 물질이 되고 游魂은 변하는지라. 이런 까닭으로 귀신의 情狀을 아나니라.

譯解 : "準"은 符合을 뜻하며 "彌綸"은 두루 다스림을 뜻한다. 易은 陰陽을 기술한 것으로 幽明・死生・鬼神은 陰陽의 변화이며 신비한 것은 易에 의하여 해명된 것으로 위로는 天文을 관찰하고 아래로는 地理를 밝히 살피고 있다. 易은 陰陽의 교합으로 사람의 삶이 시작되고, 陰陽이 흩어짐으로 삶이 마쳐지는 것을 살핌으로써 생사문제를 알 수 있다고 한다. "游魂爲變"은 魂이 새로운 개체로 변한다는 뜻으로서, 淸의 王夫之는 死는 無로 돌아가는 것이 아니라고 하였다. 다만 삶이란 陰陽의 변화로 완성된 것으로 死란 원래의 음양상태로 돌아갈 뿐이고 소멸은 아니라고 하였다.

與天地相似라 故로 不違하나니 知周乎萬物而道濟天下라

故로 不過하며 旁行而不流하여 樂天知命이라 故로 不憂하며 安土하여 敦乎仁이라 故로 能愛하나니라.

　　천지와 더불어 같은지라. 그래서 어긋나지 아니하나니 지혜는 만물에 퍼지고 道는 천하를 구제하는지라. 그래서 지나치지 아니하면 옆으로 가도 흐르지 아니하여 하늘을 즐겨하고 命을 아나니라. 그래서 근심하지 아니하며 흙에서 편안하여 仁에 돈독함이라. 그래서 능히 사랑하나니라.

　　譯解：易은 천지의 이치에 비교하여 일이 좋고 나쁨을 보이고 있다. 그래서 吉凶의 판단이 결과적으로 틀림이 없다고 본다. 易의 지혜는 만물에 널리 미치게 되며 易의 道는 천하를 구제하는 데 족하다. 易에 보이는 것은 하늘의 법칙이며 사람의 운명인 것이다. 하늘의 법칙이 사람에 있어서 운명이 되는 것은 樂天과 知命은 별도의 것이 아니고 기쁘게 受容하는 것이 하늘을 즐겁게 하는 것임을 의미한다. 易은 사람에게 여러 자리에서 편안히 쉬게 하고 이기심과 욕망을 물리치고 천지와 더불어 仁德을 두텁게 하며 사람이 널리 사랑하는 마음을 가지면 족할 것이다.

範圍天地之化而不過하며 曲成萬物而不遺하며 通乎晝夜之道而知라 故로 神无方而易无體하니라.

　　천지의 조화를 범주로 해서 지나치지 않으며 만물이 빠짐없이 이루어져 남기지 않으며 낮과 밤의 道에 통달해서 아는지라. 그래서 신은 방위가 없고 易은 형체가 없나니라.

　　譯解：易은 세심하게 만물을 빠짐없이 완성하여 모든 것을 통달하고 그 비밀을 알게 된다. 易이 크게 걸려있는 까닭은 숨어 있는 신은 일정한 장소가 없고 이르는 곳마다 있을 수 있으며 그 신의 작용을 易의 변화라 할 수 있는데, 이는 일정한 형체가 없다.

一陰一陽之謂道니 繼之者善也요 成之者性也라.

　　한 陰 한 陽을 道라 하니 이것을 계승한 것이 선이요, 이것을 이룬 것이 성품이라.

　　譯解：一陰一陽은 하늘의 도인 동시에 易의 길이다. 하늘의 도를 따르는 것이 선이며 이를 구체화한 것이 사람의 성품인 것이다. 이 말은 張載의 氣一元論과 朱子의 理氣說로 나뉘어진 성리학의 철학사상에 중요한 요건이 되고 있다.

　　仁者見之에 謂之仁하며 知者見之에 謂之知요 百姓은 日用 而不知라 故로 君子之道鮮矣니라.

　어진 사람은 이것을 보고 仁이라 하며 지혜로운 사람은 이것을 보고 지혜라 함이요 백성은 날마다 쓰면서도 알지 못함이라. 그래서 군자의 도는 아는 이가 적으니라.

譯解 : 仁의 智라고 하는 것은 광대한 道의 일단에 불과하며 어떠한 일에 있어서도 자신의 보이는 부분을 전체라고 생각한다. 어진 사람은 도를 보고 仁이라 부르고, 지혜로운 사람은 도를 보고 智라고 부른다. 일반 사람들은 날마다 도를 쓰면서도 그것을 깨닫지 못하며 군자의 도를 아는 사람은 적다고 할 수 있다.

　　顯諸仁하며 藏諸用하여 鼓萬物而不與聖人同憂하나니 盛德 大業이 至矣哉라 富有之謂大業이요 日新之謂盛德이라.

　이것을 仁으로 나타내며 이것을 쓰는 데 간직해야 만물을 고동시키지만 성인과 더불어 함께 근심하지 아니하나니 성대한 덕과 큰 사업이 지극함이라. 풍부하게 있음을 대업이라 이름이요, 날로 새로운 것을 盛德이라 이름이라.

譯解 : 하늘의 도는 자애의 덕이 되어 밖으로 나타나지만 일면으로는 희한한 일을 숨기고 사람에게 알리지 아니한다. 하늘은 만물의 생명을 불어넣고 맥박이 뛰게 하지만 그 조화의 공을 자각하지 못하는 것은 無心하기 때문이다. 성인 역시 사람인지라 有心하고 근심이 있음을 뜻한다. 하늘은 모든 만물을 포괄하여 풍부함이 있고 하늘의 조화는 날로 새로와져 쉬지 아니함을 뜻한다.

　　生生之謂易이요 成象之謂乾이요 效法之謂坤이요 極數知來 之謂占이요 通變之謂事요 陰陽不測之謂神이라.

모든 생물이 생기고 퍼지는 것을 易이라 이름이요, 형상을 이루는 것을 乾이라 이름이요, 법을 본받는 것을 坤이라 이름이요, 수를 다하여 오는 것을 아는 것은 점이라 이름이요, 변화에 통달하는 것을 일이라 이름이요, 음양을 헤아릴 수 없는 것을 신이라 일컫는다.

譯解 : 모든 생물이 생기고 퍼지는 것은 자연의 이치로서 형상을 이룬 것이 乾이다. 그리고 형상을 나타낸 것이 坤이며 수를 다하여 미래를 아는 것이 占이다. 음양을 헤아릴 수 없는 것을 신이라 하지만 인격적인 신을 말하는 것이 아니고 신비적인 작용을 뜻하는 것이다.

夫易은 廣矣大矣라 以言乎遠則不禦하고 以言乎邇則靜而正하고 以言乎天地間則備矣라.

대체로 易이란 넓고 큼이라. 먼 데를 말하면 막히지 아니하고, 가까운 데를 말하면 고요하며 바르고, 천지의 사이를 말하면 갖추어졌음이라.

譯解 : 易이란 넓고 큰 것을 말하며 易의 능력이 미치는 범위 안에서 먼 곳을 말한다면 머무를 것도 없고 한없이 멀고 넓다. 가까운 곳을 말한다면 전연 움직이지 않고 대상에 대하여 바른 대답을 얻을 것이다. 천지의 사이에 존재하는 삼라만상이 易의 가운데 있는 것이다.

夫乾은 其靜也專하고 其動也直이라 是以大生焉하며 夫坤은 其靜也翕하고 其動也闢이라 是以廣이 生焉하나니라.

대체로 乾은 고요함을 오로지 하고 그 움직임은 곧은지라. 이로써 크게 생하며 대체로 坤은 고요할 때에 닫히고 그 움직일 때에는 열림이라. 이로써 넓게 생하나니라.

譯解 : 乾坤이란 天地의 덕이 있고 靜과 動이 저마다의 본체와 작용함을 뜻한다. 乾이란 그 본체는 원형이고 그 작용은 직선적이고 굴절이 없으므로 여기서 易이 크다는 본성이 드러나는 것이다. 또한 坤이란 그 본체는 땅 위에 모든 것을 포함하여 풍부하며 그 작용은 밖을 향하여 개방적이고 양이 베푸는 것을 수용하므로 여기서 易이 넓다는 본성을 드러내고 있다.

廣大는 配天地하고 變通은 配四時하고 陰陽之義는 配日月하고 易簡之善은 配至德하니라.

넓고 큰 것은 천지와 합하고, 변하여 통하는 것은 사시와 합하고, 음양의 의리는 해와 달과 합하고, 易의 간단함은 지극한 덕에 합하니라.

譯解 : 易의 광대함은 천지의 광대함과 합치하고 있다. 易은 陰陽이 서로 변하고 陰陽이 서로 통하는 것은 四季節의 변화와 비슷하며, 陰陽이 교대하여 혹은 어둡고 혹은 밝게 비추는 것은 日月의 운행과 비슷하다. 易의 간단한 善은 천지의 지극히 높은 덕과 합치함을 뜻한다.

子曰 易이 其至矣乎인저 夫易은 聖人이 所以崇德而廣業也니 知는 崇하고 禮는 卑하니 崇은 效天하고 卑는 法地하니라. 天地設位이어든 而易이 行乎其中矣니 成性存存이 道義之門이라.

공자가 말하기를 易이 그 지극한 것인저라 대체로 易은 성인이 덕을 높이고 업을 넓히기 위한 까닭이니 지혜는 높고 예는 낮으나 높은 것은 하늘을 본받은 것이요, 낮은 것은 땅을 본받은 것이니라. 천지가 자리를 베풀었거든 易이 그 가운데서 행해지니 이루어진 성품을 보존하고 보존함이 道義의 문이라.

譯解 : 易이라 하는 것은 성인이 자기의 덕을 높이고 자기의 사업을 넓히기 위한 것이다. 덕을 높이기 위해서는 지혜가 높여져야 하고 사업을 넓히려면 예의가 낮아져야 한다. 지혜가 높아지면 덕이 높아지고 예의는 본질적으로 낮추는 데 있다. 머리를 낮추게 되면 많은 사람이 흠모하게 되며 사업이 확충된다. 사람의 본성은 하늘이 만들어낸 것으로 천지의 성질과 비슷하다. 하늘이 만들어낸 성품을 지속하게 되면 道義에 들어가는 門이 될 것이다.

聖人이 有以見天下之賾하여 而擬諸其形容하며 象其物宜라 是故로 謂之象이라. 聖人이 有以見天下之動하여 而觀其會通하여 以行其典禮하며 繫辭焉하여 以斷其吉凶이라 是故로 謂之爻니 言天下之至賾하되 而不可惡也이며 言天下之至動하되

而不可亂也니 擬之而後에 言하고 議之而後에 動이니 擬議하여 以成其變化하나니라.

　성인은 깊은 이치를 볼 수 있어 이것을 그 형상에 나타내며 그 물건의 마땅한 것을 본받은지라. 이런 까닭으로 象이라 이름이요. 성인이 천하의 움직임을 볼 수 있어서 그 모이고 통하는 것을 보고 이로써 常法을 행하며 말을 이어서 그 길흉을 판단함이라. 이런 까닭으로 爻라 이르나니 천하의 지극히 깊은 이치를 말하되 가히 싫어하지 않으며 천하의 지극한 움직임을 말하되 가히 어지러워하지 아니하므로 이를 본받은 뒤에 말하고 이를 헤아린 뒤에 움직이니 본받고 헤아려서 그 변화를 이루나니라.

譯解 : 성인은 천하의 어수선한 모양을 보는 눈이 있어서 형상을 비교하여 象을 본 뜨는 것을 뜻한다. 성인은 천하의 움직임을 보는 눈이 있기 때문에 움직이는 가운데 서로 섞여서 엉클어지는 것을 관찰하여 조리가 통하는 것이 보인다면 그것은 일정한 법규에 의해서 처리될 것이다. 그리고 각 爻의 밑에 붙여서 길흉을 판단한다. 어수선한 것을 사람들은 듣고 싶어하고 易은 그것을 납득이 가도록 말하고 있으며 사람은 이것을 싫어하지 아니한다. 爻는 천하의 가장 분주하게 움직이는 것을 기술한 것으로 그 가운데 저절로 도리가 생기므로 보는 사람이 혼란스러워할 일은 없을 것이다.

　鳴鶴이 在陰이어늘 其子和之로다. 我有好爵하여 吾與爾靡之라 하니 子曰 君子居其室하여 出其言에 善이면 則千里之外應之하나니 況其邇者乎여 居其室하여 出其言이 不善이면 則千里之外違之하나니 況其邇者乎요 言出乎身하며 加乎民하며 行發乎邇하여 見乎遠하나니 言行은 君子之樞機니 樞機之發이 榮辱之主也라 言行은 君子之所以動天地也니 可不愼乎아.

　우는 학이 그늘에 있거늘 그 새끼가 화답하도다. 내게 좋은 벼슬이 있어서 나 너와 더불어 함께 한다 하니 공자 말하기를 군자 그 집에 居하여 그 말을 함에 착하면 천리밖에서도 응하나니 하물며 그 가까운 데 있는 者이랴. 그 집에 居하여 그 말을 함에 착하지 않으면 천리 밖에서도 어기나니 하물며 그 가까운 데 있는 者이랴. 말이 몸에서 나와 백성에게 加하여 행함이 가까운 데서 발하여 먼 곳에 나타나므로 말과 행동은 樞機니 추기가 발함이 영화롭고 욕되는 것이 주장이 되는지라. 말과 행동은 군자가 천지를 움직이는 바이니 가히 삼가지 않을 수 있으랴.

譯解 : 中孚卦의 九二爻辭로서 자연히 마음 가운데 느껴지는 감응을 상징한 구절이다. 공자가 말하기를 군자가 사람이 모르는 방 안에서 말할 때에 그 말이 선하면 천리 밖의 사람도 감동하여 응할 것이라 하였고, 자신의 방에서 나온 말이 악하다면 천리 밖의 사람도 반발하거늘 하물며 가까운데 있는 사람은 말해서 무엇하랴. 군자의 말은 천지를 움직일 수 있는 중대한 일이니 삼가야 마땅하다고 하였다.

同人이 先號咷而後笑라 하니 子曰 君子之道或出或處或默或語이나 二人이 同心하니 其利斷金이로다. 同心之言은 其臭如蘭이로다.

同人이 먼저는 울부짖고 나중에는 웃는다 하니 공자가 말하기를 군자의 도는 혹 나가고 혹 처하고 혹 침묵하고 혹 말하니 두 사람의 마음을 같이 하니 그 예리함이 쇠도 끊으리로다. 마음을 같이 하는 말이 그 냄새가 난초 같도다 하였다.

譯解 : 同人 九五의 爻辭로서 공자가 덧붙여서 말하기를 군자의 도는 벼슬하는 사람이 있는가 하면 野에 있는 사람도 있고 정치하는 곳에서 침묵을 지키는 사람도 있고 크게 떠드는 사람이 있다. 두 사람이 마음을 합하면 그 예리함이 쇠를 끊을 수 있다. 그리고 마음을 합하면 그 말의 향기가 난초와 같다고 하였다.

初六은 藉用白茅니 无咎라 하니 子曰 苟錯諸地라도 而可矣어늘 藉之用茅하니 何咎之有리요 愼之至也라.

夫茅之爲物이 薄而用은 可重也니 愼斯術也하여 以往이면 其无所失矣리라.

初六은 흰띠를 펴니 허물이 없으리라 하니 공자 말하기를 진실로 이것을 땅에 놓아도 좋거늘 흰띠를 편다 하니 무슨 허물이 있으리요. 지극히 삼가함이라 하였다.

대체로 흰 띠라는 물건이 얇아도 쓰는 데는 가히 중한 것이니 이 법을 삼가며 나간다면 그 잃는 바가 없으리라.

譯解 : 공자가 말하기를 하늘의 제사는 본디의 정성대로 하는 것이 좋고 땅 위에서 꾸미는 것은 예의에 의한 것으로 허물이 없다. 처음부터 띠를 펴는 것은 엉성한 일이지만 祭器의 밑에 펴는 것은 중요한 일이라 하였다. 그리고 이렇게 따라서 한다면 실패할 일은 없다고 하였다.

勞謙이니 君子有終이니 吉이라 하니 子曰 勞而不伐하며 有功而不德은 厚之至也라. 語以其功下人者也라. 德言盛이요 禮言恭이니 謙也者는 致恭하여 以存其位者也라.

수고스럽게 일하고 겸손한 군자이니 끝이 있음이라 길하다 하니, 공자 말하기를 공로가 있으되 자랑하지 않으며 공이 있어도 덕으로 여기지 아니함이 지극히 후한 것이다. 그 공이 있으되 남에게 낮추는 자를 말하는 것이라. 덕은 성대한 것을 말함이요 예는 공손한 것을 말함이니 겸손한 것은 공손함을 이루어서 그 자리를 보존함이라 하였다.

譯解 : 일을 하지만 자랑하지 않고 공적이 있어도 은혜로 여기지 아니함은 덕이 지극히 후한 것이다. 이 爻辭는 자신의 공적이 있어도 사람에게 낮추는 것을 말한다. 덕이 성대하면 예의는 점점 공손해지고 공손함을 다한다면 자신의 지위를 보존할 것이라고 공자는 이렇게 해석하고 있다.

亢龍이니 有悔라 하니 子曰 貴而无位하며 高而无民하며 賢人이 在下位而无輔라 是以動而有悔也니라.

높게 있는 용이니 뉘우침이 있을 것이라 하니, 공자 말하기를 귀하나 지위가 없으며 높이 있어도 백성이 없으며 어진 사람이 아래에 있어도 도움이 없는지라 이로써 움직이면 뉘우침이 있나니라 하였다.

譯解 : 乾卦 上九의 높이 올라간 용을 설명한 것이다.

不出戶庭이면 无咎라 하니 子曰 亂之所生也라 則言語以爲階니 君不密則失臣하며 臣不密則失身하며 幾事不密則害成하

나니 是以君子愼密而不出也하나니라.

　문밖 뜰에 나가지 아니하면 허물이 없다 하니, 공자가 말하기를 亂이 생기는 것은 말이 원인이 되니 임금이 비밀스럽게 하지 않으면 신하를 잃으며 신하가 비밀스럽게 하지 않으면 몸을 잃으며 기밀한 일을 비밀스럽게 하지 않으면 해가 되나니 이로써 군자는 삼가고 비밀스럽게 하여 나가지 아니하나니라 하였다.

　譯解 : 節卦 初九의 爻辭이다. 공자는 여기에 대해서 다음과 같이 말하였다. 군주가 말을 삼가지 않고 가볍게 말을 입밖에 내면 신임하는 신하를 잃게 되고, 신하가 말을 삼가지 않으면 말이 화근이 되어 생명을 잃게 된다. 어떠한 일이든 비밀스럽게 하지 않으면 방해를 받게 될 것이다. 그래서 군자는 말을 삼가고 함부로 말을 하지 않는다고 하였다.

　　子曰　作易者其知盜乎인저　易曰負且乘이라　致寇至라　하니　負也者는　小人之事也요　乘也者는　君子之器也니　小人而乘君子之器라　盜思奪之矣니　上이　慢코　下를　暴라　盜思伐之矣니　慢藏이　誨盜며　冶容이　誨淫이니　易曰負且乘致寇至라　하니　盜之招也라.

　공자가 말하기를 易을 지은 자 그 도둑을 알고 있음인저 易에 이르기를 짐을 지고 수레를 탐이라. 도둑을 불러 이르게 함이라 하니 짐을 진다는 것은 소인의 일이요, 수레를 타는 것은 군자의 기구이다. 소인이 군자의 기구에 탔으니 도둑이 빼앗을 생각을 하며 윗사람이 교만하고 아랫사람이 사나우면 도둑이 칠 생각을 하니 감추기를 소홀히 하면 도둑질을 가르치는 것이고 얼굴을 다듬으면 음란한 것을 가르치는 것이니 易에 이르기를 짐을 지고 수레를 탐으로 도둑을 이르게 하니 이는 도둑을 부르는 것이라 하였다.

　譯解 : 解卦 六三爻辭의 해석이다. 짐을 등에 진다고 하는 것은 신분이 천한 사람의 일이다. 수레를 탄다고 하는 것은 본래 신분이 귀한 사람의 일이다. 그런데 신분이 천한 사람이 귀인의 수레를 탔다고 한다면 도둑이 이것을 보고 수레를 빼앗으려 생각할 것이다. 즉 신분이 지나친 자리에 있으면 다른 사람이 그 자리를 노린다는 뜻이다. 富한 사람이 재산을 잘못 관리하면 도둑질을 가르치는 결과가 될 것이다. 그리고 요염한 얼굴을 여

러 사람에게 보이는 것은 간음을 가르치는 결과라고 비유한다. 그래서 기본이 서 있지 않은 나라에 큰 도적이 있고 지나친 자리에는 적은 도적이 있다고 비유한 것이다.

天一地二 天三地四 天五地六 天七地八 天九地十이니 **天數五**요 **地數五**니 **五位相得**하며 **而各有合**하니 **天數二十有五**요 **地數三十**이라 **凡天地之數五十有五**니 **此所以成變化**하며 **而行鬼神也**라.

하늘은 一 땅은 二 하늘은 三 땅은 四 하늘은 五 땅은 六 하늘은 七 땅은 八 하늘은 九 땅은 十이니 天數는 五요 地數는 五니 다섯 자리가 서로 얻어서 각각 합하는 것이 있으니 천수 二十五 지수 三十이라 무릇 천지의 수 五十五니 이것이 변화를 이루며 신비함을 행함이라.

譯解 : 천지의 모든 생물이 생겨나서 움직이는 것을 상징한 것으로 수는 홀수와 짝수가 있다. 홀수는 양에 속하고 짝수는 음에 속한다. 하늘은 陽이요 땅은 陰인 까닭으로 하늘이 一이면 땅은 二, 하늘이 三이면 땅은 四니 一로부터 十까지 천지 음양의 자연을 상징한 수인 것이다. 一·三·五·七·九의 홀수는 하늘의 수요 二·四·六·八·十의 짝수 다섯은 땅의 수인 것이다. 하늘의 수는 二十五이고 땅의 수는 三十이니 총합계는 五十五라. 이것이 천지를 상징한 홀수 짝수로서 우주의 신비와 변화를 뜻한다.

大衍之數五十이니 **其用**은 **四十有九**라 **分而爲二**하여 **以象兩**하고 **掛一**하여 **以象三**하고 **揲之以四**하여 **以象四時**하고 **歸奇於扐**하여 **以象閏**하나니 **五歲**에 **再閏**이라 **故**로 **再扐而後**에 **掛**하나니라.

大衍의 수는 五十이지만 그 쓰는 것은 四十九라 둘로 나누어서 천지를 형상하고 하나를 걸어서 三才를 형상하고 四로 세워서 四時를 형상하고 奇數로 시초를 손가락에 끼워 閏을 형상하나니 五年만에 두 번 윤달이 드는지라. 그런 까닭으로 다시 시초를 손가락에 끼운 뒤에 걸어 놓나니라.

譯解 : 천지의 수 五十五로 그 가운데 五行의 기가 천지에 흐르고 있으므

로 五를 감한 五十의 筮竹을 둘로 나눈다. 이것은 천지의 음양을 상징한 것으로 왼손의 筮竹을 天策이라 하고 오른손의 筮竹을 地策이라 한다. 다음 地策에서 한 개를 빼낸 것은 사람을 뜻한 것이니 왼손의 새끼손가락에 끼우니 이것이 天地人 三才를 상징한 것이다. 다음에 네 개씩 제해가는 것은 四季節을 뜻하며, 남은 것을 왼손 중지와 약지 사이에 끼워 윤달을 뜻하고 五年에 윤달이 두 번 있으니 그래서 天策 地策을 두 번 손가락에 끼운다.

　　乾之策이 二百一十有六이요 坤之策이 百四十有四라 凡三百有六十이니 當期之日하고 二篇之策이 萬有一千五百二十이니 當萬物之數也하니라.

　乾의 策이 二百十六이요, 坤의 策이 一百四十四라. 모두 三百六十이니 일년 날수에 해당하고 二篇의 策이 一萬一千五百二十이니 이것은 만물의 수에 해당하니라.

譯解 : 하늘을 뜻하는 卦는 乾으로 陽爻가 여섯이므로 三十六의 여섯배는 二百十六이요, 땅을 뜻하는 坤卦는 陰爻가 여섯으로 一百四十四가 되고 이것을 합한 策數는 三百六十으로 일년의 일수가 된다. 易經上下篇 六十四卦의 策數는 陰爻 陽爻 각 一百九十二에다 三十六과 三十四를 승하면 一萬一千五百二十으로 만물의 수에 해당한다.

　　是故로 四營而成易하고 十有八變而成卦하니 八卦而小成하여 引而伸之하며 觸類而長之하면 天下之能事畢矣리니 顯道하고 神德行이라 是故로 可與酬①酢②이며 可與祐神矣니 子曰 知變化之道者는 其知神之所爲乎인저.

　이런 까닭으로 네 번 만들어서 易을 이루고 열여덟번 변해서 괘를 이루니 八卦로서 적은 것이 이루어지고 이것을 이끌어 펴서 동류에 접촉시켜 길게 하면 천하의 잘하는 일이 끝난다. 도를 나타내고 덕행을 신성하게 함이라. 이런 까닭으로 함께 수작할 수 있으며 함께 신을 도울 수 있으니 공자 말하기를 변화의 도를 아는 자는 신비한 바를 알진저.

譯解 : 여기서 易의 변역을 말한다. 즉 四十九個의 筮竹을 좌우로 나누는 것이 一營이고 한 개를 거는 것이 二營이고 네 개씩 세는 것이 三營이 되고 나머지 策을 손가락 사이에 끼우는 것이 四營이다. 이것을 세 번 되풀이 하는 것을 삼변이라 하며 한 爻를 얻게 된다. 이렇게 여섯 번을 하면 十八변이 되어 한 卦를 얻게 된다. 八卦를 연장하여 六획으로 마무리지면 六十四卦가 된다. 또한 陰爻 陽爻가 서로 변하기 때문에 그와 비슷하여 서로 통하게 되면 적용할 가능성을 갖게 되며 易의 수는 사람의 덕행을 신의 조화로 여기고 있다. 사람이 생각없이 하는 일은 인위적이라 할 수 있으나 易의 수리에 따라 행동하는 것은 신의 결정이라고 한다. 공자가 이를 감탄하면서 말하기를 易의 수나 말에 나타나는 변화의 도를 아는 사람을 바꿔서 말하면 신의 조화를 알고 있다고 하였다.

① 酬(술권할 수), ② 酢(술권할 작)

易有聖人之道四焉하니 以言者는 尙其辭하고 以動者는 尙其變하고 以制器者는 尙其象하고 以卜筮者는 尙其占하나니 是以君子將有爲也하며 將有行也에 問焉而以言하거든 其受命也如嚮하여 无有遠近幽深이 遂知來物하나니 非天下之至精이면 其孰能與於此리요.

易에 성인의 도 넷이 있으니 이로써 말하는 자는 그 말을 숭상하고 이로써 움직이려는 자는 그 변화를 숭상하고 이로써 그릇을 만들려는 자는 그 象을 숭상하고 이로써 점치려는 자는 그 점괘를 숭상하나니 이로써 군자는 장차 하려는 일이 있으며 장차 행하려는 것이 있을 때에 여기에 물어보아서 말하거든 그 명령을 받는 것이 소리가 울리는 것 같아서 遠近幽深이 없이 드디어 미래의 일을 아나니 천하에 지극히 정밀함이 아니면 그 누가 능히 여기에 참여하리요.

譯解 : 易에는 성인의 도 넷이 있으니 易을 보고 무엇을 말하려는 사람은 易의 말을 숭상하는 것이 좋고 易에 의한 행동을 하려는 사람은 易의 변화를 중요하게 여기고 易을 보고 어떠한 기구를 만들려는 사람은 卦의 형상을 본뜨는 것이 좋고 易으로 미래를 점치려는 사람은 易의 판단을 존중한다. 군자가 무엇인가를 하려는 때에는 易에 이러 이러한 일을 고하여 명한다. 易은 군자의 질문에 대답하는 것은 울리는 소리에 응하고 멀고 가까움

은 깊숙하고 그윽함을 구별하지 않고 줄줄 미래의 일을 알게 된다. 천하의 정밀한 것이 아니면 어떠한 일이든 여기에 참여할 수 없다.

參伍以變하며 錯綜其數하여 通其變하여 遂成天地之文하며 極其數하여 遂定天下之象하니 非天下之至變이면 其孰能與於此리요.

여러 번 변하여 그 수를 착잡하게 하니 그 변화를 통해서 천지의 爻象을 이루며 그 수를 다하여 드디어 천하의 형상을 정하니 천하의 지극한 변화가 아니면 그 누가 여기에 참여하리요.

譯解: 易의 陰陽이 서로 갈아 넣고 변화하여 함께 交錯하고 綜合한다. 그리고 그 변화를 환히 깨달아서 안다면 천하만사의 길흉을 상징하고 六爻에 나타날 것이다.

易은 无思也하며 无爲也하며 寂然不動이라가 感而遂通天下之故하나니 非天下之至神이면 其孰能與於此리요.

易은 생각함이 없으며 하는 것도 없어서 고요히 움직이지 아니하다가 감동하여 드디어 천하의 연고에 통하나니 천하의 지극히 신비함이 아니면 그 누가 능히 이에 함께 할 수 있으리요.

譯解: 卦의 움직임은 무심한 것이다. 미래를 알고자 한다면 생각해서 아는 것이 아니라 卦를 이루고 길흉을 정한 것은 作爲에 의한 것이 아니고 고요하여 그 자체는 움직이지 아니한다. 점을 보려는 사람은 어둑한 가운데 卦에 감응하여 천하의 모든 일에 대하여 정확한 대답을 얻을 것이다. 천하의 신비함이 아니면 여기에 함께 참여할 수 있으랴. 无思 无爲 寂然不動은 老子의 철학이다.

夫易은 聖人之所以極深而硏幾也니 唯深也故로 能通天下之志하며 唯幾也故로 能成天下之務하며 唯神也故로 不疾而速하며 不行而至하나니 子曰 易有聖人之道四焉者는 此之謂也라.

대체로 易은 성인이 깊은 이치를 다하고 기미를 연마하는 것이니 오직 깊은 연고로 능히 천하의 뜻에 통하여 오직 기미에 밝은 까닭으로 능히 천하의 일을 이루며 오직 신비한 까닭으로 빠르지 않아도 빠르게 되며 가지 않아도 이르나니 공자 말하기를 성인의 도가 넷이 있다고 한 것은 이것을 말함이라.

譯解: 처음부터 易이라는 것은 성인이 깊은 이치를 다하여 알고 낌새의 징조를 연구하기 위한 것이다. 그리고 깊이를 다하는 것은 易의 지극히 정밀한 작용과 낌새를 연구하는 것으로 易의 지극한 변화의 작용인 것이다. 또한 易을 사용하는 천하의 사람들의 의지가 혹은 순종하고 혹은 거역하는 것을 밝히 통달할 것이다. 오직 신비하기 때문에 빠르지 않아도 빠르게 진행되는 것은 자연의 목적에 도달하는 것이다. 공자가 말한 易에 성인의 도 넷이 있다는 것은 辭·變·象·占을 뜻한 것이다.

子曰 夫易은 何爲者也요 夫易은 開物成務하여 冒天下之道하나니 如斯而已者也라 是故로 聖人이 以通天下之志하며 以定天下之業하며 以斷天下之疑하나니라.

공자 말하기를 대체로 易은 무엇을 하는 것이요, 대체로 사업을 열어 일을 이루게 하여 천하의 도를 덮어 놓나니 이같이 할 따름이다. 이런 까닭으로 성인이 이로써 천하의 뜻에 통하며 이로써 천하의 사업을 정하며 이로써 천하의 의심나는 것을 판단하나니라.

譯解: 공자가 말하기를 대체 易이라는 것은 무엇을 위하여 이루어진 것인가. 처음부터 易이란 太古에 사람의 지혜가 발달되지 않았기 때문에 占에 의해서 길을 취하고 흉을 피하는 지혜를 얻었던 것이다. 모든 사업을 이루게 하는 데는 천하의 도는 모두 易의 가운데 포함되어 있으며 易이란 그러한 것을 벗어날 수 없다고 하였다. 여기서 성인은 易에 의해서 천하의 사람들의 뜻을 밝히 통찰하고 易에 의해서 천하의 사업을 정하고 易에 의해서 천하의 모든 의문을 판단한다고 하였다.

是故로 蓍①之德은 圓而神이요 卦之德은 方以知요 六爻之義는 易以貢이니 聖人이 以此로 洗心하여 退藏於密하여 吉凶은 與民同患하여 神而知來코 知以藏往하나니 其孰能與於此哉리

요 古之聰明叡②知神武而不殺者夫인저.

　이런 까닭으로 시초의 덕은 둥글고 신묘함이요, 卦의 덕은 방정하고 지혜로 움이요 六爻의 뜻은 바뀌어서 알게 함이니 성인이 이로써 마음을 씻어 물러가서 비밀스럽게 숨으며 길흉을 백성들과 함께 근심하여 신비함으로써 미래를 알고 지혜로써 가는 것을 아나니 그 누가 능히 함께 할 수 있으리요. 옛날 총명하고 지혜롭고 무용이 뛰어났으면서도 사람을 죽이지 않는 자인저.

　譯解 : 筮竹의 움직임에 있어서 둥글게 운동하여 다함이 없이 신비한 변화를 한다. 卦의 작용은 정방형과 같이 정연하게 정한 형상을 가지고 있으며 지혜롭고 총명하다. 六爻의 뜻은 변역하는 것을 가지고 길흉을 사람에게 알리고 있다. 성인이 세가지의 덕을 가지고 나의 뜻을 씻어버리고 한걸음 물러나서 자기의 행동을 선택하는 것을 하늘의 도에 정밀하게 움직이는 가운데 포함시키고 있다. 그리고 筮竹의 조작에 대한 결단을 완전히 맡기고 있다. 易의 신비한 작용에 의해서 미래를 알고 易의 지혜에 의해서 옛부터 변하지 않는 도리에 자기의 정조나 지조를 포함시키고 있다. 누가 위대한 도에 함께 참여할 수 있으리요. 옛부터 총명하고 지혜로운 사람이 신과 같이 무용이 뛰어나면서 살인을 범하지 않는 사람이 그것이다. 周의 文王이 지혜와 무용을 가지고 있으면서 군사를 일으키지 않고 태연하게 때를 기다렸으니 이 사람이 여기에 해당한다.

　① 蓍(시초 시), ② 叡(밝을 예)

　　是以明於天之道而察於民之故하며 是興神物以前民用하니 聖人이 以此齋戒하여 以神明其德夫인저.

　이로써 하늘의 도에 밝고 백성의 까닭을 살펴서 신비로운 물건을 일으키어 백성들의 쓰임에 앞장서니 성인이 이로써 재계하여 그 덕으로써 신비롭고 밝게 함인저.

　譯解 : 성인은 하늘의 도와 사람의 일 전부를 밝혀 살피고 筮竹을 겸하여 포함하는 일을 알고 있으며 여기에 筮竹이란 신비한 물건을 만들어서 이것을 사람이 행동하기 전에 미래를 미리 알려고 한다. 성인은 이 易을 사용함에 있어서 부딪힐 수 있으며 정성을 다하여 노력하고 몸을 깨끗이 하고 부정을 멀리하여 易의 덕을 더욱 신비롭게 한다. 옛날에는 제사지내기 전

에 정성을 다하는 것이 상례로 되어 있다. 신이 접하는 몸이 불결해서는 안되며 점하는 데 있어 신의 처분을 기다리기 때문에 정성을 다해야 한다.

　　是故로 闔戶를 謂之坤이요 闢戶를 謂之乾이요 一闔一闢을 謂之變이요 往來不窮을 謂之通이요 見을 乃謂之象이요 形을 乃謂之器요 制而用之를 謂之法이요 利用出入하여 民咸用之를 謂之神이라.

　이런 까닭으로 문을 닫는 것을 坤이라 함이요, 문을 여는 것을 乾이라 함이요, 한 번 닫고 한 번 여는 것을 변한다 함이요, 오고가되 궁하지 아니함을 통이라 함이요, 나타나는 것을 象이라 함이요, 형상이 있음을 이에 器라 함이요, 만들어서 쓰는 것을 법이라 함이요, 이용하고 출입하여 백성이 다 쓰는 것을 신이라 함이라.

　譯解 : 예를 들면 닫으려는 것을 수렴하고 내포하는 것이 坤으로 곧 陰이다. 문을 열려는 것을 밖으로 향하여 적극적인 움직임이 乾이며 이것이 陽이다. 문을 닫고 여는 것이 결국 陰이 되었다가 陽이 되는 것은 변이라 할 수 있다. 陰이 陽이 되고 陽이 陰이 되는 한없이 오가는 것을 通이라 하며 卦가 눈에 보인다면 처음으로 이것을 象이라 하고 이 象을 기초로 하여 형상이 된다고 하면 이것을 器라고 한다. 이 器를 제작하여 사용하는 것을 성인의 법칙이라 하며 모든 사람이 이 器를 사용하며 법칙을 떠나지 않는다면 이것을 신비함이라 한다.

　　是故로 易有太極하니 是生兩儀하고 兩儀生四象하고 四象이 生八卦하니 八卦定吉凶하고 吉凶이 生大業하나니라.

　이런 까닭으로 易에 태극이 있으니 이것이 陰陽을 낳고 陰陽이 사상을 낳고 사상이 八卦를 낳으니 팔괘는 길흉을 정하고 길흉이 큰 사업을 낳나니라.

　譯解 : 太極은 宇宙 전체를 뜻하고, 兩儀는 陰陽을 뜻하며, 四象은 老陽 少陽 老陰 少陰을 뜻한다.

　　是故로 法象이 莫大乎天地하고 變通이 莫大乎四時하고 縣

象著明이 莫大乎日月하고 崇高는 莫大乎富貴하고 備物致用하며 立成器하여 以爲天下利는 莫大乎聖人하고 探賾索隱하여 鉤①深致遠하여 以定天下之吉凶하며 成天下之亹②亹者莫大乎蓍龜하니라.

　이런 까닭으로 法象은 천지보다 큰 것이 없고, 변통이 四時보다 큰 것이 없고, 형상이 밝게 나타나는 것이 해와 달보다 큰 것이 없고, 숭고한 것은 부귀보다 큰 것이 없다. 물건을 갖추어 쓰게 하며 그릇을 만들어서 천하를 이익되게 하는 것은 성인보다 큰 것이 없고, 깊은 이치를 탐구하여 숨어 있는 것을 찾아내며 깊은 것을 끌어올리고 먼 것을 이르게 하여 천하의 길흉을 정하며 천하의 사람들을 힘쓰게 하는 것은 시초와 거북보다 큰 것 없나니라.

譯解: 그렇다고 해서 물건의 모범이 되는 것은 천지보다 큰 것이 없고 변화하고 유통하는 것은 四季節보다 큰 것이 없다. 공중에 걸려 있는 형상은 해와 달보다 큰 것은 없고 사람의 가장 숭고한 지위는 천하를 소유한 군주의 자리보다 높은 것이 없다. 천지 사시 일월을 모범으로 하여 본뜨고 백성이 필요한 물건을 갖추어서 그 용도를 다하여 완성된 기계를 건립하여 천하의 이익이 미치게 하는 것은 성인보다 위대한 것은 없다. 성인은 易을 만들어서 말썽이 많은 가운데 법칙을 지키고 은미한 세상에 수색의 손을 뻗어서 먼 곳의 물건을 찾아내고 천하의 길흉을 정하여 천하의 사람들을 힘쓰게 한다.
① 鉤(갈구리 구), ② 亹(힘쓸 미)

　是故로 天生神物이어늘 聖人이 則之하며 天地變化이어늘 聖人이 效之하며 天垂象하여 見吉凶이어늘 聖人이 象之하며 河出圖하며 洛出書어늘 聖人이 則之하니 易有四象은 所以示也요 繫辭焉은 所以告也요 定之以吉凶은 所以斷也라.

　이런 까닭으로 하늘이 神物을 내거늘 성인이 이를 법칙으로 하며, 천지변화하거늘 성인이 이를 본받으며, 하늘이 상을 드리워 길흉을 나타내거늘 성인이 이를 본받으며, 河圖가 나오며 洛書가 나오거늘 성인이 이를 법칙으로 하니 易의 四象이 있음은 보이게 하는 까닭이요 繫辭가 있음은 알려주려 함이요,

이로써 길흉을 정한 것은 판단하려는 까닭이다.

譯解 : 그러니까 하늘은 시초와 龜甲이라는 신비한 예지능력이 있는 물건을 내고 성인은 이것을 법칙으로 하여 사용하였다. 천지 음양의 기는 변하여 만물을 낳았다. 성인은 이것을 모방하여 易의 음양원리를 세우고 하늘은 가물고 비가 내리는 하늘의 형상을 내려주고 길흉의 조짐을 나타내었다. 성인은 이것을 본떠서 길흉의 판단을 易에 붙인 것이다. 옛날 황하에서 용마가 나오고 洛水에서 신비한 거북이 떠오른 것이다. 그것의 등에는 신비한 그림이 그려져 있는데, 이것이 이른바 河圖洛書인 것이다. 성인은 河圖를 본보기로 하여 八卦를 만들었고 이처럼 易이 성립된 것이다.

易曰 自天祐之라 吉无不利라 하니 子曰 祐者는 助也니 天之所助者順也요 人之所助者信也니 履信思乎順하고 又以尙賢也라 是以自天祐之라 吉无不利也니라.

易에 이르기를 하늘로부터 돕는지라 길하여 이롭지 아니함이 없다 하니 공자 말하기를 祐라 함은 돕는다 함이니 하늘이 돕는 바를 따름이요 사람이 돕는 바는 믿음이니 믿음을 지키고 따르는 것을 생각하고 어진 이를 높이는지라. 이로써 하늘이 도와서 길하고 이롭지 아니함이 없나니라 하였다.

譯解 : 大有卦의 上九爻辭를 해석한 것이다. 易에 하늘이 돕는지라 길하여 이롭지 아니함이 없다는 구절을 공자는 다음과 같이 해석하였다. 祐라는 것은 돕는 것을 뜻하며 하늘이 돕는 상대는 하늘의 도를 따르는 데 있다. 사람이 돕는 상대는 성실한 사람이라 한다. 大有上九는 성실한 덕을 행하여 하늘의 도에 따르며 마음의 준비를 한다. 그리고 아랫자리에 있는 사람에게 자기를 낮추어 맞이하고 있다.

子曰 書不盡言하며 言不盡意니 然則聖人之意를 其不可見乎아 子曰 聖人이 立象하여 以盡意하여 設卦하여 以盡情僞하여 繫辭焉하여 以盡其言하며 變而通之하여 以盡利하며 鼓之舞之하여 以盡神하니라.

공자 말하기를 글은 말을 다하지 못하며 말은 뜻을 다하지 못하니 그렇다면 성인의 뜻을 가히 보지 못함이라 하고, 또한 성인이 象을 세워서 뜻을 다하며 卦를 베풀어서 情僞를 다하며 繫辭하여 그 말을 다하며 변하고 통해서 이로움을 다하며 鼓舞하여 신비함을 다하나니라 하였다.

譯解 : 공자가 自問自答한 것을 문자로 표현한 것으로 말한 것을 다 기술하지 못하고 있다. 또한 말은 생각한 것을 다 표현하지 못하고 있다. 옛날 성인의 마음은 확실히 말로 전하는 것은 어렵지만 그래도 상징한 것은 더욱 깊이를 보이고 있다. 성인은 八卦의 형상을 세우고 이것을 말로 전하지 못하는 깊은 뜻을 다하려고 하였다. 六十四卦를 설정하여 일의 참과 거짓을 다하여 그것을 卦爻辭에 붙여서 말하고자 하는 뜻을 다하였다. 여기에 붙인 卦爻辭는 보통의 글쓰기보다는 어려운 것이다. 卦象의 변화를 유통시키고 易에 나타난 여러 가지의 도리를 다하고 있으며 신비한 작용을 다하고 있다.

乾坤은 其易之縕①耶인지라 乾坤이 成列而易이 立乎其中矣니 乾坤이 毁則无以見易이요 易을 不可見則乾坤이 或幾乎息矣리라.

乾坤은 그 易의 핵심인지라 乾坤이 列을 이루어 易이 그 가운데서 성립되니 乾坤이 무너지면 易을 볼 수 없을 것이요, 易을 보지 못하면 乾坤이 혹 거의 종식되리라.

譯解 : 乾坤이야말로 易 전체의 내용을 충족시키고 있으며 易이란 陰陽의 움직임에 불과한 것이다. 모든 陽은 乾에서 생기고 陰은 모두 坤에서 생긴다. 그리고 卦가 성립되면 六爻의 자리가 정해져서 乾坤 두 卦가 天地를 상징한 것이다. 위와 아래가 서로 연결될 때에 易은 天地 사이에서 조화를 상징하고 있다. 그런데 만일 乾坤 두 卦가 없어지게 된다고 가정한다면 천지가 파멸되고 易의 작용은 보이지 아니할 것이다. 乾坤 즉 천지와 더불어 음양의 변화가 없어지는 것과 다름이 없다.

① 縕(묵은솜 온)

是故로 形而上者를 謂之道요 形而下者를 謂之器요 化而裁之를 謂之變이요 推而行之를 謂之通이요 擧而錯之天下之民

을 謂之事業이라.

  이런 까닭으로 形而上이란 것을 道라 이름이요, 形而下란 것을 器라 이름이요, 화해서 제재하는 것을 變이라 이름이요, 미루어서 행하는 것을 통이라 이름이요, 들어서 천하의 백성을 조치하는 것을 사업이라 이름이라.

  譯解 : 形而上은 눈에 보이는 형상보다도 이상의 뜻을 가지고 있으며, 形而上學 形而下學의 語源이 되었다. 또한 눈에 보이는 형상이 아닌 형상 이전의 것을 一陰一陽이라 하며 이러한 변화를 道라고 한다. 그것이 현상적인 형상으로 나타나면 器라고 한다. 이전 이후의 시간적인 선후를 뜻할 까닭이 없다. 器를 떠나서는 道가 없으며 활과 살의 기구가 없이 화살을 쏘는 道는 없다. 易의 卦爻나 辭도 一陰一陽의 道가 현상이 되어 器가 되는 것이다. 성인은 陰陽이 자연이 변천한 대로의 그 변화를 적당하게 판가름하는 것을 變이라고 한다. 성인이 陰陽의 변화를 미루어서 행하고 움직임을 다할 때를 通이라 한다. 그 변통하는 것을 형상이 있는 卦와 辭에 나타내고 모두를 들어서 천하 백성의 손에 닿는 곳에 두고 실용에 이바지하는 것을 성인의 사업이라 한다.

  是故로 夫象은 聖人이 有以見天下之賾하여 而擬諸其形容하며 象其物宜라 是故로 謂之象이요 聖人이 有以見天下之動하여 而觀其會通하여 以行其典禮하며 繫辭焉하여 以斷其吉凶이라 是故로 謂之爻니 極天下之賾者는 存乎卦하고 鼓天下之動者는 存乎辭하고 化而裁之는 存乎變하고 推而行之는 存乎通하고 神而明之는 存乎其人하고 默而成之하며 不言而信은 存乎德行하니라.

  이런 까닭으로 대체로 象은 성인이 천하의 깊은 이치를 볼 수 있어서 이를 형상에 담으며 그 물건의 마땅한 것을 본뜨는지라. 이런 까닭으로 象이라 함이요, 성인이 천하의 움직임을 볼 수 있어서 그 會通을 관찰하여 이로써 그 典禮를 행하며 辭를 붙여서 그 길흉을 판단함이라. 이런 까닭으로 爻라 하니 천하의 깊이 극진히 하는 것은 卦에 있고, 천하의 움직임을 고무하는 것은 말에 있고, 化하여 제재하는 것은 변하는 데 있고, 추진하여 행하는 것은 通하는 데 있고, 신비롭게 밝히는 것은 그 사람에게 있고, 묵묵히 이것을 이루며 말하지 아니하여도 믿는 것은 덕행에 있나니라.

譯解 : 성인은 변역의 형상을 본뜨고 천하의 움직임으로부터 常法을 이끌어내서 爻를 만들었다. 象이란 것은 卦에 있고 爻라는 것은 卦爻에 붙여진 것을 辭라 한다. 그래서 易을 만든 사람이 천하의 복잡한 변화를 극히 다한 바는 易의 卦에 있다. 천하의 움직임이 생기가 넘치게 드러난 것은 易의 辭에 있다. 성인이 조화의 작용을 교묘히 제재하여 易이 변하는 것을 보이고 있다. 성인이 변화의 움직임을 미루어 행하는 위대한 것은 易의 通이며 특징에 의하여 보이고 있다. 易을 배우는 사람은 모름지기 성인의 깊은 뜻을 알아야 하고 易이 생활에 쓸모가 있어야 한다. 다만 易이 이상하고 天道의 신비함을 기초로 하고 소인의 욕심을 위하여 이용되서는 안된다. 易의 신비함을 발휘할 수 있음은 이용자의 인격 여하에 달려 있다. 德行이 있는 사람이라면 易의 가르침을 드리우고 자연히 卦의 德을 마음속에 형성하고 있다.

2. 繫辭下傳

八卦成列하니 象在其中矣오 因而重之하니 爻在其中矣오
剛柔相推하니 變在其中矣오 繫辭焉而命之하니 動在其中矣라
吉凶悔吝者는 生乎動者也오 剛柔者는 立本者也오 變通者는
趣時者也라.

　　八卦가 열을 이루니 象이 그 가운데 있음이요, 따라서 겹으로 하니 爻가 그 가운데 있음이요, 剛과 柔가 서로 추이하니 변화가 그 가운데 있음이요, 말을 붙여서 명령하니 움직임이 그 가운데 있음이라. 길흉과 뉘우치고 부끄러워하는 것은 움직이는 데서 생김이요, 剛과 柔는 근본을 세우는 것이요, 변하고 통하는 것은 때에 따르는 것이라.

　　譯解 : 八卦가 생성되면 만물의 상징이 자연히 八卦의 가운데 갖추어진다. 八卦 그대로 위 아래가 겹쳐서 합할 때에 六爻의 미묘함이 그 가운데서 보이고 있다. 卦爻의 剛과 柔가 서로 추이하여 뒤섞인다. 음양 변화의 道는 剛爻 柔爻가 추이하는 가운데 보게 된다. 卦爻에 辭를 붙여서 저마다의 길흉을 붙이게 된다. 그리고 천하의 일이 움직이는 것을 辭 가운데 갖추고 있다.

吉凶者는 貞勝者也니 天地之道는 貞觀者也오 日月之道는
貞明者也오 天下之動이 貞夫一者也라.

　　길흉이란 것은 바른 것이 이기는 것이니 천지의 도는 바르게 관찰하는 것이요,

해와 달의 도는 바르게 밝은 것이요, 천하의 움직임은 바른 것이 하나뿐이니라.

　세상에서 좋은 일을 하고도 흉함을 당하고 나쁜 일을 하고도 길함을 얻을 때가 있다. 그래도 선한 일에는 길함이 있고 악한 일에는 흉함을 당하는 것이 떳떳한 일이며 바른 것이다. 길흉에는 떳떳한 일이 이길 것이며 그것은 마치 천지의 운행이 늘 사람에게 모범을 보이고 있다. 또한 日月의 본질이 늘 밝은 것을 인간 세상에 비추어 주고 있다. 천지의 운행과 日月의 밝음이 때때로 미치광이처럼 되지만 그것은 떳떳한 일을 벗어난 것은 아니다. 선에는 길함이 악에는 흉함이 따르는 이치를 가지고 늘 바른 길을 지키고 있다.

　　夫乾은 確然하니 示人易矣요 夫坤은 隤①然하니 示人簡矣니 爻也者는 効此者也요 象也者는 像此者也라 爻象은 動乎內하고 吉凶은 見乎外하고 功業은 見乎變하고 聖人之情은 見乎辭하니라.

　대체로 乾은 확실하여 사람에게 쉽게 보이고 대체로 坤은 순하여 사람에게 간단하게 보이니 爻는 이를 본받음이요 象은 이것을 본뜬 것이다. 爻와 象은 안에서 움직이고 길흉은 밖에 나타나고 功과 業은 변하는 데서 나타나고 성인의 심정은 말에서 나타나니라.

　譯解 : 처음으로 乾은 강건하고 사람에게 쉬운 길을 보이고 있다. 그런데 坤은 유순하여 사람에게 간단한 덕을 보이고 있다. 천하의 움직임이 하나의 떳떳한 이치를 기본으로 하고 있으며 乾坤은 천지의 도를 늘 이치로 가지고 있으므로 易簡이라 한다. 결국 乾坤에 보이는 理法을 본받아서 爻라고 이름하였다. 象은 像으로 乾坤의 理法을 본뜬 것이다. 八卦의 상징은 변동하는 사람의 일에 기미를 보이고 있으며 그것은 형상이 되어 밖에 나타나지 아니한다. 그래서 안에서 말로 길흉의 판단을 내릴 때에는 그것이 밖으로 나타나게 된다. 성인이 백성에 대하여 어찌할 수 없는 기분으로 卦爻辭에 드러내고 있다.

　① 隤(순할 퇴)

　　天地之大德曰生이요 聖人之大寶曰位니 何以守位오 曰仁이

요 何以聚人코 曰財니 理財하며 正辭하며 禁民爲非曰義라.

　천지의 큰 덕은 생기는 것이요. 성인의 큰 보배는 지위라 하니 무엇으로써 자리를 지킬 것이요? 이로써 仁이요. 무엇으로써 사람을 모을 것이요? 이르되 재물이니 재물을 다스리고 말을 바르게 하며 백성의 그릇된 일을 금하는 것이 義라 하나니라.

　譯解 : 仁이라 해도 뜻은 통하지만 人으로 하는 것이 앞뒤의 뜻이 통한다. 그런데 천지의 위대한 덕은 生이라고 한다. 천지와 나란히 성인의 큰 보배는 자리라고 한다. 군주의 자리를 지키는 것은 사람이라고 한다. 많은 사람을 자기편으로 삼지 못하면 군주의 자리를 지킬 수가 없다. 그러면 무엇으로 사람을 모을 수가 있을까. 군주로서 소유하고 있는 막대한 재산을 나누어 주더라도 가르침이 없다면 혼란이 일어날 것이니, 백성으로 하여금 재산을 바르게 관리시키고 바른 일을 하면 바르다고 말하고 부정한 일을 저지르면 벌로 다스리고 시비를 가려서 백성이 나쁜 일을 저지르지 못하게 금하는 것이 필요하다.

　　古者包犧氏之王天下也에　仰則觀象於天하고　俯則觀法於地하며　觀鳥獸之文과　與地之宜하며　近取諸身하고　遠取諸物하여　於是에　始作八卦하여　以通神明之德하며　以類萬物之情하니　作結繩而爲網罟하여　以佃以漁하니　蓋取諸離하니라.

　옛날 包犧氏가 천하의 왕노릇을 할 때에 우러러 하늘의 象을 보고 구부려서 땅의 법을 보며 새와 짐승들의 무늬와 땅의 마땅한 것을 보며 가까이는 자기 몸에 취했고 멀리는 모든 물건에서 취하여 이에 비로소 八卦를 만들어서 이로써 신명의 덕을 통하며 이로써 만물의 정을 같게 하니 새끼줄을 맺어서 그물을 만들어 사냥하고 물고기를 잡으니 대개 離卦에서 취했음이라.

　譯解 : 太古의 세상에 包犧氏가 천하의 군주로 군림할 때에 위를 향하여 하늘의 日月 등의 형상을 보고 아래를 향해서는 산과 연못 등을 본보기로 하였다. 새와 짐승의 깃털 무늬와 저마다의 땅과 초목 금석 등을 관찰하여 가까이는 신체의 부분인 눈·코·입을 보고 멀리로는 우레와 바람 등의 상징을 취하여 여기서 비로소 八卦를 만들었다. 그리고 만물의 실상을 비슷한 본으로 보였다. 包犧氏는 새끼줄을 맺어서 그물을 만들고 그것으로 짐

승을 사냥하고 물고기 잡는 일을 백성에게 가르쳤다. 그물은 離卦에서 취한 것으로 離卦의 형상이 눈과 비슷하며 붙는다는 뜻이 있어서 짐승을 잡는 뜻이 여기에 있다.

包犧氏沒커늘 神農氏作하야 斲①木爲耜②하고 揉③木爲耒④하여 耒耨⑤之利로 以敎天下하니 蓋取諸益하고 日中爲市하여 致天下之民하며 聚天下之貨하여 交易而退하여 各得其所케 하니 蓋取諸噬嗑하고

包犧氏 죽었거늘 神農氏 일어나서 나무를 깎아서 보습을 만들고 나무를 휘어잡아 쟁기를 만들어 쟁기의 이익을 천하에 가르쳤으니 대개 益卦에서 취한 것이고, 한낮에 저자(市場)를 열어서 천하의 백성을 오게 하며 천하의 재물을 모아서 서로 바꾸어 가게 하여 각각 그 자리를 얻게 하니 대개 噬嗑卦에서 취한 것이고

譯解 : 包犧氏 죽었거늘 다음의 군주는 神農氏가 선출되었다. 神農氏는 나무를 예리하게 깎아서 쟁기의 끝머리를 만들고 나무를 구부러지게 하여 손잡이를 만들어서 쟁기 사용하는 방법을 천하의 백성들에게 가르치고 있다. 이 쟁기는 益卦의 형상을 취하여 上卦 巽으로 들어가는 뜻이 있고 下卦는 震으로 움직이는 뜻이 있으니 쟁기가 움직여서 땅 속으로 들어가는 형상이다. 해가 중천에 떠 있을 때에 시장을 열어서 천하의 백성을 불러 모으고 천하의 재물을 모아서 사용한다면 흩어져서 사람들이 하고자 하는 것을 얻게 될 것이다. 위는 離로 해가 떠 있고, 아래는 震으로 움직이는 형상이고 시장에서 사람들이 움직이고 있다.

① 斲(깎을 착), ② 耜(보습끝 사), ③ 揉(휘어잡을 유), ④ 耒(호미 뇌), ⑤ 耨(김맬 누)

神農氏沒커늘 黃帝堯舜氏作하여 通其變하여 使民不倦하며 神而化之하여 使民宜之하니 易이 窮則變하고 變則通하고 通則久라 是以自天祐之하여 吉无不利니 黃帝堯舜이 垂衣裳而天下治라 蓋取諸乾坤하고

神農氏 죽었거늘 黃帝堯舜氏 일어나서 그 변화를 통하여 백성으로 하여금 게으르지 않게 하며 신비하게 감화하여 백성으로 하여금 마땅하게 하니 易이 궁하면 변하고 변하면 통하고 통하면 오래 되는지라. 이로써 하늘이 도와서 길하고 이롭지 아니함이 없나니 黃帝堯舜이 의상을 드리워 천하를 다스리니 대개 乾坤에서 취한 것이고

譯解 : 神農氏가 죽었거늘 黃帝·堯·舜이란 성인이 군주로 선출되었다. 세상이 열리면 太古의 소박한 생활양식으로는 백성을 만족시킬 수 없다. 그래서 黃帝·堯·舜은 벽에 부딪친 생활방식을 변하게 하는 방향의 길을 열어서 백성으로 하여금 게으름을 피우지 않도록 하였다. 백성이 새로운 생활양식을 편리한 것이라 여기고 날마다 쓰면서 스스로 깨닫지 못할 정도였다. 그런데 黃帝·堯·舜이 이와 같이 변화의 원리를 제공한 것은 역시 易이라고 할 수 있다. 易이 막다른 곳에 이르면 변하는 것이고 변하면 새로운 길이 통한다. 길이 통하면 영구히 계속된다. 그래서 하늘의 도움이 있고 여러 가지 유리한 편이 된다. 의상이 늘어진 그대로 無爲로 하여 천하는 다스려졌다. 이 방법은 乾坤의 卦에서 취한 것이며 천지의 작용을 상징한 것이다.

刳①木爲舟하고 剡②木爲楫하여 舟楫之利로 以濟不通하여 致遠以利天下하니 蓋取諸渙하고 服牛乘馬하여 引重致遠하여 以利天下하니 蓋取諸隨하고 重門擊柝③하여 以待暴客하니 蓋取諸豫하고

나무를 쪼개서 배를 만들고 나무를 깎아 돛대를 만들어서 배와 돛대의 이익으로 통하지 못하는 것을 건너게 하여 먼 곳에 이르게 하고 천하를 이롭게 하니 대개 渙卦에서 취하였고, 소를 길들이고 말을 타서 무거운 것을 끌고 먼 곳에 이르게 하여 이로써 천하를 이롭게 하니 대개 隨卦에서 취하였고, 문을 겹으로 닫고 목탁을 쳐서 이로써 사나운 나그네를 대비하니 대개 豫卦에서 취하였다.

譯解 : 黃帝·堯·舜은 나무를 깎아서 배와 돛대를 만들어 이제까지 통하지 못한 물 위를 건느고 먼 곳까지 도달하도록 하여 천하의 이익을 주었다. 이러한 실마리는 渙卦에서 생각이 떠오르니 上卦는 나무이고 下卦는

물이니 나무가 물에 뜬 형상이다. 그리고 소를 수레에 붙여서 무거운 짐을 끌게 하고 말을 타고서 먼 곳까지 가게 하여 천하의 사람을 이롭게 한 것은 바로 隨卦에서 힌트를 얻은 것이다. 隨卦의 위는 기쁨을 주는 兌이고 아래는 움직이고 있는 震으로 소와 말이 사람에게 복종하여 수레의 앞에서 달리는 형상이다. 그리고 딱딱이를 치며 야경을 돌아 사나운 나그네의 침입을 막은 것은 豫卦에서 생각한 것이다.
  ① 刳(쪼갤 고), ② 剡(깎을 염), ③ 柝(목탁 탁)

斷木爲杵하고 掘地爲臼하여 臼杵之利로 萬民以濟하니 蓋取諸小過하고 弦木爲弧하고 剡木爲矢하여 弧矢之利로 以威天下하니 蓋取諸睽하고 上古엔 穴居而野處러니 後世聖人이 易之以宮室하여 上棟下宇하여 以待風雨하니 蓋取諸大壯하고 古之葬者는 厚衣之以薪하여 葬之中野하여 不封不樹하며 喪期无數러니 後世聖人이 易之以棺槨하니 蓋取諸大過하고

　나무를 잘라 공이를 만들고 땅을 파서 절구를 만들어 절구와 공이의 이익으로 만민을 구제하니 대개 小過卦에서 취하였고, 나무를 휘어 활을 만들고 나무를 깎아 화살을 만들어서 활과 화살의 이익으로 천하의 위엄을 나타내니 대개 睽卦에서 취하였고, 옛날엔 굴 속에서 살고 들에서 거처하더니 후세에 이르러 성인이 이를 집으로 바꾸어 위에는 대들보를 얹고 아래에 서까래를 얹게 하여 이로써 바람과 비에 대비하니 대개 大壯卦에서 취하였고, 옛날 장사 지내는 자는 섶으로 두껍게 싸서 들 가운데 장사 지내어 봉분도 아니하고 나무도 세우지 아니하며 喪期도 수없이 하더니 후세에 와서 성인이 棺槨으로 바꾸었으니 대개 大過卦에서 취하였고.

譯解 : 黃帝・堯・舜은 절구공이와 절구를 만들었고 땅을 파서 오목하게 하여 이용할 기구를 만들었다. 백성들은 곡물을 아주 희게 찧어서 양식을 마련할 수 있었다. 小過卦를 취하게 된 것은 下卦는 머무르는 뜻이 있고 上卦는 움직이는 뜻이 있으므로 절구는 不動이며 절구공이는 움직이는 형상이다. 나무를 깎아서 활과 살을 만들었고 천하의 악한 사람들에게 공포심을 주었다. 太古의 사람들은 동굴이나 혹은 들에서 살고 있었는데 후세의 성인은 이를 대신해서 집을 세우도록 하여 비와 바람을 막았다. 옛날

2. 繫辭下傳

죽은 자를 장사 지내는 방법은 섶으로 두껍게 싸서 들 가운데 아무렇게나 장사를 지내고 喪期를 수없이 하였으나 후세의 성인이 관곽을 만들어 장사 지내게 한 것은 小過卦에서 취하였다.

上古엔 結繩而治러니 後世聖人이 易之以書契하여 百官이 以治하여 萬民이 以察하니 蓋取諸夬니라.

옛날에 새끼를 맺어 다스리더니 후세의 성인이 書契로써 바꾸어 백관이 이로써 다스리며 만민이 살피니 대개 夬卦에서 취함이니라.

譯解 : 太古의 세상에는 문자가 없어서 다른 사람과 약속할 때에는 새끼를 맺어서 큰 일에는 큰 뭉치를 만들고 작은 일에는 작은 뭉치를 만들어서 표시하였다. 소박한 때에 그것을 맺어서 다스렸으나 후세에 이르러 그것을 사용하는 데 부족하여 성인이 그것을 대신해서 문자로 契印을 만들었다. 관리들은 이것을 가지고 모든 사무를 처리하고 백성은 이것을 가지고 지혜가 밝아졌다. 書契의 시작은 夬卦에서 기초를 마련하였다.

是故로 易者는 象也이므로 象也者는 像也요 彖者는 材也요 爻也者는 効天下之動者也니 是故로 吉凶이 生而悔吝이 著也니라.

이런 까닭으로 易이란 것은 象이니 象이란 것은 像이요 彖은 재료요 爻란 것은 천하의 움직임을 본받은 것이니, 이런 까닭으로 길흉이 생기고 뉘우치고 부끄러움이 나타나니라.

譯解 : 易의 卦象이란 象을 본뜬 것이며 물건을 모방한다는 뜻이 있다. 요컨대 본질을 밝히는 것은 爻를 본받은 것이다. 六爻라 하는 것은 천하의 일에 움직임을 모방한 것으로 미묘한 변화를 그려낸 것이다. 卦辭에서 한 卦의 길흉이 생기고, 六爻에서는 각 爻의 길흉이 생긴다. 그것도 卦辭와 六爻에 의하여 비로소 밝혀진 것이다.

陽卦는 多陰하고 陰卦는 多陽하니 其故로 何也오 陽卦는 奇요 陰卦는 耦일세라 其德行은 何也오 陽은 一君而二民이니 君

子之道也요 陰은 二君而一民이니 小人之道也라.

　陽卦는 陰이 많고 陰卦는 陽이 많으니 그 까닭은 무엇이요? 陽卦는 홀수요 陰卦는 짝수일세라. 그 덕행은 무엇이요? 양은 한 임금에 두 백성이니 군자의 道요, 음은 두 임금에 한 백성이니 소인의 道라.

譯解 : 八卦의 가운데 震·坎·艮은 陽卦이고 巽·離·兌는 陰卦에 속한다. 모든 집단의 가운데 소수자가 다수자를 지배하는 것이다. 陽卦는 홀수 爻가 하나인데 짝수 爻는 둘이기 때문에 소수자의 홀수가 卦의 주인이 되고 있다. 陰卦는 짝수 爻가 하나인데 홀수 爻가 둘이기 때문에 소수자의 짝수가 卦를 지배하고 있다. 陽卦는 임금이 하나인데 백성이 두 사람이므로 다수의 백성이 군주에게 마음이 돌아가고 있으니 덕 있는 사람이 밟고 있는 현상이다. 이것에 반해서 陰卦는 임금이 둘인데 백성이 한 사람이니 백성이 두 군주의 사이를 오가며 사리사욕에 싸여 있을 것이다.

易曰 憧憧往來면 朋從爾思라 하니 子曰 天下何思何慮리오 天下同歸而殊塗하며 一致而百慮니 天下何思何慮리오.

　易에 이르기를 이리저리 왕래하면 벗이 네 뜻을 따르리라 하니 공자 말하기를 천하가 무엇을 생각하고 무엇을 근심하리요 천하가 같은 데로 돌아가되 길을 달리하며 이루는 것은 하나지만 생각은 백가지나 되니 천하가 무엇을 생각하고 무엇을 근심하리요 하였다.

譯解 : 咸卦의 九四의 爻辭는 이리 저리 밀려서 왕래한다면 벗이 너의 생각을 따른다고 하였다. 공자는 생각한다는 글자에 대하여 다음과 같은 말을 하였다. 천하가 무엇을 생각할 수 있으랴. 사람은 私心을 가지고 길을 달리하고 있으나 결과는 하나인데 사람들이 제멋대로 여러 가지 괴로운 생각을 할 뿐이다. 천하를 모두 자연에 맡겨버리면 좋을 것인데 무엇을 생각할 일이 있으리요.

日往則月來하고 月往則日來하여 日月이 相推而明生焉하며 寒往則暑來하고 暑往則寒來하여 寒暑相推而歲成焉하니 往者는 屈也요 來者는 信也니 屈信이 相感而利生焉하니라.

해가 지면 달이 뜨고 달이 지면 해가 뜨니 해와 달이 서로 밀어서 밝은 것이 생기며, 추위가 가면 더위가 오고 더위가 가면 추위가 와서 추위와 더위가 서로 밀어 한해가 되니 가는 것은 굽히는 것이요, 오는 것은 펴는 것으로 굽히고 펴는 것이 서로 감동하여 이로움이 생기는 것이니라.

譯解 : 해가 지면 달이 뜨고 달이 지면 해가 뜬다. 해와 달이 나누어 推移하는 것은 日月이 부단히 밝음을 갖도록 한다. 추위가 가면 더위가 오고 더위가 가면 추위가 온다. 추위와 더위가 나뉘어 推移한다면 일년의 생생한 작용이 성립된다. 그런데 간다고 하는 것은 영구히 가는 것이 아니고 한때 몸을 굽힐 뿐이다. 영구히 여기에 남는 것이 아니고 한때 힘을 펴는 상태에 불과하다. 그리고 굽히고 펴는 것은 서로 감응하여 합하니 여기서 이익이 생긴다고 한다.

尺蠖①之屈은 以求信也요 龍蛇之蟄②은 以存身也요 精義入神은 以致用也요 利用安身은 以崇德也니 過此以往은 未之或知也니 窮神知化德之盛也라.

자벌레가 굽히는 것은 이로써 펼 것을 구함이요, 용과 뱀이 움츠리는 것은 이로써 몸을 보전하려는 것이요, 의리를 깨끗이 하여 신비한 경지에 들어가는 것은 이로써 쓰려는 것이요, 쓰는 것을 이롭게 하여 몸을 편안히 하는 것은 이로써 덕을 숭상함이니 이를 지나쳐서 가는 것은 이를 혹 알지 못할 것이니 신비함을 다하여 변화하는 것을 앎은 덕의 성대함이라.

譯解 : 자벌레가 몸을 굽히는 것은 다음에 크게 펴려는 것이다. 용과 뱀이 겨울 동안 동굴에 숨는 것은 오래 살려고 하는 것이다. 인간의 학문도 이와 같아서 사회에 나가지 않고 신비한 경지에 들어가는 생활은 매우 굽히려는 상태에 있지만 언젠가는 세상에 쓸모가 있는 사람이 되기 위함이다. 자기 학문의 效用을 사회에 이바지하여 어딘가에 있더라도 편하게 쉴 수 있다는 것이다. 현상의 깊이는 신비한 작용을 다하여 변화의 도를 아는 것은 바로 덕을 숭상하는 최고의 경지에 이른 것이며 無心해야 깨달을 것이다.

① 蠖(자벌레 확), ② 蟄(벌레움츠릴 칩)

易曰 困于石하며 據于蒺藜라 入于其宮이라도 不見其妻이므로 凶하니라. 子曰 非所困而困焉하니 名必辱하고 非所據而據焉하니 身必危하리니 旣辱且危하여 死期將至어니 妻其可得見邪아.

易에 이르기를 돌에 괴로움을 당하고 찔레에 의거함이라. 그 집에 갈지라도 그 아내가 보이지 않으니 흉함이라 하니 공자 말하기를 괴로움을 당할 곳도 아닌데 괴로워하니 이름이 반드시 욕될 것이고 의지할 곳이 아닌데 의거하니 몸이 반드시 위태하리니 이미 욕되고 또 위태로와서 죽을 때가 장차 이르렀거니 아내를 어찌 볼 수 있으랴 하였다.

譯解 : 困卦 六三의 爻辭를 해석한 것이다. 큰 돌이 되면 움직이지 않기 때문에 움직이려 하지 않는 것이 좋다. 그것을 움직이려 한다면 괴로움을 당할 것이니 모르는 사람은 힘이 약하다고 비웃을 것이며 나의 이름을 욕되게 할 것이다. 가시 덩굴에 주저앉으면 그 몸이 위태할 것이다. 죽을 때가 가까와졌으니 집에 가더라도 그 아내를 만날 수 없을 것이다.

易曰 公用射隼于高墉之上하여 獲之니 无不利라 하니 子曰 隼者는 禽也요 弓矢者는 器也요 射之者는 人也니 君子藏器於身하여 待時而動이면 何不利之有리요. 動而不括이라 是以出而有獲하나니 語成器而動者也라.

易에 이르기를 公이 높은 담 위에서 새매를 쏘아서 잡으니 이롭지 아니함이 없다 하니 공자 말하기를 새매는 새요 활과 살은 기구요 이를 쏘는 것은 사람이니 군자 기구를 몸에 감추었다가 때를 기다려 움직이면 어찌 이롭지 아니함이 있으리요. 움직이고 매여있지 아니한지라 이로써 나가면 얻는 것이 있나니 기구를 만들어서 움직이는 자를 말함이라.

譯解 : 解卦 上六의 爻辭를 해석한 것이다. 새매는 새이고 활과 살은 기구로써 짐승을 쏘는 것은 사람이다. 군자는 기구를 몸에 감추고 때를 기다려서 행동한다면 어떠한 불리한 일도 없다. 군자의 행동은 때에 응하여 나간다면 짐승을 볼 것이다. 이 爻辭를 바꾸어 말하면 완성한 덕을 덧붙여서 행동하는 것을 기술한 것이다.

子曰 小人은 不恥不仁하며 不畏不義라 不見利면 不勸하여 不威면 不懲하나니 小懲而大誡此小人之福也라 易曰 屨校하여 滅趾니 无咎라 하니 此之謂也라.

　공자 말하기를 소인은 어질지 아니한 것을 부끄러워하지 않으며 의롭지 아니한 것을 두려워하지 아니하는지라. 이로움을 보지 않으면 권하지 아니하며 위엄이 아니면 징계하지 못하나니 조금 징계하여 크게 경계함은 이 소인의 복이라. 易에 이르기를 발에 고랑을 채워 발꿈치가 없어지니 허물이 없다하니 이를 이름이라.

譯解 : 소인은 어질지 아니함을 부끄러워하지 않으며 이로움을 보지 않으면 덕의 실행을 옮기지 아니한다. 소인은 의롭지 아니한 것을 두려워하지 않으므로 형벌로 다스리지 않으면 죄를 범할 수 있다. 크게 경계하려는 것은 소인에 의해서 저질러지는 것을 막기 위함이다. 이는 噬嗑 初九를 뜻한 것이다.

善不積이면 不足以成名이요 惡不積이면 不足以滅身이니 小人이 以小善으로 爲无益而弗爲也하며 以小惡으로 爲无傷而弗去也라 故로 惡積而不可掩이며 罪大而不可解니 易曰 何校하여 滅耳니 凶하니라.

　착함이 쌓이지 않으면 족히 이름을 이루지 못하고 악을 쌓지 않으면 족히 몸을 상하지 아니할지니 소인은 조그만 선으로 이익될 것이 없다고 하지 아니하며 조그만 악으로 해로울 것이 없다고 버리지 아니함이라. 그래서 악이 쌓여서 가리지 못하며 죄가 커서 풀지 못하니 易에 이르기를 형틀을 지고 귀가 덮이니 흉이라 하니라.

譯解 : 噬嗑 上九의 爻辭를 해석한 것이다.

子曰 危者는 安其位者也요 亡者는 保其存者也요 亂者는 有其治者也니 是故로 君子 安而不忘危하며 存而不忘亡하며 治而不忘亂이라 是以 身安而國家를 可保也니 易曰 其亡其亡이라 하니 繫于包桑이라 하니라.

공자 말하기를 위태로운 자는 그 자리가 편안한 자요, 망하는 자는 그 생존함을 보존함이요, 어지러운 자는 다스림이 있는 자이니 이런 까닭으로 군자는 편안해도 위태로움을 잊지 아니하며 생존하여도 망할 것을 잊지 아니하며 다스려도 어지러운 것을 잊지 아니함이라. 이로써 몸이 편안하고 국가를 가히 보존함이니 易에 이르기를 망할까 망할까 하여 튼튼한 뽕나무에 매어 놓는다 하니라 하였다.

譯解 : 자리가 위태롭다고 하는 사람은 그 자리가 편안한 것을 아는 사람이라. 망한다고 하는 것은 언제까지 존속될 것이라고 자신이 굳게 믿고 있는 것이다. 나라가 어지러운 것은 일찍이 잘 다스려진 상태로 이제도 그대로 있다고 생각하고 있는 것이다. 그래서 군자는 편안한 때에도 위태로움을 잊지 않고 있다. 잘 다스려지는 때에도 어지러운 것을 잊지 않고 있으며 오랫동안 망한다는 것을 잊지 않고 있다. 잘 다스려지는 때에도 어지러운 것을 잊지 않고 있으므로 몸이 편안하여 나라는 언제까지나 보존될 것이다. 否卦 九五의 爻辭를 해석한 것이다.

子曰 德薄而位尊하며 知小而謀大하며 力小而任重하면 鮮不及矣나니 易曰 鼎이 折足하여 覆公餗하니 其形이 渥이라 凶이라 하니 言不勝其任也라.

공자 말하기를 덕이 박한데 높은 자리에 있으며 아는 것이 적은데 꾀하는 것이 크며 힘은 적은데 맡은 일이 무거우면 적어서 미치지 못하나니 易에 이르기를 솥의 다리가 부러져서 공의 음식을 엎질러서 그 얼굴이 젖어 흉하다 하니 그 맡은 일을 이겨내지 못하는 것을 말함이라.

譯解 : 三國志 王脩傳注에 인용한 말은 力小라고 하였는데, 위에는 知小라고 표현된 것은 중복을 피한 것이라 본다. 공자는 말하였다. 덕이 박한 사람이 높은 자리에 있고 지혜가 적은 사람이 계획하는 일이 크고 역량이 부족한데 맡은 일이 무거우면 재앙이 몸에 미칠 것이다. 鼎卦 九四의 爻辭에는 솥의 다리가 부러져서 군주의 음식이 엎지러지니 솥의 전체가 젖어서 흉하다고 하였다. 그 뜻은 분수를 지나친 책임은 그 무거운 책임을 견디지 못한다는 것이다.

子曰 知幾其神乎인저 君子 上交不諂하며 下交不瀆하나니 其知幾乎인저 幾者는 動之微니 吉之先見者也니 君子見幾而作하여 不俟終日이니 易曰 介于石이라 不終日이니 貞코 吉하니 介如石焉이니 寧用終日이리오 斷可識矣로다. 君子知微知彰知柔知剛하나니 萬夫之望이라.

　공자 말하기를 기미를 아는 것이 신비함인지라 군자는 윗사람을 사귀되 아첨하지 아니하며 아랫사람과 사귀되 억압하지 아니하나니 그 기미를 알진저. 기미란 움직이는 것이 적으니 길한 조짐이 먼저 보이는지라. 군자 기미를 보고 일에 나서 해 지기를 기다리지 아니함이니 易에 이르기를 굳게 하기를 돌처럼 함이라. 하루가 못 갈 것이니 바르게 하면 길하다 하니 굳게 하기를 돌과 같이 해야 하거늘 어찌 날이 끝나기를 기다리랴. 판단을 가히 알 수 있도다. 군자는 적은 것을 알고 드러난 것을 알고 柔를 알고 剛을 아나니 여러 사람들이 바라는 바이라.

譯解 : 공자 말하기를, 기미를 안다고 하는 것은 바로 신비함을 말한 것이다. 군자는 윗사람과 공손히 교제하고 아랫사람과는 친하게 교제하여 억압하지 않는다. 기미란 일의 움직임을 깊이 살펴서 길흉의 조짐을 알고 있다. 군자는 일의 조짐을 보고 기민하게 행동하여 하루라도 우물쭈물하지 않고 있다. 豫卦 六二의 爻辭에 굳게 하기를 돌처럼 하여 하루가 끝나기 전에 바르게 하면 길하다고 하였다. 고고한 돌처럼 한다면 그 생각이 명석하여 기미를 보고 일어서는 것은 하루를 요한다. 군자가 기밀한 것을 알고 밝은 것을 알고 柔한 태도를 알고 剛한 태도를 아는 것은 여러 사람이 바라고 있는 것이다.

子曰 顔氏之子其殆庶幾乎인저 有不善이면 未嘗不知하며 知之면 未嘗復行也하나니 易曰 不遠復이면 无祗悔니 元吉이라 하니라.

　공자 말하기를 顔氏의 아들은 거의 도에 가깝도다. 착하지 못한 것이 있으면 일찍이 알지 못함이 없었으며 만일 알면 일찍이 다시 행하지 아니하나니 易에 이르기를 멀지 아니하여 돌아옴이라. 뉘우치는 일이 없으니 크게 길하다 하니라.

譯解 : 공자 이르기를 顏氏의 젊은이 顏回는 거의 성인의 경지에 이르러 착하지 아니함이 있으면 정신을 차려서 절대로 착하지 아니함을 되풀이 하지 아니했다. 復卦 初九의 爻辭에 멀지 아니하여 돌아오니 뉘우침이 없어서 크게 길하다고 하였다. 顏回는 道를 벗어나도 멀리 가지 않고 본디로 돌아오는 사람이라고 하였다. 顏回는 공자의 가장 사랑하는 제자로서 魯나라 哀公이 공자에게 묻기를 제자 가운데 누가 학문을 좋아하느냐고 하니, 顏回는 배움을 좋아하였고 노함을 나타내지 않고 허물을 두 번 범하지 않았으나 불행히 단명하여 죽었으니 이제는 없고 이제까지 배움을 좋아하는 사람을 듣지 못하였다고 공자는 말하였다.

天地絪①縕②에 萬物이 化醇하고 男女構精에 萬物이 化生하나니 易曰 三人行엔 則損一人코 一人行엔 則得其友라 하니 言致一也라.

천지의 기가 화합하여 만물이 변화하고 남녀의 정기가 합하여 만물이 생기나니 易에 이르기를 세 사람이 가면 한 사람을 잃고 한 사람이 가면 그 벗을 얻을 것이라 하니 하나를 이루는 것을 말함이라.

譯解 : 絪縕은 기운이 엉키어 합한다는 뜻이며 "化醇"은 술의 원료가 발효되어 맛을 내고 변화하여 잘된다는 뜻이다. 構精은 천지의 음양의 二氣가 합하여 하나가 되고 변화하여 만물이 이루어지고 저마다의 좋은 성질을 완성한 것으로 전자는 거의 변화이고 후자는 형상의 변화이다. 損卦 六三의 爻辭에 세 사람이 가면 한 사람을 잃게 되고 한 사람이 가면 반드시 벗을 얻을 것이라고 하였다. 그 뜻은 천지와 남녀가 둘이지만 하나로 합치는 것을 말한다. 이것은 易에 의해서 이루어진 陰陽哲學으로 당연한 귀결이라 할 수 있다.

① 絪(원기 인), ② 縕(성할 온)

子曰 君子安其身而後에야 動하고 易其心而後에야 語하며 定其交而後에야 求하나니 君子脩此三者故로 全也하나니 危以動하면 則民不與也하고 懼以語하면 則民不應也하고 无交而求

하면 **則民不與也**하나니 **莫之與**하면 **則傷之者至矣**나니 **易曰
莫益之**라 **或擊之**러니 **立心勿恒**이니 **凶**이라 하나라.

　공자 말하기를 군자는 그 몸을 편안히 한 뒤에야 움직이며 그 마음을 평화
스럽게 한 뒤에야 말하며 그 교제함을 정한 뒤에야 구하나니 군자 이 세가지
를 닦은 까닭으로 온전히 하나니 위태로운데 움직이면 백성과 함께 하지 못하
고 두려워하면서 말하면 백성이 응하지 아니하고 교제함이 없이 구하면 백성
이 주지 아니하나니 주지 아니하면 해치려는 자가 이르나니 易에 이르기를 더
해 주지 않는지라. 혹 치려고 하리니 마음을 세우되 항구하지 아니함이니 흉
하다 하나라.

譯解：군자는 그 몸을 편안히 한 뒤에 행동하고 그 마음을 평화스럽게
한 뒤에 백성과 말한다. 성의를 가지고 백성과 교류한 뒤에 요구한다. 군자
는 이 세가지를 닦은 까닭으로 안전한 것이다. 그와 반대로 그 몸이 위태
로운 가운데 행동한다면 백성이 자기편이 안될 것이다. 마음이 평화스럽지
못하고 의구심을 가지고 말한다면 백성은 여기에 응하지 아니할 것이다.
자기의 편이 아닌 사람은 자신을 해치려고 할 것이다.

　　子曰 乾坤은 **其易之門邪**인저 **乾**은 **陽物也**요 **坤**은 **陰物也**니
陰陽이 **合德**하여 **而剛柔有體**라 **以體天地之撰**하며 **以通神明
之德**하므로 **其稱名也雜而不越**하니 **於稽其類**엔 **其衰世之意邪**
인저.

　공자 말하기를 乾坤은 易의 문인지라. 乾은 陽物이요 坤은 陰物이니 음양이
덕을 합하여 剛과 柔의 體가 있음이라. 이로써 천지의 일에 본받고 이로써 신
명의 덕에 통하니 그 이름을 일컫는 것이 복잡하지만 넘치지 아니하고 그 동
류를 상고한다면 그 쇠퇴한 세상을 뜻함인저.

譯解：乾坤의 두 卦는 六十四卦에서 비롯된 門이라고 할 수 있다. 乾은
순수한 양이고 坤은 순수한 음으로 陰陽이 교합하여 덕을 합하고 여기에
六十二卦의 剛柔가 들어와서 형체를 이루고 있기 때문에 乾坤의 門이라 한
다. 천지와 비슷하게 만들어진 것을 具象化하여 조화의 깊이가 있는 신비
한 덕에 통하고 있다. 이 물건의 이름이 잡다한 것은 천지와 비슷하게 만
들어진 것을 넘을 수는 없다. 아무래도 殷末 周初로서 쇠퇴한 세상을 말한

것으로 지나치게 복잡한 세상의 갈등을 표현하였다.

夫易은 彰往而察來하며 而微顯闡幽하며 開而當名하며 辨物하며 正言하며 斷辭하니 則備矣라 其稱名也小하니 其取類也大하며 其旨遠하며 其辭文하며 其言이 曲而中하며 其事肆而隱하니 因貳하여 以濟民行하여 以明失得之報니라.

대체로 易은 지나간 일은 드러내고 오는 것을 살피며 적게 나타나며 어두운 것을 밝히고 열어 놓아서 이름에 마땅하게 하고 물건을 분별해서 말을 바르게 하며 말을 판단할 때에는 갖추어지니라. 그 이름을 일컫는 것이 적으니 그 동류를 취하는 것이 크기 때문이며 그 뜻은 먼 곳에 있고 그 말은 문채가 나며 그 말이 간곡하여 알맞으며 그 일은 벌려 있어도 은밀하니 두 가지 일로 인하여 백성의 행동을 구제하며 잃고 얻는 보답을 분명히 하니라.

譯解 : 易이란 消長의 이론과 과거를 밝혀서 점으로 미래를 살핀다. 일의 적은 징조를 확실히 하여 눈에 보이는 도리를 사람에게 알린다. 卦爻의 뜻을 확대해석하여 그 卦爻가 상징하고 있는 이름에 해당한다. 乾의 各 爻에는 龍이 있고 坤의 卦에는 牧馬에 해당하는 등의 예를 들으면 천하의 강한 물건과 유순한 물건을 판별하여 제각기 龍과 牧馬라는 정의를 바르게 내린다. 열어서 이름에 마땅한 것과 물건을 분별해서 말을 바르게 하는 둘의 일은 各卦爻辭에 의해서 딱 잘라 결정한다면 易 가운데 완전히 갖추어진 것을 알 것이다. 各 卦爻가 일컫는 물건은 돼지 또는 마른고기 등을 상징한 것이며 卦爻辭는 물건의 도리를 직접 말하지 않고 반드시 무늬가 있다. 易의 말은 人事의 변화에 따라서 굴절이 모두 꼭 도리에 적중한다. 길흉의 두 갈래를 보이는 것에 의해서 사람의 행동이 위험이 빠지는 것을 구제하고 그것을 가지고 善行에 대해서는 길하고 惡行에 대해선 흉함을 보답하고 있는 것을 밝히고 있다.

易之興也其於中古乎인저 作易者其有憂患乎인저 是故로 履는 德之基也요 謙은 德之柄也요 復은 德之本也요 恒은 德之固也요 損은 德之修也요 益은 德之裕也요 困은 德之辨也요

井은 德之地也요 巽은 德之制也라.

　易이 일어난 것은 그 中古시인저 易을 지은 이는 근심과 걱정이 있었음인저. 그런 까닭으로 履는 덕의 바탕이요 謙은 덕의 자루요 復은 덕의 근본이요 恒은 덕의 견고함이요 損은 덕을 닦는 것이요 益은 덕의 넉넉함이요 困은 덕의 분별함이요 井은 덕의 터전이요 巽은 덕을 제재함이라.

　譯解：上古 包犧氏 시대에는 자세한 글귀가 없으면 가르친다 하더라도 부족할 것이며 易의 卦爻辭를 만든 것은 中古 殷末의 시대일 것이다. 易을 만든 사람은 애당초 그 자신의 근심과 괴로움이 있었고 근심이 있는 까닭으로 근심을 막으려고 易을 만든 것이 틀림없다. 그리고 周의 文王이 羑里에 갇혀서 卦辭를 만들었다고 한다. 근심을 막으려면 덕을 닦아야 되며 六十四卦 모두 근심을 막는 길이 있다. 履卦는 사람의 밟는 길이 예절이 되고 즉 덕의 기반이 된다. 謙卦는 겸손과 예의를 행실에 옮겨서 잡는 손잡이가 된다. 復卦는 근본으로 돌아가는 것을 말하는 것으로 즉 덕의 근본이 된다. 恒卦는 항시 덕을 굳게 하는 항상성이 있다. 損卦는 욕망을 덜어서 자신의 덕을 닦는 데 있다. 益卦는 좋은 방향으로 더하면 덕이 넉넉해진다는 것이다. 困卦는 괴로움에 의해서 사람의 덕의 진위를 분별한다는 것이다. 井卦는 우물이 영구히 장소를 옮기지 않는다는 것으로, 우물처럼 어떠한 때에도 덕은 不動이라는 것이다. 巽卦는 때에 따라서 임기응변의 덕이 있다.

　履는 和而至하고 謙은 尊而光하고 復은 小而辨於物하고 恒은 雜而不厭하고 損은 先難而後易하고 益은 長裕而不說하고 困은 窮而通하고 井은 居其所而遷하고 巽은 稱而隱하나니라.

　履는 和해서 지극한 것이고 謙은 존귀하고 빛나는 것이고 復은 작으면서도 물건을 분별하는 것이고, 恒은 雜스럽지만 싫어하지 않는 것이고 損은 먼저는 어렵되 뒤에는 쉬운 것이고 益은 길이가 넉넉하여 발돋움을 하지 않는 것이고 困은 궁하면서도 통하는 것이고, 井은 그 곳에 있으면서도 옮기는 것이고, 巽은 저울에 달아서 은밀하게 하는 것이다.

　譯解：履卦는 예절이기 때문에 무리함이 없이 극치에 이른 것이다. 謙은 스스로 낮추었지만 도리어 덕이 높아졌다. 復卦는 一陽來復의 卦로서 陽氣

가 미약하여 다른 물건 즉 陰의 무리와 확실히 자기를 분별한다. 恒卦는 자질구레한 가운데 있지만 늘 덕을 지키고 주위를 괴롭게 하지 않는다. 損卦는 욕망을 덜어서 처음은 어렵지만 익숙해지면 용이할 것이다. 益卦는 자신의 덕을 성장시켜서 넉넉하게 하여 발돋움을 하지 않아도 된다. 困卦는 그 자신은 곤궁하지만 정의가 통하는 것이다. 井卦는 우물은 그곳에서 옮기지 않아도 혜택은 다른 사람에게 돌아간다. 巽卦는 때에 순응하여 어떤 기회에 움직인다 하더라도 표면에 나타나지 아니한다.

履以和行하고 謙以制禮하고 復以自知하고 恒以一德하고 損以遠害하고 益以興利하고 困以寡怨하고 井以辨義하고 巽以行權하나니라.

履는 행동을 화하게 하고 謙은 예절을 제정하고 復은 스스로 알고 恒은 덕을 한결같이 하고 損은 해로운 것을 멀리 하고 益은 이로움을 일으키고 困은 원망을 적게 하고 井은 의리를 분별하고 巽은 권리를 행하나니라.

譯解 : 履는 예절을 가지고 사람의 행동을 조화시킨다. 謙은 비굴한 것이 아니고 그것을 근본으로 하여 예절을 제정하고 만인을 법으로 다스린다. 復은 그것을 가지고 자신을 알고 善으로 돌아가는 길이다. 恒은 늘 한결같다는 것이다. 항상성이 있고 덕행을 한결같이 한다는 뜻이다. 損은 욕심을 덜면 해로운 일은 없을 것이다. 益은 善을 더욱 높이면 저절로 이로움이 생길 것이다. 困은 곤궁하지만 도의를 한결같이 본다면 하늘을 원망하는 사람을 꾸짖는 마음이 없어질 것이다. 井은 끊임없이 솟아오르는 물로 만물을 기르고 군자의 의를 밝히고 있다. 巽은 순종하고 때에 따라서 임기응변의 조치를 행하는 것을 가르치고 있다.

易之爲書也不可遠이요 爲道也屢①遷이라 變動不居하여 周流六虛하여 上下无常하며 剛柔相易하여 不可爲典要오 唯變所適이니 其出入以度하여 外內에 使知懼하며 又明於憂患與故라 无有師保니 如臨父母하니 初率其辭而揆②其方컨대 旣有典常이어니와 苟非其人이면 道不虛行하나니라.

易의 글됨이 가히 멀리하지 못할 것이요, 道됨은 자주 옮길 수 있을지라. 변동하여 제자리에 있지 아니하여 六虛에 두루 흘러 위 아래가 정상이 없으며 剛柔가 서로 바뀌어 일정한 방식이 되지 못하고 오직 변하는 그대로이니 그 나가고 들어가는 것을 절도있게 해서 안팎에서 두려움을 알게 하여 또한 우환과 까닭을 분명히 하는지라. 師保가 없으나 부모가 임한 것 같으니 처음에 그 말을 따라 그 법도에 헤아려 보건대 이미 상도가 있거니와 진실로 그 사람이 아니면 도가 헛되어 행해지지 아니할 것이니라.

譯解 : 易의 書物이라고 하는 것은 본질은 사람이 날로 쓰는 것으로 멀리해서는 안된다. 일초라도 떨어져서는 안되며 易의 道라는 것은 여러 차례 변화하고 끊임없이 변동하여 한곳이라도 머무르지 않고 卦의 여섯 자리를 널리 유통하고 있다. 여기서 일정 불변의 법칙을 뽑아내는 것은 안되며 陰陽의 변화와 진행을 맡기고 있다. 易이 사람의 출처와 진퇴가 있는 것을 가르치고 세간의 명예를 탐하는 사람과 세상을 피하는 사람에 대하여 두려움을 알리고 세상에 나오지 않으려는 때에 나오도록 한다. 숨어서는 안되는 때에 숨으려 한다면 흉하고 그러한 흉함을 두려워하도록 알려준다. 易의 간절한 가르침이 있으면 가정교사나 집을 지키는 일이 필요하지 않을 것이다. 부모가 언제나 위로부터 자신을 지켜보고 있는 것은 일거수일투족을 삼가는 것으로 알고 있다. 처음은 易의 卦爻辭의 서술에 대하여 易의 도를 미루어 잰다면 본래의 常則이 있음을 알리고 있다. 마땅한 덕이 있는 사람이 아니면 易의 도를 행하지 못한다. 虛行이란 사람을 기다리지 않고 道만이 홀로 행하는 것이다. "師保" 師는 가정교사를 말하고, 保는 보호를 말한다. "典要"는 방식을 뜻하고 "典常"은 떳떳함을 뜻하며 "虛行"은 도가 스스로 행해짐을 뜻한다.
① 屢(여러 누), ② 揆(헤아릴 규)

易之爲書也 原始要終하며 以爲質也하고 六爻相雜은 唯其時物也라.

易의 書란 것은 시작을 찾고 마침을 요약하여 바탕을 삼고 六爻가 서로 섞이는 것은 오직 그때의 일이라.

譯解 : 易의 書物이란 것은 사물의 처음으로 소급하여 사물의 끝을 요약

하고 일이 일관되게 경과하는 理法을 총괄하여 卦의 체로 하는 卦辭가 이 것이다. 王者가 되는 길에 대해서 땅에 숨는 상태를 찾아서 오르고 마침을 결말 짓고 元亨利貞이란 종합적인 판단을 내려 乾卦의 체로 하는 것을 그 예로 들 수 있다. 卦에 六爻에 붙여진 복잡한 말이 되고 저마다의 때에 따라서 일을 구체적으로 보이는 것이고 卦辭에 서술한 대원칙을 부여하는 데 지나지 않는다.

其初는 難知하고 其上은 易知니 本末也라 初辭擬之하고 卒成之終하니라.

그 처음은 알기 어렵고 그 위는 알기 쉬우니 근본과 끝인지라. 처음 말은 헤아리고 마침내 이룸으로 끝내니라.

譯解 : 한 卦의 六爻가 있는 가운데 初爻의 뜻은 알기 어렵고 上爻는 알기 쉽다. 처음과 위는 일의 본말을 보이는데, 일의 근본은 알기 어렵고 일의 끝은 알기 쉬운 것이 있다. 初爻의 말을 가지고 일의 처음을 비교하며 일이 또한 깊은 뜻이 숨기고 있으니 알기 어렵다. 各 爻의 상징하는 물건이 뒤섞이고 거기서 고르는 것은 卦의 덕을 만들어내며 길흉의 근본이 된다. 일의 시비를 분별하는 단계가 되면 初爻와 上爻를 제한 나머지 爻가 없이는 충분히 가려내지 못한다.

若夫雜物은 撰德하여 辨是與非는 則非其中爻면 不備하니라.

만일 물건이 섞이고 덕을 가려서 시비를 분별하는 것은 그 中爻가 아니면 갖추어지지 아니하니라.

噫라 亦要存亡吉凶인데 則居可知矣어니와 知者觀其彖辭하면 則思過半矣라.

아아 또한 존망과 길흉을 요할진대 있으면 가히 알 수 있거니와 지혜로운 자는 그 彖辭를 보면 생각이 반을 넘으리라.

譯解 : 첫째로 六爻의 전체에 의해서 陰陽의 消長과 사람의 일에 길흉이 돌아가는 것을 요약한다면 미래의 길흉을 용이하게 판단할 것이다. 지혜로

운 사람은 하나를 듣고 열을 깨닫게 되는데, 만약 六爻 전체를 보지도 않고 卦에 붙여진 卦辭를 본다면 卦의 뜻을 十分의 六은 깨닫게 될 것이다.

　　二與四同功而異位하여 其善이 不同하니 二多譽코 四多懼는 近也일세라. 柔之爲道不利遠者건마는 其要无咎는 其用柔中也일세라. 三與五同功而異位하여 三多凶코 五多功은 貴賤之等也일세니 其柔는 危코 其剛은 勝耶인저.

　　二와 四는 공을 같이 하면서 자리를 달리하여 그 착한 것이 같지 않으니 二는 명예가 많고 四는 두려움이 많은 것은 가깝기 때문일세라. 柔의 道 됨은 먼 것이 불리하건만 그 결과 허물이 없음은 그 유가 중용을 쓰기 때문일세라. 三과 五는 공이 같으면서 자리를 달리하여 三은 흉이 많고 五는 공이 많은 것은 귀천의 차등이 있기 때문일세라. 그 柔는 위태롭고 剛은 이길 것인저.

　譯解 : 二와 四의 움직임은 같으나 어디엔가 陰의 자리가 있다. 다만 자리의 멀고 가까움이 다르고 따라서 그 선한 것은 같지 않다. 즉 二는 명예가 많고 四는 두려움이 많다. 왜냐하면 四는 五의 군주에 접근하고 있으므로 위험이 많을 것이다. 陰은 본질적으로 자립이 안되고 무엇인가에 의존할 필요가 있다. 陰爻가 二의 자리에 있을 때에는 四와 비교하여 의존할 五의 군주에 멀고 그 뿐만이 아니라 불리할 것이다. 三과 五는 귀천의 자리가 다르며 三은 흉함이 많고 五는 공훈이 많은 것은 귀천의 등급이 다르기 때문이다.

　　易之爲書也 廣大悉備하여 有天道焉하며 有人道焉하며 有地道焉하니 兼三才而兩之라 故로 六이니 六者는 非它也라 三才之道니 道有變動이라 故로 曰爻니 爻有等이라 故로 曰物이요 物相雜하니 故로 曰文이요 文不當이라 故로 吉凶이 生焉하니라.

　　易의 書란 넓고 큰 것이 다 갖추어져서 天道가 있으며 人道가 있으며 地道가 있으니 三才를 겸해서 둘로 곱하는지라. 그러므로 六이니, 六이란 것은 다른 것이 아니라 三才의 道인데, 도에는 변동이 있는지라. 그러므로 물건이라

함이요. 또한 물건이 서로 섞이므로 文이라 하는데, 文은 마땅치 아니하므로 길흉이 생기나니라.

譯解 : 易이란 書物은 규모가 크고 모든 도리가 여기에 갖추어져 있다. 여기에서 하늘의 도가 있고 사람의 도가 있고 땅의 도가 있다. 卦의 전체에 삼요소가 갖추어 있으며 卦를 거듭하면 六爻가 된다. 卦에 爻가 여섯이라고 하는 것은 다름이 아니라 天地人의 도를 보이고 있다. 六爻의 가운데 위 二爻를 天이라 하고 아래 二爻를 地라 하고 가운데 二爻는 人이 된다. 하늘의 도에는 晝夜가 있고 땅의 도는 마르고 습한 것이 있고 사람의 도에는 길흉과 변동이 있다. 변동을 본뜬 것이 爻이고 본뜬다는 뜻이 爻인 것이다. 爻에는 귀천과 등급이 있고 그것은 만물의 종류를 형상한 것이다. 剛柔의 위 아래 爻는 물건을 이루고 만물이 섞인 剛爻 柔爻가 여섯 자리로 교차하는데 이것을 무늬라고 하며 무늬를 이룬 형상 가운데 正當한 것이다. 그리고 正當 不當한 것에서 길흉이 생길 것이다.

易之興也 其當殷之末世 周之盛德耶인저 當文王與紂之事耶인저 是故로 其辭危하여 危者를 使平하고 易者를 使傾하니 其道甚大하여 百物이 不廢하니 懼以終始면 其要无咎리니 此之謂易之道也라.

易이 흥한 것은 殷나라의 말세나 周나라의 덕이 왕성한 때인저 文王이 더불어 紂를 섬기던 때인저 이런 까닭으로 그 말이 위태롭고 위태로운 것을 평탄하게 하고 천명을 소홀히 하는 자를 기울어지게 하니 그 도가 심히 커서 백가지 물건을 버리지 못하니 두려워 함으로써 始終한다면 그 요점은 허물이 없으리니 이를 易의 도라 함이라.

譯解 : 殷나라의 말세나 덕이 왕성한 周初에 해당하며 周의 文王이 暴君 紂 밑에서 괴로움을 겪던 때에 부딪친 것이다. 그래서 文王의 글 가운데 위태로움과 두려움이 있다. 거기서 易의 도는 스스로 위태로워하고 두려워하는 것은 이것을 평탄하게 하고 천명을 소홀히 하는 자를 실각시키고 있다. 易의 書物에 기술한 것은 운명을 두려워하고 삼가는 태도는 허물이 없다는 것을 시종일관 말하고 있는 것이며 이것을 易의 道라고 한다.

2. 繫辭下傳

夫乾은 天下之至健也니 德行이 恒易以知險하고 夫坤은 天下之至順也니 德行이 恒簡以知阻하나니라.

대체로 乾은 천하의 지극히 건실한 것이니 덕을 행함을 항상 쉽게 함으로써 험한 것을 알고, 대체로 坤은 천하의 지극히 순한 것이니 덕을 행함을 항상 간결하게 함으로써 막히는 것을 아나니라.

譯解 : 乾이라는 것은 천하에서 가장 건실한 것으로 능동적인 것이다. 어떠한 곳에 가더라도 움직임은 늘 쉬운 것이고 험난한 곳을 알고 가볍게 행동하지 않는다. 坤이라는 것은 천하에 가장 유순한 것으로 움직임을 늘 간단하게 하고 앞에 험난함이 가로 막은 것을 알기 때문에 비틀거리지 않으면서 위험을 미리 방지하고 있다.

能說諸心하며 能研諸(候之)慮하여 定天下之吉凶하고 成天下之亹亹者니 是故로 變化云爲에 吉事有祥이라 象事하여 知器하며 占事하여 知來하나니 天地設位에 聖人이 成能하니 人謀鬼謀에 百姓이 與能하나니라.

능히 마음을 기쁘게 하며 능히 생각을 연마하여 천하의 길흉을 정하고 천하의 부지런한 것을 이루나니 이런 까닭으로 변화하고 말하는 데 좋은 일과 상서로움이 있을지라. 일을 본따서 기구를 알며 점쳐서 오는 일을 아나니 천지의 자리를 베풀어서 성인이 공을 이루므로 사람이 계획하고 귀신이 계획하여 백성이 여기에 참여하나니라.

譯解 : 乾坤의 덕은 易簡에 있는 것으로 천하의 理法을 스스로 터득하고 만족한 것이 된다. 乾坤은 또한 험난한 것과 삼가할 것을 알고 있으므로 예상되는 위험에 대해서 깊은 생각을 연마하게 되는 것이다. 乾坤이 천하의 理法을 스스로 터득하는 까닭으로 易이 천하의 길흉을 정하고 있다. 乾坤의 덕을 칭찬하는 것은 그대로 易을 칭찬하는 것이 된다. 易은 음양의 변화와 인간의 言動을 상징하는 形而下 세계를 알고 있으며, 좋은 일에 상서로움이 있는 것은 사물을 점쳐서 미래를 알려는 것이 된다. 좋은 일을 말할 뿐이고 흉한 일을 들먹이지 아니한 것은 성인이 易을 만든 의도가 사람을 좋은 일로 인도하고자 하는 뜻이 숨어 있기 때문이다. 성인은 易이라

는 위대한 것을 만들었으며 천지와 더불어 움직임을 이루고 있다. 인간이 알지 못하는 일이 있으면 먼저 내 마음에서 묻고 또한 주위에 여러 사람과 의논하고 사람의 지식이 부족하면 귀신에게 묻는다. 그것이 易이며 卜筮인 것이다.

八卦는 以象告하고 爻象은 以情言하니 剛柔雜居而吉凶을 可見矣라.

　八卦는 象으로써 告하고 爻와 象은 뜻으로써 말하니 剛柔가 섞여 있으므로 길흉을 가히 볼 수 있음이라.

譯解 : 六十四卦를 구성하는 八卦는 만물의 상징을 가지고 사람에게 告한다. 爻辭 象辭는 爻와 卦의 심정이 형상뿐 아니라 말로 告하는 것이다. 各卦 六位에는 剛爻 柔爻가 섞여 있는데, 理를 충족시키면 길하고 理를 어기면 흉한 까닭으로 길흉이 분명하게 보인다.

變動은 以利言하고 吉凶은 以情遷이라 是故로 愛惡相攻而吉凶이 生하며 遠近이 相取而悔吝이 生하며 情僞相感而利害 生하나니 凡易之情이 近而不相得하면 則凶或害之하며 悔且吝하나니라.

　변동은 이로운 것으로써 말하고 길흉은 뜻으로써 옮길지라. 이런 까닭으로 사랑과 미움이 서로 공격하여 길흉이 생기며 멀고 가까운 것이 서로 취하여 뉘우침과 부끄러움이 생기며 진실과 거짓이 서로 감응하여 이해가 생기나니 무릇 易의 뜻은 가까우면서도 서로 얻지 못하면 흉하여 혹 해가 있으며 뉘우침이 있고 부끄러워 하나니라.

譯解 : 卦의 변동은 人事의 변동이기 때문에 卦辭는 무엇무엇이 이로움이 있고 이롭지 아니한가를 사람에게 告한다. 一爻는 一爻의 뜻이 있고 卦가 길하다던가 흉하다는 것은 各 爻에 따라서 변하고 있는 것이다. 愛惡에서 上爻와 下爻가 陰陽이 서로 應할 때에는 愛이고, 兩爻가 반발하는 것은 미워하는(惡) 것이다. 上下爻가 좋아하던가 미워하면 길흉의 판단이 생긴다. 遠近에서 遠이란 初와 四, 二와 五, 三과 上六이 應하는가 應하지 않는가에

있으며, 近이란 인접한 二爻인 陰陽이 서로 견주게 되고 먼 데 있는 應을 버리고 가까운 比를 취하며 또한 比를 버리고 應을 취할 수도 있다. 情僞相感은 上下兩爻가 참뜻을 가지고 감응한다던가 거짓태도로 결탁하여 무엇 무엇이 이롭고 이롭지 않다는 판단이 생길 것이다.

將叛者는 其辭慙하고 中心疑者는 其辭枝하고 吉人之辭는 寡하고 躁人之辭는 多하고 誣善之人은 其辭游하고 失其守者는 其辭屈하니라.

모반하려는 자는 그 말이 부끄럽고 마음에 의심이 있는 자는 그 말에 가지가 있고 좋은 사람의 말은 적고 조급한 사람의 말은 많고 善을 무함하려는 자는 그 말이 허황되고 그 지조를 잃는 자는 그 말이 비굴하니라.

譯解 : 爻辭의 표현은 各 爻의 뜻에 따라서 변화하고 그것은 사람의 말이 뜻에 의하여 변화하는 것으로 모반하려는 사람은 마음이 꺼림칙하고 그 말에 부끄러움이 있다. 마음에 의심이 있는 사람은 그 말에 갈피를 잡지 못한다. 경사스러운 사람은 똑바로 말을 하지 못하고 말이 적다. 조급한 사람의 말은 많고 무함하려는 사람은 말이 허황되다. 자신의 지조를 잃은 사람은 자신이 없어서 굴복하고 있다.

3. 說卦傳

　　昔者聖人之作易也에 幽贊於神明而生蓍하고 參天兩地而倚
數하고 觀變於陰陽而立卦하고 發揮於剛柔而生爻하니 和順於
道德而理於義하며 窮理盡性하여 以至於命하니라.

　　옛날 성인이 易을 만들 때에는 신명의 도움으로 蓍草를 만들었고 하늘을 三
으로 하고 땅을 二로 하여 수를 정하고 음과 양이 변하는 것을 관찰하여 卦를
세우고 剛과 柔에서 발휘하여 爻를 생하니 도덕을 화순하게 하고 의를 다스려
이치를 찾아서 본성을 다하여 천명에 이르게 하니라.

譯解 : 성인이 易을 만든 까닭은 신은 말을 하지 않으니 신의 움직임을
비밀스럽게 도와서 卦를 세우는 방법을 내세우게 되었다. 하늘은 둥글고
땅은 모난 형상으로 하늘의 수는 三이고 땅의 수는 二인 것이다. 그래서
하늘의 수는 三이고 땅의 수는 二로 하여 卦를 세우는 데 필요한 조건이
되었다. 하늘의 도리를 다하여 알게 하고 사람의 본성을 아는 것이 天命에
도달하는 것으로 이것이 성인이 易을 만들게 된 동기라고 한다. 易이란 書
物은 천하의 理와 인간의 본성을 밝혀서 天命을 알게 한 것이다. 만물의
이치와 사람의 본성을 알려고 노력한 흔적을 찾아낼 수 있다.

　　昔者聖人之作易也에 將以順性命之理니 是以立天之道曰陰
與陽이요 立地之道曰柔與剛이요 立人之道曰仁與義니 兼三才
而兩之라 故로 易이 六畫而成卦하고 分陰分陽하여 迭用柔剛

이라 故로 易이 六位而成章하니라.

　옛날 성인이 易을 만들 때에 장차 사람의 성품과 하늘의 명에 순응하였으니 이로써 하늘의 도를 세워서 음과 양이라 함이요 땅의 도를 세워서 柔와 剛이라 하였고 사람의 도를 세워서 仁과 義라 하였으니 三才를 겸하여 둘로 곱하는지라. 그러므로 易은 六畫으로 卦를 이루고 음과 양으로 나뉘어서 柔와 剛을 번갈아 쓰는지라. 그러므로 易은 六位가 되어 문장을 이루나니라.

　譯解 : 옛날 성인이 만든 易은 사람의 본성과 하늘의 명을 추구하려고 하였다. 거기서 天地人의 도를 정하고 陰과 陽, 柔와 剛, 仁과 義라 하였다. 陰陽은 氣가 되고 柔剛은 氣가 모여서 형체를 갖추고 仁은 柔한 德이고 義는 剛한 德이다. 八卦는 天地人을 겸한 것으로 三畫이 되고 六十四卦는 이것을 겹친 것으로 易은 六畫이 모여 한 卦를 형성한다. 六畫 가운데 陰의 자리와 陽의 자리로 나뉘어지고 각 자리에는 柔爻와 剛爻가 섞여서 이루어지며 易은 여섯 자리에서 문장이 이루어지고 있다.

　天地定位하며 山澤이 通氣하며 雷風이 相薄하며 水火不相射하여 八卦相錯하니 數往者는 順하고 知來者는 逆하니 是故로 易은 逆數也라.

　하늘과 땅의 위치가 정하여지고 산과 못의 氣가 통하며 우레와 바람이 서로 부딪치며 물과 불이 서로 침범하지 아니하며 八卦가 서로 섞이나니 가는 것을 셈하는 것은 순응함이고, 오는 것을 아는 것은 역이니 이런 까닭으로 易은 역수라 하니라.

　譯解 : 乾坤이 제각기 위 아래의 자리를 정하고 각기 하늘과 땅을 본뜬 것이다. 위치는 위 아래로 정하고 있지만 그 氣는 교류하고 있다. 산은 지하수의 수맥을 연못에 내리고 연못의 기는 산으로 올라가서 구름이 되며 이것은 山澤이 기를 통한다고 한다. 물과 불은 본래 반대의 성질을 가지고 있지만 서로 싫어하는 일 없이 힘을 합하고 있다. 八卦는 서로 고립되지 않고 엇갈리고 뒤섞일 필요가 있다. 天地雷風 등의 형상이 엇갈려서 뒤섞이고 삼라만상이 六十四卦에 갖추어져 있다면 과거의 일이나 미래의 일을 易의 卦爻에 의해서 알게 될 것이다. 지난 일을 알려는 것은 뒤를 쫓고 있으니 순응함이고 미래의 일을 알려는 것은 맞이한다는 뜻으로 逆이라 한

다. 미래를 알려는 것은 易에 의해서 가능한 것이고 그 뜻은 易의 逆數로서 미래를 맞이하여 알려는 것이다.

 雷以動之고 風以散之고 雨以潤之고 日以烜之고 艮以止之고 兌以說之고 乾以君之고 坤以藏之하나니라.

 우레로써 움직이고 바람으로써 흩어지고 비로써 윤택하게 하고 햇빛으로써 건조하게 하고 산으로써 머무르게 하고 못으로써 기쁘게 하고 하늘로써 임금을 삼고 땅으로써 간직하게 하나니라.

 帝出乎震하여 齊乎巽하고 相見乎離하고 致役乎坤하고 說言乎兌하고 戰乎乾하고 勞乎坎하고 成言乎艮하나니라.

 帝가 震에서 나와서 巽에서 가지런해지고 離에서 서로 보며 坤에서 역사하고 兌에서 기뻐하며 乾에서 싸우고 坎에서 수고로우며 艮에서 이루나니라.

 萬物은 出乎震하니 震은 東方也라 齊乎巽하니 巽은 東南也니 齊也者는 言萬物之潔齊也라 離也者는 明也니 萬物이 皆相見할세니 南方之卦也니 聖人이 南面而聽天下하여 嚮明而治하니 盖取諸此也라 坤也者는 地也니 萬物이 皆致養焉할세 故로 曰致役乎坤이라 兌는 正秋也니 萬物之所說也일세 故로 曰說言乎兌라 戰于乾은 乾은 西北之卦也니 言陰陽相薄也라 坎者는 水也니 正北方之卦也니 勞卦也니 萬物之所歸也일세 故로 曰勞乎坎이라 艮은 東北之卦也니 萬物之所成終而所成始也일세 故로 曰成言乎艮이라.

 만물이 震에서 나오니 震은 東方이라. 巽에서 가지런하니 巽은 東南이니 가지런한 것은 만물이 깨끗하고 가지런하다는 말이라. 離란 불을 상징하여 밝은 것이니 만물이 모두 서로 보는 것이 남방의 卦이므로 성인이 南方을 향하여 천하의 일을 듣고 밝은 데를 향하여 다스리니 대개 여기서 취한 것이라. 坤이란 땅으로 만물이 다 여기서 자라게 되니 그래서 坤에서 부역함이라. 兌는 바로 가을이니 만물이 기뻐하는 바라. 그래서 兌에서 기뻐함이라. 乾에서 싸운다는 것은 乾은 西北方의 卦이니 음양이 서로 부딪침을 말함이라. 坎이란 물이니 正北方의 卦인지라 수고로운 卦이니 만물이 돌아가는 바이라 그래서 坎은 수고롭다 함이라. 艮은 東北方의 卦이니 만물이 끝을 이루고 처음을 이루니 그래서 艮은 성취한다고 함이라.

神也者는 妙萬物而爲言者也니 動萬物者莫疾乎雷하고 撓萬物者는 莫疾乎風하고 燥萬物者莫熯乎火하고 說萬物者莫說乎澤하고 潤萬物者莫潤乎水하고 終萬物始萬物者莫盛乎艮하니 故로 水火相逮하며 雷風이 不相悖하며 山澤이 通氣然後에야 能變化하여 旣成萬物也하니라.

신이란 만물을 오묘한 것으로 만드는 것을 말함이니 만물을 움직이는 것은 천둥보다 빠른 것이 없고 만물을 흔드는 것은 바람보다 빠른 것이 없고 만물을 마르게 하는 것은 불보다 뜨거운 것이 없고 만물을 기쁘게 하는 것은 연못보다 더한 것이 없다. 만물을 윤택하게 하는 것은 물보다 더한 것이 없고 만물을 끝맺고 만물을 시작하게 하는 것은 艮보다 성한 것이 없으니 그래서 물불이 서로 의지하고 우레 바람이 서로 어그러지지 않으며 산과 못이 기를 통한 연후에야 능히 변화할 수 있어 만물을 이루게 하니라.

乾은 健也요 坤은 順也요 震은 動也요 巽은 入也요 坎은 陷也요 離는 麗也요 艮은 止也요 兌는 說也라.

乾은 건실함이요, 坤은 유순함이요, 震은 움직이는 것이요, 巽은 들어가는 것이요, 坎은 빠지는 것이요, 離는 붙어 있는 것이요, 艮은 그치는 것이요, 兌는 기뻐하는 것이다.

乾爲馬요 坤爲牛요 震爲龍이요 巽爲雞요 坎爲豕요 離爲雉요 艮爲狗요 兌爲羊이라.

乾은 말이요, 坤은 소요, 震은 용이요, 巽은 닭이요, 坎은 돼지요, 離는 꿩이요, 艮은 개요, 兌는 양이라.

3. 說卦傳

乾爲首이요 坤爲腹이요 震爲足이요 巽爲股요 坎爲耳요 離爲目이요 艮爲手요 兌爲口라.

乾은 머리요 坤은 배요 震은 발이요 巽은 다리요 坎은 귀요 離는 눈이요 艮은 손이요 兌는 입이라.

乾은 天也라 故로 稱乎父요 坤은 地也니 故로 稱乎母요 震은 一索而得男이라 故로 謂之長男이요 巽은 一索得女라 故로 謂之長女요 坎은 再索而得男이라 故로 謂之中男이요 離는 再索而得女라 故로 謂之中女요 艮은 三索而得男이라 故로 謂之少男이요 兌는 三索而得女라 故로 謂之少女라.

乾은 하늘이라 그래서 아버지라 부르고 坤은 땅인지라 그래서 어머니라 부르고 震은 첫 번 구하여 남자를 얻은지라 그래서 장남이라 이르고 巽은 첫 번 구하여 여자를 얻은지라 그래서 장녀라 이르고 坎은 두 번 구하여 남자를 얻은지라 그래서 중남이라 이르고 離는 두 번 구하여 여자를 얻은지라 그래서 중녀라 이르고 艮은 세 번 구하여 남자를 얻은지라 그래서 소남이라 이르고 兌는 세 번 구하여 여자를 얻은지라 그래서 소녀라 이르나니라.

乾은 爲天 爲圜 爲君 爲父 爲玉 爲金 爲寒 爲冰 爲大赤 爲良馬 爲老馬 爲瘠①馬 爲駁②馬 爲木果라.

乾은 하늘이요 둥근 것이요 임금이요 아버지요 옥이요 금이요 추위요 얼음이요 큰 붉은 색이요 좋은 말이요 늙은 말이요 파리한 말이요 얼룩말이요 나무 과일이라.
① 瘠(파리할 척), ② 駁(얼룩말 박)

坤은 爲地 爲母 爲布 爲釜 爲吝嗇 爲均 爲子母牛 爲大輿 爲文 爲衆 爲柄이요 其於地也에 爲黑이라.

坤은 땅이요 어머니요 포목이요 가마솥이요 인색한 것이요 고른 것이요 새끼 딸린 어미 소요 큰 수레요 무늬 있는 것이요 무리요 자루인데, 그것이 땅에서는 검은 것이라.

震은 爲雷 爲龍 爲玄黃 爲敷① 爲大塗 爲長子 爲決躁 爲
蒼莨②竹 爲萑③葦요 其於馬也에 爲善鳴 爲馵④足 爲作足 爲
的顙⑤이요 其於稼也에 爲反生이요 其究爲健이요 爲蕃鮮이라.

　震은 천둥이요 용이요 검고 누른색이요 꽃이요 큰 길이요 장자요 결단하는
것이요 푸른 어린대나무요 억새풀이요 그것이 말이라면 잘 우는 것이요 왼쪽
뒷다리가 흰 것이요 발을 드는 것이요 이마가 흰 것이고, 그것을 심는 것이라
면 싹이 나는 것이요, 그것을 연구한다면 건실한 것이요 번성하는 것이다.

譯解："敷"는 꽃을 뜻하고, "大塗"는 큰 길을 뜻하며, "蒼莨竹"은 어린 대
나무를 뜻한다. "萑葦"는 충분하게 자란 물억새풀을 뜻한다.
① 敷(펼 부), ② 莨(어린대 랑), ③ 萑(물억새 환), ④ 馵(발흰말 주), ⑤
顙(이마 상)

巽은 爲木 爲風 爲長女 爲繩直 爲工 爲白 爲長 爲高 爲
進退 爲不果 爲臭요 其於人也에 爲寡髮 爲廣顙 爲多白眼
爲近利市三倍요 其究爲躁卦라.

　巽은 나무요 바람이요 장녀요 곧은 먹줄이요 직공이요 흰색이요 긴 것이요
높은 것이요 진퇴하는 것이요 과간하지 못한 것이요 냄새요 그것을 사람으로
하면 터럭이 적은 것이요 이마가 넓은 것이요 흰자위가 많은 눈이요 이익이
세배나 되는 장사이고, 그것을 연구하면 조급한 卦라.

坎 爲水 爲溝瀆① 爲隱伏 爲矯輮② 爲弓輪이요 其於人也에
爲加憂 爲心病 爲耳痛 爲血卦 爲赤이요 其於馬也에 爲美
脊③ 爲亟心 爲下首 爲薄蹄 爲曳요 其於輿也에 爲多眚이요
爲通 爲月 爲盜요 其於木也에 爲堅多心이라.

　坎은 물이요 도랑이요 숨어 엎드려 있는 것이요 굽은 것을 바로잡는 것이요
활과 수레바퀴요 그것을 사람으로 하면 근심을 더하는 것이요 마음의 병이요
귀가 아픈 것이요 피의 패이다. 붉은 것이요 그것을 말로 하면 아름다운 체격
이요 조급함이요 머리를 숙이는 것이요 엷은 말굽이요 끄는 것이요 그것을 수
레로 하면 고장이 많은 것이요, 통하는 것이요, 달이요, 도둑이요, 그것을 나무

로 하면 굳고 심이 많은 것이라.
① 瀆(도랑 독), ② 蹂(짓밟을 유), ③ 脊(등마루 척)

離는 爲火 爲日 爲電 爲中女 爲甲胄① 爲戈兵 其於人也에 爲大腹이요 爲乾卦 爲鼈② 爲蟹③ 爲蠃④ 爲蚌⑤ 爲龜 其於木也에 爲科上槁라.

離는 불이요 해요 번개요 중녀요 갑옷 투구요 방패와 군사요 그것을 사람으로 하면 큰 배요 乾卦요 자라요 게요 소라요 조개요 거북이요 그것을 나무로 하면 속이 비고 위가 마른 것이라.
① 胄(투구 주), ② 鼈(자라 별), ③ 蟹(게 해), ④ 蠃(소라 나), ⑤ 蚌(조개 방)

艮은 爲山 爲徑路 爲小石 爲門闕 爲果蓏① 爲閽②寺 爲指 爲狗 爲鼠 爲黔③喙④之屬이요 其於木也에 爲堅多節이라.

艮은 산이요 지름길이요 작은 돌이요 문이요 과일과 풀 열매요 절의 문지기요 손가락이요 개요 쥐요 부리가 검은 것들이요 그것을 나무로 하면 굳고 마디가 많은 것이라.
① 蓏(풀열매 나), ② 閽(문지기 혼), ③ 黔(검을 검), ④ 喙(부리 훼)

兌는 爲澤 爲少女 爲巫 爲口舌 爲毀折 爲附決이요 其於地也에 爲剛鹵①요 爲妾 爲羊이라.

兌는 못이요 소녀요 무당이요 입과 혀요 헐어서 꺾는 것이요 붙었다가 갈라지는 것이요 그것을 땅으로 하면 굳세고 거친 것이요 첩이요 양이라.

譯解: 朱子는 여기에 거론한 八卦의 형상이 이해되지 않는 것이 많고 易經의 본문에 비춰볼 때 이론에 맞지 않는 부분이 많다고 하였다. 淸의 王夫之는 古代의 卜筮를 하는 사람들이 세속적으로 점을 치기 위한 것이며 文王 周公의 본뜻은 아니라고 하였다. 옛날 譯解釋의 요서가 노출된 것이며 後人들이 添加했다고 보는 것이 옳을 것이다.
① 鹵(거칠 고)

4. 序卦傳

　　有天地然後에 萬物이 生焉하니 盈天地之間者 唯萬物이라 故라 受之以屯하니 屯者는 盈也니 屯者는 物之始生也라 物生必蒙이라 故로 受之以蒙하니 蒙者는 蒙也니 物之穉也라 物穉不可不養也라 故로 受之以需하니 需者는 飮食之道也라.

　　하늘과 땅이 있은 연후에 만물이 생기나니 하늘과 땅 사이에 가득 차 있는 것은 오직 만물뿐이라. 그러므로 屯으로써 받으니 屯이라는 것은 가득 차 있음을 뜻하고, 屯은 물건이 비로소 생기는 것이라. 물건이 생기면 반드시 어린지라 그러므로 蒙으로써 받으니 蒙이란 것은 어린 것이다. 물건이 어린지라 물건이 어리면 기르지 않을 수 없음이라. 그러므로 需로써 받으니 需란 것은 음식의 道를 말함이라.

　　飮食必有訟이라 故로 受之以訟하고 訟必有衆起라 故로 受之以師하고 師者는 衆也니 衆必有所比라 故로 受之以比하고 比者는 比也니 比必有所蓄也이라 故로 受之以小蓄이라 物蓄然後에 有禮라 受之以履하니라.

　　음식에는 반드시 송사가 있게 마련이라. 그러므로 송으로 받고 송사에는 반드시 무리가 일어나는지라. 그러므로 師로써 받는데, 師란 무리이니 무리는 반드시 친해지는지라. 그러므로 比로써 받고 比란 것은 친함이니 친하게 하려면 반드시 저축이 있어야 할 것이라. 그러므로 小蓄으로 받는지라 물건을 저축한 연후에 예의가 있음이라. 그러므로 履로 받는다.

履(而泰)然後에 安이라 故로 受之以泰하고 泰者는 通也니 物不可以終通이라 故로 受之以否하고 物不可以終否라 故로 受之以同人하고 與人同者는 物必歸焉이라 故로 受之以大有하나니라.

예의가 있은 연후에 편안한지라. 그러므로 泰로서 받고 泰는 통하는 것이니 물건은 가히 끝까지 통하지 못하는지라. 그러므로 否로써 받고 물건은 가히 끝까지 막히지 아니하는지라. 그러므로 同人으로써 받고 남과 함께 같이 하자면 물건이 반드시 돌아옴이라. 그러므로 大有로써 받는다.

有大者는 不可以盈이라 故로 受之以謙하고 有大而能謙이 必豫라 故로 受之以豫하고 豫必有隨라 故로 受之以隨하고 以喜隨人者必有事라 故로 受之以蠱하고 蠱者는 事也니 有事而後에 可大라 故로 受之以臨하나니라.

크게 둔 자는 가히 채우지 못함이라. 그러므로 謙卦로써 받고 크게 두고 능히 겸손하면 반드시 기쁨이 있을지라. 그러므로 豫卦로 받고 기쁘면 반드시 따를지라. 그러므로 隨卦로 받고 기쁨으로써 사람을 따르게 하는 자는 반드시 일이 있을지라. 그러므로 蠱卦는 받고 蠱란 것은 일이니 일이 있은 뒤에 가히 클 수 있을지라. 그러므로 臨卦로 받는다.

臨者는 大也니 物大然後에 可觀이라 故로 受之以觀이라 可觀而後에 有所合이라 故 受之以噬嗑하고 嗑者는 合也니 物不可以苟合而已라 故로 受之以賁하나니라.

臨이란 것은 큰 것이니 물건이 큰 연후에 가히 볼 수 있을지라. 그러므로 觀卦로 받고 가히 볼 수 있는 연후에 합하는 바 있을지라. 그러므로 噬嗑卦로써 받고 嗑이란 합하는 것이니 물건은 가히 억지로 합하지 못할 따름이라. 그러므로 賁卦로 받는다.

賁者는 飾也니 致飾然後에 亨則盡矣라 故로 受之以剝하고 剝者는 剝也니 物不可以終盡이니 剝이 窮上反下라 故로 受

之以復하고 復則不妄矣라 故로 受之以无妄하고 有无妄然後에 可蓄이라 故로 受之以大蓄하니라.

"賁"이란 치장하는 것이니 치장한 연후에 형통하면 다하는지라. 그러므로 剝卦로 받고 剝이란 것은 빼앗는 것이니 물건이 가히 끝까지 다하지 못함이니 빼앗는 것이 위에서 다하면 아래로 돌아오는지라. 그러므로 復卦로 받고 돌아오면 허망하지 아니함이라. 그러므로 无妄卦로 받고 无妄이 있은 연후에 가히 저축할 수 있을지라. 그러므로 大蓄卦로 받는다.

物蓄然後에 可養이라 故로 受之以頤하고 頤者는 養也니 不養則不可動이라 故로 受之以大過하니 物不可以終過라 故로 受之以坎하고 坎者는 陷也니 陷必有所麗라 故로 受之以離하니 離者는 麗也라.

물건을 저축한 연후에 가히 기를 수 있을지라. 그러므로 頤卦로 받는데, 頤란 것은 기르는 것이니 기르지 않으면 가히 움직이지 못하는지라. 그러므로 大過卦로 받고 물건은 가히 끝까지 지나치지 못하는지라. 그러므로 坎卦로 받고 坎이란 빠지는 것이니 빠지면 반드시 붙을 곳이 있을지라. 그러므로 離卦로써 받으니 離란 붙는 것이라.

有天地然後에 有萬物하고 有萬物然後에 有男女하고 有男女然後에 有夫婦하고 有夫婦然後에 有父子하고 有父子然後에 有君臣하고 有君臣然後에 有上下하고 有上下然後에 禮義有所錯니라.

하늘과 땅이 있은 연후에 만물이 있고 만물이 있은 연후에 남녀가 있고 남녀가 있은 연후에 부부가 있고 부부가 있은 연후에 부자가 있고 부자가 있은 연후에 임금과 신하가 있고 임금과 신하가 있은 연후에 위 아래가 있고 위 아래가 있은 연후에 예의가 행하여질 수 있는 바니라.

夫婦之道不可以不久也라 故로 受之以恒하고 恒者는 久也니 物不可以久居其所라 故로 受之以遯하고 遯者는 退也니

物不可以終遯이라 故로 受之以大壯하고 物不可以終壯이라 故로 受之以晉하고 晉者는 進也라 進必有所傷이라 故로 受之以明夷하고.

　부부의 도는 가히 오래지 않을 수 없을지라. 그러므로 恒卦로 받고 恒이란 것은 오랠 것이니 물건이 가히 오랫동안 그 자리에 있지 못할지라. 그러므로 遯卦로 받고 遯이란 것은 물러가는 것이니 물건이 가히 끝까지 물러갈 수 없는지라. 그러므로 大壯卦로 받고 물건이 가히 끝까지 장성하지 못하는지라. 그러므로 晉으로써 받고 晉이란 것은 나가는 것이니 나가면 반드시 상하는 바 있을지라. 그러므로 明夷로써 받고.

　夷者는 傷也니 傷於外者必反其家라 故로 受之以家人하고 家道窮必乖라 故로 受之以睽하고 睽者는 乖也니 乖必有難이니 故로 受之以蹇하고 蹇者는 難也니 物不可以終難이라 故로 受之以解하고 解者는 緩也니 緩必有所失이라 故로 受之以損하고 損而不已면 必益이라 故로 受之以益하고 益而不已면 必決이라 故로 受之以夬하고.

　夷란 것은 상하는 것이니 밖에서 상한 자는 반드시 집으로 돌아오는지라. 그러므로 家人으로써 받고 家道가 궁하면 반드시 어긋나는지라. 그러므로 睽로써 받고 睽란 것은 어긋나는 것이니 어긋나면 반드시 어려움이 있을지라. 그러므로 蹇으로써 받고 蹇이란 것은 어려움이니 물건은 가히 끝까지 어려운 것이 아니므로 解로써 받고, 解란 것은 늦추는 것이니 늦추면 반드시 잃는 바 있을지라. 그러므로 損으로써 받고 손해를 계속해서 보면 반드시 유익하게 될지라. 그러므로 益으로써 받고 이익을 계속해서 보면 반드시 결렬되는지라. 그러므로 夬로써 받고.

　夬者는 決也니 決必有所遇라 故로 受之以姤하고 姤者는 遇也니 物相遇而後에 聚라 故로 受之以萃하고 萃者는 聚也니 聚而上者를 謂之升이라 故로 受之以升하고 升而不已면 必困이라 故로 受之以困하고 困乎上者必反下라 故로 受之以井하

고 井道不可不革이라 故로 受之以革하고 革物者는 莫若鼎이라 故로 受之以鼎하고.

"夬"란 것은 결렬되는 것이니 결렬되면 반드시 만나는 바 있을지라. 그러므로 姤란 것은 만나는 것이니 물건이 서로 만난 뒤에 모이게 되는지라. 그러므로 萃로써 받고 萃란 것은 모이는 것이니 모여서 올라가는 것을 升이라 이르는지라. 그러므로 升으로써 받고 올라가는 것을 막지 않으면 반드시 곤궁하게 될지니라. 그러므로 困으로써 받고 위에서 곤궁한 자는 반드시 아래로 돌아오는지라. 그러므로 井으로써 받고 우물의 도는 가히 고치지 아니하지 못할지라. 그러므로 革으로써 받고 물건을 혁신하는 것은 솥만한 것이 없는지라. 그러므로 鼎으로써 받고.

主器者는 莫若長子라 故로 受之以震하고 震者는 動也니 物不可以終動하여 止之라 故로 受之以艮하고 艮者는 止也니 物不可以終止라 故로 受之以漸하고 漸者는 進也니 進必有所歸라 故로 受之以歸妹하고 得其所歸者必大라 故로 受之以豊하고 豊者는 大也니 窮大者必失其居라 故로 受之以旅하고 旅而无所容이라 故로 受之以巽하고 巽者는 入也니 入而後에 說之라 故로 受之以兌하고.

기구를 주관하는 자는 맏아들만한 것이 없는지라. 그러므로 震으로써 받고 震이란 움직이는 것이니 물건은 가히 끝내 움직이지 아니하여 그치는지라. 그러므로 艮으로써 받고 艮이란 것은 그치는 것이니 물건은 가히 끝내 그치지 못하는지라. 그러므로 漸으로써 받고 漸이란 것은 나가는 것이니 나가면 반드시 돌아올 곳이 있을지라. 그러므로 歸妹로써 받고 그 돌아갈 바를 얻은자는 반드시 크게 되는지라. 그러므로 豊으로써 받고 豊이란 것은 큰 것이니 큰 것이 궁하면 반드시 그 있을 곳을 잃게 되는지라. 그러므로 旅로써 받고 여행을 하다가 돌아갈 곳이 없는지라. 그러므로 巽으로써 받고 巽이란 것은 들어가는 것이니 들어간 뒤에 기뻐하는지라. 그러므로 兌로써 받고.

兌者는 說也니 說而後에 散之라 故로 受之以渙하고 渙者는 離也니 物不可以終離라 故로 受之以節하고 節而信之라 故로

受之以中孚하고 有其信者는 必行之라 故로 受之以小過하고 有過物者는 必濟라 故로 受之以旣濟하고 物不可窮也라 故로 受之以未濟하고 終焉하니라.

兌란 것은 기뻐하는 것이니 기뻐한 뒤에 흩어지는지라. 그러므로 渙으로써 받고 渙이란 것은 떠나는 것이니 물건은 가히 끝내 떠나지 못하는지라. 그러므로 節로써 받고 절제하면 믿는지라. 그러므로 中孚로써 받고 그 믿음이 있는 자는 반드시 행하는지라. 그러므로 小過로써 받고 물건을 지나침이 있는 자는 반드시 구제하는지라. 그러므로 旣濟로써 받고 물건이 가히 궁하지 아니한지라. 그러므로 未濟로 받아서 끝을 맺나니라.

5. 雜卦傳

乾剛坤柔요 比樂師憂라 臨觀之義는 或與或求라.

乾은 강하고 坤은 유함이요, 比는 즐겁고 師는 근심하니라. 臨과 觀의 뜻은 혹 주기도 하고 혹 구하기도 하니라.

屯은 見而不失其居요 蒙은 雜而著라 震은 起也요 艮은 止也라 損益은 盛衰之始也라.

屯은 나타나서 그 있을 곳을 잃지 않고 蒙은 섞여서 나타나니라. 震은 일어나는 것이요 艮은 그치는 것이라. 損과 益은 성하고 쇠하는 시초라.

大畜은 時也요 无妄은 災也라 萃는 聚而升은 不來也라 謙은 輕而豫는 怠也라 噬嗑은 食也요 賁는 无色也라.

大畜은 때요 无妄은 재앙이라. 萃는 모이고 升은 오지 아니함이라. 謙은 가벼운 것이고 豫는 게으른 것이라. 噬嗑은 먹는 것이요, 賁는 빛이 없음이라.

兌는 見而巽은 伏也라 隨는 无故也요 蠱則飭①也라 剝은 爛②也요 復은 反也라 晉은 晝也요 明夷는 誅也라.

兌는 나타나는 것이고 巽은 엎드리는 것이라. 隨는 옛것이 없음이고, 蠱는 잘 다스리는 것이라. 剝은 벗겨지는 것이요, 復은 돌아옴이라. 晉은 낮이요, 明夷는 베는 것이라.

① 飭(힘쓸 칙), ② 爛(문드러질 란)

井은 通而困은 相遇也라 咸은 速也요 恒은 久也라. 渙은 離也요 節은 止也라 解는 緩也라 蹇은 難也라.

井은 통하고 困은 서로 만나는 것이라. 咸은 빠른 것이요, 恒은 오랜 것이다. 渙은 떠나는 것이요 節은 그치는 것이라. 解는 완만한 것이요 蹇은 어려운 것이라.

睽는 外也요 家人은 內也라. 否泰는 反其類也라. 大壯則止요 遯則退也라. 大有는 衆也요, 同人은 親也라.

睽는 밖이요 家人은 안이라. 否泰는 종류가 반대라. 大壯은 머무르는 것이요, 遯은 물러가는 것이라. 大有는 무리요 同人은 친한 것이라.

革은 去故也요 鼎은 取新也라. 小過는 過也요 中孚는 信也라. 豊은 多故요 親寡는 旅라. 離는 上而坎은 下也라.

革은 옛것을 버리는 것이요 鼎은 새로운 것을 취하는 것이라. 小過는 지나치는 것이요 中孚는 믿는 것이라. 豊은 옛것이 많은 것이요 친함이 적은 것이 旅라. 離는 올라가는 것이요 坎은 내려가는 것이라.

小畜은 寡也요 履는 不處也라 需는 不進也요 訟은 不親也라 大過는 顚也라.

小畜은 적은 것이요 履는 머물러 있지 아니함이라. 需는 나가지 아니함이요 訟은 친하지 아니함이라. 大過는 엎어지는 것이라.

姤는 遇也니 柔遇剛也라 漸은 女歸니 待男行也라. 頤는 養正也요 旣濟는 定也라.

姤는 만나는 것이니 柔가 剛을 만난 것이요 漸은 여자가 시집가려고 남자를 기다리는 것이라. 頤는 바른 것을 기르는 것이요 旣濟는 정해지는 것이라.

歸妹는 女之終也요 未濟는 男之窮也라. 夬는 決也이어니 剛
決柔也라. 君子道長이요 小人道憂也라.

　歸妹는 여자의 마지막이요, 未濟는 남자의 궁함이라. 夬는 결단함이니 剛이
柔를 결단함이라. 군자의 道는 자라고 小人의 道는 근심스러운 것이라.